Anka Muhlstein

Königinnen auf Zeit

Katharina von Medici
Maria von Medici
Anna von Österreich

Aus dem Französischen
von Ulrich Kunzmann

Insel

Titel der französischen Originalausgabe:
Reines éphémères. Mères perpétuelles

Satz: TypoForum GmbH, Seelbach
Druck: Memminger MedienCentrum AG
Printed in Germany
Erste Auflage 2003
3-458-17177-0

1 2 3 4 5 6 – 08 07 06 05 04 03

Inhalt

Für Paulina, für Amey

Vorwort

Mutterliebe ist das Gefühl, das die Herzen am innigsten rührt: Hat man jemals eine Mutter erlebt, die zugibt, davon kaum etwas zu spüren? Gewiß, die Formen dieser Zuneigung unterscheiden sich in den einzelnen Epochen, doch einige Konstanten treten immer wieder deutlich hervor, wie etwa der Wille, das eigene Kind zu beschützen, und der Wunsch, ihm die Möglichkeit zu geben, das Ansehen seiner Familie zu erhöhen. Als eine weitere, zumindest scheinbare Konstante zeigt sich die noch vollkommener selbstlose Haltung, wenn das Kind ein Junge ist. Es gibt einen offenkundigen Wettstreit zwischen Mutter und Tochter – das einfachste Beispiel: daß die Mutter ihren Abstieg danach beurteilt, wie der Liebreiz ihrer Tochter zunimmt –, während die Beziehungen zwischen Mutter und Sohn, so kompliziert sie auch sein mögen, selten von Rivalität geprägt werden. Meistens betätigen sich beide in unterschiedlichen Bereichen, und deshalb kommt es zu wenig Reibungen zwischen den Ambitionen der Mutter und denen ihres Sohnes. Erringt der eine Ruhm, so fällt dessen Abglanz auch auf den anderen. Ausgehend von der französischen Tradition läßt sich feststellen: Die Gewißheit, daß man sich auf die unbedingte Treue der Mutter verlassen konnte, war so groß, daß immer, wenn sich ein minderjähriges Kind nach dem Tod seines Vaters in einer kritischen Lage befand, seine Vormundschaft der Mutter übertragen wurde.

Es gibt nur dann einen Interessenkonflikt, wenn die Vormundschaft über den Rahmen der Erziehung und der Vermögensverwaltung des Erben hinausgeht. Je mehr auf dem Spiel steht, desto größer ist das Risiko. Stellt die Mutterliebe immer eine ausreichende Garantie dar, um im äußersten Fall die Rechte des Kindes zu schützen? Was geschieht, wenn zur Vormundschaft auch die Regentschaft, das heißt die Regierung des Königreichs, gehört? Wenn diese Pflicht der Mutter die einzigartige Chance bietet, die höchste Machtstellung zu erringen? Wenn ihr die Erziehung des Sohnes die Möglichkeit gibt, ihm entweder einen anderen Weg als den des enttäuschenden Ehemanns vorzuzeichnen oder ihn im Gegenteil mit einem unerreichbaren Ideal zu konfrontieren? Wenn es schließlich ihr, und ihr allein, zusteht, die Frau ihres Sohnes – ihre potentielle Rivalin – auszuwählen? Der Witwenstand bringt das bedrückende Gefühl eines Mangels mit sich. Wird man nun den Sohn als eine Stütze, einen Stellvertreter, »einen kleinen Ehemann« ansehen, oder wird er vielmehr Abneigung herausfordern, weil er gerade durch seine Gegenwart an den Tod des geliebten Dahingegangenen erinnert?

Es fehlt also nicht an Anlässen für verborgene, untergründige oder offenkundige Zwistigkeiten zwischen den die Regentschaft ausübenden Königinnen und ihren Söhnen. Die herrschenden Mütter bemühen sich nicht unbedingt mit allen Kräften, ihrem Erben den Weg zum Triumph zu bahnen, oder es kommt vielmehr vor, daß sie sich weigern, diesen Weg frei zu machen … und das stets unter den ehrenwertesten Vorwänden: Der junge Mann sei noch nicht bereit, sein Amt anzutreten, es wäre verfrüht und gefährlich, ihm die Vorteile zu entziehen, die ihm die Erfahrung, der Einfluß oder Schutz seiner Mutter bieten. Die Variationen zu diesem Thema lassen sich bis ins Unendliche vervielfältigen.

Zum allgemeinen Problem des Verhältnisses zwischen Mutter und Sohn kommt hinzu, daß es hier um die Erziehung eines Königs geht. Wie kann man ein Kind an Disziplin gewöhnen, während man ihm zugleich das Gefühl gibt, eine unumschränkte Vorrangstellung einzunehmen? Wie führt man es in seine Amtspflichten ein? Wie regelt man die Beziehungen zwischen ihm und seinen Brüdern? Und wie löst man schließlich die schwierige Frage der Machtübergabe? Da es keine uneingeschränkt gültige Norm gibt, beginnt eine Regentschaft stets mit einem etwas verworrenen Zeitraum. Die Königin muß energische Verhandlungen mit dem Kronrat und den einzelnen Prinzen von Geblüt führen, wenn sie ihre Macht sichern will. Der Abschluß dieses Interregnums ist ebenfalls unbestimmt, was noch merkwürdiger wirkt. Die Regentschaft wird erst mit der tatsächlichen Großjährigkeit des Königs beendet. Aber wie bestimmt man die Großjährigkeit? Paradoxerweise kommt es nicht auf das Alter an. In Frankreich hat Karl V. festgelegt, daß Könige mit vierzehn Jahren großjährig werden. Und die Königinmutter ist weniger als jeder andere daran interessiert, diesen Termin hinauszuschieben, denn ihre Macht geht ja vom König aus – unabhängig von seinem Alter –, und sie braucht die Bürgschaft ihres Sohnes, die weitaus zuverlässiger wirkt, sobald der König großjährig ist, und wenn er gekrönt wurde, gilt das noch mehr. Aber niemand erwartet, daß ein junger Mann die gesamte Verantwortung für das Königreich übernimmt. Nachdem man einen Sohn in einem solch jugendlichen Alter für großjährig erklärt hatte, hat er bei einer feierlichen Parlamentssitzung stets seiner Mutter die vollständige Machtbefugnis zurückgegeben. Das tatsächliche Ende der Regentschaft ist erst gekommen, wenn die Königin entscheidet, daß ihr Sohn die Regierungsfähigkeit erlangt hat. Im besten Fall erfolgt die Machtübergabe schrittweise; im schlimmsten Fall entzieht der König seiner Mutter gewaltsam die Macht. Um die komplizierten und vielgestaltigen Beziehungen zwischen minderjährigen Königen und königlichen Regentinnen zu veranschaulichen, habe ich mich für die Darstellung dreier Königinnen von Frankreich entschieden, die, als sie Witwen wurden, mit sehr jungen Kindern zurückblieben: Katharina von Medici (1519-1589), die zwei Söhne – Karl IX. und Heinrich III. – als Partner hatte, Maria von Medici (1573-1642) und Ludwig XIII., schließlich Anna von Österreich (1601-1666) und Ludwig XIV.

Ich habe Blanca von Kastilien, die Mutter Ludwigs des Heiligen, ausgeschlossen, obwohl ihre erfolgreiche Regentschaft viel dazu beigetragen hat, die unvergleichliche Autorität, die der Mutter des Königs zukommen kann, zu würdigen und die unbestreitbare Überlegenheit der Regentschaft einer Frau dem kollektiven Gedächtnis einzuprägen. Aber Blanca ist eine Königin des Mittelalters und die Mutter eines Heiligen. Ihre Geschichte wird vom zeitlichen Abstand verdunkelt und verbirgt sich hinter ihrer Tugend. Man weiß wenig über sie. Die Beurteilung von Persönlichkeiten aus einer so weit zurückliegenden Epoche ist nicht leicht und möglicherweise nicht einmal empfehlenswert. Nichts kann uns bei einem solchen Vorhaben als Leitstern dienen. Es fehlen Dokumente, private Briefwechsel, Lebensbeschreibungen und Erinnerungsbücher – die Berichte über das Alltagsleben Ludwigs des Heiligen gehen allein auf Joinville zurück –, und dazu kommt die unüberwindliche psychologische Distanz. Für unser Vorhaben muß man lediglich wissen, daß von 1226 bis 1560 kein einziges Mal ein Kind die Königswürde erhalten hat – es gab lediglich solche Fälle, in denen, weil ein direkter männlicher Erbe fehlte, ein Onkel oder Vetter den Thron bestieg. Dann geschah dreimal, daß Könige bei ihrem Tod einen Nachfolger im frühen Kindesalter hinterließen: 1560 wurde Karl IX. daher als Zehnjähriger König, 1610 Ludwig XIII. als Neunjähriger, Ludwig XIV., ein fünfjähriges Kind, bestieg 1643 den Thron – und in allen drei Fällen regierte die jeweilige Königinmutter für ihren Sohn. Jedesmal wird sich die Herrscherin auf die Königin Blanca berufen, um ihre Autorität zu legitimieren, und jedesmal geschieht das unter ganz andersartigen Umständen.

Im Jahre 1560 muß sich Katharina von Medici mit einer derart schwierigen Situation auseinandersetzen, daß diese wohl mehr als einen Anwärter auf die höchste Macht entmutigt hätte. Ein Jahr zuvor hatte ein unglücklicher Lanzenstoß ihren Gatten Heinrich II. getötet. Ihr gemeinsamer Sohn Franz II. stirbt als Sechzehnjähriger nach anderthalbjähriger Herrschaft, ohne daß er irgendeine Verfügung getroffen hatte, um seinen minderjährigen Bruder Karl IX. zu schützen. Kein Auftrag, keinerlei Verantwortung wurde also der Königinmutter oder irgendeinem anderen übertragen. Die Religionskriege werden nahezu fünfzig Jahre lang Frankreich zerfleischen, und schon leidet es unter den Vorzeichen einer tödlichen Zwietracht. Von der Île-de-France bis nach Südfrankreich besudeln Massaker und Repressalien das Land mit Blut. Verschiedene Parteiungen streiten sich um das Königreich. Katharina hat nicht die Autorität, Vollmacht und Erfahrung, die sie brauchte, um sich durchzusetzen. Doch sie ist eine Mutter, also beinahe naturgemäß weder bedrohlich noch aggressiv. Wie sollte man einer derart gutmütigen Persönlichkeit mißtrauen, die unter dem Banner der symbolträchtigen Blanca von Kastilien ihren Weg geht? Katharina zeigte bei ihrem Auftreten soviel List und Energie – die der sanften Blanca durchaus nicht mißfallen hätten –, daß sie den Rat des Königs täuschte, die Prinzen von Geblüt zum Narren hielt und sich dauerhaft auf dem Thron behauptete.

Fünfzig Jahre danach, 1610, kommt es zu einer neuen Krise: König Heinrich IV. wird ermordet, und sein Sohn ist erst neun Jahre alt. Wiederum erweist sich eine Regentschaft als notwendig. Diesmal aber hat Maria von Medici, die Königinmutter, weitaus leichteres Spiel. Frankreich ist der Gewalttaten der Religionskriege überdrüssig und sehnt sich nach Ruhe, die Staatskasse ist gut gefüllt, Sully, ein bedeutender Minister, leitet die Staatsangelegenheiten, und der König hat stets seine unerschütterliche Absicht bekundet, seiner Witwe die provisorische Herrschaft anzuvertrauen, wenn es die Umstände erfordern sollten. Maria von Medici kann es sich erlauben, sich nach außen hin auf Blanca, die große Ahnherrin, und die Königin Katharina zu berufen: Niemand macht ihr den Rang streitig.

Derartige Präzedenzfälle sind nunmehr zu einer so zuverlässigen Regel geworden, daß sich Ludwig XIII. im Jahre 1643 höchst widerwillig entschließen muß, als er im Sterben liegt, Anna von Österreich – dieser Gattin, die er nicht liebt und der er nicht vertraut, die er stets vom politischen Leben ferngehalten hatte – die Regentschaft zu übertragen. Gewiß, Frankreich befindet sich immer noch im Krieg mit Spanien, die Großen des Reichs sind über die Stärkung der Königsmacht ergrimmt und könnten sich die Schwäche einer Frau zunutze machen, um ihre Stellung zu sichern, aber läßt sich damit ausreichend begründen, daß man gegen eine anerkannte Tradition verstößt, die Prinzen von Geblüt bevorzugt und sich über das bewundernswerte Vorbild Blancas von Kastilien und Ludwigs des Heiligen hinwegsetzt? Ludwig XIII. geht dieses Wagnis nicht ein. Er gibt sich damit zufrieden, die Macht der Königin stark einzuschränken. Doch als Anna von Österreich die Regentschaft angetreten hat, wird sie sich auf ihr gutes Recht berufen und all ihre Vorrechte wiedererlangen, indem sie das Testament ihres Gatten für ungültig erklären läßt. Der Königinmutter zu mißtrauen heißt, den König, ihren Sohn, zu beleidigen.

Katharina von Medici

Eine geduldige Lehrzeit
1533-1559

Von den drei Königinnen ist Katharina die undurchschaubarste. Sie läßt sich am schwersten verstehen und beurteilen, und ihre Regentschaft war aus dem einfachen Grund die längste und komplizierteste, weil sie dieses Amt zweimal für zwei verschiedene Könige ausgeübt hat: das erste Mal bei der Thronbesteigung ihres Sohns Karl IX. im Jahre 1560 und das zweite Mal nach seinem Tod, beinahe fünfzehn Jahre später. Karl IX. starb, ohne einen Sohn zu hinterlassen, und für die Zeit bis zur Rückkehr seines Bruders und Nachfolgers Heinrich III. aus Polen hatte er seine Mutter zur Regentin ernannt. Diese zweite Herrschaftszeit hätte eigentlich äußerst kurz sein müssen, tatsächlich zog sie sich aber endlos in die Länge. Katharina, die ihre politische Autorität während der ganzen Regierungszeit ihres Sohns Karl IX. bewahrt hatte, wurde erst 1588, kurz vor ihrer letzten Krankheit, von Heinrich III. entmachtet, der sie nur um sechs Monate überlebte.

Wie läßt sich dieser lange Zeitraum erklären? Mit dem fehlenden Interesse der zwei Könige an den Staatsangelegenheiten oder mit dem einzigartigen Geschick der Königinmutter, sich an der Macht zu halten? War es ihr gelungen, beide zu überzeugen, sie könnten nicht ohne sie auskommen, oder verstand sie es immer, in dem Augenblick, wenn sie endlich das Joch abschütteln wollten, unüberwindliche Schwierigkeiten zu schaffen? Berücksichtigen wir überdies, daß die beiden letzten Valois grausam und zugleich krankhaft empfindsam, aggressiv und rasch einzuschüchtern waren und sich diese Wesenszüge kaum eigneten, aus ihnen große Könige zu machen, während ihre tatkräftige und unermüdliche Mutter einen offenkundigen politischen Verstand besaß und ihr Amt liebte.

Katharina wird am 13. April 1519 als Tochter von Lorenzo de' Medici, dem Regierungsoberhaupt der Republik Florenz, und von Madeleine de La Tour d'Auvergne geboren. Ihre glanzvolle Trauung hatte im Beisein Franz' I. in Amboise stattgefunden. Die Braut war eine Tochter der Jeanne de Bourbon, die von einem jüngeren Sohn Ludwigs des Heiligen abstammte. Sie war also mit dem französischen König versippt, und dieser freute sich, so die Verbindungen zwischen seinem Reich und einer großen italienischen Macht zu festigen. Doch bei Katharinas Geburt wurden keine Feste gefeiert: Die junge Mutter starb im Kindbett, und der Vater folgte ihr vier Tage später. Die Waise wurde von zwei Päpsten erzogen, zuerst von ihrem Großonkel Leo X. und danach von ihrem Onkel Klemens VII.

In der Auseinandersetzung, bei der Frankreich, England, Rom, Venedig und Florenz gemeinsam Karl V., dem deutschen Kaiser und spanischen König, gegenüberstanden, war die Aussicht auf die Hand der jungen Katharina derart verheißungsvoll, daß sie zahlreiche italienische Fürsten, den schottischen König – den zukünftigen Vater der Maria Stuart – und jüngere Söhne aus vornehmen Geschlechtern reizte. Klemens VII. entschied sich schließlich für Heinrich, den zweiten Sohn Franz' I., und die vierzehnjährige Verlobte trat am 1. September 1533 die Seereise nach Marseille an. Bei sich hatte sie ihre Kassetten mit Schmuck und Kostbarkeiten, ihre Kisten mit prächtigen Kleidern und ihre Säcke mit Goldtalern, und sie wollte einen gleichaltrigen Jungen heiraten, der schüchtern, finster und schweigsam war.

Man möchte annehmen, daß der Papst, der Onkel des jungen Mädchens, dieses vorbereitet hatte, indem er einige Worte zu den Familienverhältnissen des Königs Franz I. sagte. Der König hatte 1524 seine erste Frau Claudia verloren, die Mutter seiner fünf Kinder, und war in zweiter Ehe mit Eleonore, der Schwester Karls V., verheiratet, gewissermaßen ein Geschenk, das der König von Spanien seinem königlichen Cousin gemacht hatte, als er dessen Söhne freiließ. Erinnern wir daran, daß Franz I. im Jahre 1525, nach der Niederlage von Pavia, in Gefangenschaft geriet und so lange in Madrid bleiben mußte, bis Karl V. einwilligte, ihn gegen seine zwei ältesten Söhne auszutauschen. Die beiden Kinder – das eine war zehn, das andere acht Jahre alt – traten im Jahre 1526 an seine Stelle, und sie wurden vier Jahre lang buchstäblich eingesperrt, bis man zwei Millionen Goldtaler gezahlt hatte: die ungeheuer hohe, für sie verlangte Lösegeldsumme. Darum erweckte Eleonore trotz ihrer Schönheit und Sanftmut keine guten Erinnerungen und innigen Gefühle bei ihrem Gatten, der unübersehbar Anne de Pisseleu, der schönen Herzogin von Étampes, den Vorzug gab. Margarete, die Schwester des Königs, die »Sonne« des Dichters Du Bellay, die ihrem Bruder sehr nahestand, die geistreiche und talentierte Autorin des *Heptameron*, einer Sammlung von pikanten Novellen und ernsteren Geschichten, genoß hohes Ansehen im Familienkreis, zu dem fünf Kinder – drei Prinzen und zwei Prinzessinnen – gehörten: Der älteste Sohn, der Dauphin, war »düster und launisch« aus Madrid zurückgekehrt, verlor oft die Geduld und ertrug in seiner Nähe nur »jene, mit denen er sich versteht«, Heinrich von Orléans, der Zweitgeborene, war Katharinas Verlobter, und Karl von Angoulême, der Jüngste, verdankte sein heiteres und unbefangenes Wesen vielleicht seiner normalen Kindheit – er allein war von der Gefangenschaft verschont geblieben. Magdalena, die ältere Prinzessin, starb kurz nach ihrer Hochzeit mit dem König von Schottland, und die jüngere Prinzessin Margarete, eine gebildete und besonnene Frau, die zukünftige Herzogin von Savoyen, wurde die beste Freundin Katharinas am Hofe.

Ein Jahr nach Katharinas Hochzeit starb ihr Onkel, der Papst, und das von Franz I. aufgebaute dynastische Beziehungsgeflecht brach vollständig zusammen. »Man hat mir das Mädchen ganz nackt übergeben«, erklärte er verärgert. Das Mädchen mit seinen vorquellenden Augen und seiner nicht gerade zierlichen Taille war keineswegs so schön, daß man die bittere Pille gutwillig geschluckt hätte, zumal der junge Ehemann nur Augen für die strahlende Diane de Poitiers hatte, die zwanzig Jahre älter war als seine Frau. Doch trotz derart ungünstiger Umstände gelang es der einfallsreichen Katharina, die Zuneigung des Königs, ihres Schwiegervaters, zu gewinnen. Das hatte sie dringend nötig, denn bei ihrem Gatten fand sie keinerlei Rückhalt. Heinrich war ebenso wie sie vierzehn Jahre alt. Man hatte ihn schon als Achtjährigen in spanische Gefängnisse gesperrt und in solcher Einsamkeit und Verlassenheit aufwachsen lassen, daß er bei seiner Befreiung das Sprachvermögen eingebüßt hatte. Er war mürrisch und unwissend, widmete sich mit leidenschaftlichem Eifer der Jagd, den Turnierkämpfen und dem Weitsprung – er konnte, wie es hieß, mit einem Satz vierundzwanzig Fuß, also acht Meter, weit springen –, war Diane de Poitiers, übrigens einer nahen Verwandten Katharinas, in platonischer Liebe verfallen, eine schwärmerische Zuneigung, die sich ungeachtet des Altersunterschieds zu einer Herzensneigung und zu körperlicher Liebe steigern sollte. Wenn er während seiner Hochzeitsnacht das tat, was man von ihm erwartete, kam er deshalb seiner kleinen Gemahlin durchaus nicht näher. Sie richtete ihre ganze Aufmerksamkeit danach auf Franz I., was ihre große Klugheit bewies. Sie brauchte Unterstützung, und deshalb war es besser, die des Königs zu erhalten.

Sie hatte gerade jene Vorzüge, die der König schätzte. Zunächst einmal bewies sie ihre Fähigkeiten als furchtlose Reiterin. Sie lehnte die *Sambue* ab, eine Art von kleinem Sessel, auf den sich die Damen mit den Beinen auf einer Seite setzten, wobei die Füße auf einem kleinen Trittbrett ruhten. Ganz offenkundig machte das jeden Galopp unmöglich. Katharina führte das Reiten im Damensattel ein und konnte so den Männern bei der Jagd folgen. Nun war der König ein großer Jagdliebhaber. Er nahm seine Schwiegertochter, die nach dem Tod seines ältesten Sohns im Jahre 1536 Kronprinzessin (Dauphine) geworden war, regelmäßig in den Kreis seiner getreuesten Gefährten auf, die ihn in die Wälder begleiteten, um Bären, Wildschweine, Hirsche und Wölfe zu jagen. Katharina konnte dabei außergewöhnlich enge und zwanglose Beziehungen mit ihm anknüpfen und eine solche Kenntnis der Probleme und politischen Pläne gewinnen, daß ihre Nebenbuhlerin Diane sie beneidete. Darüber hinaus bewunderte und teilte sie seinen Sinn für Architektur und Ausstattung. Hierbei kam ihr die italienische Herkunft zugute. Rosso, der die Arbeiten im Schloß Fontainebleau leitete, war Florentiner. Er hatte italienische Künstler mit den Fresken, den Gemälden und dem Skulpturenschmuck beauftragt. Katharina kannte den zeitgenössischen Stil genau, denn sie hatte ja die Sammlungen des Vatikans oft aufgesucht und konnte darüber mit Interesse und Sachverstand sprechen. Außerdem beschränkte sich ihr Gesprächsstoff nicht auf die Kunst.

Katharina war eine gebildete und kenntnisreiche Frau. Sie gab keine Ruhe, bis sie sich die sehr umfangreiche Bibliothek des im Krieg gefallenen Marschalls Strozzi angeeignet hatte: Sie nahm sie seinem Sohn mit dem Versprechen ab, »sie ihm eines Tages zu bezahlen«. Und das geschah nicht aus bloßer Sammellust. Stets hatte sie ein Buch bei der Hand; die zahlreichen Landkarten in ihrem Kabinett bekundeten ihr Interesse für die Geographie und ihr Verlangen, von neuen Ländern zu erfahren. Ihr Glaube an den Einfluß der Gestirne auf das Schicksal bewog sie, sich gründlich mit der Astrologie zu beschäftigen. Sie ließ sich von Wahrsagern beraten, folgte ihnen jedoch nicht blindlings, und gern überprüfte sie deren Wissen. Sie erhielt Lateinunterricht, und um Franz I. zu gefallen, erwarb sie Grundkenntnisse im Griechischen. Schließlich plante sie, Erzählungen nach dem Vorbild des *Heptameron* zusammen mit ihrer Schwägerin Margarete zu schreiben. Kurz gesagt, sie war stets gutgelaunt, heiter und unternehmungslustig, und sie verstand es, Franz I. zu unterhalten und zu beeindrucken. Wie sie fühlte, genoß sie so weitgehend sein Vertrauen, daß sie sich ihm zu Füßen werfen konnte, als ihre Kinderlosigkeit zu Gerüchten geführt hatte, man wolle sie verstoßen. Der König half ihr beim Aufstehen und versicherte ihr liebevoll, daß er sie niemals von seinem Hof verbannen werde.

Sie war verwundbar, das wußte sie. Als kurz nach Katharinas Hochzeit der älteste Sohn Franz' I. gestorben war, hatte Heinrich den Rang des Dauphins (Thronfolgers) erhalten; doch die

Jahre vergingen, und sie hatte immer noch nicht für die Zukunft der Dynastie gesorgt. Eine kinderlose Königin war eine Königin auf Zeit, und das ängstigte sie. Paradoxerweise genoß sie den Schutz der Favoritin des Dauphins. Es lag ganz im Interesse Dianes, daß keine junge und siegessichere, gebärfreudige Frau an die Stelle der willfährigen, von täglichen Demütigungen gebrochenen Gattin trat. Daher war allgemein bekannt, daß »Diane [dem Prinzen] zuredete, mit der Königin zu schlafen«.[1] Endlich, o Wunder, nach zehn Jahren Ehe, war die Kronprinzessin schwanger. Offenbar hatte eine andere Stellung im Bett, die von einem alten Arzt empfohlen wurde, diese erstaunliche Wirkung vollbracht. Die Prinzessin kam nieder, und sie gebar einen Jungen. In rascher Folge erblickten zehn weitere Kinder das Licht der Welt. Im Jahre 1547 starb Franz I. Heinrich II. und Katharina – sowie mit dem linken Fuß auch Diane de Poitiers – bestiegen den Thron.

Nunmehr wußte die neue Königin, daß man ihren Platz trotz ständiger Drangsalierungen nicht in Frage stellen konnte; erstaunlich war jedoch, daß die Thronbesteigung ihre Position nicht stärkte, sondern schwächte. Denn sie hatte die Unterstützung Franz' I. verloren, und vor allem stießen die großen Ansprüche Dianes fortan auf keinen Widerstand mehr. Katharina war eifersüchtig, anscheinend fühlte sie nämlich wahre Zuneigung zu ihrem Gatten, und sie mußte sich der anmaßenden Favoritin unterwerfen, so daß sie in der ständigen Furcht lebte, sich den Zorn von einem der beiden zuzuziehen. Es ließe sich nicht einmal behaupten, daß sie auf ihre Stunde wartete, denn sie und ihr Ehemann waren ja gleichaltrig, während es so schien, als bliebe die diabolische Diane auf wunderbare Weise von den Spuren des Alters verschont.

Heinrich widmete sich hemmungslos seiner Leidenschaft für jene Frau, der er den Titel einer Herzogin von Valentinois verlieh. Die Kronjuwelen, das Schloß Chenonceaux, die prunkvolle Ausstattung des Schlosses Anet, die lukrativsten Einkünfte, die allein geeignet waren, den ausgeprägten Geschäftssinn der Favoritin zu befriedigen, gehörten zu diesem Titel, doch für Katharina war es vielleicht noch qualvoller, daß sich der König immer häufiger zu seiner Liebe bekannte. Überall erinnerten die ineinander verschlungenen H und D öffentlich an die untergeordnete Rolle, die Katharina in ihrer Ehe spielte. Sogar an der Spitze seiner Armeen, in seiner schwarzweißen Rüstung, die mit Halbmonden und Pfeilen geschmückt war, um die Göttin Diana symbolisch darzustellen, trug Heinrich II. die Farben seiner Geliebten.

Katharina fand sich damit ab. Hatte sie eine andere Wahl? Lange Zeit danach schrieb sie ihrer ältesten Tochter, als es um deren Gatten ging: »Ich habe ihn so sehr geliebt, daß ich immer Angst hatte.«[2] Angst wovor? War sie nicht Königin, und dazu eine gesalbte, vollkommen rechtmäßige, unabsetzbare Königin? In einem anderen Brief an ihre jüngere Tochter Margot, die sich ebenfalls mit Eheproblemen auseinandersetzen mußte, erklärte sie genauer: »Ich bereitete Madame de Valentinois stets einen guten Empfang. Es ging um den König, und überdies gab ich ihm immer zu erkennen, daß dies zu meinem großen Leidwesen geschah; denn nie hat eine Frau, die ihren Mann liebte, seine Hure geliebt; man kann sie ja nicht anders nennen, selbst wenn dieses Wort aus unserem Mund häßlich klingt.«[3] Sie hatte Angst, ihre Beziehungen zu einem Gatten, den sie achtete und bewunderte, noch mehr zu belasten. Wenn man von einigen aufsehenerregenden Szenen absieht, die sie sich – allerdings nie in seiner Gegenwart – erlaubte, bewies sie außerordentliche Selbstbeherrschung. Heinrich II. behandelte sie durchaus rücksichtsvoll, so daß sie die Erziehung ihrer Kinder beeinflussen und allmählich die Befugnis erhalten konnte, als Königin und Regentin zu handeln, wenn er sich bei der Armee aufhielt. Sie nutzte die Situation soweit wie möglich und erreichte eine Stellung, in der sie nicht mehr vollständig zu übergehen war.

Von 1547 bis 1559, das heißt während der zwölf Herrschaftsjahre Heinrichs II., entfaltete sie eine unübersehbare und emsige Tätigkeit in den Bereichen, die sie sich vorbehalten konnte. Dabei trat sie so bescheiden und diskret auf, daß dies seine Wirkung nicht verfehlte. Ihre größte Sorge galt selbstverständlich

Verwandtschaftsverhältnis der letzten Valois und der Bourbonen

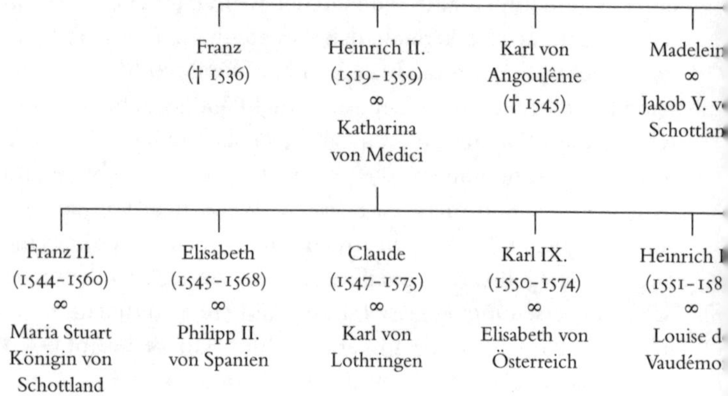

- Ludwig IX. (Ludwig der Heilige)
  - Philipp III.
    - :
    - Karl von Angoulême ∞ Luise von Savoyen
      (1459)-1496) (1476-1551)
      - Franz I.
        (1494-1547)
        ∞ 1) Claude von Frankreich
        2) Eleonore von Österreich
        - Margarete von Frankreich
          ∞
          Herzog von Savoyen
        - argarete
          on Valois
          553-1615)
          ∞
          inrich von
          Navarra
        - Franz
          Herzog von
          Alençon, dann
          von Anjou
          (1555-1584)
      - Margarete
        von Navarra oder Angoulême
        (1492-1549)
        ∞ Heinrich von Albret
        (1502-1555)
        König von Navarra
        - Johanna von Albret
          (1528-1572)
          ∞ Anton von Bourbon
          (1518-1562)
          König von Navarra
          - Heinrich IV. von Bourbon
            (1553-1610)
            König von Navarra und
            Frankreich (1589)
            ∞
            1) Margarete von Valois
            2) Maria von Medici
  - Robert de Clermont
    - :
    - Franz von Bourbon
      Graf von Vendôme
      ∞ Maria von Luxemburg
      - Karl von Bourbon,
        Herzog von Vendôme
        (1489-1537)
        ∞
        Françoise d'Alençon
        - Anton von Bourbon (see Johanna von Albret)
        - Louis, Prinz v. Condé
          (1530-1569)
          ∞ 1) Éléonore de Roye
          2) Françoise d'Orléans-
          Longueville
          - Heinrich,
            Prinz
            von Condé
            (1552-1588)
            ∞
            1) Maria von
            Kleve
            2) Charlotte
            de La
            Trémoïlle
          - Franz, Prinz
            von Conti
            (1558-1614)

der Gesundheit und dem Wohlergehen ihrer Kinder. Die kleinen Prinzen wurden in Blois erzogen, das man für gesünder als Fontainebleau, den gewöhnlichen Aufenthaltsort des Hofes, hielt. Monsieur d'Humières, der Erzieher, und seine Frau Françoise waren zwar mit Diane verwandt und von ihr ausgewählt, standen aber in enger Verbindung mit der Königin, die ihnen regelmäßig schrieb und Neuigkeiten wissen wollte, um Porträts bat, sich – stets in sehr höflichem Ton – nach der Kleidung oder Ernährung der Kinder erkundigte. Als Monsieur d'Humières im Jahre 1551 starb, wurde seine Frau, die den Titel einer Erzieherin der Kinder des französischen Königs hatte, durch eine enge Vertraute Katharinas ersetzt, ein Beweis für die zunehmende Autorität der Königin. Der siebenjährige Dauphin zog nach Saint-Germain-en-Laye, während die jüngeren Kinder in Amboise untergebracht wurden. Dann wollte Katharina ihre Töchter bei sich haben. Schließlich, im Jahre 1558, vereinten sich alle Geschwister wieder in Paris. Die kleinen Prinzen wurden nicht allein erzogen. Sie hatten Spielgefährten – die »Edelknaben« –, darunter Heinrich von Guise und die blutjunge Maria Stuart, die »Reinette« (»kleine Königin«), das schönste Kind der Welt, wie Heinrich II. gesagt hat, die schon als Fünfjährige zu ihrem Verlobten, dem Dauphin Franz, gekommen war. Heinrich von Navarra, der genau das gleiche Alter wie Margarete, die jüngste Prinzessin, hatte, wurde im frühen Kindesalter an den Hof geschickt, weil er zusammen mit seinen Cousins aufwachsen sollte. Schließlich lebte noch ein weiterer Heinrich, Henri d'Angoulême, der Sohn Heinrichs II. und Lady Flemings, der Erzieherin Maria Stuarts, mit den jungen Prinzen zusammen. In einem kurzzeitigen Drang nach Unabhängigkeit hatte der König die Abwesenheit von Diane de Poitiers – die in ihrem Schloß Anet ein gebrochenes Bein auskurierte – genutzt, um sich von der blonden Schottin verführen zu lassen. Diane und Katharina erreichten mit gemeinsamen Bemühungen, daß die Dame nach Schottland zurückgeschickt wurde, doch das Kind blieb am Hof und hatte stets ein ausgezeichnetes Verhältnis zu seinen Halbgeschwistern.

Wir besitzen, und das gereicht Heinrich II. und Katharina uneingeschränkt zur Ehre, mehr Angaben über den geistigen Bildungsweg der jungen Prinzen (die offenbar die besten Lehrer hatten – darunter Ronsard und Amyot, den wegen seiner Übersetzung von Longos' *Daphnis und Chloe* und der Werke Plutarchs berühmten zukünftigen Bischof von Auxerre) als über die Disziplinschwierigkeiten, die die Kindheit Ludwigs XIII. verdüstern sollten. Der zukünftige Karl IX., Heinrich von Navarra und Heinrich von Guise besuchten alle gemeinsam die Unterrichtsstunden am Collège de Navarre, der vielseitigsten und berühmtesten Bildungseinrichtung im Quartier latin. Johanna von Navarra, die Frau Philipps des Schönen, hatte das Collège gegründet, und diese Lehranstalt war stets die Bildungsstätte der Lehrer für die Kinder der Königsfamilie, die auch oft selbst auf diesen Schulbänken saßen. Besonders große Sorgfalt verwendete man auf die Erziehung der Mädchen. Erhalten geblieben ist eine Sammlung von Übersetzungen ins Lateinische und aus dieser Fremdsprache, die für alle Prinzessinnen, auch für Maria Stuart, benutzt wurde. Margot, die Jüngste, beteiligte sich eifrig am Unterricht und wurde die beste Lateinkennerin der Familie.

Nachdem Katharina Königin geworden war, spielte sie weiter eine wichtige Rolle als Kunstmäzenin. Das wurde durch die »Italianisierung« Frankreichs begünstigt, die unter Franz I. begonnen hatte und sich immer mehr verstärkte. Daher konnte sie die Erziehung nutzen, die sie in Florenz erhalten hatte. Sachkundig beaufsichtigte sie die Ausgestaltung des Palais des Tournelles und den Aufbau des nahe bei Meaux gelegenen Schlosses Montceaux. Die Mode wurde nachhaltig von Italien geprägt, wie es der Einfluß der zahlreichen am Hof anwesenden Römer, Florentiner und Neapolitaner auf die vielfältigsten Bereiche beweist. Der Fecht-, Reit- oder Tanzunterricht lag stets in den Händen talentierter Lehrer aus dem Lande jenseits der Alpen. Der Hofmeister des Dauphins stammte aus Neapel. Und alle Prinzen sprachen selbstverständlich fließend Italienisch, wie übrigens auch ihr Vater. Von den vierundsiebzig Ausländern am Hofe, denen der König ein Gnadengehalt ausgesetzt hatte, kamen dreiundsiebzig von der Apenninenhalbinsel. Die Italiener stellten die Mehrheit der Sekretäre, Diener, Kuriere, Astrologen und Kaplane, die sich um die Königin scharten. Diese ganze Atmosphäre, die, daran sei erinnert, nicht Katharina zuzuschreiben war, wirkte sich gleichwohl vorteilhaft für sie aus: Sie mußte nicht das gewöhnliche Schicksal der ausländischen Königinnen wie Blanca von Kastilien oder Anna von Österreich erleiden, die man von ihrem vertrauten Gefolge trennte und denen man eindringlich nahelegte, ihre Muttersprache zu vergessen. Italien war nicht nur die Heimat der Künste, es blieb weiter ein wichtiges politisches Streitobjekt; und auch hierbei wirkten sich die Umstände günstig für Katharina aus, denn sie eröffneten ihr ein drittes Betätigungsfeld.

Als blutjunge Prinzessin im Gefolge Franz' I. interessierte sie sich bereits für Außenpolitik. Seit dieser Zeit wurde die internationale Lage von der Rivalität zwischen Spanien und Frankreich beherrscht. Spanien bedeutete im 16. Jahrhundert sehr viel mehr als das eigentliche Spanien. Im Besitz Karls V. vereinten sich tatsächlich vier umfangreiche Erbgüter. Von seinem Vater Philipp I., dem Schönen, dem Sohn der Maria von Burgund und des zum Kaiser des Heiligen Römischen Reiches Deutscher Nation gewählten Maximilian von Österreich hatte er die Niederlande, die Franche-Comté, die Erbstaaten der Habsburger, Ansprüche auf Burgund und die auf der Tradition beruhende Aussicht übernommen, den Kaiserthron zu besteigen. Seine mütterliche Linie, die durch seine Mutter Johanna die Wahnsinnige auf Isabella von Kastilien und Ferdinand von Aragonien zurückging, hatte ihm das um seine Besitzungen in Amerika, die Königreiche Aragonien und Neapel vergrößerte Kastilien hinterlassen. Franz I. hatte sich vergebens bemüht, zum Kaiser des Heiligen Römischen Reiches gewählt zu werden, um so eine derartige Vorherrschaft zu bekämpfen, doch Karl V. setzte sich im Jahre 1519 ihm gegenüber durch. Frankreich hielt sich für eingekreist, und von 1521 bis 1559 versuchte es in sechs Kriegen, Besitzungen in Italien und an der Nordostgrenze zurückzugewinnen. Nach zahlreichen Vorstößen und Rückzügen verzichtete Frankreich schließlich im Jahre 1559 auf das Herzogtum Mailand und Neapel, Korsika, Savoyen und Piemont, behielt aber einige Städte im Süden, darunter Turin und Pinerolo, außerdem Metz, Toul, Verdun und Calais im Norden.

Katharina war aus zwei Gründen in all diese Auseinandersetzungen verwickelt. Zunächst einmal ging es in bestimmten Fällen darum, ihre Familie zu unterstützen und ihren Privatbesitz zurückzugewinnen; während der Abwesenheit ihres Gatten hatte sie außerdem den Vorsitz des Kronrats inne, und danach erhielt sie die Regentschaft. Dennoch fühlte sie sich gekränkt, weil ihre Titel ihr tatsächlich keinerlei Machtbefugnisse gaben. Aufmerksam beobachtende Hofleute – aber gab es solche in der Umgebung der Königin? – hätten bemerkt, daß sie Tatkraft und juristisches Talent beweisen konnte, denn sie lehnte es ab, eine derart eingeschränkte Regentschaftserklärung registrieren zu lassen, bemühte sich aber, »den Stand und das Amt eines Armeelieferanten kennenzulernen«. Eingehend beschäftigte sie sich mit den Aufgaben der Intendantur, ohne die militärischen Operationen, die Verwaltungsprobleme und die diplomatischen Verhandlungen außer acht zu lassen. Das beweist ihre Korrespondenz über die Verhältnisse in der Armee, die Haltung des Parlaments und die protestantische Lehre. Schließlich und vor allem gelang es ihr, von der Pariser Bürgerschaft eine finanzielle Unterstützung zu erhalten. Sie arbeitete ernsthaft, trat nun allmählich – und das mit vollem Recht – immer selbstsicherer auf und zögerte nicht, bei der Unterzeichnung des Vertrags, der alle französischen Ansprüche auf Italien aufgab, ihren Protest gegen die Entscheidung des Königs laut zu äußern und Diane de Poitiers zu beschimpfen, die sie als Verantwortliche für diesen entehrenden und unheilvollen Frieden ansah. Wenn der spanische König Philipp II. und Heinrich II. derart nachdrücklich wünschten, die Kämpfe zu beenden, so tatsächlich deshalb, weil sie nicht länger diesen konventionellen Krieg finanzieren und sich vielmehr einem anderen – komplexeren und leidvolleren – Konflikt zuwenden wollten: dem Kampf gegen die protestantische Ketzerei. Katharinas Widerstand änderte nichts an den Entscheidungen Heinrichs II. Der Frieden wurde am 2. April 1559 unterzeichnet. Dem König blieben nur noch drei Monate zu leben, aber das konnte niemand wissen.

Das Jahr hatte mit zwei Heiratsprojekten begonnen: Margarete, die Schwester Heinrichs II., vermählt sich mit dem Herzog von Savoyen, und Elisabeth, seine älteste Tochter, verlobt sich mit dem spanischen König Philipp II., um den Frieden zu besiegeln. Im Juni veranstalten Paris und der Hof große Feste, mit denen sie das neue Bündnis feiern. Am Nachmittag des 30. Juni, eines Freitags, wird auf der festgestampften Erde der Rue Saint-Antoine, auf der man eine Bahn abgesteckt hat, ein prächtiges Turnier veranstaltet, um alle Damen des Hofes, die Botschafter und die spanischen Granden zu unterhalten; diese werden vom Herzog von Alba angeführt, der die Tochter des Königs *per procurationem* heiraten soll. Die Damen haben sich auf den Balkons der umliegenden Häuser niedergelassen und befinden sich genau über dem Platz, wo die Reiter aufeinandertreffen. Heinrich II. nimmt begeistert am Lanzenstechen teil. Er ist schon dreimal angetreten, gegen den Herzog von Savoyen, den Herzog von Nemours und den Herzog von Guise. Ihn berauschen der Kampf, die Beifallsrufe und der, wie er fühlt, nahe Triumph. Deshalb weigert er sich innezuhalten, er schwingt sich in den Sattel seines edlen Pferdes, streckt die Lanze vor, und mit offenem Visier, um den Gegner besser zu sehen, während die Bänder in den Farben seiner Geliebten im Wind flattern, wirft er sich zum vierten Mal der Masse entgegen, die auf ihn zugaloppiert. Dieser letzte Gegner, Gabriel de Montgomery, ein Hauptmann der schottischen Leibgarde, hatte ihn während ihres letzten Treffens »im Sattel wanken« lassen, und der König will sich Genugtuung verschaffen. Die zwei Reiter stoßen aufeinander, und die Lanze Montgomerys zerbricht am Harnisch des Königs. Ein Splitter dringt durch das goldene Helmgitter und sticht dem König ein Auge aus. Ohnmächtig sinkt er auf den

Hals seines Pferdes, das noch ein paar Meter läuft, bevor die Stallmeister es aufhalten können.

Diane begreift sofort, wie ernst dieses Unglück ist, und sie verschwindet. Sie wird ihren Geliebten nicht wiedersehen. Mit erstaunlicher Besonnenheit trifft Katharina die notwendigen Entscheidungen. Sie läßt den bewußtlosen König in das am nächsten gelegene Palais des Tournelles bringen, das man für die Hochzeitsfeierlichkeiten schon ganz beflaggt und ausgeschmückt hat. Ambroise Paré, ihr Chirurg, eilt herbei. Paré hatte im Jahre 1545 den Herzog von Guise gerettet, als ihm ein Spieß ins Auge eingedrungen war. Von den entsetzten Anwesenden hatte es niemand gewagt einzugreifen. Da stellte, wie es hieß, der mit einer Zange bewaffnete Paré den Fuß auf Guises Kopf, hielt sich fest und riß den Stumpf heraus. Das Augenlicht des Verwundeten wurde gerettet, und er erhielt den Spitznamen »Der Narbige« (*Le Balafré*).[4] Doch für Heinrich II. kann der Wundarzt nichts tun: Das Gehirn ist verletzt, und der König stirbt elf Tage später in diesem schönen, ganz neuen Gebäude, das die Königin mit größter Sorgfalt eingerichtet hatte und das sie nun als Zeichen der Trauer abreißen wird. Katharina, die niemals den Ruhm oder die Freuden einer Herrscherin kennengelernt hatte, begann am 10. Juli 1559 mit vierzig Jahren ihre außergewöhnliche Karriere – eine Karriere, die sich dreißig Jahre fortsetzen wird – als Königinwitwe, Königinmutter, geheime und mächtige schwarze Königin.

Die Widersprüche im Charakter der Königin erklären sich teilweise aus ihrer langen und leidvollen Lehrzeit der Geduld und der wohl oder übel hingenommenen ständigen Anwesenheit einer herausfordernden Rivalin, die sich mit gleicher Dreistigkeit in die Erziehung der kleinen Prinzen wie in die Politik einmischte, einer Nebenbuhlerin, die offen über ihr Eheleben bestimmte. Als Witwe wurde Katharina für ihre Kinder zu einer furchterregenden Respektsperson und verbarg nicht länger ihr autoritäres und sogar brutales Wesen, doch zugleich bewahrte sie aus ihrer Vergangenheit einer betrogenen und willfährigen

Ehefrau den Hang, die Vergnügungen ihrer Söhne zu begünstigen, wobei sie sogar die Leitung von Festen übernahm, die viel von einer Orgie hatten. Wenn sie sich in der Politik mit schwierigen Problemen auseinandersetzen mußte, zog sie der Geradlinigkeit stets eine unklare Haltung und doppeltes Spiel vor. Während ihrer ganzen Herrschaftszeit – mit einer Ausnahme, der unverzeihlichen Ausnahme der Bartholomäusnacht – bemühte sie sich, zu versöhnen, auszugleichen, zu verschleiern und sehr oft zu täuschen. Das schwächste Glied einer Ehe zu dritt kämpft selten mit ehrlichen Mitteln. Davon blieb ihr für immer eine Vorliebe für den Kunstgriff und die *Combinazione.*

Die Machtergreifung
1560-1564

Ganz logisch ist der erste Anhaltspunkt, der es ermöglichen sollte, den Erfolg oder Mißerfolg einer Regentschaft vorauszusehen, das Verhältnis, das die Königin zu ihrem Gatten hatte. Aber Logik hat nichts mit Geschichte zu tun. Während Blanca von Kastilien eng mit der Herrschaft ihres geliebten Gatten Ludwig VIII. verbunden war, wird Anna von Österreich böswillig von der Macht ferngehalten: Trotzdem waren beide große Regentinnen. Katharina hingegen hatte sich stets der Macht nahe genug befunden, um – und das schon seit der Regierungszeit Franz' I. – beobachten und nötigenfalls eingreifen zu können, obwohl sie unter den aus zwei Gründen schwierigen Beziehungen zu ihrem Gatten litt, war sie doch der Demütigung ausgesetzt, daß er ihr eine ältere, herrschsüchtige und geringschätzige Rivalin vorzog und daß sie mehr als zehn Jahre lang dazu verurteilt war, die Ängste einer kinderlosen Königin zu erdulden. Sie kannte also die Probleme recht gut und stand in dem Ruf, »vor allem eine Politikerin zu sein«,[5] die in der Lage war, die kompliziertesten Verhandlungen zu führen, wenngleich es ihr an natürlicher Autorität fehlte.

Mit dem Tod Heinrichs II. begann keine Regentschaftsperiode, denn der neue König Franz II. war als Fünfzehnjähriger eigentlich nicht minderjährig, aber seine körperliche und geistige Schwäche machten es ihm offenkundig unmöglich, die Herrschaft auszuüben. Katharina, die ihre Absichten verbarg und die Lage realistisch einschätzte, drängte sich nicht in den Vordergrund. Niemand stellte die Frage nach einer Regentschaft, und außerdem war sie ja nicht die einzige Frau an der Seite des neuen Königs. Franz II. war seit einem Jahr mit Maria Stuart verheiratet, der Tochter des Königs von Schottland und der Maria von Guise, und er vergötterte seine Frau mit der Inbrunst eines Neurotikers. Nun trat die intelligente und hochgebildete junge Königin, die ja von der Partei der Guisen unterstützt wurde, selbstsicher genug auf, um nicht hinter ihrer Schwiegermutter zurückzustehen, dieser Kaufmannstochter, die, wie sie gesehen hatte, sich im Familienkreis immer unterwürfig, wenn nicht gar servil verhalten hatte. Aber Katharina lernte ihre Lektion. Ihre erste Maßnahme fiel anders aus, als man es erwartet hatte. Sie rächte sich nicht an Diane. Die Sitten der damaligen Zeit hätten ihr erlaubt, die ehemalige Favoritin ermorden zu lassen, was diese im übrigen offen befürchtete. Viele Höflinge, die nichts sehnsüchtiger wünschten, als der Königin gefällig zu sein, rieten ihr, »der Herzogin die Nase abschneiden zu lassen«. Katharina verlangte von ihr lediglich die Kronjuwelen und Chenonceaux zurück. Ihre Gedanken beschäftigten sich mit etwas anderem: Sie wollte es lernen, die Klippen zu umschiffen, die die Macht bedrohten. Drei Parteien – die Bourbonen, die Guisen und die Montmorencys – teilten den Hof unter sich auf. Deren blutige Rivalitäten sollten sich während der gesamten Herrschaftszeit der drei Brüder Franz II., Karl IX. und Heinrich III. verschärfen und das Ende der Valois-Dynastie prägen. Es ging darum, die eine oder die einen gegen die anderen auszuspielen.

Die jüngeren Brüder und die Prinzen von Geblüt, das heißt die Cousins des Königs, verhalten sich ruhig, wenn ein starker König herrscht; ist der König schwach oder minderjährig, erheben sie das Haupt: Sind sie nicht eine natürliche Ersatzlösung? Sind sie nicht im Fall eines Interregnums für den Thron ausersehen? Kommt es ihnen nicht wenigstens zu, eine unzulängliche Königsmacht abzusichern und zu regieren, solange es keine andere Regierungsgewalt gibt? Also stellen sie eine Lösung und zugleich eine Bedrohung dar.

Unter den letzten Valois spielten die Bourbonen diese Rolle, stammten sie doch auch von Ludwig dem Heiligen ab und waren demzufolge berechtigt, die Krone Frankreichs zu tragen: zunächst einmal Anton von Bourbon, der König von Navarra, durch seine Ehe mit Johanna von Albret, außerdem seine Brüder, der Kardinal von Bourbon und Ludwig, der Prinz von Condé; dann Heinrich von Navarra, Antons Sohn, der zukünftige Heinrich IV. Noch besorgniserregender wirkten sie, weil sie die Führung der protestantischen Partei übernahmen, denn sie verkörperten ja eine tatsächliche Opposition gegen die Königsmacht. Katharina mißtraute ihnen aus gutem Grund und bemühte sich mit allen Mitteln, sie in Schach zu halten.

Die zweite Partei gruppierte sich um die Guisen. Die Guisen hatten nicht die unbestreitbare dynastische Vorrangstellung der Bourbonen, doch sie verfügten über hervorragende Bündnisse, waren talentiert und hatten einen ungewöhnlich energischen Charakter. Ihr lothringisches Fürstengeschlecht war mit allen europäischen Herrscherfamilien versippt. Claude de Guise, der Stammvater des uns interessierenden Familienzweigs, war mit einer Frau aus dem Bourbonengeschlecht verheiratet. Sein ältester Sohn François, ein äußerst glänzender General, trat in den Dienst Heinrichs II. und heiratete Anna d'Este, die durch ihre Mutter Renata di Ferrara eine Enkelin Ludwigs XII. war. Seine einzige Tochter Maria vermählte sich mit dem König von Schottland – der zuvor zu den Bewerbern um Katharinas Hand gehört hatte – und gebar ihm eine Tochter, Maria Stuart. Claude d'Aumale, ein jüngerer Sohn, entschied sich für eine Familienverbindung mit Diane de Poitiers und wurde ihr Schwiegersohn. Der wichtigste Vertreter dieses Hauses war schließlich der Kardinal, »der mit einem wunderbaren Verstand [...] und einem erstaunlichen Gedächtnis begabt war«. Der hochgebildete Mann beherrschte, wie der venezianische Botschafter weiter berichtet, Griechisch, Latein und Italienisch, er besaß umfangreiche Kenntnisse in den Wissenschaften, war »aber beseelt von schimpflicher Habgier, äußerst doppelzüngig, rachsüchtig und mißgünstig«.[6] Das militärische Talent der Guisen machte sie nahezu unentbehrlich, und der Zusammenhalt des Clans ließ sie zu einer furchterregenden Macht werden. Außerdem fanden sie Unterstützung im Ausland, denn da sie eine ultrakatholische Haltung angenommen hatten, erwiesen sie sich als nützlich für den König von Spanien. Daher standen sie in jeder Hinsicht in offenem Gegensatz zu den Bourbonen, die wegen der Grenzen Navarras in ständige Konflikte mit Spanien verwickelt waren.

Den dritten Block bildeten schließlich die Montmorencys. Der Konnetabel Anne de Montmorency, der Oberbefehlshaber der Armee unter Heinrich II., war weniger kämpferisch als die Guisen und zog oft Verhandlungen dem Krieg vor. Sein Geschick zeigte sich an seinen Ehebündnissen: Sein Sohn heiratete Diane de France, eine 1538 geborene Tochter Heinrichs II., die seinem Liebesverhältnis mit einer Piemontesin entstammte, als er sich auf einem Feldzug in Italien befand. Diese Ehe brachte den Konnetabel in eine engere Verbindung zur herrschenden Dynastie. Seine Großnichte heiratete hingegen den Prinzen von Condé, was ihm den Zugang zu den Bourbonen eröffnete, und dann ermöglichte ihm die Ehe seiner Schwester mit Gaspard de Coligny, mit dem sie drei Söhne hat – einen Kardinal, einen Admiral von Frankreich (jenen Coligny, der in jener Zeit eine entscheidende Rolle spielen wird) und einen Generalobersten der Armee –, den Protestanten sein Wohlwollen zu bekunden.

Die Herrschaft Franz' II. war äußerst kurz: Sie dauerte nur anderthalb Jahre. Während dieser Zeit spielten die Guisen eine maßgebende Rolle. Karl IX., Franz' Bruder und Nachfolger, war ein zehnjähriges Kind. Diesmal fiel Katharina die einzige Hauptrolle zu. Das Spiel war nicht von vornherein gewonnen. Bréquigny, der Historiker des 18. Jahrhunderts, ein großer Kenner der Monarchie, erklärt: »Als die Königin voraussah, daß es mit dem König [Franz] zu Ende ging, wollte sie sich die Macht sichern: Die Vorsichtsmaßnahmen, die sie ergriff, um dies zu erreichen, und die Hindernisse, die sie überwinden mußte, beweisen, daß man über ihre Absichten im ungewissen war.«[7]

Der einzige Präzedenzfall reichte in das Jahr 1226 zurück, das Todesjahr Ludwigs VIII. Doch war Katharinas Lage nicht so eindeutig wie die Blancas von Kastilien. Im Gegensatz zu Ludwig VIII., der die Königinmutter mit einem offiziellen Auftrag betraute*, hatte der verstorbene Franz II. keine Erklärung zu ihren Gunsten abgegeben. Katharina konnte sich lediglich auf das Vertrauen berufen, das ihr Heinrich II. bei zwei Gelegenheiten gezeigt hatte. Das reichte nicht aus, und ebensowenig reichte das Gewohnheitsrecht aus, das zugunsten der Königinmutter sprach (Franz I. hatte diese Gewohnheit durchgesetzt, als er das Königreich während seiner Abwesenheit und seiner Gefangenschaft stets seiner Mutter Luise von Savoyen anvertraute). Hieraus ergab sich die unbedingte Notwendigkeit, sich mit den Prinzen von Geblüt zu verständigen, was nicht die Möglichkeit ausschloß, später geschickt zu taktieren, um sie von jeder wirklichen Entscheidung auszuschließen. Fanny Cosandey weist in ihrer Untersuchung über die Rolle der französischen Königin daraufhin, daß »die Übernahme der Regentschaft eher wie eine *Machtergreifung* als wie eine Machtübertragung wirkt, so daß sie halb wie ein legitimer Akt und halb wie ein Gewaltstreich erscheint«.[8] Das trifft ganz besonders auf Katharina zu, die den Bourbonen derart geschickt ausmanövrierte, daß sie die Aufgaben in der Staatsverwaltung und als Vormund an sich bringen konnte, ohne daß er Zeit hatte, etwas zu unternehmen und sich dieser Machtkonzentration zu widersetzen.

Die politische Klugheit der Königin zeigte sich als erstes daran, daß sie schnell vorging, denn sie ist überzeugt, daß ihr, und ihr allein, die Initiative zukommt, wenn sie ihre Stellung wirklich einnehmen will. Sie konnte bei ihren Verhandlungen auch deshalb höchst erfolgreich auftreten, weil sie sich der angeborenen Schwäche ihres ältesten Sohnes bewußt war und sein Tod sie nicht unvorbereitet traf. Sie nutzte die Unsicherheit, das Zögern und die Abwesenheit Antons von Bourbon, des ersten Prinzen von Geblüt, erreichte seinen Verzicht und übernahm tatkräftig die unumschränkte Gewalt. Der Geheimrat gewährte

---

* Nach einer feststehenden Tradition der kapetingischen Dynastie übernahm Blanca von Kastilien beim Tode ihres Mannes die Regentschaftsmacht als »baillistre« (baillistre, dt.: »Vormund«, »Regent«) für den unmündigen König (Anm. d. Ü.).

ihr die Vorrangstellung »in Anbetracht der großen Tugenden, der Klugheit, des besonnenen Verhaltens [...] und der tiefen Zuneigung, die sie stets gezeigt hat«,[9] er berief sich also auf ihren guten Ruf einer bescheidenen und untadeligen Gattin und einer liebevollen Mutter.

Die Rolle einer fügsamen Ehefrau, einer aufmerksamen, heiteren, für Ratschläge empfänglichen Prinzessin, die sie so lange Jahre gespielt hatte, erwies sich als vorteilhaft für sie. Am Hofe mißtraute man Katharina nicht, die scheinbar alle weiblichen Tugenden verkörperte, und wenige ihrer Zeitgenossen hätten ahnen können, welche Heftigkeit, Energie und Ambition sich hinter ihren schwarzen Schleiern und ihrem gutmütigen Lächeln verbargen. Als Trägerin des Titels einer Statthalterin Frankreichs und mit der Unterstützung ihres Kanzlers Michel de L'Hospital wollte sie jedoch die höchste Gewalt ausüben, und das gab sie unmißverständlich bekannt: »Ich will, daß die Briefe zuerst an mich gerichtet werden«, erklärte sie. Und so geschah es auch. »In der Regierung wird die Königinmutter als diejenige angesehen, deren Willen bei allem als höchster gilt; sie wird bei den Verhandlungen das letzte Wort haben«,[10] berichtete der Botschafter Venedigs und sprach damit für das ganze diplomatische Korps. Einige Tage später gab sie weiter bekannt, sie sei einverstanden, Anton von Bourbon das Amt des Generalstatthalters zu übertragen, doch solle er den Befehl unter ihrer Aufsicht führen und sie die oberste Gewalt bewahren.

Als zweites Kennzeichen ihrer Klugheit wirkt ihre scheinbare Bescheidenheit, sobald sie gesiegt hatte. Nachdem ihre Vorrangstellung gesichert war, ließ sich die Königin immer in der gleichen Weise darstellen: mit Ausnahme des weißen Kragens ganz schwarz gekleidet, »eher als Minister und nicht als Königin«, betonte Barbaro, der venezianische Gesandte.[11] Auf den Bildern der Familie stand Katharina, die nie herausgeputzt, nie triumphierend erschien, hinter ihrem Sohn, meistens hatte sie einen Arm auf seine Schulter gelegt, und mit dieser schlichten Geste unterstrich sie ihre gegenseitige Abhängigkeit. Sie wollte als Witwe und Mutter wahrgenommen werden, gerade weil sie nur zu gut wußte, daß ihr allein die Tugenden einer Ehefrau und die der Mutterliebe entgegengebrachte Hochachtung ermöglicht hatten, an die Macht zu gelangen. Dies erklärt das einfache, klar verständliche und harmonische Bild, das sie auf zahlreichen Stichen in Frankreich und im Ausland verbreiten ließ. Blanca von Kastilien hatte hingegen größere Selbstsicherheit gezeigt, und eine Miniatur von 1235 stellt sie auf der gleichen Ebene wie ihren Sohn dar, nur daß allein der König die Insignien der Königsmacht, ein Zepter und einen Reichsapfel, trägt. Katharina hält es für zweckmäßiger, ihre Herrschaft zu verschleiern.

In einem Brief, den Katharina einige Jahre später an ihren Sohn Karl IX. schrieb, entwarf sie einen Überblick, wie der Tagesablauf eines Königs aussehen sollte. Anscheinend las er den Brief nicht sehr aufmerksam, sie hingegen unterwarf sich der von ihr selbst gepriesenen Disziplin, und ihr Zeitplan war der einer Arbeiterin, einer äußerst ordnungsliebenden Schwerarbeiterin. Deshalb war ihre Macht absolut, und das nicht nur dem Namen nach, sondern tatsächlich. Sie leitete wirklich die Ratssitzungen, öffnete als erste die Depeschen aus Frankreich und dem Ausland, vergab die Ämter, Stellen und Würden. Die offiziellen Mitteilungen des kleinen Königs waren stets mit einem Begleitschreiben seiner Mutter versehen. Durch ihre beharrliche Tätigkeit machte sie sich gründlich mit den Akten vertraut, und bei ihrem Machtantritt war es für sie vorteilhaft, daß sie die führenden Politiker gut kannte. Die Minister und Staatsräte vererbten seit der Zeit Franz' I. ihr Amt vom Vater auf den Sohn, vom Onkel auf den Neffen oder vom Schwiegervater auf den Schwiegersohn. Einer der ihr am nächsten stehenden Berater, Jean du Tillet, war Sekretär der Mutter, danach der Schwester und schließlich der zweiten Frau Franz' I., bevor er in ihren Dienst trat. Die Reorganisation der Regierung wurde allgemein begrüßt: Sie »ist sehr ordentlich und gewissenhaft [...]. Jeder Beamte hat bestimmte Aufgaben, und so werden die Angelegenheiten schneller und ohne Unklarheiten geregelt [...].

Man wird sich geradewegs an die Königin wenden, und wenn sie den Kronrat benötigt, ruft sie ihn kraft ihrer persönlichen Autorität zusammen und erteilt die Antwort.«[12]

Michel de L'Hospital, ihr Kanzler, das heißt ihr erster Berater, die höchste Autorität auf dem Gebiet der Justiz, zugleich Staatsminister, Leiter der Verwaltung und oberster Richter, wurde ihr von ihrer Schwägerin Margarete von Savoyen empfohlen. Er war ein scharfsinniger, toleranter, erfahrener Mann und überdies mit sehr vielen königlichen Beamten verwandt. 1568 wurde er durch René de Birague, einen gebürtigen Mailänder, ersetzt, der zuerst die Aufmerksamkeit Franz' I. auf sich gelenkt und seit vielen Jahren das unumschränkte Vertrauen Katharinas gewonnen hatte. Wie setzte sie sich gegenüber diesen erfahrenen Männern durch, die dem König lange Zeit gedient und alle Wechselfälle der früheren Herrschaftsperioden überstanden hatten? Nur, indem sie sich Bewunderung durch ihre Klugheit erwarb, außerdem durch ihre Kenntnisse und ihre Wertschätzung guter Leistungen, mit denen sie die Arbeit der anderen erleichterte – und durch ihr Talent für wirkungsvolle Auftritte. Diese dicke und kleine, in ihre schwarzen Röcke gezwängte Dame läßt durchaus schon an die Königin Viktoria denken. Wie diese verkörpert Katharina unablässig die monarchische Kontinuität. An einem turbulenten, oft extravaganten und grotesken Hof fordert sie keine boshaften Verdächtigungen heraus. Eine heimtückische Anspielung auf irgendeine Verfehlung – unter solchen Verunglimpfungen hatten Blanca von Kastilien, Maria von Medici und Anna von Österreich zu leiden – würde den Ankläger lächerlich machen. Sie ist die Königin, und das bleibt sie bis zu ihrem Tod. Aber sie behauptet sich nur durch ihre Söhne.

Und Karl war kein einfaches Kind. Bis 1559, bis zum Tod seines Vaters, der ihn zum Kronprinzen machte, fand er kaum Beachtung in der Schar der Königskinder. Trotz seines zarten Alters – er war erst neun Jahre alt – hat er den Trauerzug von Notre-Dame nach Saint-Denis angeführt, da der neue König, sein Bruder, abwesend war, der sich traditionsgemäß nicht am

Begräbnis beteiligen durfte. Doch wenn man den König vom Zeremoniell der Totenfeier fernhielt, so hatte man ihm und auch seinen Geschwistern nicht den Anblick grauenhafter Gewalttaten erspart. Während sich der Hof im März 1560 in Amboise aufhielt, wurde eine von Protestanten angezettelte Verschwörung aufgedeckt. Der Herzog von Guise erzwang eine außergewöhnlich brutale Bestrafung. Die Verdächtigen wurden festgenommen, gefoltert und getötet. Franz II., Maria Stuart, alle Prinzen erlebten mit, wie die Rebellen gehenkt wurden. Sie standen an den Fenstern des Schlosses, das bisher nur Schauplatz ihrer Kinderspiele war. Elf Gefangene wurden hingerichtet und die Leichen an den Zinnen der Terrasse aufgeknüpft, zwanzig andere wurden in Säcke eingenäht und unter den Augen der Prinzen in der Loire ertränkt. Etwas geringschätzig hatte Katharina ihre kleine Schwiegertochter Maria beobachtet, die die Augen schloß und ihren Abscheu nicht verbergen konnte. Karl hatte zugesehen, ohne mit der Wimper zu zucken. Seine Mutter versuchte nicht, ihn zu schonen. Prinzen dürfen keine Schwäche zeigen.* Er muß sich an den Anblick von Blut gewöhnen. Und dieses ungestüme Kind, das sich weniger dem Studium als den Leibesübungen zuwendet und das die Jagd allem anderen vorzieht, wird sich daran gewöhnen.

Seine Thronbesteigung im Dezember 1560 veränderte die Beziehungen zu seiner Mutter nicht im geringsten. Tatsächlich hätte er sich bereits überzeugen können, daß ihre Autorität in der Regierung zunahm, wenn er sich überhaupt für so etwas interessiert hätte. Im Gegensatz zu seinem Bruder hatte er außer ihr keinen weiteren Beistand, und erst ganz am Ende seiner Herrschaft bemühte er sich um einen anderen Rückhalt, indem er sich Coligny annäherte. Er wird die Brüder Gondi, die Söhne der Hofmeisterin seiner Mutter, zu seinen vertrautesten Ratgebern machen, behält also eine Katharina treu ergebene Familie in seiner Umgebung.[13] Fügen wir hinzu, daß die Königin nichts

---

* Auch Dichter dürfen es nicht. Agrippa d'Aubigné war acht Jahre alt, als ihm sein Vater dieselben toten Hugenotten zeigte und ihn schwören ließ, sie zu rächen.

dem Zufall überließ. Nie verlor sie den König aus den Augen, wie der venezianische Beobachter meldete, und sie verbot allen, in seinem Zimmer zu schlafen. Die Guisen hätten es gern gesehen, daß er seine Schwägerin Maria Stuart heiratete, doch Katharina, die diesen Plan ablehnte, schickte die Prinzessin schon im Juli 1561 nach Schottland zurück. Der Königin, die vor allem ihre Stellung festigen wollte, kam es hauptsächlich auf die vorzeitige Großjährigkeitserklärung des Königs und nicht auf einen Ehebund an. Solange der König minderjährig war, konnte ihr Platz in Frage gestellt werden; wenn der großjährige König seine Mutter mit der Regierung betraute – woran sie nicht zweifelte –, war ihre Macht gesichert. Darum beeilte sich Katharina, Karl IX., obwohl er erst dreizehn Jahre alt war, am 17. August 1563 für großjährig zu erklären – ein unanfechtbares Mittel, um ihre eigene Macht auszubauen. Sie war nicht mehr Regentin, aber sie war die Mutter des Königs, eines Königs, der ihr *die Befehlsgewalt* vorbehielt.

Daß Karl seine Mutter liebte, daran besteht kein Zweifel. Alle Beobachter bestätigen einmütig seine Sohnesliebe und den Gehorsam, den er ihr gegenüber zeigte. Und sie? Kann man die Gefühle Katharinas beurteilen, die über die konventionellen Zuneigungsbekundungen hinausgingen? Nach außen hin tat sie alles, um ihn an der Macht zu beteiligen, ihn in den Vordergrund zu rücken, ihn vorzuführen. Der Höhepunkt dieser Politik wird die Rundreise durch Frankreich sein, auf die wir noch näher eingehen werden. Ob sie nun von seinen geistigen Fähigkeiten enttäuscht war oder voraussah, daß er viel zu früh der Tuberkulose erliegen würde, die offenbar alle ihre Kinder zugrunde richtete – diese Vorahnung wurde von den Prophezeiungen des Nostradamus bestärkt, jenes berühmten provenzalischen Arztes, des getauften Juden Michel de Notre-Dame, der angekündigt hatte, sie werde die Herrschaft von drei Söhnen erleben –, oder ob ihr schließlich die an Wahnsinn grenzenden Anfälle einer Nervenkrankheit unheimlich waren, unter denen Karl IX. oft litt, im Familienkreis bevorzugte sie ihn jedenfalls nicht, ganz im Gegenteil. Ihre Vorliebe galt Heinrich, dem jüngeren Sohn.

Eine Regentin muß, wie wir gesehen haben, sich zuerst den Prinzen von Geblüt gegenüber behaupten und sich gegen die verschiedenen Parteien durchsetzen, weil sie sonst nicht die geringste Macht besitzt. Sie hat jedoch eine weitere, ebenso vordringliche Aufgabe, nämlich, die jüngeren Geschwister der Führung des ältesten Bruders zu unterwerfen. Auf kurze Sicht ist dies das beste und gewissermaßen das einzige Mittel, damit der kindliche König seine Autorität verstehen lernt. Ein Kind ist unfähig, eine politische Rolle zu übernehmen oder das Verhalten der Erwachsenen in seiner Umgebung zu beeinflussen, aber es erfaßt sehr genau, selbst wenn es ganz jung ist, welcher Rang ihm unter den Geschwistern zukommt, und der kleine König muß unbedingt wissen, daß niemand sein Vorrecht anzweifelt. Langfristig ist dies die einfachste Methode, um schädliche Umtriebe der jüngeren Brüder zu verhindern, die so viele Königsherrschaften vergiftet haben. Katharina konnte oder wollte keine unanfechtbare Hierarchie in ihrem engsten Familienkreis herstellen: Karl IX., Heinrich III. und sie selbst sollten darunter leiden.

Als ihre erste Regentschaft begann, waren ihre beiden älteren Töchter bereits verheiratet, die erste mit dem König von Spanien, die zweite mit dem Herzog von Lothringen. Katharina schrieb ihnen fortwährend, und Claude, die Herzogin, kehrte gelegentlich an den Hof zurück, doch die Schwestern gehörten trotz der starken Gefühlsbindung nicht mehr zum engsten Familienkreis. Also blieben übrig: Karl IX., Heinrich, der Herzog von Anjou,* Margarete und Franz, der Herzog von Alençon. Drei weitere Kinder waren in frühem Kindesalter gestorben. Der Altersunterschied zwischen Karl und Heinrich betrug ein

* Bis 1566 war Heinrich als Herzog von Orléans bekannt. Seine Mutter ließ ihm in diesem Jahr Anjou, Bourbonnais und Maine als Apanage geben und verlieh ihm den Titel »Herzog von Anjou«. Diesen Titel hatte bisher Franz, der jüngste Sohn, getragen. Zum Ausgleich wurde er zum Herzog von Alençon ernannt, und er behielt diesen Titel bis zur Thronbesteigung Heinrichs; zu diesem Zeitpunkt wurde Franz wieder Herzog von Anjou. Damit es keine Mißverständnisse gibt, bezeichne ich Heinrich als Herzog von Anjou und Franz immer als Herzog von Alençon.

Jahr. Margarete, die unter dem Namen Margot in die Geschichte eingegangen ist, war drei Jahre jünger als der König, sie wurde 1553 geboren. Der Benjamin kam im Jahre 1555 auf die Welt. Sie waren also fast gleichaltrig.

Heinrich war der Liebling seiner Mutter. Mein Augapfel sagte sie, wenn sie von ihm sprach. Er war schöner und kräftiger als der König, eher für geistige Freuden empfänglich und zeigte in seinem Auftreten auch größere Anmut und Gewandtheit. Die Königin bevorzugte ihn bei allen Gelegenheiten, und das seit der Krönung Karls IX., als sie verlangte, daß der junge Heinrich den Vortritt vor allen Pairs haben und seinem Bruder die Krone aufs Haupt setzen sollte. Im Laufe der Jahre wird es zwischen den vier Kindern und ihren beiden ständigen Gefährten – Heinrich von Navarra und Heinrich von Guise – kurzzeitige Bündnisse und Liebesbeziehungen, unauslöschliche Ressentiments und schließlich einen Kampf bis zum Tod geben. Katharina schüchterte sie alle ein. »Ich wurde bei der Königin, meiner Mutter, mit solchem Zwang erzogen, daß ich nicht nur zuwenig Mut hatte, sie anzusprechen, sondern wenn sie mich ansah, erstarrte ich auch vor Angst, daß ich etwas getan hätte, was ihr mißfallen könnte«, erinnerte sich ihre Tochter Margot.[14] Als Théodore de Bèze, einer der angesehensten Hugenotten des Königreichs, im Jahre 1561 Karl IX. für seine Sache gewinnen will, gestand ihm der König, er habe die Absicht, die katholischen Religionsvorschriften aufzugeben, doch zugleich warnte er ihn: »Ich bitte Sie, diese Geheimnisse zu bewahren und sich so zu verhalten, daß sie niemals meiner Mutter zu Ohren kommen.«[15] Daß die Königin ihre Gunst nicht konsequent, sondern ganz willkürlich gewährte, verschärfte die Rivalitäten zwischen ihren Kindern. So etwa bat Heinrich einige Jahre später, als er zur Armee aufbrach, seine kleine Schwester, sich so oft wie möglich bei ihrer Mutter aufzuhalten und ihr von seinen Heldentaten zu erzählen – »damit mir der König nicht das Amt des Generalleutnants der Armeen entzieht [...]. Ich brauche einige mir sehr treu ergebene Personen, die bei der Königin, meiner Mutter, für mich eintreten.« Also konnte sich nicht einmal das Herzenskind uneingeschränkt auf die Königin verlassen. Diese Unsicherheit verstärkt die Spannungen in der Familie. Die Kämpfe zwischen den letzten Valois-Brüdern waren eine schlimme Niederlage Katharinas. Doch soweit sind wir noch nicht.

Die ersten fünf Regentschaftsjahre hatten nicht ausgereicht, um die monarchische Autorität wieder unangefochten zu bestätigen. Katharina hatte versucht, Toleranz in diesem von religiösen Konflikten gespaltenen Land durchzusetzen. Im September 1561 hatte sie in Poissy Vertreter der Katholiken, Protestanten und sogar Juden vorgeladen, weil sie sich um einen Kompromiß bemühte und die Vorstellung durchsetzen wollte, daß man Bürger des Reiches sein konnte, auch wenn man kein Christ war – »selbst der Exkommunizierte bleibt ein Bürger des Reiches«[16] –, aber die Geister waren einerseits zu erregt, um sich damit abzufinden, daß man jeden auf seine Weise beten ließ, ohne die öffentliche Ordnung zu stören, und andererseits genoß die Königin kein derart großes Ansehen, daß ihr die verschiedenen Parteien vertraut hätten.

1562 war ein erster Bürgerkrieg ausgebrochen, ein außerordentlich gewalttätiger Konflikt, der mit einer Niederlage der Protestanten endete und in dem zwei große katholische Führer starben: Anton von Bourbon, der sich zum Katholizismus bekehrt hatte und vor Rouen den Tod fand, und der Herzog von Guise, der vor Orléans ermordet wurde – auf Anstiftung Colignys, der zu den Reformierten übergegangen war. Da die Kämpfe keine Lösung gebracht hatten, verstärkte die Königin ihre Politik des Ausgleichs und nahm neben überzeugten Katholiken auch gemäßigte Protestanten in den Kronrat auf, um die ausgewogene Haltung des Kanzlers Michel de L'Hospital zu unterstützen, nach dessen Urteil »diejenigen, die dem König raten, sich ganz für eine Seite zu entscheiden, sich ebenso verhalten, als wenn sie sagten, er solle zu den Waffen greifen, um ein Glied durch ein anderes Glied bekämpfen zu lassen, was den ganzen Körper zugrunde richten würde«.[17] Allerdings war sie nun zu der Überzeugung gelangt, daß das Land hauptsächlich katholisch war. Die Hugenotten zeichneten sich durch ihre Fähigkeiten, ihre Inbrunst und Tatkraft aus, doch sie blieben eine Minderheit. Die beiden Religionen waren nicht gleich stark. Niemals würde Frankreich einen Herrscher, der nicht katholisch war, anerkennen. Die Königin, die ein gewisses Wohlwollen für die Reformation gezeigt und insbesondere zugelassen hatte, daß ihre Kinder nach Art der Protestanten auf französisch beteten, zog die Konsequenzen aus dieser Einsicht, korrigierte ihr Verhalten und zwang ihre Familie, die Vorschriften der römisch-katholischen Kirche strenger zu befolgen.

Die Jahre des Unfriedens hatten sie in einer weiteren Überzeugung bestärkt: »Damit man gut mit den Franzosen auskommt und sie ihren König lieben«, mußte man sie unterhalten. Sie hatte eine Vorliebe für gesellschaftliche Repräsentation und ein besonderes Talent, die besten Künstler für sich zu gewinnen und in den Dienst ihrer politischen Macht zu stellen. Schließlich hatte sie erlebt, wie vorteilhaft Franz I. die Reise durch sein Königreich genutzt hatte; auch sie selbst hatte einen Teil dieses Weges zurückgelegt, war sie doch als ganz junge Ehefrau von Marseille nach Paris gereist. Darum bemühte sie sich, aus ihrem Hof eine Stätte ständiger Feste und Lustbarkeiten zu machen, einen Ort der Verführungskünste, den die schönsten Frauen bevölkerten – man zählte dort bis zu dreihundert Damen, die man wegen ihres Liebreizes und ihres lebhaften Verstandes ausgewählt hatte. Die Königin, die stets ihr schwarzes Kleid trug, verlangte, daß sich die Zauberinnen ihrer *fliegenden Schwadron* in Seide und Gold hüllten und sich mit den schönsten Juwelen schmückten. Sie hatte nichts dagegen, daß diese Damen bestimmte Parteiführer – insbesondere Heinrich von Navarra und seinen Onkel Ludwig von Condé – von ihren militärischen Neigungen ablenkten, doch sie legte Wert darauf, daß »sie klug, geschickt und erfahren sein sollten, um sich vor einem dicken Bauch zu bewahren«. Ihre Söhne waren die ersten Prinzen, die in einer solchen Frauengesellschaft aufgezogen wurden. Gewiß, Franz I. war bei einer Mutter und einer älteren Schwester aufgewachsen, die zu ihm aufblickten, und es gefiel ihm im Kreis der Hofdamen, doch diese gehörten entweder zur Familie oder waren potentielle, gegenwärtige oder auch frühere Geliebte, während die letzten Valois von einer ganzen Blütenlese schöner Frauen umschwärmt wurden, die der unumschränkten Autorität ihrer Mutter gehorchten. Sie waren dort, weil sie elegant, sehenswert und dekorativ wirkten, und das in einer Atmosphäre, die sich grundsätzlich von der eines Hofes unterschied, den ein der Liebe verfallener Mann geführt hätte. Die Königin legte ebenfalls Wert darauf, daß die Prinzen gut gekleidet waren, in der Öffentlichkeit auftreten, mühelos Ansprachen halten und ihren Platz bei Festzügen und offiziellen Städtebesuchen einnehmen konnten.

Im Jahre 1564, also fünf Jahre nach dem Tod Heinrichs II., hielt sie den König und den Herzog von Anjou für ausreichend vorbereitet, um das Königreich zu bereisen, sie dem Volk leibhaftig zu zeigen und die beinahe mystische Beziehung zwischen dem Herrscher und seinen Untertanen zu erneuern. Deshalb nutzte sie eine Kampfpause und machte sich mit dem ganzen Hof auf den Weg, um den König seinem Land vorzustellen. Mit dieser klugen Geste wollte sie sich die Möglichkeit verschaffen, dem ganzen Reich die phantastischste Unterhaltung zu bieten.

Die große Reise
1564-1566

Katharina wird also eine Reise durch das Königreich antreten. Diese Reise sollte mehr als zwei Jahre dauern, und ihre Hauptstationen waren Troyes, Bar-le-Duc, Lyon, Avignon, Toulouse, Bordeaux, Bayonne, Châteaubriant und Moulins. Sie stellte zwar nicht den Höhepunkt ihrer Herrschaft dar, denn sie brachte keinen dauerhaften Erfolg, doch sie gibt ihr das Gefühl eines großen persönlichen Triumphes in einer der seltenen Perioden ihrer Regierungszeit, in der sie sich als Herrin der Lage empfindet. Diese Methode, den Königshof auf Reisen zu schicken, entsprach ihrer Vorstellung von der Monarchie, denn sie erlaubte ihr, die nach ihrer Ansicht für die Macht unentbehrlichen Faktoren zu vereinen. Vor allem wollte sie den symbolischen Charakter des Königtums hervorheben – und ein kindlicher König ist dessen reinste Verkörperung –, dann der Bevölkerung ein unvergleichliches Schauspiel bieten und außerdem eine Regierungsform ermöglichen, die in einem Land, in dem sich überaus große lokale Besonderheiten erhielten, trotz der wechselnden Schauplätze durchaus leistungsfähig war, und schließlich wollte sie die Versöhnung der Parteien erleichtern, indem sie beispielhaft Toleranz verkündete. Für jemanden wie Katharina, die so wenig dogmatisch war, oft in ihren Entscheidungen schicksalsergeben auf die Ereignisse reagierte und den Hilfsmitteln eines einfallsreichen Geistes zutiefst vertraute, bot eine Diplomatie, die dem Partner direkt ins Auge sah, überdies Vorteile, die sie für offenkundig hielt; die Fahrt würde nun Begegnungen mit Herrschern aus Nachbarländern erleichtern. Die Rundreise sollte ebenfalls der ganzen Königsfamilie die Gelegenheit bieten, ihren Besitz kennenzulernen, und vor allem sollte Karl IX. die Möglichkeit erhalten, seine Selbstdarstellung als König zu vervollkommnen und sich Schritt für Schritt mit seinem Amt vertraut zu machen. Wäre dieses letzte Ziel erreicht worden, so hätte man die Reise tatsächlich als einen Triumph der Regentin ansehen dürfen; man wird jedoch noch sehen, daß ganz im Gegenteil ihr Sohn Heinrich den größten Nutzen aus ihr zog.

Vor allem muß man versuchen, sich keinen reisenden Hof, sondern das Vorrücken einer wahren Stadt vorzustellen, einer Stadt mit ihrem Adel, ihren Bürgern, ihrer Dienerschaft, ihren Kaufleuten, Handwerkern und Beamten sowie ihrem Vieh. Zeitgenössische Autoren zählten eher die Pferde als die Menschen, um einen Zug zu beurteilen, und nannten Mengen, die zwischen fünfzehn- und achtzehntausend Pferden schwankten. Hieraus schließt man, daß dem König zehn- bis fünfzehntausend Personen folgten – eine zwangsläufig nur annähernde Schätzung, denn wenige machten die ganze Reise mit. Jede hohe Persönlichkeit wurde von einem *Hofstaat* begleitet. Wenn sich eine solche Persönlichkeit der Schar anschloß, vergrößerte sie sich unverzüglich um etwa hundert Personen, und im umgekehrten Fall nahm sie im gleichen Umfang ab. Außerdem mußte man mit dem zeitweiligen Zustrom einheimischer Besucher rechnen, die dem König entgegeneilten. Die Zahl der Reisenden überstieg stets die Einwohnerschaft einer mittleren Stadt der damaligen Zeit, denn um 1550 hatten nur fünfundzwanzig Städte mehr als zehntausend Einwohner; wenn die Zeugenberichte von einer sich fortbewegenden ganzen Stadt sprechen, übertreiben sie also nicht.[18] Man darf sich jedoch nicht Tausende von Personen vorstellen, die sich über etwa zwanzig Kilometer verteilten. Diese irrtümliche Auffassung setzt das Vorhandensein von solchen Straßen voraus, wie wir sie kennen. Wenn sich der Zug wie ein Band ausgebreitet hätte, wäre die Spitze am Etappenziel angekommen, bevor das Ende den Marsch angetreten hätte. Wahrscheinlicher ist, daß sich die Leute nach Art einer Armee in zahlreiche Marschkolonnen unterteilten und das Land »gleich einem riesigen, ebenso breiten wie langen Tuch«[19] bedeckten. Außerdem mußten die Prinzen und ihr Hofstaat drei oder vier Meilen voneinander entfernt sein, um genug Unterkünfte zu finden.

Die meisten Teilnehmer – und nicht nur die Bedienten oder die Infanteristen – gingen zu Fuß. Nur hohe Persönlichkeiten, zu denen der König gehörte, saßen im Sattel. Die Männer und selbst die jungen Frauen wählten weitaus eher ein Pferd als eine Kutsche. Sie kamen doppelt so schnell wie die Fußgänger voran; da die Wegstrecken aber selten länger als fünfzehn Kilometer waren, trafen alle wieder am nächsten Rastplatz zusammen. Katharina und der alte, von der Krankheit geschwächte Konnetabel Anne de Montmorency reisten in Sänften. Eine Sänfte war geräumiger und bequemer als eine Kutsche, denn sie wurde ja nicht gezogen, sondern wie ein Palankin von Pferden und Maultieren getragen, und der Reisende mußte in ihr keine unerträglichen Erschütterungen aushalten. Die Königin bot mit ihren sechsundvierzig Jahren das Bild einer robusten Frau, und obwohl sie immer dicker wurde, stieg auch sie gern auf eines der sechs Pferde, die ihr immer zur Verfügung standen. Da sie jedoch eine Überfülle von Arbeiten zu bewältigen hatte, blieb ihr nichts anderes übrig, als eine Beförderungsart zu nutzen, die es ihr ermöglichte, lange Reisestunden mit Lesen, Schreiben und Näschereien zu verbringen. Tatsächlich legte sie großen Wert auf häufige kleine Imbisse, und zwei Lasttiere, die beinahe unter den Obstsäcken und Konfitürekrügen zusammenbrachen, folgten stets ihrer Equipage.

Die Königin hatte durchaus die Verheerungen vorhergesehen, die diese Tausende von Besuchern an ihren Durchreiseorten hervorrufen würden, indem sie »das arme Volk bedrücken und bedrängen«[20] würden, aber die Umstände erlaubten keine Verringerung des königlichen Hofstaats. Man mußte unbedingt die militärische Eskorte vergrößern, wenn man sich feindlichen – entweder hugenottischen oder erst seit kurzem mit dem Königreich vereinigten – Gebieten näherte. Diese Eskorte umfaßte ohnehin schon über dreitausend Kavalleristen und zweitausend Infanteristen, und man mußte sie durch behelfsmäßige Kompanien von Berittenen oder Fußvolk verstärken. Es war unmöglich, ohne die Kanzlei und ihre Heerschar von Sekretären zu regieren. Die Urkunden und Register Frankreichs wurden in einem Wagen zusammen mit den Amtskleidern des Kanzlers und einer mit Lilienornamenten verzierten Tapisserie befördert, die den Saal der Ratssitzungen vorschriftsmäßig ausschmücken mußte. Es folgten auch die Botschafter und ihre Begleiter. Alle Krämer, Schneider, Schuster, Sattler und Stellmacher, die für den alltäglichen Betrieb unentbehrlich waren, verteilten sich über den ganzen Zug und rückten mit ihm vor, sie schoben ihre Karren voller Werkzeug, Material und Vorräte oder hielten sich an kleinen, von Maultieren gezogenen Wagen fest, in denen Kisten verstaut waren, die stets herunterzufallen drohten. Tierärzte und Ärzte konnten trotz ihrer Zahl nicht allen Anforderungen gerecht werden. Allein fünf Ärzte und ihr Hilfspersonal waren dem Dienst Karls IX. zugeteilt. Vor den Offiziellen kamen die Verantwortlichen für die Lebensmittelversorgung: die Fleischer, Fisch-, Gemüse- und Weinhändler, die Privilegien besaßen und deshalb dem Hof folgen durften. Die Intendantur kümmerte sich darum, daß die Tiere mit Heu, Hafer und Stroh versorgt wurden. Die Städte wurden im voraus benachrichtigt: Sie sollten keine Beschlagnahmungen veranlassen, sondern das Anlegen von Vorräten unterstützen. Als Vorhut schickte man die für die Ausstattung der königlichen Wohnstätten erforderlichen Handwerkergruppen; diese Wohnungen standen immer leer, wenn der König und seine Familie abwesend waren, denn damals nahm man Betten, Stühle, Wandteppiche, Haushalts- oder Küchengeräte mit, wenn man auf Reisen ging. Man mußte also diese Schlösser in wenigen Tagen und für wenige Tage einrichten und bewohnbar machen.

Machiavelli, der als florentinischer Gesandter an den Fahrten des Hofes teilgenommen hatte, zeigte sich von der disziplinierten Gestaltung der Reiseunternehmen dermaßen beeindruckt, daß er eine ausführliche Beschreibung des Verbandes der Furiere hinterlassen hat. Die Furiere, zweiunddreißig an der Zahl, waren für die Quartiere verantwortlich. Sie teilten sich in vier Trupps auf. »Der erste [...] bleibt an dem Ort, von dem der Hof aufbricht, um mit den Privatpersonen, bei denen man untergebracht war, abzurechnen und sie zu bezahlen; der zweite Trupp marschiert mit dem König; der dritte eilt voraus, damit er sich bereits an dem Ort befindet, den der Hof erreichen soll; der vierte schließlich befindet sich an dem Ort, wo der König am nächsten Tag übernachten soll, um die Unterkünfte hierfür herzurichten. Sie sind vortrefflich in ihrer Ordnung, denn sobald man ankommt, finden alle, selbst die niedrigsten Personen des Hofes, ihr Quartier fertig eingerichtet.«[21] Die Tapezierer, Glaser und Tischler waren also eifrig am Werk, damit der König am Etappenziel über alles Notwendige verfügte. Selbst wenn er sich nur eine Nacht in einem Privathaus aufhielt, mußte man seine Wohnung mit einem eigenen Eingang ausstatten; deshalb bauten die Zimmerleute innerhalb weniger Stunden eine *degré* (»Stufe«) genannte Vortreppe aus Holz, damit der Herrscher nicht die allgemeine Treppe benutzen mußte, wenn er in seine Etage hinaufstieg. Um die als Quartier dienenden Städte nicht zu ruinieren, hatten die Reisenden, selbst der König, wenn er nicht in einem seiner Schlösser übernachtete, einen vom Herkommen festgelegten Mietzins zu bezahlen: »Um alle möglichen Beschwerden der einen oder anderen zu vermeiden, ist angeordnet, daß man einen Sou täglich für jedes Zimmer geben soll, in dem ein bezogenes Bett steht und wofür der Hausherr wenigstens einmal in der Woche die notwendigen Bettücher und andere Wäsche bereitstellen wird. Wenn jemand bei einem anderen wohnen will, muß er ihm täglich zwei Deniers für Tisch- und Handtücher, Essig, Salz und sauren Traubensaft geben, und man muß die Tischwäsche wenigstens zweimal in der Woche wechseln; da man in Frankreich jedoch übergenug Tuch hat, wechselt man Ihnen dort die Wäsche, sooft Sie wollen. Außerdem muß der Hausherr darauf achten, die Zimmer sauberzuhalten und die Betten zu machen.«[22]

Der Zug war vor allem ein märchenhaftes und überwältigendes Schauspiel. Die Königin hatte ein besonderes kleines Gefolge beansprucht: Es bestand aus ihren Närrinnen, Possenreißern und Zwergen, die stets von ihren Wäscherinnen, Hofmeistern, Ärzten und Apothekern begleitet wurden. Schließlich wollten sich König und Königin nicht von ihren Jagdhunden und -pferden oder von ihrer Menagerie trennen, die Doggen, Bären, Leoparden, Löwen und Kamele, Affen und Papageien vereinte. Die Tiere sollten bis Blois mitkommen. Sie waren nicht die einzigen, die auf halbem Wege aus dem Hofstaat ausschieden. Nach Bayonne, das heißt am Ende einer einjährigen Wanderschaft, kehrten viele Ritter des Hofes, die ruiniert und von den langen Reisemonaten erschöpft waren, nach Hause zurück.

Die Frage war, ob der König einen dreifachen Nutzen aus diesem gewaltigen Wanderzirkus ziehen konnte. Er bereicherte seine praktische Bildung, beteiligte sich intensiver am politischen Leben und wurde sich schließlich seiner symbolischen Macht bewußt – das war tatsächlich eine ganze Reihe nicht zu unterschätzender Vorteile. Unmöglich kann man sich dem Gedanken verschließen, Katharina hätte davon geträumt, daß die magische Wirkung der Reise aus dem wunderlichen und unzugänglichen jungen Mann einen charismatischen Herrscher machen würde.

Karl IX. hatte im Gegensatz zu seinem Bruder Heinrich und seiner Schwester Margarete wenig für abstrakte Studien übrig. In den Reiseberichten wird Heinrichs Hofmeister erwähnt, doch man sagt nicht das geringste über die Lektionen des kleinen Königs. Hingegen hat man seine Ausbildung in der Kriegskunst und im Zeremoniell offenbar gefördert. An den Rastorten – und es ist daran zu erinnern, daß man durchschnittlich nur jeden vierten Tag unterwegs war – übten sich der König, sein Bruder und einige Edelleute im Kampf mit Pike und Degen. Die Königin erlaubte ihren Söhnen nicht, an regelrechten Turnieren teilzunehmen, obwohl, wie Brantôme berichtet, »Karl ein guter Reiter war und es auch in höchstem Maße sein wollte«. Das Schreckbild des Todes Heinrichs II. quälte sie immer noch. Sie gestand dem König nur das Recht zu, zu Fuß gegen seinen Fechtmeister zu kämpfen oder sich bei fingierten Turnierspielen zu behaupten. Die Schneeballschlachten während des langen Aufenthalts in Carcassonne, wo ein Schneesturm den Hof mehrere Wochen lang festhielt, boten die Gelegenheit, einen Scheinangriff zu inszenieren, der den ganzen Hofstaat begeisterte. Der König ließ im Hof eine Bastion aus Schnee errichten und hielt zusammen mit seinen Mitkämpfern einem über zwei Stunden dauernden Angriff stand. Er beteiligte sich auch an einem richtigen Manöver, an der Belagerung eines Forts, und in Dijon war er bei einer Kanonade dabei. In Marseille veranstaltete man eine Galeerenschlacht; in Brouage spielte man den Angriff eines Piratenschiffes auf ein Handelsschiff vor.

So bemühte man sich tatsächlich, den Jungen in der Kriegskunst zu schulen. Allerdings muß man feststellen, daß König Ludwig, den man später »den Heiligen« nennen sollte, in demselben Alter nicht nur seit langem an den Ratssitzungen teilnahm, sondern auch schon die Feldzüge führte, die notwendig waren, um seine aufsässigen Vasallen zu unterwerfen, daß er seine Barone vorlud und in ihre Privatfehden eingriff. Zwischen Ludwig IX. und seiner Mutter Blanca von Kastilien hatte sich eine echte Aufgabenteilung vollzogen. Katharina hingegen wird ihren Sohn stets daran hindern, tatsächlich am Geschehen teilzunehmen, was entweder auf einen übermäßigen Beschützertrieb oder auf ihr mangelndes Vertrauen zu ihm zurückzuführen ist. Einige Jahre später wird sie Heinrich an die Spitze der Armeen stellen, obwohl Karl höchst unwillig reagierte. Dieser erkannte sehr wohl, daß ein König als Krieger erscheinen muß. Er kompensierte seine Enttäuschung durch eine beinahe verzweifelte Jagdleidenschaft, stundenlang galoppierte er und kümmerte sich nicht um die erschöpfenden Gewaltritte, die Gefahr und die unerbittlichen Verfolgungsrennen.

In jener Zeit, in der junge Leute früh heranreiften, wirkte Karl IX. allerdings noch sehr kindlich für seine vierzehn Jahre, denn er schien niemals über grundsätzliche religiöse und politische Probleme nachzudenken, die dieses Königreich belasteten, das er gerade kennenlernte. Er reiste als Tourist umher und interessierte sich lebhaft für regionale Sitten, Stierkämpfe oder folkloristische Gesangs- und Tanzdarbietungen, ließ sich etwa von dem Klima und der Pflanzenwelt des Südens faszinieren. Die Orangen, die Palmen, die Pfeffersträucher »und andere, Wolle tragenden Bäume, die [hier] dicht wie Wälder stehen«,[23] entzückten ihn, und in Hyères wird er sich um die Einrichtung von botanischen Gärten kümmern. Eine Rundfahrt auf dem Meer, diesem leuchtend blauen Meer, das sich so sehr von dem der ihm bekannten normannischen Küsten unterschied, beeindruckte ihn. Er nahm die historischen Reminiszenzen mancher Orte zur Kenntnis: Arles und Nîmes mit ihren Sarkophagen und ihren Arenen, der Pont du Gard beschworen Rom und sein Imperium herauf. Andere Orte erinnerten auch an frühere Besuche der einstigen Könige und vermittelten ihm ein Gefühl für den Platz, den er in der Reihe der Herrscher einnahm. Die Stadt Les Baux-de-Provence hatte Franz I. nach Ludwig XII. und dem aus dem Kreuzzug zurückkehrenden Ludwig den Heiligen beeindruckt. Franz I. war wie sein Enkel in die Krypta der heiligen Martha in Tarascon hinabgestiegen und hatte wie er die Arenen von Nîmes bewundert.

Während sich der kleine König offenkundig für Landschaften und Spuren der Vergangenheit interessierte, fühlte er sich nicht zur politischen Arbeit hingezogen. Er zeigte sich nur widerwillig bereit, an den Ratssitzungen teilzunehmen. Lieber ging er spät schlafen und unterhielt sich mit seinen Gefährten über die Jagd, als daß er seinen Ministern zuhörte und Klarheit über die Probleme seiner Zeit gewann. Ronsard empörte sich darüber:

Man schwatzt über gehetzte Hirsche,
Über Meuten und Jagd,
Wo doch der Hugenotte in La Rochelle
Uns heimlich bedroht.

Das Beispiel seiner ununterbrochen beschäftigten Mutter schreckte ihn offenbar eher ab, als daß es ihn ermutigt hätte, sein Amt auszuüben. Worin bestand diese Arbeit?

Auf einer Reise stellte sich eine doppelte Aufgabe: Man beschäftigte sich nicht nur mit der Regierung des Königreichs, sondern bemühte sich auch außerordentlich intensiv um Repräsentation. Die täglichen Angelegenheiten konnten nicht warten. Man mußte sie erledigen, das heißt die Depeschen der Botschafter, der Gouverneure und der Verantwortlichen für die Grenzregionen entgegennehmen und beantworten. Diese Dienstaufgaben wurden durch die Reise nicht eingeschränkt; Katharina nutzte, wie man gesehen hat, die Zeit unterwegs, um Briefe zu lesen und zu beantworten. »Sie scheute nicht die Mühe, etwas zu lesen, was ihr gerade einfiel«, berichtet Brantôme. »Einmal war sie in Blaye eingestiegen, weil sie in Bourg zu Abend essen wollte, und ich sah, daß sie auf dem ganzen Weg ein Pergament las, wie es ein Berichterstatter oder ein Rechtsanwalt mit einem ganzen Protokoll tut. [...] Sie blickte nicht einmal auf, bis sie es durchgelesen hatte.«[24] Obwohl sie Karl stets dazu angehalten hatte, wenigstens »ein oder zwei Stunden die Depeschen und die Angelegenheiten anzuhören, die sich ohne [seine] Anwesenheit nicht erledigen lassen«,[25] stellte man nie fest, daß er sich deshalb beunruhigte. Der Kronrat konnte nur in der Residenz des Königs stattfinden, indes deutet nichts darauf hin, daß Karl IX. tatsächlich den Vorsitz bei allen Sitzungen führte. Sein mangelnder Eifer fiel auf. Die Lästerzungen würden bald behaupten, daß er gleichgültig oder sogar träge sei. Katharina machte sich Sorgen: »Die Bösen haben überall arglistig zu verstehen gegeben, daß Sie sich nicht um ihren Schutz kümmern und daß es Ihnen auch nicht gefalle, sie zu sehen.«[26] Doch trotz des engen Zusammenhalts, den die Reise mit sich brachte, konnte sie diesen jungen Mann, bei dem die Pflicht allzuoft hinter dem Vergnügen oder vielmehr der Leidenschaft der Jagd zurücktrat, nicht ständig zu etwas zwingen.

Karl machte also kaum Fortschritte bei der hauptsächlichen Arbeit, der alltäglichen Arbeit, und er schien sich ohne den geringsten Vorbehalt damit abzufinden, daß sich die Macht unübersehbar in der Hand Katharinas befand. Ganz offenkundig unterrichtete sich tatsächlich allein die Königin über die Probleme, lenkte die Beratungen und entschied endgültig und unwiderruflich. Es gab keine Reibereien zwischen Mutter und Sohn – abgesehen von einigen heftigen Äußerungen der Eifersucht auf Heinrich, wie wir noch sehen werden. Man muß jedoch feststellen, daß sie sehr sorgfältig auf die Formen achtete und stets nachdrücklich daran erinnerte, daß allein ihr Sohn, der König, ihr persönliches Ansehen rechtfertigte. Deshalb bemühte sie sich, den Zugang zum Herrscher zu erleichtern, rückte ihn ständig in den Vordergrund und stellte ihn beharrlich als wundertätigen und Gerechtigkeit übenden König vor, denn das waren Voraussetzungen für die Wiederherstellung der königlichen Autorität, die ihr als erster zugute kam. Dabei muß man nun anerkennen, daß der *re piccolo* (»kleine König«), wie ihn die venezianischen Botschafter nannten, seine Repräsentationsaufgaben sehr gut erfüllte, aus denen ja der unbedingt erforderliche zweite Teil seiner Tätigkeit bestand.

Montaigne betont, »wie sehr es einem guten König geziemt, die Länder seiner Untertanen oft zu besuchen, und wie sehr ihm das die Mühe erleichtert, seine Staatsangelegenheiten zu erledigen«. Der Philosoph Jean Bodin, sein Zeitgenosse, geht noch weiter: »Wenn die Untertanen sehen, daß ihr Fürst vor ihnen erscheint, um Recht zu sprechen, gehen sie halbzufrieden wieder fort, selbst wenn sie nicht das erhalten, was sie erbitten. ›Wenigstens‹, sagen sie, ›hat der König unsere Klage gesehen, er hat unseren Rechtsstreit angehört, er hat sich die Mühe gemacht, über sie zu urteilen‹, und«, setzt er hinzu, »die Franzosen wollen alle, sowohl im Frieden als auch im Kriege, ihren König bedrängen und bewundern gern die großartige Pracht seines Hofstaats und die schöne Ordnung seines Gefolges.« Die Verbindung zwischen dem König und seinen Untertanen wird von der *Entrée*, dem feierlichen Einzug, symbolisiert, der stattfindet, wenn der Herrscher eine Stadt zum erstenmal betritt. Heinrich II. war dreißigmal in seine Städte »eingezogen«, während Karl IX. es mehr als hundertmal tat. Man muß genauer erläutern, daß es nur auf den Einzug ankommt, wenn die betreffende Ortschaft eine gewisse Bedeutung hat und wenn vor allem das Ritual eingehalten wird.

Zunächst einmal ist es ein Feiertag, die ganze Einwohnerschaft muß die uneingeschränkte Möglichkeit haben, den König zu empfangen. So gehen denn die Honoratioren und die wichtigsten Verwaltungsbeamten dem König entgegen, um ihn zur Stadt zu geleiten, wo die Volksmenge wartet. Aufzüge, Ansprachen und Reden nötigen zu einem Halt. Schließlich begibt sich der König zu dem Tor, das, wenn er es durchschreitet, die Inbesitznahme des Stadtgebiets nach der Überwindung eines symbolischen Hindernisses bezeichnet. Der Stadtrat oder meistens ein schönes Mädchen überreicht dem König die Schlüssel der Stadt, und er bestätigt hierauf die städtischen Privilegien. Das Ritual läßt sich demzufolge als ein Austausch deuten. Bei den feierlichen Einzügen begleitete Katharina niemals ihren Sohn: Die höchste Gewalt läßt sich nicht teilen, und es kommt darauf an, daß sich der König allein vorstellt. Sobald man sich hingegen im Innern des Ortes befand, ging sie eifrig ans Werk, denn derartige Besuche erleichterten es, persönliche Beziehungen zu den Honoratioren anzuknüpfen. Das bedeutete eine wirklich belastende, im übrigen höchst nützliche Mühe, um dauerhafte und zuverlässige Verbindungen zwischen den nicht von Adligen abhängigen Stadtbürgern, den Parteiführern, und der Krone herzustellen.

Ganz anders als die Einzüge waren die Feste, die außergewöhnlichen Feste, die der König während der Reise ausrichtete, die einem ausgewählten Publikum vorbehalten waren und die alles dem Reich der Phantasie verdankten. Ein solches Fest fand stets nachts an einer abgegrenzten Stelle statt. Wenn der ausgesuchte Ort ein öffentlicher Platz war, wurde der Zugang von Soldaten versperrt. In Bayonne wachten zweitausend Mann darüber, daß die Menge ausgeschlossen blieb. Die Nacht gab den Lustbarkeiten zusätzlich eine schöne, geheimnisvolle Atmosphäre: Die Bankette, Maskeraden und Turniere gingen im Licht der Fackeln und Kerzen weiter. Wenn die »Entrées« sehr kostspielig für die Städte waren, so ruinierten die Feste den

Staat. Katharina scheute keine Anstrengung, sobald es darum ging, ihren Adel zu beeindrucken. So etwa übertraf die Königin sich selbst, als sie ihre Tochter, die Königin von Spanien, ehren wollte, die ihr einen Besuch abstattete, als sich der Hof in Bayonne aufhielt. Sie entschied sich für eine unbewohnte Insel im Fluß Adour, wo sie auf einer Wiese, am Rande eines Hochwaldes, einen großen achteckigen Saal mit abnehmbaren Wänden errichtete. Dank einer Flottille von Booten, die sich ablösten, um Möbel, Geschirr, Speisen und Gäste zu transportieren, konnte sie ein denkwürdiges Bankett ausrichten, das erst spät in der Nacht endete.

Die unsinnigen Ausgaben, zu denen derartige Festlichkeiten führten, ließen sich nach Katharinas Vorstellung durch einen doppelten politischen Vorteil rechtfertigen. Gab es ein besseres Mittel, die Aufmerksamkeit der jungen Adligen zu fesseln, sie davon abzuhalten, an Beleidigungen, Vergeltung, den stets neu aufflammenden Bürgerkrieg zu denken? Ronsard, der Dichter und Spielleiter des Hofes, bekannte, daß die Turniere und Lustbarkeiten, die er unermüdlich arrangierte, den Zweck hatten, »unsere Prinzen von Frankreich, die zuweilen uneins waren, durch solche einfallsreichen Lustbarkeiten stärker zusammenzuführen und zu vereinen«. Der wichtige Platz, den man den Waffen bei den Festen einräumte, sollte eine gewisse Brüderlichkeit unter den Teilnehmern der Scheinkämpfe schaffen; eine Brüderlichkeit, die sich jedoch als trügerisch erwies. Der Adel war in der Zeit Karls IX. zu ungestüm und beschäftigte sich zu zwanghaft mit dem Krieg, als daß man ihn auf diese Weise hätte bändigen können. Man muß auf Ludwig XIV. und Versailles warten, um die hohen Herren zu entwaffnen. Der zweite – ebenfalls trügerische – Nutzen bestand darin, die Ausländer, vor allem die Spanier, zu blenden. Doch man ließ sich damals nicht täuschen. Die der spanischen Zurückhaltung widersprechende Prachtliebe der Franzosen gab nicht die Wirklichkeit wieder. Die tatsächliche Macht lag noch bei Philipp II. Katharina ließ sich jedoch von Hoffnungen und Illusionen überwältigen, und dazu veranlaßte sie auch all ihre Kinder, die ihr ganz bedingungslos folgten.

Katharina zeigte also nicht die geringste Zurückhaltung bei ihren öffentlichen Auftritten, und sie bewog alle Prinzen, an den Lustbarkeiten teilzunehmen, bei denen sie dem König immer die Hauptrolle zuwies. Sie war von Verkleidungen begeistert – ganze Truhen voller Kostüme folgten ihnen seit Paris –, und der spanische Botschafter entdeckte erstaunt, daß sich die Prinzen als Türken verkleidet hatten. In den Aufenthaltsorten gab es eine Reihe von Maskenbällen, Spielen und kleinen Mahlzeiten. Karl IX. lernte tanzen, um seine Gastgeberrolle würdig wahrzunehmen. Das tat er mit Vergnügen, denn er liebte die Musik und trennte sich nie von seinem Lauten- und Leierspieler. Obwohl der König im Gegensatz zu seiner naschhaften Mutter sehr wenig aß und noch weniger trank – Wein verleitete ihn unausbleiblich zu Gewalttaten –, leitete er die unzähligen Bankette, die als Hilfsmittel der Diplomatie dienen sollten. Ein üppiges Mahl war das unerläßliche Vorspiel zu jeder Verhandlung oder jeder wichtigen Zusammenkunft. Die Tafelfreuden und die Kochkunst gewannen erstmals Bedeutung unter Franz I., der gern sagte, es sei »ebenso schön und schicklich für einen großen Feldherrn, großzügige und prunkvolle Gastmahle, Bankette und Festessen auszurichten, wie wenn er bei den Kämpfen und nach dem Sieg edel und hochherzig auftritt«. Bei den Turnieren und Scheingefechten wirkte Karl IX. schließlich und vor allem als oberster Richter. Er sollte als der Frieden stiftende Krieger erscheinen, als »der Mutigste und Tapferste, der jemals Waffen trug [...], der so glücklich befriedet, daß er mit seinem großmütigen Streben die Zwietracht vertreiben wird«.[27]

Doch all diese Feste und Spiele hatten mehr äußeren Glanz als wirkliche Grundlagen. Katharinas Söhne werden daraus die Lehre ziehen, daß das Zeremoniell die entscheidende Voraussetzung ihrer Macht ist. In unterschiedlichem Maße werden sie sich mit dieser bis zum Äußersten verschönten und ausgeschmückten Fassade, mit dieser ein Vakuum verdeckenden Maske zufriedengeben. Denken wir einen Augenblick an die schönen Damen zurück, die der Königin und ihren Söhnen als Gesellschaft dienten, um ein wohlbekanntes Beispiel anzuführen. Auch dabei handelt es sich um eine bloße Dekoration: Die Königinmutter verbot den bezaubernden Geschöpfen, sich mit ihren Söhnen zu unterhalten, wenn sie abwesend war. Und wie ließe sich übersehen, daß Karl und Heinrich keine sonderlich tatkräftigen Liebhaber waren? Karl hatte als Siebzehnjähriger seine erste Mätresse und blieb ihr immer treu, und sein Bruder zeichnete sich ganz besonders als platonischer Liebhaber aus. Das Feuer der Leidenschaft, das Franz I. gezeigt hatte, war offenkundig erloschen.

Nach einer über ein Jahr dauernden Reise läßt sich nicht verkennen, daß der König in seiner geistigen Entwicklung zurückgeblieben ist und daß er sich offenbar nicht im geringsten bemüht, seine rein zeremonielle Rolle zu überwinden. Wieder einmal sind sich die Beobachter einig, wenn sie bedauernd feststellen, daß er keine große Anteilnahme an den Staatsangelegenheiten zeigt und nicht verheimlicht, wie widerwärtig ihm lange Reden sind, daß er sich offenbar mehr für die Methoden interessiert, mit denen man Windhunde für die Wolfsjagd abrichtet, als daß er etwas von den politischen Problemen seines Königreichs wissen will. Erklären ließ sich diese geistige Trägheit durch seine Faulheit, durch die körperliche Erschöpfung, die eine Folge seiner übermäßigen und unsinnigen Anstrengungen bei der Jagd war, durch den engen Umgang mit einer überaktiven Mutter oder auch durch deren irrationale Politik.

Katharina wollte nicht nur die Königsmacht festigen und ihre Kinder leichter in deren Aufgaben als Prinzen einführen, sondern diese Reise auch für einige diplomatische Manöver nutzen. Sie liebte den Krieg nicht. Daß sie Frieden im Innern und nach außen wollte, zeigte sich ganz eindeutig. Weitaus weniger klar ließ sich die Frage beantworten, ob sie eine konsequente Politik betrieb: Ein Beweis dafür ist zum Beispiel die unglaubliche Zahl der Heiratsprojekte für ihre jüngste Tochter. Als der Hof durch Lothringen kam, ließ sie Kaiser Maximilian den Vorschlag übermitteln, Margarete mit seinem Sohn Rudolf zu vermählen; als sie in Bayonne angekommen war, plante sie eine Ehe mit Don Carlos, dem Erben Philipps II., dann dachte sie an Dom Sebastian, den portugiesischen König. Anscheinend hätte sie sich gern mit allen Nachbarn persönlich unterredet; doch sie traf zwar den Herzog von Savoyen, konnte allerdings nicht den Kaiser sehen, obwohl sie seinen Botschafter instruiert hatte, sie wäre mit »jedem Zeitpunkt und allen Orten« einverstanden, und ebensowenig den König von Spanien. Dieser schickte stattdessen seine Gattin, die älteste Tochter Katharinas, und seinen Minister, den Herzog von Alba, und die Unterredung in Bayonne brachte kein greifbares Ergebnis. Es wirkt kaum überraschend, daß derart verworrene und unklare Intrigen nicht die Aufmerksamkeit Karls IX. erregten, und das um so weniger, als die Königin keinen großen, ständig amtierenden Minister an ihrer Seite hatte, der Vaterstelle bei dem jungen Mann hätte vertreten können. Ein Sully, ein Richelieu oder ein Mazarin fehlten in diesem Kreis. Jedenfalls steht fest, daß Katharina, die zu Recht oder Unrecht von der gleichgültigen Haltung des jungen Mannes während der Rundreise enttäuscht war, sich ihrem Sohn Heinrich zuwandte und ihn eher als König und nicht als Prinzen behandelte.

Heinrich hatte die Reise tatsächlich besser genutzt, um seine Bildung zu vervollkommnen. Gemeinsam mit dem König, ohne jemals über seine Rolle eines jüngeren Bruders hinauszugehen, nahm er an allen offiziellen Zeremonien teil, doch trotz der Ablenkungen auf der Reise ließ er sich weiter von seinem Hofmeister Jean-Paul de Selve unterrichten. Sein erster selbständiger Auftrag bestand darin, in Spanien seiner Schwester, der Königin, entgegenzufahren, und er erledigte diese Aufgabe höchst erfolgreich. Bedeutsamer ist, daß ihn Katharina im Januar 1566 bittet, den Vorsitz des Kronrats bei einer langen Sitzung zu übernehmen, auf der die sogenannte »Ordonnanz von Moulins« ausgearbeitet wurde, die den gesamten Justizbereich und die allgemeine Ordnung des Königreichs behandelte. Er war fünfzehn Jahre alt und bewährte sich sehr gut, zeigte Klugheit und Interesse für diese Angelegenheit, und damals entstand vielleicht seine echte Freude an Verwaltungsaufgaben. Hätte Karl IX. diesen Vorsitz beansprucht oder wäre seine Mutter ihm mit einem solchen Angebot entgegengekommen, so würde man das uneingeschränkt begrüßen. Welchen besseren Dienst hätte die Königin dem jungen König erweisen können, als seinen Sinn für Staatsangelegenheiten zu wecken, ihm zu ermöglichen, sich so einen Überblick über alle administrativen und juristischen Probleme seines Reichs zu verschaffen und ihn auf den Nutzen seines Auftretens hinzuweisen? Doch es ging um den jüngeren Sohn.

Wie läßt sich dann eine derartige Politik erklären? Es genügt nicht, wenn man ihre Entscheidung, Karl IX. fallenzulassen, damit begründen will, daß man sagt, er habe ihre Hoffnungen nicht erfüllt, weil er sich nicht für solche Fragen interessierte. Er mochte noch so sonderbar und ungestüm sein, er war der König. Hatte die Königin wirklich jede Hoffnung verloren, seine Bildung zu vollenden? Bemerkte sie nicht die wachsende Rivalität der beiden Brüder? Karl verprügelte oft seinen Bruder, den er für verzärtelt hielt, und Katharina, die von den Wutausbrüchen des älteren Sohnes in Schrecken versetzt wurde, bemühte sich, den Jüngeren so lange wie möglich bei sich zu behalten, um ihn zu beschützen. Wollte sie, wenn sie ihn so deutlich bevorzugte, ganz Europa zeigen, welche großartigen Fähigkeiten er hatte, damit sich eine hochgestellte Heiratskandidatin leichter finden ließe und ihm diese Ehe den Thron verschaffen würde, den er, wenigstens in ihren Augen, verdiente? Giovanni Correro, der venezianische Botschafter, hielt ihre schamlos zur Schau gestellte Bevorzugung Heinrichs für wichtig genug, daß er sie in seinem Bericht an die Republik verzeichnete, als er ein Charakterbild des jungen Prinzen entwarf: »Man schließt sich ihm um so bereitwilliger an, als man sieht, daß ihm die Königin [...] mehr als allen anderen zusammen zugetan ist.«[28] Ihre unkluge Begünstigung eines jüngeren Sohns sollte in ihrer Familie zu unlösbaren Problemen führen, sobald sie nach diesem langen Zwischenspiel wieder in Paris angekommen war.

Ein blutig roter Fluß
1572-1574

Wenn sich Katharina vielleicht vorstellte, daß sie nach ihrer Rückkehr eine Ruhepause genießen könnte, so irrte sie sich. Nach dem relativen Frieden der zwei Reisejahre brachen alle Dämme, und sie wurde von einer Sturzflut außen- und innenpolitischer sowie familiärer Schwierigkeiten überrollt. Die internationalen Rivalitäten verstärkten die religiöse Zwietracht, die sich wiederum auf die Familienbeziehungen der Valois auswirkte. Die Probleme ließen sich unmöglich voneinander trennen: Die Königin mußte sich allein mit ihnen auseinandersetzen. Der unzugängliche, gleichgültige König entzog sich jeder Teilnahme am politischen Leben und war nicht bestrebt, sich bei seinen Untertanen durchzusetzen. Er verlangte nicht einmal, daß eine neue Münze geprägt würde, deren Bild ihn als erwachsenen König gezeigt hätte. Auf den kursierenden Geldstücken erschien Karl IX. wie im Leben immer noch als Minderjähriger, doch als ein beunruhigender Minderjähriger. Er setzte in Erstaunen und machte allen angst, ihn selbst nicht ausgenommen. Zwar konnte er sich gewählt ausdrücken, zwar erinnerte seine Vorliebe für Musik und Dichtung daran, daß er ein Enkel Franz' I. war, aber woher hatte er diesen ungestümen Hang zu Blutbädern, diese Vorliebe für scheußliche Masken, die wunderliche Angewohnheit, mitten in der Nacht oder ganz früh am Morgen aufzustehen, im Louvre umherzuirren, irgendeinen jungen Adligen im Bett zu ertappen und ihn bis aufs Blut auszupeitschen, und wie sollte man vor allem diese ständige und unbändige Jagdleidenschaft erklären?

[Er] liebte nur das Blut und gierte nach Beute,
Wenn er die stöhnenden Hirsche gnadenlos tötete,
das Damwild und die neugeborenen Kitze durchbohrte ...[29]

Auf diese impulsiven Gewalttaten folgten melancholische Phasen, dann schloß er sich stundenlang ein, um Waffen zu schmieden, ließ sich von finsteren Zwangsvorstellungen überwältigen.

Im Jahre 1567 befahl der spanische König Philipp II. die unerbittliche Verfolgung der Reformierten in den protestantischen Niederlanden, die unter seiner Herrschaft standen. Damit stellte er Katharina vor ein beinahe unlösbares Problem. Wenn sie sich für die Protestanten im Norden einsetzte, böte das gewiß den beachtlichen Vorteil, diesen Nachbarn zu schwächen, der allzugern bereit war, sich in die französischen Angelegenheiten einzumischen. Doch wie sollte man nicht auch daran denken, daß es gefährlich war, die unbesiegbare spanische Armee zu provozieren und die katholischen Franzosen gerade in dem Augenblick zu reizen, da die Leidenschaften im Königreich heftiger als je zuvor wiedererwachten und die Flammen eines zweiten Bürgerkriegs entzündeten? Die Königin fühlte sich nicht stark genug, im Ausland auf die protestantische Karte zu setzen und im Innern die Katholiken zu unterstützen: Daher beschloß sie, nicht gegen die Politik Spaniens aufzutreten. Inzwischen endete der Krieg nach dreijährigen Kämpfen mit einem Kompromiß – dem Frieden von Longjumeau –, der nicht eingehalten wurde. Ein dritter Bürgerkrieg brach aus und führte zu einem Frieden, der wie durch ein Wunder zwei volle Jahre andauerte. Das Edikt von Saint-Germain erkannte die Gewissensfreiheit an und verzeichnete die Orte, wo besondere Kultstätten für die Hugenotten bestimmt sein mußten, um jeden Zwischenfall zu vermeiden.

Katharina bemühte sich nun noch einmal, den Fanatismus zu bekämpfen: Sie rief die Gemäßigten unter der Führung des Marschalls de Montmorency an die Macht zurück und räumte dem Admiral Coligny, einem Protestanten, einen Platz im Kronrat ein. Sie nutzte den Waffenstillstand und versuchte, die

Gemüter zu beruhigen. Hierfür bediente sie sich ihrer Lieblingsmethode, der »römischen« Methode: Sie bot dem Volk Spiele und Vergnügungen – wobei das Volk nach Katharinas Verständnis aus den Adligen und den Höflingen bestand. Die Feste, Serenaden und Ballette häuften sich, und, wie Brantôme betonte, »all diese Einfälle stammten aus keiner anderen Werkstatt und keinem anderen Geist als dem der Königin; denn darin war sie eine Meisterin und sehr erfinderisch«.[30] Doch Neid und heimliche Ressentiments versetzten den Familienkreis in Unruhe, da Katharina verlangte, daß alle jungen Prinzen unter ihrer Aufsicht aufwuchsen. Die drei Heinriche – das heißt der Herzog von Anjou, der junge König von Navarra und der Herzog von Guise – waren Verwandte, Konkurrenten und Freunde, und dieses freundschaftliche Verhältnis konnte sich immer schnell in Haß verwandeln. Die drei waren gezwungen, unter der Vormundschaft der Königinmutter zu leben, wobei ihre Rivalität noch durch die zweideutige Rolle der Prinzessin Margot angestachelt wurde. Diese verabscheute ihren Bruder Heinrich mit einem verdächtigen Ungestüm – es gab Andeutungen, daß er versucht hätte, sie zu verführen –, dafür erlag sie dem Charme Heinrichs von Guise, womit sie den Zorn ihrer Mutter herausforderte, die plante, sie in die Arme und in das Bett Heinrichs von Navarra sinken zu lassen. Katharinas Brutalität, die sie meistens sehr sorgfältig verbergen konnte, brach besonders in ihren Beziehungen zur jüngsten Tochter hervor. So etwa stürzte sie sich auf sie während einer Szene, in der sie ihr die Romanze mit Heinrich von Guise vorwarf. Sie zerfetzte die Kleider ihrer Tochter, riß ihr die Haare aus und prügelte sie windelweich. Deshalb kann es kaum erstaunen, daß ihre Kinder davor zurückschreckten, ihr offen zu widersprechen. Karl gegenüber benahm sie sich zugleich behutsam und herrschsüchtig, bei Heinrich zeigte sie eine an Verblendung grenzende Nachsicht, bei Margot war sie unerbittlich – und den Narrenstreichen ihres jüngsten Sohns Franz gegenüber trat sie später allzu nachgiebig auf. So verhielt sich Katharina als eine ungerechte Mutter, die eher imstande war, Zwietracht in ihrer Familie zu stiften, als Harmonie zu erreichen, und ihre Heiratspolitik veranschaulichte die Unterschiede, die sie zwischen ihren Kindern machte.

Wenn sich der König vor allem für Hirsche und Wölfe interessierte, zeigte er sich doch einem edleren Wild gegenüber nicht unempfindlich, und der Beweis dafür war, daß eine gewisse Demoiselle Touchet einen Sohn gebar, den er anerkannte. Dennoch wartete Katharina ab, bis er zwanzig Jahre alt war, bevor sie ihn verheiratete, und ihre Wahl fiel auch noch auf eine wenig glanzvolle Partie. Karl heiratete im Jahre 1570 Elisabeth, die zweite Tochter des Kaisers Maximilian, Herrscher im Heiligen Römischen Reich, während Philipp II. nach dem Tod seiner vorherigen Frau, der Tochter Katharinas, die erste Tochter Maximilians heiratete. Maximilian empfand Wohlwollen für die Reformation, blieb aber dem Katholizismus treu, und er war ein beredtes Beispiel für die Tugenden der Toleranz, die von seinen Schwiegersöhnen leider abgelehnt wurde. Ließ diese bescheidene, von der Königinmutter gewollte Heirat – man hatte es stets für eine ausgemachte Sache gehalten, daß Karl die ältere Tochter heiraten würde – den Wunsch erkennen, den König zu unterstützen, indem sie ihm eine starke und zuverlässige Gattin beigesellte? Nein, wenn man ihrer Umgebung glauben darf, die behauptete, daß die Entscheidung der Königin weniger von politischen Erwägungen als vielmehr von der Persönlichkeit der sanften, frommen und schüchternen jungen Prinzessin bestimmt wurde, »die sich so lenken ließe, wie man es wollte«.

Für ihren Liebling Heinrich hatte Katharina weitaus anspruchsvollere – und phantastischere – Absichten. Sie hatte nacheinander davon geträumt, daß er über Avignon, Korsika, Zypern, die adriatischen Besitzungen Venedigs oder ein italienisches Fürstentum herrschen sollte, eine portugiesische Prinzessin, eine Infantin oder auch eine Tochter des Herzogs von Sachsen heiraten würde. Dann liebäugelte sie lange Zeit mit dem Projekt, ihren siebzehn Jahre jungen Sohn mit der siebenunddreißigjährigen Elisabeth von England zu vermählen. Diese ließ sich von der Jugend des Bewerbers reizen, doch sie war allzusehr auf ihre persönliche und politische Unabhängigkeit bedacht, und sie sagte weder ja noch nein. Heinrich selbst zog einen Schlußstrich unter diese Pläne seiner Mutter, als er es ablehnte, sich um diesen halben Thron zu bewerben. Sie ließ sich keineswegs entmutigen und setzte die Operation im Oktober 1572 fort, als sie der englischen Königin ihren Benjamin Franz von Alençon vorschlug* und für Heinrich ein noch ehrgeizigeres Manöver einleitete. Die Schwester des polnischen Königs war unverheiratet. Zwar hatte sie schon die Vierzig überschritten – Katharina, diese hingebungsvolle Mutter, wollte ihrem Lieblingssohn vorzugsweise Schwiegertöchter in beinahe kanonischem Alter zuschanzen –, und ihre unanfechtbare Tugend wurde von der Klostertracht symbolisiert, die sie bevorzugte. Warum sollte sie Heinrich nicht drängen, um deren Hand anzuhalten, obwohl er zwanzig Jahre jünger war, und so seine Bewerbung um die Krone des Wahlkönigreichs Polens vorbereiten?** Mit diesem Projekt betraute sie Jean de Monluc, den Bischof von Valence. Der hervorragende Diplomat fuhr nach Polen und bemühte sich, mit seinem rhetorischen Talent und dem Schatz, den er ungehindert so verteilen konnte, wie er es für richtig hielt, die polnischen Adligen zu überzeugen. Gegen seinen Widersacher, den Erzherzog Ernst, den Sohn des habsburgischen Kaisers, dem die Polen mißtrauten, schien der Herzog von Anjou gute Chancen zu haben. Katharina freute

* Die englische Königin war viel zu realistisch und zu klug, um sich auf ein derartiges Abenteuer einzulassen, selbst wenn sie den jungen Franzosen einige Jahre lang zum besten hielt und ihm sehr gefühlvolle Briefe schrieb, die sie an ihren heißgeliebten Frosch adressierte. Vgl. Elisabeth I., *Collected Works*, University of Chicago Press, 2000.

** In diesem Land, das von einer mit einem einflußreichen Klerus verbundenen adligen Militäraristokratie beherrscht wurde, hatten die Freiheitsliebe und die sehr ausgeprägte Neigung zu persönlicher Unabhängigkeit eine Adelsdemokratie entstehen lassen, die sich mit dem Begriff »königliche Republik« treffend definieren läßt. Die Wahl des Königs fand statt, nachdem die Botschafter der einzelnen Prätendenten auf lateinisch die Verdienste ihres jeweiligen Kandidaten gerühmt hatten und in langwierigen Verhandlungen eine absolute Mehrheit zustande gekommen war. Vgl. Pierre Chevallier, *Henri III*, Paris: Fayard, 1985, S. 184f.

sich, daß sie für ihren Lieblingssohn vielleicht einen Thron ausfindig gemacht hatte, und wandte ihre Aufmerksamkeit nunmehr ihrer Tochter Margot zu.

Margot sollte auch eine Krone erhalten, eine bescheidene Krone, die von Navarra, auf die sie gern verzichtet hätte. Aber Katharina ließ ihr keine Wahl und zwang sie, Heinrich von Navarra zu heiraten, dem gegenüber das junge Mädchen eine wahre körperliche Abneigung empfand und dessen Religion ihre Überzeugungen einer inbrünstigen Katholikin verletzte. Ihre Mutter kümmerte sich nicht um derartige Einwände. Katharina sah, daß diese Ehe den unleugbaren Vorteil bot, feste Verbindungen mit den Protestanten anzuknüpfen, und daß sie es ermöglichte, Druck auf Heinrich auszuüben, denn sein Ehrgeiz, sollte er erst einmal erwachen, konnte ihren Söhnen gefährlich werden. Nach harten Verhandlungen mit Johanna von Albret, der Mutter des Prinzen, wurde die Hochzeit für den 18. August 1572 festgesetzt. Inzwischen hatte ihr die Entwicklung ihres Sohns Karl einigen Grund zum Nachdenken geliefert, und ihre Gedanken versetzten sie in Unruhe.

Die wohlinformierte Öffentlichkeit fragte sich, warum dieser verheiratete König im Hintergrund blieb, denn er kannte sich ja seit seiner Kindheit mit den Machtmechanismen und seinen Amtsaufgaben aus, war zwar ein Sonderling, doch vollkommen in der Lage, wenigstens einen Teil seiner Pflichten allein wahrzunehmen. Erzählt wurde, daß er seit einiger Zeit mehr las, größere Kenntnisse erwerben wollte. »Er liebt den Krieg«, berichtete der venezianische Botschafter, »er redet über ihn und sucht das Gespräch der Heerführer.«[31] Man fügte hinzu, daß er gern Gerechtigkeit und Freigebigkeit übte, und schließlich freute man sich, daß er sich von Ausschweifungen fernhielt. Mit anderen Worten, man murrte heimlich, daß die Königinmutter an diesem vollständigen Machtentzug vielleicht nicht unschuldig sei. Böte sich Katharina nicht die Möglichkeit, bei der Krönung der jungen Königin Elisabeth, dem triumphalen Einzug des neuvermählten Paares in Paris und einer feierlichen Parlamentssitzung auf den ersten Platz zu verzichten, nachdem sie ihre Aufgabe erfüllt hatte? Der König sagte in seiner großen öffentlichen Dankrede: »Nach Gott bin ich der Königin, meiner Mutter, am meisten verpflichtet. Ihre zärtliche Liebe zu mir und zu meinem Volk, ihre Hingabe, ihr Eifer und ihre Klugheit haben so gut für die Angelegenheiten dieses Staates in einer Zeit gesorgt, da es mir mein Alter nicht erlaubte, dies selbst zu übernehmen, daß alle Stürme des Bürgerkriegs mein Königreich nicht erschüttern konnten.« Das ließ sich als eine abschließende Würdigung deuten. Wie es schien, wurde Karl IX. tatsächlich selbständig, doch das geschah nur, um sich der Führung Colignys anzuvertrauen.

Coligny, den man wegen seines Amtes immer nur als »den Admiral« bezeichnete, hatte eine katholische Erziehung erhalten. Als Erwachsener war er endgültig zu den Reformierten übergetreten. Seine Sittenstrenge, die der Lebensart des Hofes widersprach, seine Würde, sein Ernst und seine Intelligenz hatten ihm Ansehen und Einfluß eingebracht. Diese beruhten mehr auf der Hochachtung, die er genoß, als auf politischen oder militärischen Erfolgen, die ihm versagt geblieben waren. Selbst seine Feinde hielten ihn für einen großen Mann. Er beunruhigte die Königinmutter, denn sie wußte, daß sie diesen Gegner, der ihr Spiel so klar durchschaute, nicht lenken konnte. Er gewann derart weitgehend das Vertrauen Karls IX., daß dieser ihn *mein Vater* nannte.

Coligny, der sich mehr dem König als Katharina widmete, hatte bei ihm einen Ehrgeiz entdeckt, der nie offen zutage getreten war, weil es Karl nicht vermochte, ihn unmißverständlich zu äußern. Eine zuverlässigere und vernünftigere Hand als die seiner Mutter konnte diesen Herrscher vielleicht so führen, daß er etwas anderes als ein Schlächter wurde. Den König beseelten Ungestüm und Kühnheit, wie Coligny urteilte, er sehnte sich ungeduldig danach, an der Spitze seiner Armeen zu kämpfen – was ihm die Königin stets untersagt hatte –, doch ihn entmutigten die unaufhörlichen Feindseligkeiten zwischen Franzosen, ja noch schlimmer, zwischen Verwandten und Freunden, zwischen Lagern, deren Angehörige die gleiche Herkunft hatten, diese schmachvollen Siege über die eigenen Untertanen. Coligny hoffte, das Vorstellungsvermögen des Königs zu fesseln, wenn er den Bürgerkrieg aufgab und sich für einen nationalen Krieg entschied, indem er ihn auf einen seiner würdigen Gegner verwies, ihn in den Krieg gegen Spanien führte. Der Admiral verbrachte lange Abende mit dem König, der, wie die Botschafter berichteten, sich schon als einen großen ritterlichen Kämpfer sah.

Die Pläne, sich mit den Protestanten auszusöhnen – die Verlobung Margots mit Heinrich von Navarra und der Wunschtraum eines Bündnisses mit England –, und die zunehmend erregte spanienfeindliche Stimmung nach dem Massenmord an französischen Kolonisten in Florida* rechtfertigten die Projekte Colignys, die auf eine entschieden protestantenfreundliche Außenpolitik ausgerichtet waren. Man brauchte nur noch die Invasion Flanderns unter dem Vorwand anzukündigen, man wolle den reformierten Untertanen des spanischen Königs zu Hilfe eilen. Katharina blieb keineswegs unbeteiligt, sondern meldete sich nun mit heftigem Widerspruch zu Wort. Niemand schrieb ihrem Protest ehrenhafte politische Gründe zu, selbst wenn die Bewahrung des Friedens ein durchaus achtbares Ziel war. Ihre Vorstellungen waren zu verworren, da sie sich zwischen der Furcht vor Philipp II. und dem Wunsch, sich Elisabeth I. zu nähern, hin- und hergerissen fühlte, als daß man eine eindeutige Schlußfolgerung ziehen konnte, und vor allem war allgemein bekannt, daß der Verlust ihrer Autorität sie im Innersten getroffen hatte. Der Admiral hatte ihr den Kleinen abspenstig gemacht, diesen Schattenkönig, der nie einen anderen Willen als ihren eigenen gehabt hatte. Sie dachte nicht daran, sich so etwas gefallen zu lassen.

Als Karl IX. erfuhr, welchen Standpunkt seine Mutter vertrat, brachte er nicht die notwendige Charakterstärke auf, um sich ihr gegenüber durchzusetzen, hatte er sie doch stets als unange-

---

* Eine Gruppe Hugenotten hatte sich in Florida festgesetzt, doch im Jahre 1565 konnte sie einem spanischen Angriff nicht standhalten. Alle wurden getötet.

fochtenes Regierungsoberhaupt erlebt. Er versuchte, sich mit Winkelzügen zu retten. Aber seine Schwäche und seine Unsicherheit, die sich durch sein vergebliches Unabhängigkeitsstreben nur noch deutlicher zeigten, wirkten jämmerlich: »Mein Vater«, sagte er zu Coligny, »hier gibt es noch etwas, das wir sorgfältig beachten müssen; die Königin, meine Mutter, die ihre Nase in alles hineinstecken will, wie Sie wissen, darf nämlich nichts von diesem Unternehmen erfahren, wenigstens nichts über die Hauptsache; wir müssen sie so geheimhalten, daß sie überhaupt nichts bemerkt, denn sie würde uns alles verderben.«[32] Wie sollte man jedoch an diesem Hof irgend etwas geheimhalten, wo es von Müßiggängern, Schwätzern und Spionen wimmelte? Katharina, die über die Themen der unbedeutendsten Zusammenkunft unterrichtet wurde, bediente sich einer bewährten Methode, um ihren Sohn wieder in ihre Gewalt zu bekommen. Sie drohte damit, sich zurückzuziehen.

Da man ihr mißtraute, sollte man sie in ihre Heimat, nach Florenz, zurückkehren lassen. Aber sie wollte nicht abreisen, bevor sie sich mit ihrem Sohn ausgesprochen hatte. Gaspard de Saulx, Seigneur de Tavannes, ein guter Kenner des Hofes, hat die Szene geschildert. Nach der Rückkehr von der Jagd, in einem Winkel ihres Kabinetts, stellte sich die Königin vor Karl hin und schleuderte ihm Vorwürfe und Beschuldigungen an den Kopf, ohne sich um die Zeugen zu kümmern: »Da ich mir solch große Mühe gegeben hatte, Sie zu erziehen [...], nachdem ich mich für Sie aufgeopfert und mich so vielen Gefahren ausgesetzt habe, hätte ich nicht gedacht, daß Sie es mir auf derart erbärmliche Weise vergelten möchten. Sie verstecken sich vor mir, wo ich doch Ihre Mutter bin, um sich von Ihren Feinden beraten zu lassen. [...] Ich weiß, daß Sie geheime Beratungen mit dem Admiral haben [...], Sie wollen sich unbesonnen in einen Krieg mit Spanien stürzen [...], wenn ich dermaßen unglücklich bin, lassen Sie mich gehen, bevor ich das mit ansehe.«[33] Karl IX., der nie im genauen und alltäglichen Sinn des Wortes gearbeitet hatte, der sich stets auf seine Mutter verlassen hatte, um die Akten zu prüfen, die Korrespondenz zu führen und die Minister zu empfangen, wurde von Panik ergriffen: Konnte er auf diese ungeheuer fleißige Bearbeiterin der laufenden Angelegenheiten verzichten? Unmöglich. Die heftige Szene hatte die gewünschte Wirkung. Er versprach ihr, nicht mehr auf Coligny zu hören. In wenigen Stunden wurde der Wiederaufstieg Katharinas zur *padrona assoluta*, »deren Handlungen insgesamt und immer auf der unbezwinglichen Leidenschaft beruhten, die man selbst zu Lebzeiten ihres Gatten bei ihr entdeckt hatte, der Leidenschaft zu herrschen, zu befehlen, *l'àffetto di signoreggiare*«,[34] vom ganzen Hof anerkannt. »So eigenständig und willensstark Karl noch einen Tag zuvor war, am nächsten Tag verwandelte er sich wieder in den minderjährigen und schwächlichen König: Die große Regentin war zurückgekehrt. Wenn die Königin sprach, überwältigte sie nämlich ihre Kinder. Sie beherrschte sie nicht, sondern zermalmte sie. Vor ihr wirkte der von Natur aus höchst ungestüme Karl völlig niedergeschmettert und verlor allen Mut.«[35] Bei der Sitzung des Kronrats wurde der Admiral vor vollendete Tatsachen gestellt.

Katharina triumphierte, doch sie hatte die Furcht kennengelernt. Und wenn sie sich fürchtete, war sie zu allen Gewalttaten fähig. Man beschuldigte sie, sie hätte die Ermordung eines Monsieur de Lignerolles veranlaßt: Er war einer der privilegierten »Mignons« (Favoriten) des Herzogs von Anjou, und sie mißtraute ihm, weil er allzu großen Einfluß auf den Herzog gewinnen konnte. In ihren Augen hatte sich Coligny des gleichen Verbrechens schuldig gemacht. Denn für die sogenannte »Bartholomäusnacht« gab es zwar mehrere Erklärungsversuche, doch einer, der von ihren Zeitgenossen – ob sie nun katholische oder hugenottische Franzosen oder ausländische Beobachter waren – am allgemeinsten anerkannt wurde, bestand in Katharinas Vorsatz, Coligny endgültig zu beseitigen. Ein solches Unternehmen mußte allerdings gut vorbereitet werden. Sie kam auf den Einfall, einen Mann, der im Dienst der Guisen stand, für diese schmutzige Arbeit zu kaufen. Diese Wahl bot ihr nicht nur den Vorteil, daß sie ein glaubwürdiges Motiv für den Mord lieferte – die Vendetta, die zwischen den Colignys und den Guisen ausgefochten wurde, war ja jedermann bekannt –, sondern damit schwächte sie auch die beiden Parteien, die seit Katharinas »Thronbesteigung« um die Macht kämpften. Die eine hätte dann ihren Führer verloren, und die Umtriebe der anderen mußten zwangsläufig den Unwillen der Gemäßigten erregen. Katharina hatte jedoch nicht vorausgesehen, daß die Ereignisse in einer derart überhitzten Atmosphäre, wie sie in der Hauptstadt herrschte, außer Kontrolle geraten konnten. Ohnehin hätten alle Vorsichtsmaßnahmen nichts genützt, denn niemand ahnte, daß das Attentat auf Coligny mißlingen würde. Wenden wir uns wieder den Tatsachen zu.

Man hatte beschlossen, Coligny am 23. August, also fünf Tage nach der Hochzeit Margaretes und Heinrichs von Navarra, zu ermorden. Am festgelegten Tag zielte Maurevert, ein Handlanger der Guisen, von einem Fenster aus auf den Admiral und verfehlte ihn. Das ganze Unternehmen scheiterte. Der lediglich am Arm verwundete Coligny wurde in seine Wohnung zurückgebracht. Der König, den man benachrichtigte, als er gerade beim Ballspiel war, warf wütend seinen Schläger fort und rannte davon, um sich in seinem Gemach einzuschließen. Hierauf begab er sich zum Admiral, der ihn zu sich gebeten hatte. Ihn begleitete die Königin, die Angst vor einem solchen vertraulichen Gespräch hatte. Schon am nächsten Tag verdächtigte Karl IX. die Guisen in einem Brief an seine Botschafter. Die Hugenotten, die sich in großer Zahl in der Hauptstadt aufhielten, denn die Hochzeit ihres Herrschers hatte einen bedeutenden Teil der protestantischen Elite herbeigelockt, ließen es sich nicht entgehen, die Königinmutter unverzüglich als Komplizin anzuprangern. Sie waren nicht die einzigen.

Der venezianische Botschafter ging noch weiter: Er beschuldigte sie nicht nur, ein Blutbad geplant zu haben, sondern auch, daß sie es durch die Hochzeit ihrer Tochter erst ermöglicht hätte. »Euer Durchlaucht sollen also erfahren, daß diese ganze Angelegenheit vom Anfang bis zum Ende das Werk der Königin gewesen ist; sie hat es vorbereitet, angestiftet und ausgeführt, und allein der Herzog von Anjou, ihr Sohn, hat daran teilgenommen [...]. Zu keinem anderen Zweck hatte sie derart eifrig auf die Vermählung ihrer Tochter mit dem König von Navarra hingearbeitet, ohne den König von Portugal oder die anderen, ihr angebotenen großen Partien zu berücksichtigen, damit sie die Hochzeit in Paris ausrichten konnte und der Admiral wie auch die übrigen Führer dieser Partei anwesend sein müßten, denn so hatte sie sich den Verlauf der Ereignisse vorgestellt, und es gab ja kein anderes Mittel und keine bessere Gelegenheit, um sie nach Paris zu locken.«[36]

Die Königin fürchtete sich nun ganz zu Recht vor den Folgen des Aufruhrs und entschied sich, die Flucht nach vorn anzutreten. Da sie sich bedroht fühlte, ergriff sie die Initiative und bezichtigte die Protestanten, ein Komplott gegen sie und ihre Söhne anzuzetteln. Nach ihrer Ansicht erwies sich eine Lösung als unausweichlich: daß sie ihnen zuvorkam und deren Führer tötete. Ihre vertrautesten Ratgeber – Birague, Gondi, Nevers –, ihr Sohn, der Herzog von Anjou, und die Guisen stimmten ihr zu. Man mußte nur noch den König überzeugen. Man schüchterte ihn ein, man täuschte eine angebliche Verschwörung vor, man drängte ihn. Aber er sträubte sich. Er hatte Heinrich von Navarra sein Wort gegeben, daß die Hugenotten in Paris und im Louvre nichts zu befürchten hätten. Der König beruft sich auf seine Ehre, und als der Kronrat zusammengetreten ist, um eine Entscheidung zu treffen, weigert er sich noch einmal, seine Zusage zu verraten. Jetzt schreitet die Königin zur Tat.

Zwei Stunden lang redet sie hartnäckig auf ihren Sohn ein und greift zu allen Argumenten, mit denen sie ihn reizen kann: die Arglist der Hugenotten, die Heimtücke des Admirals, die gegen ihn und gegen seine Brüder angezettelten Komplotte. Wie der venezianische Botschafter erzählt, »bewies ihm die Königin, daß sich eine glänzende Gelegenheit und ein leichtes und sicheres Mittel biete, so viele Rachetaten gegen die Rebellen auszuführen, da er sie in den Mauern von Paris alle versammelt und gleichsam in einem Käfig eingesperrt habe. So würde er die Schmach tilgen, daß er mit ihnen verhandeln mußte, was man, wie er selbst anerkannt habe, durch Gewalt oder Furcht erreicht hätte; er wäre also nicht verpflichtet, irgendeinen Vertrag einzuhalten.«[37] Sie erinnert ihn an die Episoden der früheren Kriege und droht ihm wieder einmal, sich vom Hof zurückzuziehen und ihn im Stich zu lassen. Schließlich wird er unsicher und wendet sich an seine Ratgeber, die das gleiche sagen: Es gebe keinen Zweifel an der protestantischen Verschwörung, und wenn er zurückweiche, »sei die Stunde, die jetzt schlage, die letzte seiner Königsherrschaft«, denn die Protestanten würden angreifen. Nun kommt es zum Meinungsumschwung. Seine ganze Beherrschung verläßt ihn. Plötzlich unterwirft er sich der durchdringenden Stimme, die ihm in den Schläfen hämmert, und, eine für Schwächlinge bezeichnende Haltung, er gibt bei allem nach und wendet sich an seine Mutter: »Sie wollen es, nun gut, soll man sie alle töten, soll man sie alle töten!« Und er zieht sich zurück, wie die Zeugen es schildern, mit Schaum vor dem Mund und Schmähungen auf den Lippen.[38]

Er hatte auf die Macht verzichtet.

Sobald er hinausgegangen war, stellten sich Katharina und der Kronrat die Frage: Sollte man den Befehl geben, sie *alle* zu töten? Die Beratung dauerte nicht lange. Sie setzten eine kurze, sehr kurze Liste auf, mit den Namen der Großen, deren Leben man schonen wollte. Fünf Namen, darunter Heinrich von Navarra, der frischgebackene Schwiegersohn, und sein Cousin Condé. Der aus der Toskana stammende Filippo Cavriana, eine merkwürdige Erscheinung – er war Katharinas Leibarzt und schickte gleichzeitig Berichte nach Florenz –, bestätigte ebenfalls den Inhalt der nächtlichen Ratssitzung und erklärte ausdrücklich, es sei tatsächlich der Wille des Königs und der Königin gewesen, »alle Hugenotten umzubringen«. Das Blutbad sollte in den Gängen des Louvre selbst beginnen.

Nançay, der Hauptmann der königlichen Garde, wurde instruiert. Er stellte seine Männer auf. Tavannes behauptet, Katharina hätte einen Augenblick der Schwäche erlebt und ihren Befehl gern widerrufen. Doch es war schon zu spät. Sie beherrschte sich so gut, daß sie als erbarmungslose Mutter die jungverheiratete Margot ohne Zögern zu ihrem Gatten schickte, der in jenem Flügel des Louvre schlief, wo, wie sie nur zu gut wußte, es zu schrecklichen Szenen kommen würde. »Gehen Sie nicht dorthin!« rief die Herzogin von Lothringen, ihre Schwester, die in das Geheimnis eingeweiht war. Doch nach einer herrischen Geste ihrer Mutter stand Margot auf, verbeugte sich und ging hinaus, »ganz eingeschüchtert, zutiefst bestürzt, ohne daß sie sich vorstellen konnte, was sie zu befürchten hatte«.[39]

Bei der königlichen Abendaudienz standen Protestanten und Katholiken – Opfer und Mörder – eng zusammen. Karl IX. wollte La Rochefoucauld zurückhalten, für den er eine besondere Zuneigung empfand: »Geh nicht, Foucauld, du schläfst bei meinen Kammerdienern.« Da dieser sich jedoch vor den nächtlichen Belustigungen des Königs fürchtete, lehnte er ab, und das sollte sein Tod sein. Als Stille eintrat und die Vorhänge des königlichen Betts zugezogen waren, erhob sich der König wieder und ließ Heinrich von Navarra und Condé rufen. Er befahl ihnen, zu ihrem eigenen Schutz bei ihm zu bleiben. Im Morgengrauen, mit dem Sturmläuten von Saint-Germain-l'Auxerrois, begann das Blutbad. Die Reformierten wurden aus dem Bett geworfen, durch die Gänge gejagt und im großen Hof zusammengetrieben, wo die Soldaten der Schweizergarde sie mit ihren Hellebarden durchbohrten. Einer von ihnen, ein gewisser Leyran, entkam blutüberströmt seinen Henkern und stürzte in das Zimmer Heinrichs von Navarra, wo er nur die Königin Margot fand. Er kroch unter ihr Bett. Sie erreichte, daß sich die Verfolger zurückzogen, und rettete ihm das Leben, und von den Ärzten des Königs verlangte sie, daß sie ihn behandelten. Verschont wurde dank ihres Eingreifens auch Miossens, der erste Kammerjunker des Königs von Navarra, ihres Gatten. Doch sie mußte erleben, daß alle Protestanten, die im Gemach des Königs von Navarra zusammengeströmt waren, brutal aus dem Palast hinausgeworfen und gezwungen wurden, durch die Doppelreihe der Schweizergarde zu laufen, bevor man sie im Hof des Louvre abschlachtete. Der Gesandte von Modena, der als einer der ersten herbeigeeilt war, schrieb noch am selben Tag seinem Herrn, dem Herzog: »Vor dem Palast habe ich mehr als ein Dutzend der wichtigsten protestantischen Führer gesehen, die entweder schon tot waren oder im Sterben lagen.«[40] Coligny wurde von Söldlingen schmählich ermordet, sie stürzten ihn aus dem Fenster, als er noch atmete. Guise und Henri d'Angoulême, der Bastard Heinrichs II., saßen im Sattel und lauerten vor dem Gebäude. Angoulême stieg vom Pferd und wischte das Blut ab, das über das Gesicht des Toten geströmt war. »Er ist es tatsächlich«, äußerte er und drehte ihn mit einem Fußtritt um. Ein Gardist schnitt ihm den Kopf ab und brachte ihn in den Louvre. Auf dieses Zeichen hin fiel die Menge über die Leiche her und riß sie in Stücke.

Sehr schnell weitete sich das Blutbad auf ganz Paris aus. »Tod und Blut beherrschen die Straßen«, sagte Tavannes. Eine unerhörte Welle der Gewalt verwüstete die Stadt. Ein Jesuit fühlte sich zwar »überglücklich«, doch zugleich gestand er, wie schändlich dieses »maßlose Gemetzel« war: »Ich schauderte vor Entsetzen, als ich diesen Fluß voll nackter und schrecklich zugerichteter Leichen sah.«[41] Alle gelangten zu der Ansicht, daß die Königsfamilie unfähig war, die von ihr ausgelöste Bewegung zu lenken – und noch viel weniger, sie zu beenden. Die Königinmutter, ihre Kinder und Ratgeber verbarrikadierten sich im Palast. Wie Cavriana mitteilt, »herrschten dort überall Grauen und Schweigen. Der König blieb in seinem Zimmer; er machte ein zufriedenes Gesicht, scherzte und spottete«. In Paris dauerte der Aufruhr drei Tage, und danach griff er auf die Provinz über. Man sprach von zwanzig- bis dreißigtausend Toten. Heinrich von Navarra wurde gezwungen, seinem Glauben abzuschwören, und man verbot ihm, den Palast zu verlassen.

Endlich beruhigte sich der Tumult. Paris fand seine Ruhe und seine Betriebsamkeit wieder, aber die Bartholomäusnacht wird eine offene Wunde, ein klaffender Riß bleiben. Das gilt ganz offensichtlich für die Protestanten, die von den Massakern, den Kämpfen, der Unterdrückung und der Massenauswanderung dezimiert waren,[42] doch auch für die Königsmacht. Was kommt es darauf an, ob das Bild Karls IX., der aus einem Fenster des Louvre mit der Arkebuse auf seine Untertanen schießt, wahrheitsgetreu oder falsch war?* »Die Bande des Respekts, die ihn durch all ihre Fasern mit dem innersten Kern des Landes verknüpften«,[43] lockerten sich. Es wird den Valois nie gelingen, sie wieder zu festigen. Zunächst einmal war Karl IX., den die Mordszenen zutiefst erschütterten und ständig quälten, nicht mehr fähig zu handeln.

Der König war außerstande, sich schnell von jener Katastrophe zu erholen, für die er sich ganz zu Recht verantwortlich fühlte. Er versuchte, seine Gewissensbisse zu vergessen und seine Alpträume zu verscheuchen, indem er sich ins tiefste Waldesdikkicht zurückzog. »Er zürnt seiner Mutter und zeigt es auf kindische Weise, denn er läßt sich ein und dasselbe mehr als dreimal sagen, bevor er ihr gehorcht«,[44] betont der venezianische Gesandte, der den Hof in diesen dramatischen Momenten sehr anschaulich schilderte: »Bei seinen Unterredungen und Audienzen schaut er dem, der das Wort an ihn richtet, nicht ins Gesicht, er senkt den Kopf, macht die Augen zu, dann reißt er sie plötzlich auf und schließt sie, als täte ihm diese Bewegung weh, ebenso plötzlich wieder. Man fürchtet, daß ihn nun der Rachedurst beseelt; bisher war er nur streng, man hat Angst, daß er grausam wird [...]. Er will sich mit aller Macht abhetzen; er bleibt zwölf oder vierzehn Stunden ununterbrochen im Sattel [...]. Darum hat er schwielige, rauhe Hände voller Schnittwunden und Blasen [...]. Er bemüht sich so sehr um anstrengende Leibesübungen, daß er drei oder vier Stunden lang auf einen Amboß schlägt, und er benutzt einen riesigen Hammer, um einen Brustharnisch oder irgendeine starke Waffe zu schmieden, und nichts macht ihn stolzer, als wenn er seine Rivalen ermüdet. Wenn einer von ihnen den Kampf aufgibt, empfindet Seine Majestät eine wunderbare Freude über diese Niederlage.«[45] Er geht allen Männern und Frauen aus dem Weg, und keinen Trost scheint ihm auch die Gegenwart seiner Frau zu

* Agrippa d'Aubigné erinnert so an Karl IX.: »als treffsicherer Arkebusier/ Jagte er die Passanten, die zu spät untertauchten« (*Les Tragiques*, Bibliothèque de la Pléiade, V, S. 173).

bringen, der zarten Elisabeth, der unsichtbaren Königin, von der man nie sprach, vielleicht weil sie selber nicht sprach.

Als sie in Frankreich eintraf, konnte sie sich nur auf deutsch, spanisch und lateinisch ausdrücken, und sie lernte tatsächlich nie Französisch. Deutsch konnten aber weder Karl IX. noch Katharina. Sie verständigten sich mit ihr lediglich durch die Vermittlung ihrer Gesellschaftsdame, der Gräfin von Arenberg. Im privaten Bereich genügten dem jungen Paar die wenigen Worte Spanisch, die Karl kannte. Man muß feststellen, daß Katharina es für vollkommen überflüssig hielt, ihre Schwiegertochter in Frankreich einzugewöhnen. Je weniger sie von diesem Land verstand, desto weniger wären die Höflinge versucht, daran zu zweifeln, daß sie, Katharina, die Königin war. Sie hatte nicht vergessen, wie der Liebreiz Maria Stuarts, ihrer ersten Schwiegertochter, auf den Hof gewirkt hatte. Elisabeth wußte so wenig von dem, was in ihrer Umgebung vor sich ging, daß die Gattin Karls IX. am Abend der Bartholomäusnacht als einzige im Louvre ruhig einschlief. Das Sturmläuten, die Schreie, die Schläge und das Geheul weckten sie, ihre Frauen unterrichteten sie sowohl über das Massaker als auch über die Verantwortung des Königs, und danach rief sie: »Was sind das für Ratgeber, die ihm solche Ratschläge gegeben haben? Mein Gott, ich flehe dich an und bitte dich, ihm zu verzeihen; wenn du dich seiner nicht erbarmst, habe ich nämlich große Angst, daß diese Schuld unverzeihlich ist«,[46] und sie verbrachte den Rest der Nacht mit verzweifelten Gebeten. Sie zog sich in sich selbst zurück und lehnte es ab, den ersten Platz zu beanspruchen. Nie kam es ihr in den Sinn, daß sie der Königinmutter entgegentreten könnte.

Katharina hatte also eine beinahe unangreifbare Position wiedererrungen, sie wirkte »zehn Jahre jünger«,[47] und sie machte sich vor allem Sorgen über die Zukunft Heinrichs. Man hätte sich vorstellen können, daß die offenkundige Krankheit des Königs, den die Tuberkulose zugrunde richtete und der immer noch keinen männlichen Erben hatte, ihren Eifer gedämpft hätte. Es schien höchst vorhersehbar, daß Heinrich bald die

Nachfolge Karls antreten würde. Daraus zog Katharina jedoch nicht den naheliegenden Schluß. Bei einer solchen Gelegenheit kann man zugleich die furchterregende Leistungsfähigkeit der Königin und die sonderbare Inkonsequenz ihrer Projekte erkennen. Sie führte den Kampf um die polnische Königskrone – von dem wir weiter oben gesprochen haben – ohne die geringste Zurückhaltung weiter. Zugleich aber bewies sie ebensolche Tatkraft, um dem neuen König die Rechte auf die Nachfolge Karls IX. vorzubehalten. Das heißt, sie schickte sich an, den ersten Erfolg durch den zweiten rückgängig zu machen, denn es war ja unmöglich, gleichzeitig König von Frankreich und König von Polen zu sein.

Der französische Botschafter in Konstantinopel ließ den Sultan zugunsten Heinrichs eingreifen, denn er wußte ja, wieviel den Polen daran lag, gute Beziehungen mit den Türken aufrechtzuerhalten. Danach vergrößerte die Königin ihre diplomatische Vertretung in Polen: Sie schickte Gesandte, deren einziger Auftrag darin bestand, das ganze Land zu bereisen und die Vorzüge des *ingeniosissimus sapientissimusque Henricus* zu rühmen. Die Kampagne hatte Erfolg, obwohl es sonderbar wirkte, daß die Wahl auf einen ultrakatholischen Prinzen fiel, der einen Teil der Verantwortung für die Ermordung von Tausenden Hugenotten trug, der zutiefst von der Idee einer absoluten Königsmacht überzeugt war und nun über ein Land herrschen sollte, in dem sich die religiösen Minderheiten ganz ungehindert betätigen durften und die Handlungsfreiheit des Königs von den traditionellen Verfassungsnormen eingeschränkt wurde. Am 10. Mai 1573 wurde Heinrich zum König von Polen gewählt. Die Königin, heißt es, weinte vor Freude, als sie diese Neuigkeit erfuhr. Die Polen, die fest entschlossen waren, keinen König zu dulden, der sich nach zwei Seiten ausrichtete, hatten allerdings unmißverständlich mitgeteilt, der Platz des Gewählten sei in Warschau und nicht in Paris. Und sie kamen nach Frankreich, um sich der Loyalität ihres Herrschers zu vergewissern.

Die polnischen Adligen, die in ihrer Galakleidung einen prachtvollen Anblick boten und auf wunderschönen Pferden saßen, setzten die Franzosen mit ihrem würdigen Auftreten und ihrer umfassenden Bildung in Erstaunen. Sie bedienten sich unglaublich wortgewandt der lateinischen Sprache und beschämten die französischen Grandseigneurs, »die nur durch Zeichen oder mit einem Erröten antworteten, denn sie empfanden«, wie Montaigne sagt, »Abscheu vor den Büchern, wie das für beinahe unseren ganzen Adel gilt«. Nur Margot konnte Latein verstehen und in dieser Sprache antworten. Katharina ließ es sich im übrigen nicht nehmen, ihre Tochter und ihren Schwiegersohn während der Zeremonien ins rechte Licht zu rücken, um hervorzuheben, wie problemlos zwei Religionen in Frankreich nebeneinander bestanden. Mehr noch als von der stattlichen Erscheinung seiner zukünftigen Untertanen wurde Heinrich jedoch von ihrer Willensstärke beeindruckt, die ihn erschaudern ließ. Adam Konarski, der Bischof von Posen, erklärte eindeutig die Bedingungen, die man dem neuen König stellte: eine strenge Beschränkung seiner Macht und die Verpflichtung, die Koexistenz mehrerer Konfessionen anzuerkennen.* Als Heinrich zu Ausflüchten greifen wollte und sich darauf berief, daß seine zukünftigen Untertanen bei gewissen Punkten unterschiedlicher Meinung seien, wurde er rücksichtslos zurechtgewiesen. *Jurabis aut non regnabis*, du wirst den Eid leisten, oder du wirst nicht regieren. Er fügte sich. Danach begaben sich alle zum neuen Tuilerien-Palast, in dem die Königinmutter ein glänzendes Fest gab. Die Polen ließen sich von den anmutigen jungen Mädchen bezaubern, von denen es in den prächtigen Sälen wimmelte, und erklärten, die Bälle in Frankreich seien etwas, was man unmöglich nachmachen könne.

Was Lustbarkeiten betraf, so kam tatsächlich niemand Katharina gleich, doch auch ihre Fähigkeit, unglaubliche Verwicklungen zu verursachen, war unvergleichlich. Heinrich hatte zwar die Krone angenommen, genaue Anweisungen für die Unifor-

* Polen, ein katholisches Land, hatte die freie Religionsausübung der griechisch-orthodoxen Kirche, der Türken, der Tataren und der Juden legalisiert, die in Polen eine Zuflucht vor den Zwangsmaßnahmen der Inquisition und der Protestanten gefunden hatten. Vgl. Chevallier, a. a. O., S. 204.

men seiner Infanteristen, Kavalleristen und Pagen erlassen, für seinen Einzug in Warschau eine fleischrote, gold- und silberbestickte Galakleidung ausgesucht, da es ihm jedoch mißfiel, Paris zu verlassen, versuchte er, seine Abreise hinauszuzögern, was großen Unwillen bei den Polen hervorrief, die sich rundheraus weigerten, mit dem Empfang ihres Herrschers bis zum März 1574, also ungefähr acht Monate, zu warten. Die Guisen waren höchst betrübt, so den unangefochtenen Führer der katholischen Partei zu verlieren, und die Königin selbst bekannte nun, da es um Karls Gesundheit immer schlechter stand, daß Heinrichs Abreise zu bedauern sei. Nur seine Brüder zeigten, daß sie seinen Abschied ungeduldig herbeisehnten: Karl IX., der auf diesen allzu rührigen und brillanten jüngeren Bruder stets eifersüchtig war, und Franz von Alençon, der sich Hoffnungen auf die Ernennung zum Generalstatthalter und vielleicht sogar auf die Nachfolge Karls IX. machte, wenn Heinrich in seinem fernen Königreich festgehalten würde. Katharinas maßlose Bemühungen führten also zu einem fragwürdigen politischen Ergebnis, denn dem König wider Willen fehlte es an Begeisterung und die Rivalität unter den Brüdern verschärfte sich.

Nachdem Katharina den einzigen Sohn entfernt hatte, dem sie vertraute, auf den sie sich verließ und an dessen Treue sie nie zweifelte, sah sie sich in großen familiären Schwierigkeiten: Karl IX. wurde von entsetzlichem Blutspucken heimgesucht und schien wenige Tage nach der Abfahrt seines Bruders so gefährlich erkrankt, daß manche daran dachten, Heinrich zurückzurufen. Ihre beiden anderen Kinder entzogen sich ihrem Einfluß und bereiteten ihr großen Ärger. Margot war überzeugt, daß ihre Mutter sie getäuscht hatte. Ihre Hochzeit, die Bluthochzeit, hatte den ganzen hugenottischen Adel in die Falle gelockt. Fortan würden ihr Mann und seine Anhänger sie stets verdächtigen, eine Verräterin zu sein, während ihre Mutter sie wohlweislich von den Entscheidungen ferngehalten hatte. Ihre Ehe war zum Scheitern verurteilt. Der ohnmächtige und gedemütigte Heinrich von Navarra, der sich unter Zwang zum

Katholizismus bekehrt hatte und der zu streng überwacht wurde, um den Louvre zu verlassen, war an eine Gattin gebunden, von der er nicht wußte, welche Rolle sie wirklich gespielt hatte, und der er somit immer mißtrauen wird.

Nach der Bartholomäusnacht kam ein formloses, verhängnisvolles, jedoch zum Scheitern verurteiltes Bündnis zwischen Margot, Franz von Alençon und Heinrich von Navarra zustande. Es war formlos, weil die drei Beteiligten keine einheitlichen Vorstellungen hatten, ja nicht einmal gemeinsam handelten; es war verhängnisvoll, weil die fehlgeschlagenen Komplotte alle Parteien schwächten. Alençon, in körperlicher wie moralischer Hinsicht ein kleines, mißgestaltetes Monstrum, so etwas wie ein krummbeiniger Zwerg, den ein verworrener Ehrgeiz beseelte, hatte nach den Worten seiner Mutter nur Krieg und Streit im Sinn, aber die Umstände führten dazu, daß er eine politische Kraft verkörperte.

Die Wahl Heinrichs verlieh Alençon de facto, wenn auch nicht de jure – denn Karl IX. hatte ausdrücklich Heinrich als seinen Nachfolger bestimmt – die Stellung des Thronfolgers, und durch seine Annäherung an die Navarras stärkte er die Hoffnungen der Hugenotten. Doch es gelang keines der versuchten Komplotte, die eine Wiederaufnahme der spanienfeindlichen Politik bezweckten, indem man die Gegner Philipps II. unterstützte; wenn nämlich der Augenblick zum Handeln kam, gerieten entweder Margot oder Franz in Panik und eilten zu ihrer Mutter, um ihr alles zu beichten. Das beweist die außerordentliche Autorität, die sie immer noch über ihre Kinder hatte. Ihr gegenüber verhielt sich keines als Erwachsener.

Unterdessen erkannte der König, daß er bald sterben würde. Nie fand er Frieden, »die ganze Nacht tönt ihm grollend in den Ohren,/der Tag zischt wie eine Schlange; die eigene Seele wendet sich gegen ihn«.[48] Blutungen unter der Haut bewirkten, daß sich sein Schweiß in Blut verwandelte. Der Anblick des Sterbenden, der auf feuchten, von seinem eigenen Blut befleckten Bettlaken lag, wirkte niederschmetternd auf seine Umgebung. Bei ihm wachte nur seine junge Frau, die unbeweglich, stets ruhig am Fußende seines Bettes saß, weinte und lautlos betete. Sie ging einen Augenblick hinaus und ließ den König mit seiner Amme allein, einer Protestantin, die ihm treu geblieben war. »Ach, Amme!« murmelte er. »Du meine Beste, wieviel Blut, wieviel Blut. Welch schlechte Ratschläge hat man mir gegeben! Vergib mir, lieber Gott.« – »Schuld an den Morden sind jene, die Euch dazu verleitet haben«, antwortete sie.[49]

Man muß allerdings hervorheben, daß Karl IX. kurz vor seinem Tod die notwendige Kraft aufbrachte, um die Machtübergabe zu regeln. Aufs neue bestimmte er seinen Bruder Heinrich zum Nachfolger. Palma Cayet, ein Memoirenschreiber, berichtet, daß er Heinrich von Navarra kommen ließ und zu ihm sagte: »Mein Bruder, Sie verlieren einen guten Herrn und einen guten Freund.« Außerdem bat er ihn, sich um Marie Touchet und seinen illegitimen Sohn zu kümmern.* Bevor seine Agonie begann, betraute er seine Mutter wieder mit der Regentschaft. Seine letzten Worte waren für sie bestimmt: »Und meine Mutter!« murmelte er, bevor er sein Leben aushauchte. Katharina sah diesen Ausruf bereitwillig als einen Beweis an, daß sie im Herzen ihres Sohnes unmittelbar nach Gott kam, und sie beeilte sich, ihre ganze Umgebung das wissen zu lassen. *»Mein Sohn hat sich vor allem dazu bekannt, daß nach Gott ich komme.«* Sie hatte gewonnen, doch um welchen Preis?

Nicht einmal ein Jahr war vergangen, seitdem sie nach derart harten und kostspieligen Mühen einen Thron für ihren Sohn Heinrich erlangt hatte, und nun mußte sie ihr eigenes Werk zerstören und für Heinrichs Heimkehr sorgen. Sie schickte einen Boten, der ihm die Nachricht überbrachte, und sie bat ihn, so schnell wie möglich zurückzukommen. Sie ließ sich eine letzte *combinazione* einfallen: Heinrich könnte den Polen versprechen, ihnen entweder seinen Bruder oder seinen zweiten Sohn zu schicken – wenn Gott ihm Nachkommenschaft gewährte. Einst-

---

* Heinrich erfüllte diese Aufgabe so gewissenhaft, daß er die Tochter verführte, die Marie Touchet später von François d'Entragues bekommen hatte, und daß er aus ihr eine seiner turbulentesten und ehrgeizigsten Favoritinnen machte.

weilen »sollen sie sich selbst regieren«, riet sie. Trotz ihres praktischen Verstandes und ihres allgemein anerkannten Geschicks hatte Katharina ein besonderes Talent, unauflösliche Verwicklungen zu schaffen. Diese Skeptikerin, die jeder Glaubensüberzeugung fernstand, war für die schlimmsten Exzesse der Religionskriege verantwortlich; diese Regentin, deren Aufgabe es war, den König zu erziehen, zögerte nicht, ihn im eigentlichen Sinn des Wortes zugrunde zu richten, sobald er versuchte, als Souverän zu handeln. Nur eine Mutter, und eine sehr aufmerksame Mutter, konnte derart erfolgreich die Schwächen, Unsicherheiten und Ängste ihres Sohnes ausnutzen, doch diese Mutter mußte auch sehr unbesonnen sein, wenn sie so die Autorität untergrub, auf der ihre eigene wichtige Stellung beruhte. Der vorzeitige Tod Karls IX. bedeutete in diesem Sinne für sie eine Befreiung. Von Gewissensbissen wie von Zweifeln verschont, von ungebrochener Tatkraft, immer auf dem Posten, immer in Bewegung, unermüdlich, erfüllte die Königin selbstsicher jene Aufgabe, die er ihr auf seinem Sterbebett anvertraut hatte. Als der neue König zurückkehrte, übte sie weiter eine Macht aus, die einer Königinmutter selten zukommt; diesmal allerdings herrschte sie nicht mehr über Kinder: Heinrich III. bewies ein – gewiß unregelmäßiges, aber tatsächliches – Interesse an seinem Amt; Heinrich IV. kam endlich hinter Heinrich von Navarra zum Vorschein, und Heinrich von Guise wurde sich immer klarer seiner Macht bewußt. Katharina würde ihren Stil ändern und lernen müssen, je nach den Umständen hervorzutreten oder zu verschwinden, und vor allem mußte sie jeden Vorsatz aufgeben, ihren Sohn mit Szenen und Erpressungen zu beherrschen. Sie verstand es, sich eine neue Persönlichkeit zu erfinden.

Das Ende der Valois
1574-1588

Niemand meinte, man müsse vorbehaltlos an die »Verzweiflung« der Königin beim Tode Karls IX. glauben: Sie hatte nie seinen Fähigkeiten als König vertraut und sich Sorgen gemacht, weil sie nicht immer allein über seinen Geist herrschte. Gewiß, nach dem Tod Colignys hatte sie ihren ganzen Einfluß wiedergewonnen, und bei den Verschwörungen, an denen sich Franz von Alençon und Margarete von Navarra beteiligt hatten, war sie ihm nähergekommen, doch man kann sich vorstellen, daß die Aussicht, die Macht mit einem weniger schwächlichen und ausgeglicheneren Souverän zu teilen, sie zuversichtlicher stimmte. Es ging nicht mehr darum, die Regentschaft im Namen eines Kindes auszuüben, es handelte sich um eine Königsherrschaft zu zweit. Eine Abdankung kam nicht in Frage. Heinrich III. war schön und intelligent, er richtete sich bereitwillig nach ihren Ratschlägen, ohne jemals durchblicken zu lassen, daß er ihren Schutz manchmal für ein wenig drückend hielt, und er würde ein idealer Bundesgenosse sein. Um ihn zu gewinnen und sicherzugehen, griff sie nicht zu energischen Maßnahmen, ganz im Gegenteil, sie bot ihm reichlich Geld, Zerstreuungen und Ermutigungen. Nach dem Intermezzo mit Karl IX., als sie energisch und herrisch auftrat, wird sie nun wieder willfährig wie in ihren ersten Zeiten unter Heinrich II., eine dienende Mutter, nachdem sie eine sklavische Gattin gewesen war.

Katharina hatte ein besonderes Talent für Feste, Bauwerke und Episteln. Würde man sie nur durch ihre Briefe kennen, hätte sie den Ruf, eine große, umsichtige Herrscherin gewesen zu sein. So etwa enthielt das Sendschreiben, das sie gleich nach dem Tod Karls IX. an Heinrich III. richtete, ausgezeichnete Ratschläge, vor allem: sich zu beeilen, seinen Anhängern nichts zu geben oder zu versprechen, bevor er wieder in Paris eingetroffen wäre und sich mit ihr beraten hätte. Im ersten Punkt gehorchte ihr Heinrich eifrig, was die übrigen anbelangt, zeigte er eine gefährliche Unabhängigkeit. Er verließ sein Königreich Polen so schnell, daß seine Abreise eher einer Flucht als einem Abschied glich.

Die Nachricht vom Tod seines Bruders erreichte ihn am 14. Juni 1574. Vier Tage später war er verschwunden, ohne daß er seiner Umgebung auch nur angedeutet hätte, was er plante. Am Abend des 18. Juni ging er wie üblich ins Bett, ließ die Vorhänge zuziehen und vergewisserte sich, daß die Wachen vor seiner Tür auf Posten standen. Vier Franzosen – darunter François de Richelieu, der Vater des künftigen Kardinals – glitten durch ein Loch in der Zimmerwand und brachten ihm seine Reisesachen; er kleidete sich an und stopfte die Kronjuwelen in die Taschen. Die Gefährten zogen die Stiefel aus und steckten die Sporen in ihre Beinkleider, um keinen Lärm zu machen; sie verließen das Schloß durch eine niedrige Tür nahe bei den Wirtschaftsgebäuden und stiegen auf ihre Pferde. Der nächtliche Ritt war kräftezehrend, beinahe hätten sie sich in den Wäldern verirrt oder wären in den Sümpfen versunken. Graf Tenczynski, der Oberkammerherr, entdeckte im Morgengrauen, daß der König geflohen war. Er jagte ihm mit ein paar Edelleuten nach und bat ihn – auf lateinisch – flehentlich und eindringlich zurückzukehren, doch Heinrich hatte die österreichische Grenze erreicht, kurz bevor man ihn einholen konnte. Sein Pferd brach tot zusammen. Der König, der auf dem ausländischen Boden in Sicherheit war, hatte eine letzte, äußerst rührende und höfliche Unterredung mit seinem Kammerherrn, und er schenkte ihm einen Diamanten, oder vielmehr erstattete er ihn zurück.

Tenczynski machte sich auf die Rückreise nach Krakau, und der völlig erschöpfte Heinrich III. ließ sich in eine Kutsche sinken und kam allmählich wieder zu sich. Danach antwortete er seiner Mutter. Er teilte ihr mit, daß ihm sein Unternehmen gelungen war, und versicherte ihr seine Ergebenheit und Zuneigung mit herzlichen Worten: »Ich bin Ihr Sohn, der Ihnen stets gehorcht hat [...], der Gedanke, Sie zu sehen, erfreut mich sehr.«[50] Und er offenbarte ihr seine Reiseroute: Wien, Venedig und schließlich Savoyen. Warum Venedig? Aus keinem besonderen Grund. Nur um sich zu amüsieren. Katharina hatte nichts dagegen einzuwenden. Ganz im Gegenteil, sie ließ ihm die sehr ansehnliche Summe von hunderttausend Livres zukommen – hunderttausend Livres entsprachen dem Wert von Chenonceaux – und erledigte die laufenden Angelegenheiten in Paris. Sie hatte gehofft, daß ihr Sohn durch die polnische Erfahrung hinzugelernt hätte, doch bald mußte sie ihre Illusionen aufgeben. Dieser König, den sie so gern als klugen Mann gesehen hätte, sollte sich beunruhigend leichtfertig betragen.

Der Aufenthalt in Venedig faszinierte ihn. Man bot ihm unglaubliche Feste, die jahrhundertelang in Erinnerung geblieben sind.* Für ihn arrangierte man geheime nächtliche Vergnügungen. Er besuchte die berühmten venezianischen Kurtisanen, deren Namen, Adressen und Preise ein bis heute erhaltener Katalog auflistet.[51] Er stand Modell für Tintoretto und wollte das Atelier Veroneses besichtigen. Die Glasmacher von Murano bauten einen Schmelzofen auf einem unter seinen Fenstern vertäuten Schiff und ließen die feinsten Glasarbeiten vor seinen Augen entstehen. Bei seinen inoffiziellen Spaziergängen kaufte er Moschus für irrsinnige Summen, und bei den Juwelieren Fugger erstand er eine wunderschöne Perlenkette. Das waren kostspielige Promenaden. Für Geschenke und Kleinigkeiten gab er die ganze Summe aus, die ihm seine Mutter geschickt hatte.

Diese machte sich im übrigen Sorgen wegen eines Urlaubs, der ihr endlos und dazu noch unnütz vorkam. Vergebens schickte sie seinen Halbbruder, den Bastard Henri d'Angoulême, der ihn überzeugen sollte, diese Zeit abzukürzen. Vom 6. Juli bis zum 6. August erhielt man in Paris überhaupt keine Nachricht von ihm. Die Königin behauptete zwar, sie habe einen Brief be-

---

* An den Wänden des Musée Jacquemart-André ist ein Fresko Tiepolos zu sehen, das die Ankunft Heinrichs III. darstellt.

kommen, doch dem venezianischen Botschafter zufolge glaubte niemand daran. Schließlich riß er sich von den Wonnen Venedigs los, was ihm schwerfiel, denn er brachte noch zwei Wochen in Italien zu, verweilte lange in den Villen an der Brenta, in Ferrara, Mantua und im Herzogtum Mailand, bevor er nach Turin gelangte, der Hauptstadt des Herzogtums Savoyen, wo seine Tante Margarete, die alte Freundin seiner Mutter, herrschte. Dort mußte er sich mit politischen Problemen auseinandersetzen. In Venedig war er ein Tourist; in Turin hatte er die Pflicht, König zu sein. Seine erste Bewährungsprobe erwartete ihn.

Es stellten sich zwei Probleme. Das eine war die Rückgabe von drei Festungen: Pinerolo, Perugia und Savigliano, die an Frankreich verpfändet waren und die von Savoyen – mit vollem Recht – zurückgefordert wurden; das andere war die Aussöhnung mit Montmorency-Damville, dem Gouverneur des Languedoc, der in Südfrankreich durch sein Bündnis mit den Hugenotten die Macht eines Vizekönigs erlangt hatte. Die beiden Probleme waren miteinander verknüpft, weil der Gouverneur unter dem Einfluß des Herzogs von Savoyen stand. Ein erfahrener Politiker hätte als Vorbedingung für die Rückgabe der Festungen eine dauerhafte Vereinbarung mit Damville verlangen können. Aber Heinrich war weder erfahren noch geduldig. Er verpflichtete sich, die Festungen zurückzugeben, doch er entzweite sich mit Damville, als er den Gouverneur mit unnötiger Härte absetzte. Seine ersten Initiativen ließen für die Regelung des Hauptproblems, der Koexistenz von zwei Religionen im Königreich, nichts Gutes vorausahnen. Am 5. September 1574 sah er seine Mutter, die ihm entgegengereist war, in Bourgoin bei Lyon wieder. Wie der savoyische Botschafter erklärt, »hatte man ihr gesagt, daß der König ständig von Leuten beeinflußt werde, die ihr feindlich gesonnen seien, da [aber] das Regieren ihr Leben war und sie es für sicher hielt, daß sie, sobald sie ihn sehen würde, ihre ganze Macht wiedergewinnen könnte, hatte sie sich sogleich entschieden, ihm entgegenzueilen«.[52]

Katharina war nun fünfundvierzig Jahre alt. Trotz eines chronischen Katarrhs, der sie ständig husten ließ, trotz des Rheumas, das sie immer stärker plagte, und trotz ihrer Körperfülle, die von ihrem gewaltigen Appetit bewahrt und vergrößert wurde, zeigte die Königin weiter eine körperliche und geistige Leistungskraft, um die ihre Söhne sie beneiden konnten. Sie saß immer noch unerschrocken im Sattel und ließ sich nicht im geringsten von den Verletzungen entmutigen, die sie sich bei ernsthaften Stürzen zugezogen hatte. Sie erholte sich, wenn sie ihr großartiges Gestüt beaufsichtigte, das sowohl wegen seiner Pferdezucht als auch wegen der weißen Windhunde seines Hundezwingers berühmt war. Diese waren so wild, daß man sie mit dicken Ketten an den Stäben ihres Käfigs festgebunden hatte. Ihr Schwiegersohn Philipp II. bestärkte sie in ihrer Vorliebe, indem er ihr andalusische Pferde mit dicker Kruppe und wogender Mähne schickte, für die sie eine besondere Schwäche hatte. Sie ging auch gern zu Fuß, obwohl sie gestand, sie fühle sich oft ein wenig »schwer«, und es gibt Beschreibungen, wie sie die Staatsangelegenheiten mit ihren Ministern behandelt und dabei auf den Alleen ihres Parks hin und her läuft. Während ihrer gesamten Herrschaft – oder vielmehr jener Karls IX. – hatte sie die königlichen Wohnstätten erbauen, vervollständigen und ausschmücken lassen. Das war ihre große Leidenschaft, und wäre diese Herrschaftszeit friedlich verlaufen, so hätte man in dieser Periode eine noch größere Blütezeit der Künste erlebt. Sie war umgeben vom Lärm der Baustellen des Louvre, der Tuilerien und des Hôtel de Soissons und stets für Neuerungen aufgeschlossen – so etwa ließ sie im Hof ihres Palastes eine riesige Säule in antikem Geschmack errichten –, und das nahm solche Ausmaße an, daß sich selbst der treue Ronsard besorgt äußerte:

Die Königin soll nicht weiter bauen,
Und ihr Kalk soll nicht mehr unsre Schätze begehren ...
[Doch] was nützen uns ihre Tuilerien?
Gar nichts, Moreau: Das ist nichts als Eitelkeit.

War sie bereit, sich von den Staatsangelegenheiten zurückzuziehen und sich all ihren übrigen Interessen zu widmen, sobald ihr Lieblingssohn zurückgekehrt war? Wegen der sonderbaren und labilen Persönlichkeit des Königs läßt sich das nicht leicht beantworten. Der venezianische Botschafter Giovanni Michieli stellte unverzüglich fest, daß er den während der Herrschaft seines Bruders erworbenen Ruf der Tapferkeit offenbar verloren hatte. »All seine mutigen Regungen und ernsten Absichten, von denen man gesprochen hatte, sind vollständig verschwunden: Er überläßt sich einer solchen Untätigkeit, die Wollust beherrscht sein Leben dermaßen, er hält sich so sehr von allen Aufgaben fern, daß jeder sich hierüber wundert [...], man kann sich gar nicht vorstellen, wieviel er für seine schönen und eleganten Hemden und Kleider ausgibt.«[53] Man darf im Zweifelsfall gewiß zugunsten Katharinas entscheiden, obwohl sie, wie der Nuntius erklärt, außerordentlich argwöhnisch und eifersüchtig war – *sospettosissima e gelosissima* –, wenn man ihre Autorität einschränken wollte oder sich bemühte, mit ihrer Macht zu wetteifern.[54]

Während der Kronrat, den das grundlose Zugeständnis Heinrichs III. an den Herzog von Savoyen erstaunte, sich weigern wollte, dies zu bestätigen, unterstützte jedoch Katharina die Initiative ihres Sohns, weil sie sich entschied, ihn als König und nicht als Lehrling zu behandeln. Hierauf riet sie ihm, den Kronrat umzubilden, um dessen Beschlüsse zu kontrollieren. Ihm, und ihm allein, kam das Recht zu, die Gesuche entgegenzunehmen und Gaben zu gewähren. Die Zahl der Räte, die der König und nicht seine Mutter ernannte, wurde verringert, um ihre Leistungsfähigkeit zu erhöhen.

Unverzüglich mußte er sich mit dem Problem auseinandersetzen, welche Politik man gegenüber den Protestanten im Süden befolgen sollte. Heinrich III. lehnte jedes Zugeständnis ab und entschied sich für den Krieg, und Katharina, obwohl sie eigentlich stets eine hinhaltende Verhandlungspolitik bevorzugte, versuchte nicht, ihn umzustimmen, wobei sie sich vielleicht von seinen angeblichen militärischen Fähigkeiten blenden ließ. Man rückte also ins Feld. Heinrich III., der auf seine Bitte von seiner Mutter begleitet wurde, wirkte wie ein entschlossener und energischer Anführer, als ihn plötzlich eine seelische Krise packte, der erste von vielen Ausbrüchen einer ängstlichen und melancholischen Stimmung.

Zwei Jahre zuvor hatte er sich zum großen Ärger der Königinmutter wahnsinnig in Maria von Kleve verliebt. Träumte Katharina als ehrgeizige Mutter von einem einträglicheren Ehebund und fürchtete sie als besitzergreifende Mutter eine anbetungswürdige und angebetete Schwiegertochter? Jedenfalls zögerte sie nicht und nutzte ihre unangreifbare Autorität, um die Romanze endgültig zu vereiteln, indem sie das Mädchen zwang, Heinrich von Condé zu heiraten. Dennoch hatte Heinrich III. im weit entfernten Polen seine Maria nicht vergessen, und obwohl die junge Frau schwanger war, hoffte er, die Aufhebung ihrer Ehe zu erreichen, um aus ihr die Königin von Frankreich zu machen, als ihn die Nachricht von ihrem Tod im Kindbett wie ein Keulenhieb traf. Er sank ohnmächtig zu Boden und war drei Tage nicht in der Lage, aus dem Bett aufzustehen. Als er wieder erschien, war er gänzlich schwarz gekleidet; seine Schnürbänder, seine Ärmelaufschläge und selbst seine Schuhsenkel waren mit kleinen Totenköpfen bestickt. Da er seine Aufgabe als Armeeführer nicht übernehmen konnte und Überraschung, wenn nicht gar Verachtung mit der Zurschaustellung seiner Verzweiflung hervorrief – hatte man jemals erlebt, daß sich ein französischer König barfuß zeigte, mit einer Kerze in der Hand, das Gesicht unter einer Kapuze verborgen, von Geißlern umgeben? –, sah er sich gezwungen, seiner Mutter wieder den Rang eines regierenden Mitglieds des Kronrats zu verleihen. *Wenden Sie sich an meine Mutter, ich weiß über nichts Bescheid*, das wurde zu einer Redensart, die die Minister zu häufig anhören mußten, als daß sie sich nicht tatsächlich an die Königin als die Quelle der wirklichen Macht gehalten hätten.

Die Teilung der Verantwortung zwischen Mutter und Sohn beruhte also nicht auf der unterschiedlichen Sachkenntnis der beiden oder auf ihren gleichberechtigten Beziehungen, sondern auf Heinrichs Schwäche und zeitweiliger Unfähigkeit, zusammen mit den heftigen Auseinandersetzungen, den Rückfällen und Täuschungen, die sich aus solchen Voraussetzungen ergeben. Auf politischem Gebiet verließ sich der König ohne jedes Schamgefühl auf sie; im persönlichen Bereich versuchte er, sich ihr zu entziehen. Sehr bald, als er noch den Tod Marias beklagte, wurde die Frage einer möglichen Heirat auf die Tagesordnung gesetzt. Den Vorschlag Katharinas, die wünschte, daß er eine schwedische Prinzessin ehelichte – für sie sprach außer ihrer Schönheit die verlockende Möglichkeit, so vielleicht die polnische Krone zu behalten –, wies er rundheraus zurück. Er kündigte an, daß seine Wahl auf Louise de Vaudémont gefallen sei.

Wirklich und wahrhaftig Louise de Vaudémont? Diese Tochter einer jüngeren Linie des Hauses Lothringen, die also mit den Guisen verwandt war, hatte kein Vermögen, keinen politischen Vorteil zu bieten und konnte die Bemühungen um einen Religionsfrieden nur erschweren. Vergebens suchte man nach einer politischen Erklärung für seine Entscheidung – es gab keine. Das junge Mädchen war sanft, zärtlich, ruhig; sie erinnerte ihn an Maria, und er wollte sie an seiner Seite haben. Bei ihr könnte er sich von seiner Mutter erholen. Katharina war zwar überrascht, doch sie widersetzte sich ihm nicht. Seine übergroße Trauer beim Tod Marias hatte sie erschreckt, sie wollte ihn nicht reizen. Und dann kam ihr diese Wahl in gewisser Hinsicht entgegen: Eine Prinzessin »mit einem friedlichen und devoten Gemüt, eher geeignet und geneigt, zu Gott zu beten, als sich mit dem Zustand und den Angelegenheiten der Welt abzugeben«[55], müßte den außerordentlichen Vorzug haben, nicht an Katharinas Stelle treten zu wollen. Sie erteilte also ihre Zustimmung.

Zwischen der Krönung und der Hochzeit lag nur eine dreitägige Frist. Am 27. Februar 1575 kehrten Heinrich III. und die zwei Königinnen nach Paris zurück. Der König residierte im Louvre, in dem auch noch seine Schwägerin, die Königin Elisabeth, Heinrich und Margarete von Navarra sowie Alençon lebten. Die Königinmutter wohnte in ihrem Privatpalast an der Rue Coquillière. Mutter und Sohn bekamen es immer wieder mit den gleichen Problemen zu tun: Man mußte Geld für die Staatsgeschäfte auftreiben, eine realistische Politik verfolgen, um den inneren Frieden wiederherzustellen – das Bündnis der Hugenotten mit den gemäßigten Katholiken, die »les Malcontents« (die Unzufriedenen) genannt wurden, führte dazu, daß der Konflikt über den religiösen Rahmen hinausging und zu einem politischen Problem wurde –, und die familiären Zwistigkeiten eindämmen. In keinem von diesen drei Bereichen schien der König ohne seine Mutter auszukommen; nirgends setzte er seinen Willen durch, und dennoch versäumte er keine Gelegenheit, sie zu verletzen. So etwa hielt er nicht die angemessene Trauerzeit beim Tod seiner Schwester Claude von Lothringen ein, er kümmerte sich nicht um den Schmerz der Königin, die über den Tod ihrer Lieblingstochter tief betrübt war, und ohne länger zu warten, veranstaltete er Bälle und Feste. Als eine Frau, die an Kränkungen gewöhnt war, verbarg sie nicht nur ihren Gram, sondern gab sich auch alle Mühe, ihrem Sohn zu schmeicheln, ihm die Vergnügungen zu bieten, die er so gern hatte. Um ihn zu zerstreuen, ließ sie sich kostspielige und sittenlose Feste einfallen, Ballette und Serenaden auf dem Wasser, Jagden, die wie Schauspiele gestaltet wurden, Feuerwerke – die ersten, die man in Frankreich zu sehen bekam –, wofür man Wälder, Alleen und Wasserbecken nutzte, und überall tummelten sich wunderschöne Geschöpfe, die als klassische Gottheiten verkleidet oder vielmehr entblößt waren.

Das Bankett, das sie im Mai 1577 in Chenonceaux für ihn veranstaltete, war so prachtvoll, ausschweifend und phantasiereich, daß es zum skandalösen Sinnbild für das Ende dieser Dynastie wurde. Die Männer waren als Frauen gekleidet, und der König hatte sich für seinen Auftritt herausgeputzt, geschminkt und in ein Kostüm mit Wespentaille gezwängt, und er trug eine dreireihige Perlenkette auf seinem Dekolleté. Dieses Bild prägte seinen Ruf für die künftigen Jahrhunderte:

[...] dieses zweideutige Wesen
Ohne Hirn, ohne Stirn, erschien so auf seinem Ball.
Sein Haar voller Perlenschnüre bildete
Unter einer randlosen Kappe nach italienischer Art
Zwei gewölbte Bogen; sein enthaartes Kinn,
Sein dick weiß- und rotbemaltes Gesicht,
Sein ganz eingepuderter Kopf zeigten uns
An Stelle eines Königs eine runzlige, geschminkte Hure.[56]

Bei Tisch wurde er von barbusigen Hoffräuleins mit aufgelöstem Haar und nackten Beinen bedient. Unter den Mengen goldenen Geschirrs konnte man die seidenen Tafeltücher kaum erkennen. Auf den Alleen entzogen sich verwandelte und verkleidete Paare den Blicken, andere eilten zu einem Stelldichein in die Kammern der neuen, überbauten Brücke, deren beleuchtete Galerien sich im Wasser spiegelten. Die drei Königinnen führten den Vorsitz bei der Orgie: Katharina, ungeheuer dick in ihrem ewigen schwarzen Kleid, probierte unerschütterlich alle Speisen und gab kurze und präzise Anweisungen; neben ihr saß auf der einen Seite die blonde und fromme Gattin ihres Sohns und auf der anderen Elisabeth, die verwitwete Königin, verschlossen in ihrem Schweigen und ihrem Herzeleid. Das Fest kostete so viel, daß italienische Bankiers diese Summe vorstrecken mußten. Aber der König zeigte sich nicht gerade erkenntlich und behandelte seine Mutter weiter rücksichtslos.

»Alles, was ich für mich allein tue, findet er schlecht; man merkt deutlich, daß ich nicht alles tun kann, was ich will«, bekannte sie. Es gelang ihr nicht einmal, im Louvre eine gewisse Ordnung durchzusetzen. Was konnte sie schon ausrichten, wenn der König die Einhaltung einer strengen Etikette verlangte, die ihn von seinem Adel isolierte? Heinrich III. kam auf den Einfall, in einem von Balustraden abgeschlossenen Raum allein zu essen, er gab sich nicht mehr mit den Titeln »Sire« und »König« zufrieden und verfügte, man müsse ihn nach spanischer Art mit »Majestät« anreden. Danach legte er die Form seines

»Lever« (Morgenempfangs) fest und gestattete in seiner Nähe nur eine sehr beschränkte Gruppe von Besuchern; schließlich verringerte er die Zahl der von ihm gewährten Audienzen. Er brachte es fertig, sich unnahbar zu machen, während er am Hof zugleich als Bandenführer auftrat und von einer Clique umgeben wurde, die aus seinen »Mignons« (Günstlingen) bestand, ungefähr zehn jungen Männern, schön wie Halbgötter, die er zu seinem Vergnügen mit prächtiger Kleidung und glänzendem Schmuck herausputzte. Ihre Raffinesse verlangte von ihnen, nur derart zarte Handschuhe anzuziehen, daß man sie in Nußschalen eingerollt überreichte. Die Favoriten gaben ihre zweideutigen Manieren einzig und allein auf, wenn sie den Degen in der Hand hielten. Am Hof sorgten sie für eine beunruhigende Stimmung, die von lasterhafter Sinnlichkeit und Gewalt geprägt war. »Wir sind fast ständig bereit, einander die Kehle durchzuschneiden«, berichtete Heinrich von Navarra, »wir tragen lange Dolche, Kettenhemden und sehr oft die Rüstung unter dem Mantel, und«, schloß er, »der König ist ebenso gefährdet wie ich.«[57]

Zwei Lager bildeten sich heraus. Sie bestanden aus Männern, die tatsächlich bereit waren, einander die Kehle durchzuschneiden. Eine Gruppe scharte sich um den König, die andere um seinen Bruder. Margot war zunächst unschlüssig, doch am Ende verbündete sie sich mit Alençon. Heinrich von Navarra bemühte sich, Abstand zu wahren. Er hatte kein Interesse, Stellung zu nehmen. Es wäre für ihn politisch unklug gewesen, sich offiziell mit dem König zu verbünden, aber es wäre absurd gewesen, sich mit ihm zu verfeinden. Der englische Botschafter Valentine Dale meldete seinem Minister: »Man fühlt sich wie in der Hölle. Niemand unterhält ruhige und normale Beziehungen. Niemand. Nicht die Königin mit ihrem Sohn, nicht der König mit seinem Bruder, nicht die Mutter mit ihrer Tochter.«[58] Zwangsläufig wurde Katharina in diese Streitigkeiten hineingezogen, denn der König wandte sich stets an sie, um sich über das Benehmen seines Bruders und seiner Schwester zu beschweren. »Von wem haben Sie solche Bosheiten gehört [...], diese Leute wollen Sie lediglich mit Ihrer Familie entzweien«, sagte sie zu ihm – und bemühte sich zugleich, Alençon ins Gewissen zu reden und sich zu überzeugen, daß er nicht entfliehen und die Gegner des Königs um sich sammeln wollte.

Eine schwierige Aufgabe, denn Alençon hatte als einziges von ihren Kindern keine Angst vor ihr; er brauchte sie nicht, und seine höchst wahnwitzigen und maßlosen Ambitionen machten ihn den realistischen Argumenten seiner Mutter gegenüber taub. Er war ein rebellischer Geist, stets bereit, seine Familie anzugreifen, jedoch unfähig, konsequent zu handeln. Da ihm die notwendige Ausdauer fehlte, seinen Willen auszuführen, fiel ihm lediglich die Rolle zu, Verwirrung zu stiften. Später, während der Fronde, wird man seine Gemütsart bei Gaston d'Orléans wiederfinden, »dem Mann, dem es am meisten auf der Welt gefiel, alle möglichen Verwicklungen heraufzubeschwören«, wie der Kardinal von Retz resümiert. Katharina konnte bei ihrem Jüngsten nichts ausrichten. Ganz im Gegenteil, im September 1575 ergriff er die Flucht.

»Es ist allgemein bekannt, daß die beiden Brüder einander seit langem tödlich hassen. [Der Herzog] war mit seinen Geschwistern nie freundschaftlich und einträchtig verbunden«, berichtete der venezianische Botschafter, »vor allem nicht mit dem jetzigen König und seiner Mutter. Daran ist sie schuld; denn sie hat den einen zu sehr bevorzugt und ihn liebevoll wie ihren Augapfel gehütet, während sie den anderen so weit erniedrigte, wie sie nur konnte.«[59] Die Streitigkeiten zwischen den beiden Brüdern griffen selbstverständlich auch auf das Gebiet der Politik über.

Da Alençon somit in der Lage war, die »Unzufriedenen« um sich zu sammeln, erklärte er sich zum Beschützer der Freiheit und des Allgemeinwohls. Zwar war er zu unbeständig und selbstgefällig, als daß man sich wirklich auf ihn verlassen konnte, doch es erwies sich als ein Zeichen für die Wirren dieser Zeit, daß sich ihm Tausende anschlossen, und die größte Gefahr für die Staatsmacht ging dabei von den dreißigtausend deutschen Söldnern unter dem Befehl Condés aus. (Während dieses ganzen Jahrhunderts mußte man den Dienst deutscher Kavalleristen, der »Reîtres«, in Anspruch nehmen, weil es in Frankreich nicht genug Schlachtrosse gab.) Seine Mutter, die Königin, schickte ihm ein Sendschreiben nach dem anderen und wollte mit ihm verhandeln, um ihn zu seinem Bruder zurückzuholen. Diese gealterte, kranke Frau wurde in Paris von Heinrich III. schlecht unterstützt und von Alençon, der sich jedem Treffen entzog, ständig getäuscht, und sie könnte einen erschütternden Eindruck machen, wenn sie sich nicht derart hartnäckig gewillt zeigte, die labile Macht ihres Sohnes abzusichern. Ein neuer Schlag traf sie einen Monat später. Heinrich von Navarra nutzte eine Jagdpartie, um den Männern des Königs zu entwischen und in sein Heimatland zu fliehen. Die Hugenotten bekamen wieder einen Führer. Die unversöhnlichen Katholiken, die auf das Wiedererstarken der Protestanten empört reagierten, hatten ebenfalls einen Führer: Heinrich von Guise. Katharina wird zwischen diesen drei Heinrichen lavieren, zwischen diesen drei Kindern, die sie heranwachsen sah und von denen sie gegen jede Vernunft hofft, daß sie am Ende doch Frieden schließen.

Zwischen 1577 und 1585 bewirkte die Finanzkrise ironischerweise eine Beruhigung der Lage – sicherlich eine relative Beruhigung in diesem Land, in dem die Gewalt stets kurz vor dem Ausbruch stand. Weder der König noch seine Gegner hatten das notwendige Geld, um den Kampf fortzusetzen. Zwar war kein einziges religiöses oder politisches Problem gelöst, doch die Lage erzwang einen *no man's peace*, und Heinrich III. nutzte das für den Versuch, seine Königsherrschaft auf einem Gebiet zurückzugewinnen, von dem seine Mutter ausgeschlossen war. Er befaßte sich mit großen Verwaltungs- und Justizreformen, und die Königin hatte keinen Platz an dem Tisch, an dem die Juristen debattierten. Heinrich III., der sich in Verwaltungsfragen gut auskannte und für sie lebhaftes Interesse zeigte, verspürte nun wieder ein gewisses Verlangen, selbst die Herrschaft auszuüben, doch diese neu erstarkte Autorität äußerte sich tatsächlich nur darin, daß er einige boshafte Bemerkungen mit Katharina austauschte. Sie beklagte sich bitter und verhielt sich fortan so, daß sie »ihre Absichten verbarg und in der Gegenwart des Königs mit größter, schonungsvoller Zurückhaltung und Zuvorkommenheit auftrat, um ihn nicht zu kränken oder sein Mißfallen zu erregen«.[60] Ist damit gesagt, daß sie endlich den Rückzug antrat? Sollte sie es beabsichtigt haben – was nicht sicher ist, wie es die Worte beweisen, die Heinrich von Navarra, der sie genau kannte, an sie richtete, als sie über ihre Erschöpfung lamentierte: »Madame, diese Mühsal gefällt Ihnen und stärkt Sie; wenn Sie ausruhten, könnten Sie nicht lange überleben«[61] –, so hätte Heinrich III. sie daran gehindert.

Er brauchte sie als reisende Sonderbotschafterin – sich selbst hielt er für außerstande, die körperlichen Belastungen derartiger Reisen zu ertragen –, als eine Botschafterin, der er vertraute, denn sie lieferte ihm Informationen, die ihm andere wohl nur widerstrebend offenbaren konnten. »Mein Herr Sohn, ich sehe, daß die Lage verworrener ist, als man annimmt [...], Sie müssen mit dem baldigen Ausbruch eines allgemeinen Aufruhrs rechnen; und wer das Gegenteil behauptet, sagt Ihnen nicht die Wahrheit.« Er brauchte sie außerdem, um die politischen Entscheidungen zu überwachen. Ohne sie wäre die Staatskasse leer. Sie bedrängte die Oberrechnungskammer, das Parlament und die Geistlichkeit, um die notwendigen Summen aufzutreiben, und sie verhandelte mit italienischen Bankiers, die oft Geld vorstreckten. Er brauchte sie auch noch, um seinen Bruder und seine Schwester, die ständig Unruhe stifteten, zur Ordnung zu rufen, doch Heinrich III. konnte vor allem nicht auf seine Mutter verzichten, weil allein sie eine gewisse Kontinuität in der Monarchie gewährleistete, die Königsmacht in bestimmter Hinsicht konsolidierte, während er selbst so schlecht der Vorstellung entsprach, die sich die Franzosen von einem König machten.

Es scheint offensichtlich, daß sich der König in seinen guten Zeiten für fähig hielt, allein zu regieren. Nicht weniger offensichtlich ist, daß er unfähig war, seine Autorität bei Untertanen durchzusetzen, die von seiner widersprüchlichen Persönlichkeit verunsichert wurden. Für die Franzosen der damaligen Zeit blieb Franz I. der Inbegriff eines vorbildlichen Königs. Obwohl der Abkunft von Ludwig dem Heiligen so große Bedeutung wie immer zukam, war die Erinnerung an ihn verblaßt. Das Land wollte einen kriegerischen König an seiner Spitze sehen, einen König, der glücklich war, es zu sein, einen König, nach dem sich seine ganze Familie gehorsam und respektvoll richtete, schließlich einen kraftvollen und fruchtbaren König. Nun entsprach Heinrich III. wahrhaftig nicht einem solchen Vorbild: Als junger Mann hatte er zwar seinen Mut in der Armee bewiesen, doch als König sah man ihn öfter bei Prozessionen und Wallfahrten als an der Spitze seiner Truppen.

Am Hof trat er stets in einer übermäßig luxuriösen und affektierten Kleidung auf und beschäftigte sich nicht mit »irgendwelchen anstrengenden Vergnügungen und Übungen, wie etwa der Jagd, dem Ballspiel oder der Reitkunst [...]. Er hat keinen Gefallen an Lanzenstechen, Turnieren und ähnlichen anderen Dingen.« Gern vergnügte er sich mit dem Kugelfangspiel, und seine Hunde waren keine Jagdhunde, sondern winzige Geschöpfe, die sich in seinen Ärmeln verkrochen. Schließlich hatte er mehr als dreihundert von ihnen. Seine krankhafte Vorliebe für Kleidung und Schmuck – seine Ohren, die wie die einer Frau durchstochen waren, nahmen ihm viel von seiner ernsten Würde[62] –, für Aufputz ganz allgemein (seine Hochzeit wurde mit einigen Stunden Verspätung gefeiert, weil er selber seine Frau herausputzen wollte), brachte ihm das Mißtrauen vieler Männer ein, zumal ihn die maßlose Leidenschaft für seine Günstlinge zur Zielscheibe von Verleumdungen machte. Im besten Fall wirkte er wie ein Intellektueller, der Taten verabscheute, im schlimmsten wie ein königlicher Haarkünstler. Ein schonungsloses Epigramm kursierte damals in Paris: »Heinrich, von der Gnade seiner Mutter unsicherer König von Frankreich und von Polen, imaginärer Kastellan des Louvre, Küster von Saint-Germain-l'Auxerrois und aller Kirchen Frankreichs, Schwiegersohn von Colas, Bügler der Kragen seiner Frau und Kräusler ihrer Haare, Krämer des Palastes, Besucher der Badestuben, Guardian der vier

Bettelorden, Ältester der Bruderschaft der Weißen Geißler und Protektor der Kapuziner.«[63] Agrippa d'Aubigné beklagte den

> *[...] Unseligen, der ehrlos lebt unter der Fuchtel*
> *eines Mannweibs und eines weibischen Mannes.*[64]

Der König wandte sich allzuoft von den politischen Problemen ab – Probleme, wie man noch einmal betonen muß, die Frankreich buchstäblich ausbluteten –, um seine Bildung zu vervollkommnen. War dies wirklich der richtige Zeitpunkt, sich dem Studium des Lateins zu widmen? Zu debattieren, ob die sittlichen Tugenden oder die geistigen Tugenden den Vorrang erhalten müßten? Sich in eine Abhandlung über die Regeln der königlichen Beredsamkeit zu vertiefen? Dieser inbrünstige Katholik war ein großer Literatur- und Kunstförderer, der es nicht auf seine Glaubensvorstellungen ankommen ließ, wenn es um Genies ging, er schützte Bernard Palissy, dessen Emailarbeiten er leidenschaftlich bewunderte, den Philosophen Henri Estienne und Agrippa d'Aubigné,* die alle drei Hugenotten waren. Aber er konnte den Bürgerkrieg nicht beenden. Da ein direkter Erbe des Königs fehlte, nahmen die Familienzwistigkeiten absurde Züge an: Der präsumtive Nachfolger Heinrichs III. war sein Bruder Alençon, ebenjener Bruder, der sich nicht eine Gelegenheit entgehen ließ, die Königsmacht zu schwächen, deren Erbe er eigentlich war. Außerdem war der König krank. Das wußte man, und diese körperliche Schwäche trug nicht wenig dazu bei, seine Autorität zu untergraben. Zunächst einmal, weil er oft nicht in der Lage war, seine Minister zu empfangen und Anweisungen zu erteilen, und weiterhin, weil man nicht an die Fortdauer dieser Herrschaft glaubte. Seine Ehe schließlich wirkte so melancholisch, wie dies für kinderlose Paare bezeichnend ist. Heinrich III. trat nicht als Vater des Volkes auf, sondern besuchte trübsinnig entweder eine Badekur oder ein Marienheiligtum.

Wie hätte er unter solchen Umständen auf die Dienste seiner

---

* *Les Tragiques* erschienen erst 1616.

Mutter verzichten können, die hingegen ein ganz anderes Bild bot? Entschlossen und optimistisch, scheute sie keine Mühe, und das trotz ihrer Leiden, ihrer heftigen Zahnschmerzen und des Katarrhs, der sie nicht mehr verließ, stets bereit, dem Gegner entgegenzukommen, um so zu versuchen, Streitigkeiten zu beseitigen oder zu beschwichtigen, so daß es dieser alten Dame, die auf den Straßen umherzog – jenen erbärmlichen Straßen des Königreichs, die entweder staubig oder überschwemmt, unbequem und gefährlich waren und von Viehherden, Karren und Fußgängergruppen wimmelten –, vielleicht an Majestät, doch nicht an Mut fehlte. Und trotzdem, je mehr Heinrich von ihr abhing, desto übler behandelte er sie. Sie nahm seine schlechte Laune und sein Schweigen mit jener Schicksalsergebenheit hin, die sie schon früher bewiesen hatte. Der Tod Alençons im Jahre 1584 brachte eine neue Wendung der Lage. Dieser Unfähige hatte jahrelang Schwierigkeiten heraufbeschworen, sein Tod sollte nun zu schlimmster Verwirrung führen. Falls kein Erbe geboren wurde – doch der Trübsinn der Königin und die Schwäche ihres Gatten, der sich nach einer viertelstündigen Liebesbegegnung drei Tage ins Bett legte, ließen den Valois kaum eine Hoffnung –, drohte der Dynastie eine ernste Krise. Der Nachfolger war eindeutig Heinrich von Bourbon, der König von Navarra, ein direkter Nachkomme Ludwigs des Heiligen. Aber wie würde sich das Land mit einem nichtkatholischen Herrscher abfinden? Die Guisen behaupteten, weil Karl der Große zu ihren Ahnen gehörte, gebe ihnen das ein bestimmtes Anrecht auf die Krone, und sie präsentierten sich als annehmbare Ersatzkandidaten. Eine bequeme Lösung für Heinrich III. wäre die Bekehrung Heinrichs von Navarra zum Katholizismus gewesen. Dieser aber wollte durchaus nicht – zumindest noch nicht – seine hugenottischen Parteigänger enttäuschen und weigerte sich, noch einmal abzuschwören.[65] Während Heinrich und Katharina bisher niemals schwerwiegende politische Meinungsverschiedenheiten hatten, sollten sie bei diesem hochwichtigen Punkt nicht übereinstimmen: Er gab nie die Sache Heinrichs von Navarra auf, während sie zu den Guisen hinneigte.

Ironie des Schicksals: Diese Mutter von zehn Kindern sah, daß ihre Familie unterging, da es ihr an Erben fehlte. Anstatt sich für das Lager Navarras zu entscheiden – schließlich konnte sie ja keineswegs voraussehen, daß nicht ihre Tochter zusammen mit ihm den Thron besteigen würde – und den dreifachen Bürgerkrieg, den *Krieg der drei Heinriche*, zu verhindern, machte sie weiter wie bisher, sie verhandelte, lavierte und versuchte, das Wohlwollen Heinrichs von Guise zu gewinnen. Dieser aber stellte eine direkte Bedrohung Heinrichs III. dar. Er war außerordentlich populär, vor allem in Paris, energisch, wurde von den fanatisierten Kräften der Liga unterstützt, und er hatte jene Autorität, stolze Haltung und Tatkraft, die dem König so schmerzlich fehlten. Die Liga, die vom Zustrom spanischen Goldes gestärkt wurde, erlebte einen neuen Aufschwung, und sie fand Rückhalt bei den Vertretern der Pariser Öffentlichkeit, die einerseits von dem Gedanken angespornt wurden, gegen einen möglichen hugenottischen König zu kämpfen, und die sich andererseits über einen untätigen König entrüsteten. Guise erhielt von der spanischen Regierung acht Millionen Livres jährlich, um seine Umtriebe zu finanzieren, eine unglaublich hohe Summe.*

Die letzten Jahre dieser Königsherrschaft bestanden aus gegenseitigen Betrugsmanövern, gewalttätigen Manövern, die mit einem Blutbad endeten. Heinrich III. wagte es nicht, die Hilfe Heinrichs von Navarra anzunehmen, er wandte sich wie ein Kind an seine Mutter und nötigte sie, die Hauptrolle zu spielen. Sie unterzeichnete nun, am 9. Juli 1586, ein Edikt, das Edikt von Nemours, das den Sieg der Liga scheinbar sanktionierte. »Der König ist zu Fuß und die Liga hoch zu Roß«, spottete der Chronist Pierre de L'Estoile. Der König stimmte diesem demütigenden Frieden zu, doch Cavriana glaubte nicht allzusehr an dessen Aufrichtigkeit: Das allgemeine Mißtrauen war zu offensichtlich. Heinrich von Navarra reagierte heftig und

* Diese Summe entsprach annähernd einem Drittel des jährlichen Staatshaushalts unter Heinrich IV.

wies nachdrücklich darauf hin, daß dieses Abkommen die Ausländer auf empörende Weise begünstigte. Spanien, der Vatikan und die Lothringer gewannen die Oberhand über Frankreich. Heinrich III. wußte, daß Navarra recht hatte, er wußte, daß dieser Heinrich, im Gegensatz zu Heinrich von Guise, nicht sein Feind war, doch ihn peinigte seine Schwäche, er empfand tiefe Abscheu vor den Parteien, die sich ihm entgegenstellten, und er fühlte sich wie gelähmt. Er fürchtete die Niederlage der Hugenotten, er fürchtete den Sieg der Katholiken, doch er brachte es nicht über sich, die Wahl, die er tatsächlich getroffen hatte, eindeutig zu bestätigen, und daher blieb er ein unsicherer Verbündeter der Guisen und ein innerlich kaum überzeugter Gegner Navarras.

Die Siege in diesem Dreifrontenkrieg fielen abwechselnd den Hugenotten und den Ligisten zu. Der große Verlierer war der französische König. Die allgemeine Stimmung, die rund um den Louvre, in diesem ganz den Guisen verfallenen Paris herrschte, wurde unerträglich. Doch die Niederlage bewog Heinrich III., sich zu einem Entschluß durchzuringen und endlich zu handeln. Und er handelte, ohne seine Mutter um Rat zu fragen, ohne sie überhaupt zu unterrichten. Ganz anders als Ludwig XVI. ein paar Jahrhunderte später begriff er, daß er auf keinen Fall zum Gefangenen der Pariser werden durfte, und darum beschloß er zu fliehen. Eine Lehre, die Mazarin während der Fronde beherzigen sollte. Der König ließ zu, daß die Revolution in Paris siegte, gerade damit er sie besser bekämpfen und seine persönliche Freiheit bewahren konnte. Er flüchtete nach Chartres, was Cavriana zu dem Ausruf veranlaßte: »Wir haben zwei Könige und ein unheilbares, ausweglose Schisma.«

Wirklich? Die Valois hatten ihre Methoden nicht aufgegeben. Katharina war in Paris geblieben – übrigens zusammen mit der Königin Louise – und verhandelte weiter mit Guise, der sich scheute, offen Verrat zu begehen. Der venezianische Gesandte wies genau auf jene tatsächlichen Probleme hin, wie sie sich für Guise darstellten: »Da Sie anerkennen«, schrieb er ihm, »daß es unmöglich ist, in diesem Königreich die katholische

Religion zu erhalten, ohne die Ketzer zu vernichten, und daß es unmöglich ist, sie ohne den Beistand des Königs zu bekämpfen, muß man, wenn Sie wirklich dieses Ziel anstreben, zu dem Schluß kommen, daß Sie sich mit Seiner Majestät vereinen müssen; wenn Seine Majestät isoliert ist, wird sie sich sonst den Protestanten nähern [...]. Was mich betrifft, so möchte ich lieber der Herzog von Guise sein, der hochgeehrte und tapfere Heerführer, als ein Tyrann, der das Königreich an sich gerissen und den meinem König geleisteten Eid gebrochen hat. Der Herzog kann zwischen diesen beiden Rollen wählen: Die erste ist sicher und ehrenhafter, die zweite ungewisser und ehrloser.«[66] Der Herzog beurteilte die Lage höchst zutreffend, so daß er die ersten Schritte auf Heinrich III. zuging, doch es waren Schritte, die nach seiner Auffassung, wie übrigens auch nach Meinung der Königin, zu einer – gewiß durch ihre Form milder erscheinenden – Kapitulation des Königs vor der Liga führen mußten.

Warum gab Katharina so bereitwillig nach? Der Grund war, daß zum Intrigenspiel der Gegner im Innern des Königreichs noch hinzukam, daß diese auf den Konflikt zwischen Spanien und England setzten. Die Guisen und Katharina glaubten an den Sieg Philipps II. Heinrich, der in Chartres mit dem Botschafter Elisabeths zu Unterredungen zusammenkam, entschied sich für England. Bereits die Hinrichtung Maria Stuarts hatte einen Schlag gegen den Katholizismus bedeutet, und wenn die »Unbesiegbare Armada« zurückgeschlagen wurde, konnte sich die internationale Lage grundlegend ändern. Einstweilen mußte sich Heinrich III. still verhalten.

Am 21. Juli 1588 wurde das Unionsedikt unterzeichnet, das im Grunde die Niederlage des Königs besiegelte. Am 1. August begaben sich die Königinmutter, der Herzog von Guise, der Kardinal von Bourbon und der Nuntius Morosini nach Chartres, um mit Lächeln und Umarmungen das Abkommen zu feiern. Man trug eine solch heitere Miene zur Schau, daß die Gesichter wie Masken wirkten. Heinrich von Guise kniete vor seinem König nieder, der ihm beim Aufstehen half und ihn zweimal umarmte. Während des abendlichen Banketts schlug Heinrich III. lachend einen Trinkspruch auf die Gesundheit der Hugenotten und der Pariser Barrikadenbauer vor. »Ich weiß nicht, ob die Herzensregungen diesen Umarmungen entsprechen«, notierte Cavriana. Guise war zu scharfsinnig, um sich keine Gedanken über einen derartigen Sinneswandel zu machen: Handelte es sich um »äußerste Verstellung« oder um eine »wunderbare Meinungsänderung und gleichsam ein neues Wesen«? Der realistischere Cavriana befürchtete, daß die Stunde der Dolchstöße kommen könnte: »Ich sehe schon ein solches Fest voraus«, resümierte er, sobald der Tag endete.

Ein anderes Fest fand gerade zu dieser Zeit vor der französischen Küste statt. Die Armada, die gewaltige Armada Philipps II., wurde durch einen Sturm übel mitgenommen, von den englischen Schiffen bedrängt und konnte nicht mehr vorankommen oder zurückweichen. Die Katastrophe ließ sich nicht abwenden: Siebenundfünfzig Schiffe von einhundertdreißig gingen unter. Mit ihnen verschwand der für Guise und seine Liga unentbehrliche Rückhalt. Heinrich III. verlor keinen Augenblick. Den leichtfertigen Herrscher gab es nicht mehr, der Widerwille gegen die Alltagsarbeit war verschwunden, und er entließ alle seine Ratgeber und Minister, als handelte es sich um einen Staatsstreich. Dem Nuntius antwortete er, als dieser sich wegen einer derart drastischen Maßnahme beunruhigt zeigte: »Ich will mich selbst unermüdlich mit der Verwaltung meines Königreichs beschäftigen und sehen, ob ich, wenn ich auf meine Weise regiere, zu besseren Ergebnissen als mit den Ratschlägen jener kommen kann, von denen ich mich getrennt habe.«[67]

Im Grunde hatte er damit seine Mutter in Ungnade entlassen, und das blieb ihr auch nicht verborgen: Sie hätte nicht den König lehren sollen, schrieb sie ihrem Berater Bellièvre, »daß man seine Mutter unbedingt lieben und ehren muß, wie es Gott gebietet, daß man ihr aber nicht derart viel Autorität und Vertrauen schenken darf, daß sie es ihr erlauben, das zu verhindern, was man tun will«.[68] Wir möchten betonen, daß Heinrich siebenunddreißig Jahre gebraucht hatte, um diese Lektion zu lernen, die er nun unerbittlich anwendete. Seine Mutter zu benötigen und ihr Liebe und Dankbarkeit zu bekunden sind zwei ganz unterschiedliche Dinge. Viele Jahre lang hatte Heinrich III. geglaubt, daß er nicht auf sie verzichten könnte, doch seine Handlungsweise und seine Haltung schienen nicht im geringsten auf wirkliche Zuneigung hinzudeuten. Hatte er jemals daran gedacht, ihr seine Ruhe oder sein Vergnügen zu opfern? Hatte er jemals gezögert, sie trotz ihrer Gicht, ihrer Beschwerden und Magenkrankheiten auf Reisen zu schicken? Nachdem er endlich die innere Kraft gefunden hatte, sich von dieser Frau zu lösen, die ihm so große Furcht eingeflößt hatte, weigerte er sich, ihr gegenüber je wieder die geringste Rücksichtnahme zu zeigen. Man hat das Gefühl, daß ihn nur die politischen Verbindungen mit ihr vereinten ... oder daß er fürchtete, er sei nicht fähig, sich in ihrer Gegenwart durchzusetzen.

Die politischen Spannungen nahmen während der letzten Monate des Jahres 1588 ständig zu. Der ganze Hof begab sich nach Blois, wo die Generalstände zusammentraten. Der König wurde sich bewußt, daß es nicht genügte, die Regierung zu wechseln, um seine uneingeschränkte Autorität wiederzuerlangen. Die Beziehungen zu Guise verschlechterten sich jeden Tag weiter. Die beiden Heinriche wetteiferten unablässig, aber insgeheim miteinander. Beide versuchten, die Unterstützung der Abgeordneten für sich zu gewinnen. Cavriana, der auf die bedrückende und verworrene Atmosphäre im Schloß reagierte, schrieb seiner Regierung: »Mißtrauen und Furcht herrschen an diesem Hof. Man erwartet irgendein außerordentliches und unerhörtes Unglück, doch man weiß nicht, wie es aussehen oder wer dessen Urheber sein wird.« Guise gewann ständig an Boden und weigerte sich, auf den leisesten Hinweis zu hören, der ihm zur Vorsicht riet. Jede Warnung veranlaßte ihn zu der geringschätzigen Antwort: »Sie werden es nicht wagen.« Wenn der König das Gefühl bekomme, er habe nichts mehr zu verlieren, könne er gefährlich werden, widersprach man. Guise zuckte mit den Achseln: »Für diesen König ist es ein Bedürfnis, Angst zu haben.« Tatsächlich fürchteten sich die Freunde Guises, denn sie sahen sehr genau voraus, wozu der zum Äußersten getriebene Heinrich III. fähig war, zumal die Königinmutter nicht mehr ihren vermittelnden Einfluß geltend machen konnte – man verwehrte ihr ja den Zugang zur Macht, allerdings wurde sie von Morosini unterrichtet und war überzeugt, daß jedes »Unglück«, das Guise zustoßen würde, sich für ihren Sohn verhängnisvoll auswirken müßte. Und fünf Tage vor Weihnachten beschloß Heinrich III., Guise töten zu lassen. Dabei sollte er nicht als König oder Gerichtsherr, sondern als Bandenchef, als Mörder handeln.

Nachdem sein Entschluß gefaßt war, spielte er glänzend Komödie. Im Zimmer seiner Mutter, die soeben ihre Medizin eingenommen hatte, begegnete er Heinrich von Guise und »überhäufte ihn mit Bekundungen des Wohlwollens und der Vertraulichkeit, indem er ihm kleine heitere Reden hielt, [dann erinnerte er ihn daran,] daß sie noch mit vielen Angelegenheiten zu tun hätten, für die man vor dem Jahresende sorgen müsse. ›Kommen Sie hierfür morgen frühzeitig in den Rat, um sie zu erledigen.‹«[69] Die Falle war aufgestellt.

Heinrich III. hatte die »Quarante-Cinq« (»Fünfundvierzig«) als Henker ausgewählt. Diese Quarante-Cinq hatte er unter seinen Günstlingen angeworben: eine Gruppe von kleinen Edelleuten in seinem Sold, die weniger eine Leibwache als seine Handlanger waren. Man nannte sie »die gascognischen Teufel« oder »die Halsabschneider des Königs«. Er ließ sie insgeheim ins Schloß kommen. Da der Kronrat zu einer außergewöhnlich frühen Stunde einberufen war, hatte Heinrich sich das zunutze gemacht und am Abend zuvor die Schlüssel an sich genommen, so daß er völlig freie Hand hatte, seine Leute zu verteilen. Die Königsgemächer nahmen das zweite Stockwerk des von Franz I. erbauten Flügels ein. Man stieg auf der wunderschönen Freitreppe zu seinen Zimmern hoch. Der erste Raum, eigentlich ein Vorzimmer, diente als Speisezimmer und zugleich als Ratssaal. An der hinteren Wand befand sich eine Tür, die sich zum Gang ins Schlafzimmer öffnete, und an dessen Seiten lagen das sogenannte »neue« und das »alte Kabinett«. Vom neuen Kabinett führte eine Innentreppe – in allen Königsgemächern gab es eine Geheimtreppe, die der König unbeobachtet benutzen konnte – direkt zum Gemach der Königinmutter. Acht Henkersknechte wurden im Zimmer Heinrichs III. postiert, zwölf weitere, die notfalls als Verstärkung eingreifen sollten, wurden im alten Kabinett untergebracht, während drei Männer im neuen Kabinett den Zugang zur Innentreppe bewachten. Man verteilte Dolche an sie, und die Wartezeit begann in vollständigem Schweigen, denn man hatte Angst, die Königinmutter durch ungewöhnliche Geräusche zu alarmieren.

Es regnete in Strömen, und am frühen Morgen konnte man kaum etwas erkennen. Doch der König spähte aus dem Fenster, um die Ankunft des Herzogs zu beobachten. Dieser zögerte am Fuß der Treppe, weil es ihn überraschte, dort die Bogenschützen der Garde zu sehen, aber der Hauptmann erklärte ihm, sie hätten beim Rat ein Gesuch eingereicht, das die Auszahlung ihres Soldes betreffe, und sie wären zusammengekommen, um ihn zu bitten, sich zu ihren Gunsten einzusetzen. Der Herzog, der sich noch am Abend zuvor geweigert hatte, auf die Warnungen des Nuntius, seiner Mutter und vielleicht sogar Katharinas zu hören, stieg hinauf, ohne sich weiter aufzuhalten und ohne sich zu beunruhigen, obwohl sich die Gardisten hinter ihm auf der Treppe drängten und somit deren Zutritt versperrten. Er trat in den Ratssaal ein, wärmte sich einen Augenblick am Kamin und erwartete die Ankunft der übrigen Ratsmitglieder. Die Beratungen begannen um acht Uhr, wobei der König abwesend war. Man prüfte eine Angelegenheit, die mit der Salzsteuer zu tun hatte, als der Türhüter der Garde kam – Heinrich III. hatte ihm die Wangen abreiben lassen, so sehr fürchtete er, daß Guise auf dessen bleiches Gesicht aufmerksam werden könnte – und ihn bat, den König im alten Kabinett aufzusuchen. Er stand also auf und betrat das Zimmer, dessen Tür hinter ihm sofort geschlossen wurde. Die acht Mörder verbargen ihre Degen und Dolche unter den Mänteln und folgten ihm in dem sehr langen und schmalen Gang, der vom Schlafzimmer zum Kabinett führte. Vor der Tür traf er auf die anderen Männer. Als er den Hinterhalt zu spät entdeckte und sich umdrehte, griffen sie ihn an und stachen mit ihren Dolchen zu. Ihn behinderte sein Mantel, so daß er nicht den Degen ziehen konnte, aber er wehrte sich derart heftig, daß er vier Angreifer zu Boden warf. Er kämpfte mit wütendem Ungestüm und versuchte, die Mörder zurückzudrängen, doch er unterlag der Übermacht und brach am Fußende des Bettes zusammen.

Heinrich III. betrachtete ihn einige Augenblicke, bevor er sich zurückzog. Die Bogenschützen drangen unmittelbar danach in den Ratssaal ein, wo größte Aufregung und Unruhe herrschten. Sie verhafteten den Kardinal von Bourbon und den Kardinal von Guise. Außerdem wurden auch alle übrigen Guisen festgenommen, selbst die Herzogin von Nemours, die Mutter des Herzogs.

Nun brauchte man nur noch Katharina zu unterrichten. Die alte, von einer Lungenentzündung geschwächte Königin mußte das Bett hüten. Unvorstellbar, daß ihr das Getöse entgangen wäre: Man hatte den Mord ja buchstäblich über ihrem Kopf verübt. Der König stieg in ihr Zimmer hinunter, und im Beisein Cavrianas teilte er ihr in sachlichem und unbefangenem Ton mit: »Guten Morgen, Madame, verzeihen Sie bitte. Monsieur von Guise ist tot, und darüber wird nicht mehr geredet. Ich habe ihn töten lassen. Ich bin dem Anschlag zuvorgekommen, den er gegen mich geplant hatte. Ich konnte seine Anmaßung nicht länger hinnehmen, obwohl ich gewiß versucht habe, sie zu ertragen, um meine Hände nicht mit seinem Blut zu besudeln. [...] Nun gehe ich in die Kirche, um Gott beim Meßopfer zu danken. [...] Ich will König sein und nicht Gefangener und Sklave, wie ich es seit dem 13. Mai bis zu dieser Stunde gewesen bin, von der an ich erneut begonnen habe, König und Herr zu sein.«[70] Nach Atem ringend, von der entsetzlichen Neuigkeit verstört, antwortete sie mit schwacher Stimme: »Mein Sohn, das höre ich gern, sofern es dem Staatswohl dient.« (Seufzend setzte sie hinzu:) »Das wenigstens ist mein sehnlichster

Wunsch.« Überstürzt verließ er das Zimmer. Es war ihr letztes richtiges Gespräch.

Katharina vermag schwerlich Mitgefühl zu erregen. Ihre Persönlichkeit ist allzu anpassungsbereit, unaufrichtig und intrigant. Doch man muß zugeben, daß es hart ist, wenn man sein Leben mit einer derart allumfassenden Enttäuschung beendet. Die Hoffnungen, die sie auf diesen inniggeliebten Sohn gesetzt hat, lösen sich in nichts auf. Zunächst einmal liebt er sie nicht, denn wie wäre es sonst möglich, daß er dieser Sterbenden nicht ein wenig Zärtlichkeit, ein wenig Zuneigung zeigte; und dann, davon ist sie ganz zu Recht überzeugt, hat er sich soeben selbst zugrunde gerichtet. »Ach, der Unglückliche, was hat er getan?« flüstert sie dem Pater Bernardo d'Osimo zu, der am Weihnachtstag bei ihr ist. »Beten Sie für ihn, denn ich sehe, daß er sich ins Unglück stürzt, und ich fürchte, daß er Leib und Seele und das Königreich verliert.« Unablässig wird sie nun von weiteren Schicksalsschlägen getroffen. Die Nachricht, daß der König die Ermordung des Kardinals von Guise befohlen hat, versetzt sie in Schrecken. Es heißt, sich selbst der Verdammnis preiszugeben, wenn man die Hand gegen einen Kirchenfürsten erhebt, und es bedeutet auch, jede Unterstützung durch die katholischen Herrscher einzubüßen. Bis in dieses dunkle und stille Schloßgemach dringt die Neuigkeit, daß es in Paris zu stürmischen Wutausbrüchen kommt: Man besetzt und plündert den Louvre, wirft die Bilder des Königs in die Seine. Katharina ist allein, allein mit ihrem Fieber, ihren Erstickungsanfällen; trotz ihrer Schwäche, obwohl sie sich kaum auf den Beinen halten kann, steht sie am Neujahrstag auf und besucht den im Schloß eingekerkerten Kardinal von Bourbon. Einen so alten Widersacher, daß in diesen Tagen der Verzweiflung und der Selbstbesinnung die gemeinsamen Erinnerungen stärker als die Feindschaft sind. Doch er beschuldigt sie des Mordes und weist sie barsch ab.

Mit tränenüberströmtem Gesicht schleppte sie sich mühsam, von ihren verängstigten Frauen gestützt, über die eiskalten Korridore in ihre Gemächer zurück. Cavriana, den es beunruhigte, daß sie immer schwerer atmete, half ihr beim Zubettgehen. Sie sollte nicht wieder aufstehen. Am 5. Januar fand sie die Kraft, sich auf ihren Kissen aufzurichten und die letzten Änderungen ihres Testaments zu diktieren. Darin enterbte sie ihre Tochter Margarete und begünstigte ihre Enkelin Christine von Lothringen und Karl von Angoulême, den illegitimen Sohn Karls IX. Sie wollte im Grab Heinrichs II. in Saint-Denis beigesetzt werden, jenem prächtigen Grabmal, mit dem sie Germain Pilon beauftragt hatte.[71] Der König, den man an ihr Bett gerufen hatte, nahm das gefühllos und gleichgültig zur Kenntnis. Keine zärtliche Regung wird das Ende der Königinmutter erleichtern. Man ließ sie allein, während sie keuchend nach Luft rang. Ein Mann, ein junger Abbé, beugte sich über sie und stand ihr mit seinen Gebeten bei. Mit kaum hörbarer Stimme fragte sie ihn nach seinem Namen. »Julien de Saint-Germain«, antwortete er. Sie erschauderte. Ihr Astrologe hatte ihr immer gesagt, sie solle sich vor Saint-Germain hüten. Aus diesem Grunde hielt sie sich nie in Saint-Germain-en-Laye auf und bewohnte nicht den Louvre, der neben der Pfarrkirche Saint-Germain-l'Auxerrois lag. Ach! Saint-Germain, dieses Vorzeichen ihres Todes, war also ein Mensch. Sie wehrte sich nicht mehr und schloß die Augen.

Trotz seiner zwanghaften Neigung zu äußerlichen Trauerzeremonien veranlaßte Heinrich III. nur das Allernotwendigste für das Begräbnis seiner Mutter. Ihr einbalsamierter Leichnam wurde im großen Audienzsaal des Schlosses aufgebahrt. Man konnte sich unmöglich nach Paris begeben, wo immer noch große Unruhe herrschte und wo man die Nachricht vom Tod der Königin mit Freudenschreien aufnahm. Daher wurde sie vorläufig in Blois beerdigt. Nur ihr alter Arzt Cavriana weinte an ihrem Grab. Die Trauergäste gingen auseinander, und »man sprach darüber nicht mehr, als wenn es sich um eine tote Ziege gehandelt hätte«.

Sechs Monate später wurde Heinrich III. von einem Mönch ermordet. Heinrich von Navarra schwor seinem Glauben ab und zog im Jahre 1594 in Paris ein. Die Ehe Heinrichs IV. und Margaretes wurde im gegenseitigen Einvernehmen annulliert. Die Zeit der Valois war abgelaufen. Ironie des Schicksals: Danach erhielt eine andere Medici die Krone der französischen Königin.

Maria von Medici

Eine wenig liebevolle Mutter
1601-1610

Bevor Heinrich III. starb, hatte er von den Großen seines Gefolges verlangt, den legitimen Erben, den ersten Prinzen von Geblüt anzuerkennen: Heinrich von Navarra, der sogleich den Namen Heinrich IV. annahm. Der Name genügte indes nicht, um die Macht zu sichern. Obwohl Heinrich gelobt hatte, in seinem Königreich die römisch-katholische Religion zu erhalten und zu bewahren, obwohl er seinen Wunsch beteuert hatte, sich in diesem Glauben »unterrichten zu lassen«, und obwohl er auch den Protestanten uneingeschränkte Gewissens- und Religionsfreiheit garantiert hatte, wütete der Bürgerkrieg vier Jahre lang weiter. Danach trat der König zum Katholizismus über. Nun erst hörten die Feindseligkeiten auf. Heinrichs Glaubenswechsel war unbedingt notwendig, denn allein diese Geste ermöglichte es ihm, zum König gesalbt und so jene magische Persönlichkeit zu werden: der wundertätige, wahrhaft souveräne König, der tatsächlich herrschen und den Frieden in seinen Ländern wiederherstellen konnte. Im Jahre 1593 öffneten sich für ihn endlich die Tore von Paris. Seinen Feinden gegenüber verhielt er sich außerordentlich großmütig. Es gab keine Verhaftungen, keine Todesurteile. Er wollte wirklich der König aller Franzosen sein, und der Straferlaß gehörte zu den Maßnahmen, die zu diesem Ziel führten.

Der neue König war fünfunddreißig Jahre alt. Er, ein kräftiger und gesunder Mann, war nicht von der übertriebenen Raffinesse der dekadenten Gesellschaft der Valois angekränkelt, ihn hatten nicht die Überreizung der Sinne, die Entartung des Geschmacks oder der Phantasie verdorben. Die Leidenschaften Heinrichs IV. ließen sich öffentlich bekennen und vor allem verstehen. Ganz im Gegensatz zu seinem Vorgänger war der erste Bourbone »ein König auf französische Art, ein König zu Pferde, ein Soldat und Heerführer«,[72] ein König, der gern Hühnchen aß und ein großer Schürzenjäger war.

Diese besondere Neigung sollte höchst aktuelle Bedeutung erlangen, denn es blieb noch das Problem einer königlichen Gemahlin zu regeln. Heinrich von Navarra und Margarete von Valois waren stets schlecht miteinander ausgekommen. Man konnte nicht mehr überblicken, wie viele Mätressen er und wie viele Liebhaber sie hatte, doch man konnte durchaus die seltenen Gelegenheiten zählen, bei denen beide dasselbe Bett geteilt hatten. »Er stinkt«, behauptete Margot; »sie ist eingebildet«, erklärte er – und warum sollte er sich Zwang antun, wenn sie offenbar unfähig war, Kinder zu bekommen? Sie waren sich nur in einem Punkt einig, einem wichtigen Punkt: Die Ehe mußte aufgelöst werden, indem man sich darauf berief, die Braut hätte nicht frei entscheiden dürfen und nicht nach ihrem eigenen Willen gehandelt. Die Aufhebung der Ehe würde dem König, der schon Vater einer großen Schar natürlicher Kinder war, die Möglichkeit geben, wieder zu heiraten und legitime Nachkommen zu zeugen. Heinrich IV., vielleicht der volkstümlichste König in der ganzen französischen Geschichte, lebt in der Nachwelt mit dem Beinamen des »Unermüdlichen Liebhabers« (Vert-Galant) fort. Eigentlich hätte der Name eines »Verrückten Liebhabers« besser zu ihm gepaßt. Dieser große politische Realist verlor allen gesunden Menschenverstand, wenn er hinter Frauen her war. Seit 1591 war Gabrielle d'Estrées seine offizielle Favoritin, eine zwanzigjährige Schönheit, die ihm drei Kinder schenkte: César, den Herzog von Vendôme, Alexandre und dann eine Tochter, Catherine-Henriette. Er verfiel auf den Gedanken, sie zu heiraten, und das trotz des Skandals, obwohl dies nicht den geringsten politischen oder finanziellen Vorteil bot und sich alle seine Ratgeber, mit Sully an der Spitze, dem widersetzten. Das Problem löste sich von allein. Gabrielle starb 1599 an einer heftigen und äußerst verdächtigen Magenverstimmung.

Der verzweifelte, aber realistische Heinrich IV. holte sich die

Diamanten zurück, die er ihr im Laufe der Jahre geschenkt hatte, und fügte sie den Kronjuwelen hinzu. Nun hielt er Ausschau nach ausländischen Kandidatinnen. Die Bewerberinnen drängten sich nicht, um einen ganz neuen König zu heiraten, dessen Katholizismus trotz seiner Bekehrung etwas zweifelhaft wirkte und der immer noch rechtmäßig verheiratet war. Dennoch hätte der Großherzog der Toskana seine Medici-Nichte, die nicht mehr ganz jung, nämlich schon fünfundzwanzig Jahre alt war, gern auf dem französischen Thron gesehen. Heinrich IV. schuldete ihm soviel Geld, daß er es wahrscheinlich nie zurückzahlen würde, und der Florentiner hielt es für vernünftig, das zu nutzen, um ein höchst ehrgeiziges Ehebündnis zu schließen. Die Aktien der Maria von Medici stiegen schwindelerregend hoch, sobald man eine glänzende Mitgift versprach, die alle Schulden des Königs tilgen würde. Doch die Verhandlungen über Geldangelegenheiten ermüdeten Heinrich IV., und der Anblick des Porträts der Kandidatin brachte nur eine recht abstrakte Befriedigung, während das Zusammensein mit der jungen Henriette d'Entragues, der Tochter des François de Balzac und der Marie Touchet, der einzigen Favoritin und der einzigen Liebe Karls IX., unmittelbaren Genuß verhieß. Darüber vergaß Heinrich IV. einstweilen die Vorteile der italienischen Verbindung.

Sully geriet außer sich, da Heinrich dem Vater der jungen Frau hunderttausend Écus (Taler) als erstes Geschenk für ein zukünftiges freudiges Ereignis auszahlen ließ und ein Eheversprechen für den Fall unterschrieb, daß Henriette innerhalb von sechs Monaten schwanger würde und einem Sohn das Leben schenken könnte. Unterdessen ging das Handeln und Feilschen in Florenz weiter und gelangte zum Abschluß. Als ihm Sully glückstrahlend die Neuigkeit mitteilte, zeigte er keine große Begeisterung: »Er grübelte eine Viertelstunde, kratzte sich am Kopf und machte sich die Nägel sauber, ohne etwas zu antworten.«[73] Doch wie könnte er sich weigern, zumal der Papst endlich der Aufhebung seiner Ehe mit Margarete zugestimmt hatte? Und Heinrich IV. – obwohl Henriette bereits schwanger war – heiratete Maria *per procurationem*. Wie würde sich der Unbesonnene aus der Affäre ziehen? Die Eltern der ehrgeizigen Henriette weigerten sich selbstverständlich, ihm seinen Brief zurückzugeben. Die Götter meinten es wieder einmal gut mit ihm, denn ein dröhnender Donnerschlag erschreckte die junge Frau dermaßen, daß sie eine Fehlgeburt hatte.

Man wird noch lange und immer wieder auf das berüchtigte Heiratsversprechen zurückkommen, doch niemand konnte leugnen, daß es hinfällig war, und Maria von Medici verließ Florenz am 19. Oktober 1600 und traf mit dem König in Lyon zusammen, wo »alles sehr gut verlaufen ist«, wie sie ihrem Arzt anvertrauen wird. Am 17. Dezember wurde schließlich die Ehe mit einem feierlichen Hochamt gesegnet. Vor Maria lag eine alles andere als leichte Laufbahn.

Klein, mager, mit zerzaustem Bart und lebhaftem Blick, wie er das Bildnis seiner zukünftigen Frau prüfend betrachtet, so hat ihn Rubens auf seinem schönen Gemälde dargestellt. Heinrich IV. war ein lebenslustiger und rasch entschlossener Mann. Er herrschte seit zwölf Jahren. »Die Gewohnheit und die Kenntnis der Staatsgeschäfte [...] gaben ihm eine unvergleichliche Gewandtheit und eine außerordentliche Sicherheit des Blicks und des Auffassungsvermögens bei den Entschlüssen und Anordnungen, so daß er alle möglichen Angelegenheiten und Einzelheiten beinahe mühelos verfolgen konnte [...]. Er hielt zweckdienliche Ratssitzungen ab, damit meine ich, daß die Angelegenheiten vorgetragen, debattiert, bearbeitet, weiterverfolgt und entschieden wurden [...]. Er verstand es, sich einen genauen Bericht über die Ausführung aller Maßnahmen erstatten zu lassen [...] und so die Herzen und den Geist der anderen leicht zu ergründen.«[74] Sully unterstützte ihn hervorragend. Nur dem Minister gelang es, die närrische Schwäche seines Herrn für die Damen zu bändigen. »Ich würde eher auf zehn Geliebte wie Sie als auf einen Diener wie ihn verzichten«, hatte er bereits zu Gabrielle d'Estrées gesagt. Sully ereiferte sich, wenn die Ausgaben dieser Damen, einschließlich jener der Königin, das Maß überschritten, doch er kannte den König viel zu gut, als daß er auch nur versucht hätte, ihm eheliche Treue anzuraten.

Zu ihrer Überraschung und zu ihrem Unwillen entdeckte Maria, daß Heinrich IV. unwandelbar gutgelaunt war, vorausgesetzt, daß man ihn nicht allzusehr reizte und vor allem seine weitherzigen Auffassungen in Liebesangelegenheiten wohlwollend hinnahm. Die üppige und weißhäutige Maria wird ihm im September 1602 einen Sohn gebären; die magere, dunkelhäutige Henriette wird ihm einen Monat später ihren Sohn präsentieren. Dieses Wechselspiel wird sich fortsetzen. Als Henriette und ihre Familie nach einer fehlgeschlagenen Verschwörung in Ungnade fielen, trat Jacqueline de Bueil ihre Nachfolge an, danach verliebte sich der Graubart irrsinnig in die blutjunge Charlotte de Montmorency, und das führte zu einem Skandal – der Prinz von Condé weigerte sich, den willfährigen Ehemann zu spielen, und ging mit seiner Frau ins Ausland –, der die schwerwiegendsten internationalen Auswirkungen hatte. Maria fand sich nie mit ihrer Lage ab, doch sie erwies sich als unfähig, ihren Gatten mit Geduld und Freundlichkeit zu gewinnen. Ihrem Stil entsprachen eher Schreie und Klagen. So blieben niemandem die Zwistigkeiten des Königspaares und die ständige Gereiztheit des Königs verborgen.

Der König wußte genau, daß er sehr wahrscheinlich vor der Königin sterben würde, und das nicht nur wegen seines Alters, sondern noch eher wegen eines stets möglichen Attentats. Nun sah er aber keine Regentschaft unter einer klugen, maßvollen, mit ihrem Sohn vereinten Königin voraus, vielmehr dachte er besorgt an die Regierung einer »herrschsüchtigen, mißgünstigen, außerordentlich engstirnigen, stets vom Abschaum des Hofes gelenkten«[75] Frau. Vielleicht, so kann man sich durchaus vorstellen, bedauerte er, daß sie nicht einige Eigenschaften ihrer Tante, der Königin Katharina, geerbt hatte. Gewiß, die Beziehungen zwischen Heinrich und seiner Schwiegermutter waren von Spannungen belastet, aber er bemühte sich um ein gerechtes Urteil und erkannte an, daß sie immer Geduld bewiesen und nachgegeben hatte, wenn es sich notwendig machte, daß sie so klug war, niemals Günstlinge auszuzeichnen, und schließlich hatte sie nie – nie und nimmer! – ihren Gatten verärgert. Das Verhalten Marias war um so bedauerlicher, als ihre Lebensumstände weitaus ruhiger als die Katharinas waren. Ja, Heinrich IV. ließ es seiner Gattin gegenüber an Taktgefühl fehlen, indem er ihr seinen Harem aufzwang, doch bei keiner Gelegenheit versäumte er es, ihr den ihr gebührenden Rang – den ersten – zu sichern. So etwa, als Henriette d'Entragues versuchte, die Verpflichtung zu umgehen, sich ganz tief zu verbeugen, um den Rocksaum der Königin zu küssen, nötigte der König sie hierzu, während der ganze Hof zusah. Man kann sich schwer vorstellen, Diane de Poitiers hätte dem Zwang zu einer solch ehrerbietigen Geste gehorchen müssen.

Fügen wir hinzu, daß weniger als ein Jahr nach der Hochzeit ein Thronfolger geboren wurde und dies der Königin die Ängste einer qualvollen Wartezeit ersparte, die Katharina von Medici durchlitten hatte. So etwas hätte Marias Würde und Autorität erhöhen müssen. Und Heinrich IV. – der sie allerdings nicht um Rat fragte, denn sie vertrat einen törichten ultrakatholischen Standpunkt – forderte sie auf, sich über die politischen Fragen zu unterrichten. Aber die Königin war »eine dumme Gans«. Richelieu meinte, schuld an ihrer Unfähigkeit seien »ihre geringen Kenntnisse der allgemeinen Staatsangelegenheiten, ihr geringer Wissensdrang, der sich bei allem vor jeder Mühe scheut, und außerdem ihre ständige Unschlüssigkeit«.[76] Sie konnte sich also nicht auf normalem Wege durchsetzen. Zunächst einmal war allgemein bekannt, daß sie von Leonora Galigai beherrscht wurde.

Die Galigai, die Tochter eines Tischlers und einer Wäscherin, hatte man als ganz junges Mädchen zur Spielgefährtin Marias gemacht; und die beiden Kinder vereinte fortan eine lebenslange Freundschaft: die Prinzessin, weil sie in den Bann der munteren und lebhaften Freundin geriet, und die andere, das Mädchen aus dem Volk, ließ sich von ihrem Ehrgeiz leiten. Als man sie viele Jahre später bei ihrem Prozeß fragte, wie sie die Königin behext hatte, antwortete sie kühn: »Meine Zaubermacht war die der starken Seelen über schwache Geister.« Selbstverständlich begleitete sie Maria nach Frankreich und wurde im Louvre untergebracht, über dem Gemach der Königin. Danach heiratete sie Concino Concini, einen florentinischen Edelmann aus dem Gefolge der Königin, in dessen Jugend »es mehrere stürmische Episoden, Gefängnis und Verbannung gegeben hatte«.[77] Die Höflinge waren höchst befremdet über sie, die »wie eine schwarze Zwergin aussah und unheimliche Augen hatte, als wären es höllische Kohlenstücke«, zumal sich sehr bald zeigte, »daß sie die Prinzessin lenkte, wie sie wollte, und diesen schweren Fleischberg nach rechts und links bewegte«.[78] Das Amt einer Hofdame gab ihr direkten Zutritt zur Königin, und die beiden Frauen verbrachten oft den späten Abend in vertraulicher Zweisamkeit. Worüber sprachen sie? Meistens über Geld. Dieses Problem beherrschte sie zwanghaft, denn Maria hatte trotz eines hohen Jahresgehalts nie welches, und Leonoras Geldgier war unersättlich.

Ihre Vorliebe für Schmuck und ganz besonders für Diamanten ruinierte die Königin. Nun lehnte es Heinrich IV. aber rundheraus ab, die Löcher zu stopfen und das seiner Frau bewilligte Jahresgehalt zu erhöhen. Sie erhielt vierhunderttausend Livres im Jahr, eine sehr ansehnliche Summe, denn der ganze jährliche Staatshaushalt des Königreichs belief sich auf zwanzig Millionen Livres. Wie konnte sie ihre Leidenschaft finanzieren? Hierin offenbarte sich das Genie Leonoras. Maria hatte nur zwei Möglichkeiten: Entweder schlug sie vor, außerordentliche Einnahmequellen zu erschließen, die sie sich zuweisen ließ, oder sie trat als »Ratgeberin« auf, indem sie neue Staatseinkünfte fand und dafür eine Belohnung erhielt.[79] Nach altem Brauch standen den französischen Königinnen die Gebühren für die Übergabe der Meisterbriefe zu. Immer wenn ein Lehrling seine Ausbildung abschloß und die Voraussetzungen erfüllte, als Meister anerkannt zu werden, beantragte er daher die Ausstellung eines Meisterbriefes, für die er eine zwischen vierundzwanzig und sechzig Livres betragende Gebühr bezahlte. Die Zahl der Meisterstellen war vom König festgelegt. Es genügte, in jeder Zunft eine oder zwei zusätzliche Stellen zu schaffen, um sehr beträchtliche Summen zu erzielen. Doch die inflationäre Zunahme der Meisterstellen verminderte deren Wert, und die einzelnen Handwerke zogen es vor, sie nicht zu besetzen. Die beiden Damen mußten sich etwas Neues einfallen lassen.

Die Königin betätigte sich nun als Ratgeberin: Das heißt, sie schlug vor, neue Ämter von Steuereinnehmern oder Parlamentsräten zu schaffen, wofür sie dann einen Prozentsatz des Kaufpreises erhalten wollte. Das beeinträchtigte ihren guten Ruf, weil derartige Aktivitäten, die von einer ganzen, recht zwielichtigen Gruppe von Mittelspersonen betrieben wurden, Verachtung verdienten. Mit seiner üblichen Offenherzigkeit bezeichnete Sully all diese »Ratgeber« als Kanaillen und Blutsauger. Außerdem sträubten sich die Parlamente, und Heinrich IV., der häuslichen Frieden haben wollte, unterzeichnete das Edikt, das seine Gattin zufriedenstellte, doch er veranlaßte die Parlamente, es nicht zu bestätigen, es sei denn, er selber teile die entsprechende »Losung« in einem besonderen Handschreiben mit. Es kam noch schlimmer. Maria erhielt – durch Leonoras Vermittlung – Provisionen bei Verträgen oder Handelsgeschäften mit dem Staat. Madame Concini arrangierte viele Geschäfte und brachte derart einträgliche Vereinbarungen zustande, daß man 1617 bei ihrem Prozeß berechnete, fünfzehn Geschäfte hätten ihr zwei Millionen Livres eingebracht, von denen selbstverständlich Maria den Löwenanteil einkassierte.

Noch bedenklicher als die finanziellen Unregelmäßigkeiten war jedoch in den Augen Heinrichs IV., daß es in den Beziehungen der Königin und des Dauphins keine Herzlichkeit und Zuneigung gab, was eine sehr schwierige Zukunft vorausahnen ließ. Dem Kind gegenüber zeigte sie nicht die geringste Zärtlichkeit, sie umarmte es nie und schrieb ihm keinen Brief, wenn sie sich auf Reisen befand. Maria von Medici war kalt und maßlos rachsüchtig, »die liebloseste, höchst argwöhnische Person der Welt; nie hatte der König eine eigensinnigere Frau erlebt, die sich schwerer von ihren Entschlüssen abbringen ließ«.[80]

Nun wurde der kleine Dauphin schnell störrisch, geriet leicht in Zorn und zeigte schon im frühesten Kindesalter einen sehr starken Willen. »Er war gerade deshalb besonders schwer zu regieren, weil er offensichtlich von Geburt an dazu bestimmt war, andere zu regieren und ihnen zu befehlen. Er war maßlos eifersüchtig auf seine Autorität bedacht.«[81] Da den Beziehungen zwischen Mutter und Sohn die geringste Natürlichkeit, Fröhlichkeit und sichtbare gegenseitige Zuneigung fehlten, sah Heinrich IV. eine problematische Regentschaft voraus, und das sagte er Maria ohne Umschweife: »Sie haben recht mit Ihrem Wunsch, daß unsere Lebensjahre gleich sein müßten, denn mit meinem Lebensende werden Ihre Sorgen beginnen. Meine Mätressen haben Ihnen oft mißfallen, doch Sie können es schwerlich vermeiden, daß Sie eines Tages von jenen Frauen schlecht behandelt werden, die den Geist [Ihres Sohnes] beherrschen. Eines kann ich Ihnen versichern, weil ich Ihre Gemütsart kenne und jene vorausahne, die er haben wird; da Sie eigensinnig sind, Madame, um Sie nicht halsstarrig zu nennen, und er unnachgiebig ist, werden Sie gewiß so manchen Strauß miteinander ausfechten.«[82]

Was man über die ersten Jahre der Söhne Katharinas weiß, erfährt man, indem man die entsprechenden Stellen der Botschafterberichte oder der zeitgenössischen Memoiren miteinander vergleicht. Sehr wenig weiß man über ihr Alltagsleben, die tausend Einzelheiten, die es ermöglichen, die Persönlichkeit eines Kindes eingehend zu schildern: seine Lieblingsspiele, seine Unterhaltungen, seine Ängste und Kümmernisse. Daß Katharina autoritär über ihre Kinder herrschte, erkennt man deutlich, doch man kann ihre zunehmende Einflußnahme nicht genau veranschaulichen. Anders verhält es sich bei der Kindheit Ludwigs XIII., eine derjenigen, die in der Geschichte am besten dokumentiert ist. Sein Arzt Jean Héroard hat von 1601 bis 1617 Tag für Tag alles aufgezeichnet, was den kleinen Jungen betraf: seinen Gesundheitszustand, seine Stimmungen, seine Träume wie seine Alpträume, die Geschehnisse des Tages, die Mahlzeiten, die Zwistigkeiten, die Lektionen, die Entdekkung der Gartenarbeit, der Tischlerei, dann der Jagd und der Reitkunst, des Waffengebrauchs, außerdem natürlich das Auftreten der Erwachsenen und vor allem des Königs und der Königin. Man sieht, wie sich das Leben des Kindes abspielt, als wäre es ein Film im Zeitlupentempo, und der Leser wird von den sich häufenden alltäglichen Einzelheiten ein wenig überfordert.

Offensichtlich ist, wie wirkungsvoll und wichtig die Persönlichkeit Heinrichs IV. war; Maria von Medici erscheint nur im Hintergrund. Das Herrscherpaar wohnte nicht in Saint-Germain, dem Schloß der Kinder. Das Paar residierte in Fontainebleau oder im Louvre, doch die geringen Entfernungen zwischen den einzelnen Schlössern ermöglichten häufige Besuche. Sobald es der König einrichten konnte, verbrachte er einige Zeit mit seinen Kindern oder ließ sie sich bringen. Als der Dauphin später reiten gelernt hatte, kam er oft von Saint-Germain nach Fontainebleau. Héroard beobachtete die wechselseitigen Beziehungen zwischen Vater und Sohn, wie jener ihn ermutigte und welche Fragen dieser stellte.

Heinrich IV. ist ein eifriger Vater. Er neckt seinen Sohn und drängt ihn, seine Ängste zu überwinden – es wird die Szene beschrieben, wie Heinrich IV. den kleinen Jungen zwingt, einen Graben zu überspringen –, er züchtigt ihn hart, doch er zeigt ihm eine ganz innige Zuneigung. Er entkleidet den Jungen und spielt mit ihm in seinem Bett, kitzelt, umarmt und streichelt ihn, wie es eine Mutter tun würde, läßt sich auf alle viere fallen, um ihn auf sich reiten zu lassen. Der Dauphin verlangt unablässig nach seinem Vater und träumt nachts von ihm. Maria hingegen ist im eigentlichen und bildlichen Sinne ein fernes Schattenbild; die Kontakte mit ihrem Sohn bleiben distanziert und unpersönlich. So etwa gibt sie ihm Goldstücke als Geschenk, während der gute Héroard aus Paris Spielsachen – ein Kaninchen aus Ton, eine kleine Säge und Marionetten, ein Pferd oder einen Gendarmen – mitbringt, die das Kind ungeduldig erwartet. »Was haben Sie für mich, Monsieur Héroard?« fragt es ihn, sobald er ankommt. Leidet es unter der Gefühlskälte seiner Mutter? Unmöglich, das zu wissen. Darüber redet das Kind nie.

Der Kleine hatte Ersatzmütter, die sich diese Aufgabe teilten. Seine Erzieherin, die Baronin von Montglat – »Maman Ga« –, die den Auftrag hatte, ihn zu unterrichten, ihm das Lesen beizubringen und ihn zu lehren, seine Gebete aufzusagen, verkörperte die alltägliche Autorität. Seine Amme, Maman Doudoune, jene Mutter, die man mit Küssen überschüttet, die gut riecht und auf deren Knie man sich flüchtet, wenn einen düstere Stimmungen heimsuchen, spendete Zärtlichkeit und Trost. Dazu kam noch eine überraschende Mutter, »Maman mein Mädchen«, die keine andere als Margarete von Valois war. Seit ihrer Scheidung hatte sie überaus herzliche Beziehungen zu ihrem ehemaligen Mann und seiner neuen Gattin. Gleich bei ihrer ersten Begegnung – der Dauphin war damals fünf Jahre alt – gewann sie das Herz des Kleinen, als sie erklärte: »Mein Gott ... wie schön Sie sind! Sie sehen wahrhaftig wie ein König aus, der befehlen kann, wie Sie es eines Tages tun werden.«[83] Um ihre Bekanntschaft zu feiern, schenkte sie ihm einen winzigen Cupido mit Diamantaugen, der auf einem Delphin aus Smaragden saß. Der Kleine ließ sich nicht von der sonderbaren Erscheinung Margots verwirren, die dick geworden war und deren Gesicht unter einer riesigen blonden Perücke verschwand – man hatte sie, wie behauptet wurde, aus den Haaren ihrer Lakaien hergestellt –, und er wird ihr stets die Treue halten. Er blieb bei ihr, wenn sie sich in Paris aufhielt, und verlangte, am Tag der heiligen Margarete vom Lernen befreit zu werden. Die Königin verstand es als eine echte Valois, ihre Geschenke gut auszuwählen. Sie verwöhnte den Jungen und besuchte nie den Jahrmarkt von Saint-Germain, ohne ihm ein ungewöhnliches Spielzeug mitzubringen. Es gab also eine Überfülle von Müttern, der Vater war jedoch der König und kein anderer.

Heinrich IV. hatte ein ganz neues Schloß für seine zahlreiche

Nachkommenschaft einrichten lassen. Unter den Fenstern des Dauphins breitete sich der Ziergarten aus, der aus gestutzten Buchsbäumen bestand, dann kam der Garten am Berghang, der mit Kiefern, Weißbuchen und Zypressen bepflanzt war, und schließlich der Garten der Kanäle mit einem prachtvollen Springbrunnen. Jenseits davon floß die Seine. Besonders in den Augen der Kinder waren die Grotten das Schönste in Saint-Germain. Man hatte das Schloß auf einem Felsen errichtet, und um den steilen Abhang zu bewältigen, hatte man eine Terrassenanlage schaffen müssen. In den Grundmauern der einzelnen Stufen hatte man eine zauberhafte Szenerie gestaltet: Sie waren mit Stalaktiten verschönt, denn man ließ das Wasser durch Muschelornamente rinnen und baute vor allem Federlaufwerke ein, um Statuen, die wie Gliederpuppen funktionierten, zu bewegen. Zu den Bewegungen kamen musikalische Darbietungen hinzu. In einer Grotte hörte man Orpheus auf der Leier spielen. Eine andere war für die Orgel bestimmt. All diese Wunder wurden gerade vorbereitet und vervollkommnet. Wenn die Kinder einen Spaziergang machten, sahen sie zu, wie die Handwerker diese Meisterwerke vollendeten, und sie durften sogar mithelfen. Das Schloß selbst war ganz für Kinder ausgestattet; man hatte einen Ballsaal zu einem Raum für Spiele und Leibesübungen umgebaut.

Heinrich IV. hat also für seinen Sohn eine traumhaft schöne Welt geschaffen, die ganz anders als die rustikalen Bauten wirkte, in denen er seine Kindheit verbracht hatte. Ein weiterer wesentlicher Unterschied zwischen dem König und seinem Sohn bestand in dem Platz, den sie in der Gesellschaft einnahmen. Heinrich von Navarra war am Hof der Valois der kleine Vetter vom Lande, der keine Zukunftsaussichten hatte, kein Ansehen und keine Achtung genoß, während der Dauphin im Mittelpunkt eines recht buntscheckigen Hofstaates von Kindern stand, über den er herrschte. Alle unehelichen und legitimen Nachkommen Heinrichs IV. waren in Saint-Germain vereint. Eine derartige Vermischung, die der Königin so sehr mißfiel, bedeutete durchaus nichts Neues. Heinrich II. hatte seinen natürlichen Sohn ebenfalls zusammen mit dessen Halbbrüdern aufwachsen lassen. Der Unterschied bestand in der Zahl und der vielfältigen Herkunft der Kinder, über die Ludwig eine unbeholfene, aber unvergleichlich energische Autorität ausübte.

Die ältesten, die Vendômes, waren die Kinder der Gabrielle d'Estrées. César, der Erstgeborene, lebte meistens bei seinem Vater, doch Alexandre, der »Féfé Chevalier« genannt wurde und drei Jahre älter als der Dauphin war, wich als Spielgefährte nie von seiner Seite und diente ihm ständig als Prügelknabe. Danach kam »Féfé Verneuil«, der Sohn Henriettes, sein Liebling, was Ludwig nicht daran hinderte, ihn aus dem geringsten Anlaß zu verprügeln. Schließlich der Jüngste, Antoine, der Sohn der Jacqueline de Bueil, den er verachtete, denn offenbar respektierte er instinktiv ein höheres Alter. Als Héroard den Dauphin fragte, was er diesem Kind gegenüber empfinde, antwortete er: »Er ist der letzte und kommt nach der Scheiße, die ich gerade gemacht habe.«[84] Nie sprach er einen Bastard als Bruder, sondern immer als »Féfé« (Brüderchen) an, weil sie nicht »aus Mamas Bauch« gekommen wären. »Das ist eine andere Hunderasse« als seine und die seiner leiblichen Geschwister. Ihn empörte der Gedanke, eine Mahlzeit mit ihnen zu teilen, weil er überzeugt war, »daß die Diener nicht zusammen mit ihren Herren essen dürfen«. Seinen Schwestern – Madame Elisabeth und der kleinen Chrétienne – gegenüber bekundete er hingegen zärtliche Gefühle, allerdings reagierte er krankhaft aufgeregt, wenn ihre Erzieherin die kleinen Mädchen in irgendeiner Weise bevorzugte. Sonderbarerweise bekundete dieses äußerst eifersüchtige Kind große Freude, als sein jüngster Bruder geboren wurde. Ludwig wird sich immer nachdrücklich bemühen, diesen Kleinen zu schützen, den ersten Herzog von Orléans, der sechs Jahre nach ihm zur Welt kam. Die beiden letzten Kinder Marias, Gaston und Henriette, waren zu jung, als daß sie seine Kinderzeit miterlebt hätten.

Die wichtigsten Erwachsenen am Hof des Dauphins waren die Erzieherin Madame de Montglat, die Amme und der Arzt, danach kam die Menge der Unterhofmeisterinnen, der Kammerfrauen, der wachhabenden Offiziere und schließlich der Handwerker, der Gärtner oder Maurer, die mit dem kleinen Prinzen zwanglos umgingen und ihm beibrachten, wie ihr Werkzeug zu gebrauchen war. Einen besonderen Platz muß man dabei den Malern geben. Schon als Zweijähriger wollte der Dauphin die Künstler nachahmen, die sein Porträt oder das seiner Schwester malten. Héroard hat alle Kritzeleien in sein Tagebuch eingefügt und aufgehoben, so daß man die Ergebnisse dieser Bemühungen betrachten kann, wie etwa einen Vogel, den er mit der Feder gezeichnet hat, wobei ihm der Maler Fréminet die Hand führte. Darüber freute er sich dermaßen, daß er dem Künstler eine schöne Birne schenkte. Um zu beweisen, daß er nicht aufs Geratewohl lospinselte, erklärte er seiner Erzieherin die Technik, die er als Landschaftsmaler benutzte: »Für die Sonne nehme ich Gelb und Rot und mische es.« – »Und für den Mond?« fragte sie. – »Für den nehme ich Weiß und Gelb. Die mische ich, dann mache ich ein Gesicht daraus, und das wird dann der Mond.«[85] Er zeichnete auch Silhouetten, ohne daß er vergaß, deren Geschlecht sehr deutlich darzustellen.

Schon als ganz kleines Kind sträubte er sich, Autorität – vor allem die der Frauen – anzuerkennen. Madame de Montglat konnte nur mühsam durchsetzen, daß er ihr gehorchte, und das, obwohl sie die Peitsche benutzte, wenn er sich allzu unausstehlich benahm. Eher hörte er auf seinen Arzt, der mit sanfter Überzeugungskraft auf ihn einwirkte – eine Methode, der Heinrich IV. so wenig traute, daß er Héroard fortgeschickt hätte, wenn sich Maria, die ihn schätzte, nicht für ihn verwendet hätte. Der Arzt mischte sich außerdem ungern bei Disziplinproblemen ein. Der Dauphin mußte ihm schon eine ungezogene Antwort geben oder sich weigern, ihm zu gehorchen, damit der gute Héroard reagierte, und zwar meistens, indem er sich in sein Zimmer zurückzog, wo er darauf wartete, daß das Kind unfehlbar auftauchte und leise an die Tür klopfte, um sich zu entschuldigen. Der Arzt machte ihm auf und ließ ihn dann, ohne ihn auszuschimpfen oder zu tadeln, in seinen großen Bilderbüchern blättern. Wenn ihn heftige Wut- oder Eifersuchtsanfälle packten, rief man einen gutmütigen Riesen, den Maurer Bongars, zu Hilfe, der sich stets unverzüglich Gehorsam verschaffte. Aber der König war die höchste Autorität. Wenn Heinrich IV. anwesend war, gab es nie Launen oder Kindereien. Dann hält man sich zurück, weil man ihm gefallen möchte. Ludwig ertrug es schlecht, daß sich der Vater mit seinen anderen Kindern beschäftigte, doch er suchte Zuflucht bei seinem Arzt, um seinen Kummer und seine Tränen vor diesem Vater zu verbergen, der in ihm so übermächtige ehrerbietige und zärtliche Gefühle weckte. »Er hatte eine wunderbare Hochachtung vor dem König«, notiert Héroard, »er beobachtete den König aufmerksam und ahmte ihn nach, aufs höchste liebte und fürchtete er den König.«[86]

Die Eifersuchtsausbrüche wurden seltener, denn schon sehr früh wollte Heinrich IV. den Dauphin mit seinen Aufgaben vertraut machen. Das Schicksal hatte es so gefügt, daß keiner von den unmittelbaren Vorgängern Ludwigs XIII. eine derartige Lehrzeit absolviert hatte, da ja Franz I., Heinrich II., Karl IX., Heinrich III. oder Heinrich IV. nie zur Herrschaft gelangt wären, wenn nicht eine Krankheit, ein Mord oder das Fehlen eines direkten Erben die normale Erbfolge umgestoßen hätten. Durch die Drangsale seines Daseins eines Fürsten ohne Land hatte Heinrich IV. vielleicht besonders deutlich gespürt, wie wichtig eine derartige Erziehung war, jedenfalls legte er nie besonderen Wert auf eine formale Bildung, sondern kümmerte sich darum, seinem Sohn sehr frühzeitig zu zeigen, welche Pflichten ein Herrscher hat. So etwa ließ er dem Dauphin, als dieser gerade einmal drei Jahre alt war, die Edelleute des Hofes, die Gouverneure und Botschafter vorstellen. Diese würdevollen Persönlichkeiten verneigten sich insgesamt vor dem Kind, küßten seine Hand und gelobten ihm Gehorsam und Treue. »Sehen Sie all diese Leute, Sie werden nach mir über sie gebieten«, erklärte ihm der König. Ludwig verstand das ganz genau, was sich daran erkennen ließ, daß er sich zwar im Familienkreis oft sehr launisch, zugleich schüchtern und jähzornig, benahm, aber bei öffentlichen Auftritten wie verwandelt war. »Entschlossen, ernst, sanft, wundert sich über nichts, verliert nie die Fassung, selbstsicher, unerschütterlich«,[87] stellte Héroard fest. Der König wollte, daß er die Zeremonie der Fußwaschung übernahm. Ihr jedoch entzog sich der Kleine – er war erst fünf Jahre alt. »Das werde ich tun, wenn ich König bin«, sagte er, wobei er allerdings hinzufügte, daß er es getan hätte, wenn es darum gegangen wäre, die Füße von Mädchen zu waschen. Heinrich IV. legte auch großen Wert darauf, daß er das Funktionieren der Staatsverwaltung kennenlernte, und deshalb nahm er an mehreren kurzen Sitzungen des Kronrats teil, bei denen er zwischen den Beinen seines Vaters stand. Man ließ ihn zur Zeremonie des Handauflegens bei Skrofulösen kommen, damit er sah, wie sein Vater die Kranken berührte. Er mußte die Gesten eines Herrschers erlernen. Die logische Folge war, daß er seine Ängste zu bezwingen hatte. Ein König ist es sich schuldig, Mut zu zeigen.

Auch dabei wird das Verlangen, seinen Vater nachzuahmen und ihm zu gefallen, eine entscheidende Rolle spielen. Der Dauphin war ein furchtsames Kind, das bei der kleinsten Kratzwunde weinte und große Angst hatte, sich zu verletzen. Er fürchtete sich außerdem vor Regen, Gewittern und Feuerwaffen. Als man ihn zum ersten Mal, zusammen mit seiner Schwester Elisabeth, baden ließ, verlor er die Beherrschung und lehnte es ab, sich zu setzen, weil er befürchtete, »daß ihm das Wasser in den Hintern lief«,[88] doch als ihn Heinrich IV. mitnahm, um in der Seine zu schwimmen, überwand er seine Furcht und seinen Ekel, weil er sah, daß die Männer in den Fluß urinierten, und er lernte es begeistert und überraschend schnell, sich über Wasser zu halten. Um mit seinem Vater zusammenzukommen, lief er auch, ohne sich zu beklagen, zum Erstaunen und Entzücken Héroards, an einem Abend über den Schloßhof, als ein schweres Gewitter tobte. Heinrich würdigte die Bemühungen des Kindes und zeigte es ihm. Als Belohnung schenkte er ihm kleine Nachbildungen von Pistolen und Arkebusen, die Ludwig voller Ungestüm benutzte, um seine Halbbrüder »zu töten«, aber auch, um das Zielen zu üben.

Das Reiten, das ein Prinz vollendet beherrschen muß, denn das Bild eines Königs ist das eines Mannes zu Pferde, sorgte außerdem für einen noch engeren Zusammenhalt zwischen Vater und Sohn. Der Dauphin, offenbar ein Naturtalent, erlernte es leicht. Sobald er sich im Sattel halten konnte, unternahm er erste Spazierritte an der Longe im Park von Saint-Germain, und danach nahm man ihn in die große Reithalle von Fontainebleau mit. Héroard äußerte sich entzückt: »Nie habe ich einen Menschen gesehen, der eine schönere Haltung zu Pferde zeigte, mit seinem gerade aufgerichteten Körper und den Beinen sah er so aus, als wäre er schon vollständig ausgebildet.«[89] Der Arzt beschrieb, wie der Sechsjährige im schnellen Trab von einem Schloß zum anderen ritt. Dann kam der laut bejubelte Einritt in Paris. Schließlich entdeckte er die Freuden der Jagd. Auch mit ihr machte man ihn sehr früh vertraut: Als Zweijähriger folgte er den Jägern in der Karosse seiner Mutter, es ging zu einer Wildschweinjagd, die man als Lappenjagd bezeichnet, weil das Tier auf Lappen oder Tücher zugetrieben wird, die als Falle dienen. Ein paar Monate später erlebte er, wie man einen Hirsch ausweidete, den sein Vater erlegt hatte. Man ließ ihn an der Dressur der Jagdhunde teilnehmen; später lernte er die Falknerei kennen, eine Kunst, die eine der großen Leidenschaften des Erwachsenen wird. Äußerlich wirkte er zur großen Freude seines Vaters unbeeindruckt von der Gewalt und Grausamkeit der Jagd, aber Héroard beschreibt die Alpträume, die beweisen, wie sehr sich das Kind bemühte, seine Angst zu beherrschen. Einmal, im Jahre 1606 – er war also gerade fünf Jahre alt –, wachte er unter lauten Schreien auf. Der Arzt stürzte ins Zimmer und hörte, wie das Kind der Amme seinen Traum erzählte: »Zusammen mit Papa war ich auf der Jagd. Ich habe einen großen Wolf gesehen, der Papa fressen wollte, und noch einen, der mich fressen wollte. Ich habe sie alle beide umgebracht.«[90]

Der Vater trat in den Träumen des kleinen Jungen oft auf, doch die Mutter war in seiner Phantasie wie in seinem wirklichen Leben stets abwesend. Diese fehlenden Beziehungen zwischen Mutter und Sohn wirken verwirrend, und das um so mehr, als sie gemeinsame Neigungen hatten, vor allem schätzten beide Musik und Malerei, und bei den seltenen Gelegenheiten, in denen die Königin eingriff, geschah das immer zugunsten des Kindes. Sie hatte der Erzieherin ausdrücklich erklärt, sie wolle nicht, daß das Kind zu hart bestraft werde, und sie hatte sich dafür eingesetzt, wie wir bereits gesehen haben, daß der von ihm leidenschaftlich geliebte Héroard bleiben durfte. Außerdem hatte der kleine Prinz stets ganz offen Abscheu gegen die Mätressen seines Vaters geäußert, und das hätte die beiden einander näherbringen müssen. Doch das Kind hatte ihr nie spontane Zuneigung gezeigt. Und sie hatte sich nicht bemüht, sein Zutrauen zu gewinnen, vielleicht ärgerte sie sich auch über die körperliche Unbeholfenheit ihres Sohnes. Der Dauphin, der ein so außerordentlich gewandter Reiter war, tanzte nicht gern und zeigte sich wenig geneigt, seine Rolle bei den Hofballetten zu übernehmen. Außerdem stotterte er und konnte sich schlecht ausdrücken, wenn er auch stets einen sehr gepflegten Stil benutzte: »Wissen Sie denn nicht genau, daß ich kein Schönredner bin«,[91] antwortete er seinem Hofmeister, der ihn wegen seines Schweigens tadelte. Heinrich IV., wie man sich vorstellen kann, redete wohl soviel und machte soviel Lärm, daß er diesen Fehler nicht bemerkte, und er hielt mehr vom Reiten als vom Tanzen, während Maria konventionellere Ansichten über die geselligen Künste von Kindern hatte.

Als Ludwig sieben Jahre alt wurde, verließ er Saint-Germain und die ihn beaufsichtigenden Frauen, um wieder mit seinen Eltern in Paris zusammenzuleben. Er verabschiedete sich von seinen jüngeren Geschwistern und der armen Maman Ga, die heiße Tränen vergoß und in ihrem Kummer nicht daran dachte, ihren häßlichen Mund mit dem einzigen Zahn zu verbergen. Vor allem trennte er sich von einer Welt, deren Sonne er war, eine Welt, die von seinen Untergebenen – seinen Geschwistern, Gärtnern und Soldaten, seiner Dienerschar – bevölkert wurde, um im Louvre, dem Schloß seines Vaters, zu leben.

Nunmehr verschwindet übrigens der Begriff »Papa« aus seinem Wortschatz. Heinrich IV. ist fortan »der König, mein Vater«, man könnte sogar sagen: »der König, mein Herr«, so nachdrücklich wird der Gehorsam betont. Er reagiert auf diesen Zwang, indem er sich zurückentwickelt. Man hält ihn für das »kindischste Kind«, berichtet Pierre de L'Estoile. Wenn sich der Dauphin jedoch einmal äußerte, wirkte er besonnener, als es den Anschein erweckte. Seinem Hofmeister, der ihm seine Kinderspiele vorhielt und ihm voraussagte, er werde stets ein Kind bleiben, entgegnete er lebhaft: »Sie halten mich in diesem Zustand.«[92] Aus einem anderen Meinungsaustausch, von dem Héroard berichtet, ging hervor, daß der Junge nicht so träge war, wie man behauptete. Madame de Montglat und sein Hofmeister Monsieur de Souvré stritten sich um ihren unterschiedlichen Verantwortungsbereich: »Ich darf sagen, daß der Herr Thronfolger mir gehört«, behauptete Madame de Montglat, »der König hat ihn mir bei seiner Geburt mit den Worten übergeben: ›Madame de Montglat, das ist mein Sohn, den ich Ihnen gebe, nehmen Sie ihn.‹« Und Monsieur de Souvré antwortete: »Eine Zeitlang hat er Ihnen gehört, jetzt gehört er mir.« Der Disput wurde von einer Kinderstimme unterbrochen, die erklärte: »Und ich hoffe, daß ich eines Tages mir selbst gehöre.« Eine Entgegnung, die durchaus diese Feststellung Héroards rechtfertigte: Er behauptete, daß der Dauphin »alles hörte, was man sagte, ohne sich etwas anmerken zu lassen, womit er auch immer beschäftigt war«.[93]

Auf einen sensiblen Jungen, der zwischen der Bewunderung für seinen Vater und einer deutlichen Abscheu gegen dessen sexuelle Ausschweifungen und deren Folgen hin- und hergerissen wurde, mußte die fieberhafte Atmosphäre des Louvre im letzten Lebensjahr Heinrichs IV. qualvoll und verwirrend wirken. Im Januar 1609 veranstaltete Maria von Medici das Ballett *Die Nymphen Dianas*, in dem die berühmtesten Schönheiten des Hofes auftraten, doch sie weigerte sich, Jacqueline de Bueil, die offizielle Favoritin Heinrichs IV., zuzulassen. Der königliche Gemahl blieb den Proben fern; wieder einmal trübten harte

Blicke und verletzende Worte den Ehefrieden des Königspaares und den Geist des Dauphins. Eines Abends kam der König aus seinem Kabinett und geriet in den Schwarm der jungen Nymphen, die alle verwirrt flohen, außer einer, die »wunderbar weiß und ungewöhnlich schön« war, wie L'Estoile erzählt. Sie stellte sich auf ein Bein und richtete den goldenen Pfeil, den sie in der Hand hielt, auf den König. Dieser war wie vom Blitz getroffen und fiel buchstäblich in Ohnmacht. Das junge Mädchen war standhafter und rannte zu seinen Gefährtinnen zurück.

Mehr war nicht nötig, damit das Gerücht aufkam und sich in den Korridoren und Vorzimmern des Louvre verbreitete: Der König ist verliebt, verliebt in ein fünfzehnjähriges Mädchen, Charlotte de Montmorency. Tatsächlich ließ er sich nicht mehr von den Proben abhalten und suchte nun eilig nach einem Ehemann für das blutjunge Geschöpf. Heinrich IV. war nicht allzu prinzipienfest, doch ihm lag viel daran, daß seine Mätressen verheiratet waren. Er wies seinen alten Freund Bassompierre zurück, der sich als Bewerber meldete, weil er, wie er sagte, aus ihm keinen »großartigen Hahnrei« machen wollte, und er entschied sich für den Sohn seines Cousins, den Prinzen von Condé, der für dieses Fräulein eigentlich ein ausgezeichneter Gatte sein müßte, denn wie der König erklärte, »zog er die Jagd hunderttausendmal den Damen vor«. Außerdem sollte er hunderttausend Francs erhalten, »um ihm bei seinem Zeitvertreib zu helfen«. Die Hochzeit fand wie vorgesehen statt, doch zum allgemeinen Erstaunen – und zur ärgerlichen Überraschung des Königs – hatte der Ehemann eine Anwandlung des Stolzes und weigerte sich, seine junge Frau an den Hof zurückzubringen. Heinrich IV., den der Zorn eines verliebten Alten packte, ging so weit, Maria zu bitten, sie solle die Prinzessin zurückrufen. Das lehnte die Königin rundheraus ab, wobei sie ihrem Gatten klarmachte, »daß es bei dieser Affäre schon wenigstens dreißig Zuhälterinnen gegeben hätte und daß sie gewiß nicht die einunddreißigste würde«. Unmöglich läßt sich annehmen, daß dem Dauphin dieser ganze Tumult, die schlechte Laune seines Vaters und deren wahre Ursachen entgangen wären.

Die Affäre weitete sich übrigens bald auf den politischen Bereich aus. Condé und seine Gattin ergriffen die Flucht und suchten Schutz in den spanischen Niederlanden, wo der spanische König ihnen Asyl gewährte. Condé schloß sich danach der spanischen Armee in der Lombardei an, als Spanien und Frankreich am Rand eines Kriegs wegen der Erbfolge in den Herzogtümern Kleve und Jülich standen. Der erste Prinz von Geblüt erklärte sich also bereit, gegen seinen König zu den Waffen zu greifen, während dieser vergebens versuchte, die junge Charlotte, die in Brüssel geblieben war, entführen zu lassen. Er gab zu verstehen, wenn man ihm die Schöne ausliefere, wäre er gern zu einem Vergleich über die Herzogtümer bereit. Der Skandal nahm absurde Ausmaße an. All das konnte zu den schlimmsten Folgen führen, wenn sich Maria von Medici aus ganz persönlichen Gründen für die spanische Sache und gegen ihren Gatten entschied.

Mit acht Jahren begreift ein Kind, das in der Gesellschaft von Erwachsenen erzogen wird, sehr vieles. Während seiner ganzen Kindheit hatte man sich in seiner Gegenwart mit größter Ungezwungenheit über sexuelle Tatsachen geäußert. Die Fortpflanzung hatte für ihn sehr wenige Geheimnisse, und das nicht nur, weil illegitime Kinder da waren, sondern auch, weil er ständig mit Tieren zu tun hatte. Seine Zeichnungen beweisen, wie sehr er sich für dieses Thema interessierte. Als Dreijähriger beobachtete er aufmerksam eine läufige Hündin und stellte konkrete Fragen über ihr Verhalten. Er wußte ganz genau, daß es im Bett seiner Mutter zu seiner Empfängnis gekommen war, und man scherzte mit ihm darüber, was er mit »seiner kleinen Braut« zu tun hätte. Entzückt bewunderte man sein »Spätzchen«, mit dem seine Wiegefrau schamlos ihren Schabernack trieb. »Er wird die Lust lieben«, notierte der Arzt – und das ist auch sehr gut so, denn der junge Prinz mußte ja so früh wie möglich fähig sein, für Nachkommenschaft zu sorgen. Warum also wurde aus dem Kind ein schamhafter junger Mann, und warum wird er sich den Frauen gegenüber derart feindselig zeigen? Man muß sich zwangsläufig fragen, ob ihn die Eskapaden seines Vaters und das aufsehenerregende Gezänk seiner Eltern nicht mit Entsetzen erfüllt haben. Wenn die Frauen zu solchen Torheiten verleiten, ist es dann nicht vielleicht besser, sie zu meiden? Diese Frage stellt er niemandem. Sie auszusprechen hieße, seinen Vater zu kritisieren, und dazu kann er sich nicht durchringen. Er hätte ein zärtliches und enges Verhältnis zu seiner Mutter haben müssen, um diese Probleme vorzubringen. Darum hüllt er sich zunehmend in Schweigen. Ein Schweigen, das am 14. Mai 1610 auf tragische Weise gebrochen wird.

Am Tag zuvor hatte eine bedeutsame Zeremonie stattgefunden: die Krönung Marias von Medici in Saint-Denis. Der 14. Mai hingegen schien ein ruhiger Tag zu werden. Am Morgen hatte der Dauphin die Kapelle aufgesucht und danach seine Eltern begrüßt, schließlich war er zum Mittagessen in seine Gemächer zurückgekehrt. Héroard notiert, daß er sehr heiter war und später studiert, gespielt und einen kleinen Imbiß zu sich genommen hatte, bevor er eine Spazierfahrt unternahm. Ungefähr um vier Uhr erhob sich lautes Geschrei auf der Straße. Eilig brachte man die Karosse des Prinzen in den Louvre zurück, wo man ihm schonungslos mitteilte, wie sein Vater gestorben war: Man hatte ihn mit einem Messer erstochen, nachdem er den Palast verlassen hatte. »Ach, wenn ich mit meinem Degen dort gewesen wäre, hätte ich den Mörder getötet!«[94] rief er. Man brachte ihn zu seiner weinenden Mutter, die auf italienisch jammerte und ständig wiederholte: »Der König ist tot, der König ist tot!« Da unterbrach der Kanzler sie mit den Worten: »In Frankreich sterben die Könige nicht! Hier ist der lebende König, Madame.« Und er zeigte ihr Ludwig XIII., dem alle Anwesenden nacheinander »ihre Dienste anboten«. Maria hielt verwirrt in ihren lauten Klagerufen inne und schaute ihren Sohn an. Es sollten sieben Jahre vergehen, bis sie begriff, daß er tatsächlich der König war.

Ein König am Gängelband
1610-1617

Der verängstigte kleine Junge, der vor Maria von Medici stand, war für sie ein Unbekannter. Kein Zeugenbericht belegt, daß sie sich aufmerksam um ihn gekümmert hätte. Ja noch schlimmer, Ludwig XIII. zweifelte mit gutem Grund an ihrer Mutterliebe. Sie verbarg nicht, daß sie ihren jüngeren Sohn bevorzugte, ein zärtliches, geschwätziges und munteres Kind, und sie ereiferte sich so heftig gegen den älteren, daß er eines Tages, als er ihren Zorn erregte, weil er ihrem Hund auf den Schwanz getreten war, ihr Gemach mit der Bemerkung verließ, daß er bei seiner Mutter nach den Tieren komme. Gewiß, der Dauphin – der oft zwischen widersprüchlichen Regungen hin- und hergerissen wurde und sehr früh gelernt hatte, seine Ängste, seine Eifersucht und seine Unsicherheit zu verheimlichen – war ein komplizierter Charakter. Fügen wir hinzu, daß seine mühsame Aussprache eine gewisse Geduld verlangte, wenn man ihm zuhörte und ihn verstehen wollte. Doch sobald man sein Vertrauen gewonnen hatte, erwies er sich als anhänglich und war bestrebt, richtig zu handeln. Die Fragen, die ihn quälten, waren außerdem nicht leicht mitzuteilen.

Er, der sich mit allen Kräften bemühte, seinem Vater nachzueifern – so etwa bedauerte er es zutiefst, nicht denselben Vornamen wie er zu tragen –, begriff dennoch sehr früh, daß es nicht leicht war, dem Beispiel Heinrichs IV. zu folgen. Wir haben bereits gesehen, wie sehr ihn die Liebesabenteuer des Königs verwirrten. Die Fragen des Rechts beschäftigten ihn zwanghaft und weitaus direkter. Als sein Erzieher von ihm verlangte, die Pflichten eines Prinzen aufzuzählen, antwortete er: als erstes Gott zu fürchten. Und die Gerechtigkeit zu lieben, fügte sein Lehrer hinzu. Aber Ludwig verbesserte ihn: nein, Gerechtigkeit zu *üben*. Seit frühester Kindheit nahm der Prinz das Begnadigungsrecht über seine Gardesoldaten und Lakaien wahr. All diese Männer waren stets zu Zank und Streit aufgelegt. Falls es eine Schlägerei gab, warf man sie ins Gefängnis, außer wenn sich der Dauphin zu ihren Gunsten verwendete. Das tat er nicht immer gern, und offenbar ließ er sich eher von den Mißgeschicken der Tiere als von denen der Menschen rühren. Héroard, den diese überraschende Strenge beunruhigte, versuchte, ihn zu überzeugen: »Monsieur«, erklärte er, »für Fliegen und kleine Vögel bitten Sie ja um Gnade, und ihnen schenken Sie das Leben, und Sie wollen es nicht tapferen Soldaten schenken, die Sie bewachen.«[95] Doch das Kind gab nicht leicht nach und begnadigte nie ohne lange Überlegungen. Es wußte, daß sein Vater wegen seiner außerordentlichen Nachsicht bekannt war und kritisiert wurde – »[König Heinrich] ist«, sagt L'Estoile, »wie die Affen, die sich jenen gegenüber besonders freundlich verhalten, die ihnen übel zusetzen«[96] –, während seine weniger barmherzige Mutter der Ansicht war, wenn man jemanden begnadige, ermutige das die Leute, dem Beispiel der Schuldigen zu folgen.

Ihn beunruhigten persönlichere Probleme: Er wußte, daß er bei weitem nicht die zwanglosen Umgangsformen seines Vaters hatte, der von seinem ganzen Hofstaat verehrt wurde, während ihn seine zahlreichen Wutausbrüche die Zuneigung derjenigen kosten konnten, die ihm dienten. Er bestand darauf, daß man Neuankömmlinge vor diesem Fehler warnte, damit sie sich nicht überraschen und allzusehr beeindrucken ließen. Schließlich wurde er nach Szenen oder Krisen sehr oft buchstäblich krank. Dieses Unwohlsein äußerte sich immer durch Darmleiden. Dann suchten ihn Depressionen und Trübsinn heim. Maria, die entweder die Schwierigkeiten, mit denen sich ihr Sohn auseinandersetzen mußte, nicht erkannte oder von diesem komplizierten Kind verunsichert wurde, das ihr mit seinem rachsüchtigen Wesen, seinem Stolz und seiner Zurückhaltung glich, zeigte ihm nicht das geringste Mitgefühl und bot ihm keine Zuflucht. Tallemant des Réaux, der die Hofsitten sehr aufmerksam beobachtete, verzeichnete, daß »sie den König nicht ein einziges Mal während der ganzen Regentschaft küßte«.[97]

Doch an diesem ersten Tag der neuen Herrschaft machte sie sich seinetwegen Sorgen. Am späten Nachmittag verließ der junge König ihr Zimmer und kehrte in sein eigenes Gemach zurück. Er aß fast gar nichts. »Ich möchte überhaupt nicht König sein, lieber sollte das mein Bruder werden; denn ich habe Angst, daß man mich umbringt, wie man es mit meinem Vater, dem König, getan hat«,[98] sagte er zu Héroard. Da er sich vor Alpträumen fürchtete, wollte er nicht allein schlafen – »weil ich schlimme Träume bekommen würde«, erklärte er. Sein Erzieher legte sich zu ihm, aber das Kind konnte noch immer keinen Schlaf finden. Nachdem man seine Mutter benachrichtigt hatte, ließ sie ihn zusammen mit Féfé Verneuil zu sich kommen, und in ihrem Zimmer stellte man Feldbetten für die beiden kleinen Jungen auf, die endlich nach Mitternacht einschliefen. Es wurde eine kurze Nacht, denn am nächsten Morgen weckte man Ludwig XIII. um halb sieben und ließ ihn den Text auswendig lernen, den er während der feierlichen Parlamentssitzung vorzutragen hatte, auf der die Regentschaft verkündet werden sollte.

Sein erster Tag als König wäre für einen Erwachsenen hart gewesen, für einen kleinen Jungen war er erdrückend. Auf der Stelle, noch bevor er aufstand, lernte er seinen Text. Er erklärte, er sei unfähig, etwas zu essen, so überwältigt fühlte er sich, doch man zwang ihn dazu, damit er die nötige Kraft hatte, um die lange Zeremonie durchzuhalten. Man bekleidete ihn mit Gewändern in violetter Farbe – die der Trauer –, und auf seiner Schimmelstute verließ er den Louvre, ritt über den Pont-Neuf und gelangte zum Augustinerkloster, wo das Parlament ausnahmsweise tagte. »Es lebe der König!« ertönte es überall, wo er vorüberkam, und als Zeichen für seine Verwirrung wandte er sich zu seinem Erzieher um und fragte ihn, wer denn der König sei. Das sollte er vor dem Ende dieses Tages genau wissen, und er wird es nie vergessen. Im Parlament hielt er seine Rede mit leiser Kinderstimme und hörte geduldig den endlosen Ansprachen zu. Schließlich wurde seine Mutter zur Regentin proklamiert. Maria von Medici mußte ihre Macht nicht wie Katharina in Verhandlungen durchsetzen: Das Parlament forderte sie auf, »während der Minderjährigkeit ihres besagten Herrn Sohnes die Regierung mit unumschränkter Macht und Amtsgewalt zu führen«, und dieser bestätigte den Antrag bei der öffentlichen Sitzung. Im Jahre 1610 wird die Regentschaft der Königinmutter nicht mehr in Frage gestellt.

Nach der Zeremonie verließ Ludwig XIII. das Kloster, um in Notre-Dame eine Messe zu hören, und das Volk, das sich von seiner jugendlichen Erscheinung und seiner schönen Haltung zu Pferde rühren ließ, jubelte ihm zu. Als er heimgekehrt war, mußte er noch die Vertreter der Stadt Paris empfangen und zusammen mit den Jesuiten beten, die den Auftrag hatten, das Herz Heinrichs IV. in das Kolleg von La Flèche zu bringen. Schließlich, um acht Uhr, nachdem er mehr als vierzehn Stunden seine Rolle mit dem ganzen würdevollen Ernst, den man erhoffen konnte, wahrgenommen hatte, brach er zusammen. Man hatte Madame de Montglat zu ihm kommen lassen, und schluchzend gestand er: »Maman Ga, mir wäre es lieber, wenn ich nicht so bald König geworden wäre und wenn der König, mein Vater, noch lebte.« Da er dermaßen verzweifelt war, rief man seine Amme zu Hilfe. Sie legte sich zu ihm und versuchte, ihn zu trösten und zu besänftigen. Doch in dieser ganzen unruhigen Nacht quälten ihn Alpträume, und beim Erwachen rief er: »Maman Doudoune, wie lieb wäre es mir, wenn der König, mein Vater, noch zwanzig Jahre gelebt hätte!«[99]

Doch in den darauffolgenden Wochen gewann er die Fassung wieder. Während der heißen Sommertage zog man aus dem Louvre aus, um in Fontainebleau und Saint-Germain ein entspannteres Leben zu führen. Dort traf er seine jüngeren Geschwister. Fünf Monate später, als der Zeitpunkt der feierlichen Krönung kam, hatte sich der kleine König erholt und wirkte sogar heiter. »Er ist fröhlich und wartet ungeduldig auf die Abreise zu seiner Krönung«,[100] notiert Héroard. Mit gerade einmal neun Jahren sollte Ludwig als einer der jüngsten Könige gekrönt werden (Ludwig der Heilige war elf Jahre und Karl IX. zehn Jahre alt, als sie sich dem Ritus unterzogen). Als er nach Reims kam, brachte es ihm wieder einmal leise Beifallsäußerungen ein, daß er eine gute Figur zu Pferde machte. »Er ertrug sehr tapfer die Strapaze [der langen Zeremonie]«, berichtete Héroard stolz. Außer in dem Augenblick, als er absichtlich auf die Mantelschleppe eines Anwesenden trat, um ihn stolpern zu lassen, und in jenem anderen, als er den Oberstallmeister am Bart zog, blieb er stets ernst und konzentriert. Schließlich, drei Tage nach der Krönung, bewältigte er mit majestätischer Würde auch das feierliche Handauflegen bei den Skrofulösen. Er mußte neunhundert Skrofulöse berühren und neunhundertmal wiederholen: »Der König berührt dich, Gott heilt dich.« Diese harte Prüfung dauerte den ganzen Morgen, und er unterbrach sie nur für ein paar Minuten, um sich zu setzen.

Dann folgten die Rückkehr und der feierliche Einzug in Paris, wieder zu Pferde, wobei ihn die Volksmenge mit außergewöhnlicher Begeisterung begrüßte. Hundert Kanonenschüsse wurden aus hundert Geschützen abgefeuert, die an seinem Weg aufgestellt waren und die er überaus heiter und aufmerksam betrachtete. Wieder einmal mußte er Reden, Ansprachen, feierliche Begrüßungen und Sermone der Kaufleute und Gildenvorsteher der Stadt, der Parlamentsmitglieder, der Beamten der Oberrechnungskammer und der Vertreter der Geistlichkeit stehend über sich ergehen lassen. »Alle haben voller Bewunderung gesehen, wie gut und würdevoll sich der junge Prinz bei all diesen Auftritten und Zeremonien benommen hat, bei denen er eine ganz andere Tugend und Majestät zeigte, als man sie von einer Person seines Alters hätte erwarten dürfen.«[101] Wie soll man diese erstaunliche Selbstbeherrschung bei einem Kind erklären, das sonst so nervös und empfindlich war? Hören wir wieder einmal Héroard, der darin »das Verständnis und die Erkenntnis dessen, was er ist«, sieht. Seiner Mutter wird der Scharfsinn fehlen, gerade dies wahrzunehmen.

Was hat sich für ihn verändert? Alles und nichts. Alles in dem Sinne, daß die heitere, starke und beruhigende Gestalt seines Vaters verschwunden ist. Während der zweijährigen tiefen Trauer verhüllen mit Totenköpfen und Gebeinen bestickte Behänge die Wände, die Spiegel, ja selbst die Fußböden des Louvre. In dieser düsteren Atmosphäre konnte sich Ludwig nicht von dem entsetzlichen Eindruck lösen, den der im Prunkgemach aufgebahrte Leichnam auf ihn gemacht hatte. Jahrelang werden Alpträume seinen Schlaf stören. Ohne jede Rücksichtnahme auf seine Gefühle trennte ihn die Mutter von seinem Féfé Vendôme, dem drei Jahre älteren Alexandre, seinem bisher unzertrennlichen Gefährten, den er oft quälte, mit dem ihn aber eine wirkliche Zuneigung verband. Im August 1611 beschloß die Königin, den jungen Mann nach Malta zu schicken. Unter Tränen kündigte er Ludwig diese Entscheidung an: »Sire, haben Sie Erbarmen mit mir, die Königin will mich von Eurer Majestät entfernen und nach Malta schicken.« – »Was haben Sie der Königin, meiner Mutter, getan?« – »Nichts, Sire.« – »Man will ihn mir nehmen, weil ich ihn gern habe«,[102] stellte der kleine König fest, und die beiden Brüder wurden gezwungen, sich zu trennen. Ein weiterer Kummer bedrückte ihn: Sein jüngerer Bruder, der Herzog von Orléans, starb mit viereinhalb Jahren. Sobald er erfuhr, daß der Herzog das Bett hüten mußte, beschloß er, sich nach Saint-Germain zu begeben und ihn zu besuchen, und er weinte, als er den kleinen Kranken erblickte. Er erkundigte sich bei seinem Erzieher, was man tun könne, um ihn zu retten; als letztes Rettungsmittel ließ er seinen Almosenier kommen, um den Kranken der Heiligen Jungfrau von Loreto zu weihen. Als er mitten in der Nacht aufwachte, fragte er angstvoll, wie es seinem Bruder gehe. Um ihn zu beruhigen, gab ihm Héroard eine tröstliche Auskunft, doch die Königin schickte am nächsten Tag Concini, der ihm den Tod des Kindes mitteilte – man kann sich vorstellen, daß Heinrich IV. selbstverständlich persönlich gekommen wäre, um ihm das zu sagen und ihn zu trösten –, und der kleine König »war tief erschüttert, er erbleichte und blieb lange in Gedanken versunken«, notiert

Héroard. Er wollte seinen toten Bruder nicht sehen und bat »aus Mitgefühl und nicht aus Geringschätzung«,[103] nicht hingehen zu müssen, um ihn mit Weihwasser zu besprengen.

Der Tod seines Vaters hatte nicht nur sein Alltagsleben verändert, sondern ihn auch im Innersten erschüttert und zu einer Persönlichkeitsspaltung geführt. Gewiß, er nahm seine Verantwortung sehr ernst, geduldig empfing er zahlreiche Abordnungen und wohnte ohne Murren den Audienzen der Botschafter bei. Er lehnte keine Pflicht des Königs ab, so schwer sie ihm auch fallen mochte – bei allen großen Festen mußte er die Kranken berühren, zu Ostern den Armen die Füße waschen, derart unangenehme Amtsaufgaben, daß selbst Heinrich IV. versucht hatte, sich ihnen zu entziehen –, und er bemühte sich, bei seinen Geschwistern, die er fortan seine Kinder nannte, Vaterstelle zu vertreten; den jüngeren gegenüber bezeichnete er sich als ihr kleiner Papa. Er verlangte, daß man ihn sehr früh weckte, und ärgerte sich, wenn man ihn bis acht Uhr schlafen ließ. »Man wird mich für einen faulen König halten«, sagte er. Ungewöhnliche Gewissenhaftigkeit für ein elfjähriges Kind bewies er, als er sich den Ehevertrag zwischen Mademoiselle de Mayenne und dem Herzog von Sforza vollständig vorlesen ließ, bevor er einwilligte, ihn zu unterschreiben. Doch er konnte seine Angst und seine Gefühlsregungen nicht mehr beherrschen. Man stellt eine Rückentwicklung seines Verhaltens fest: Er ließ sich von seinen grauenhaften Alpträumen überwältigen, fürchtete sich vor Gespensterspuk und weigerte sich nachdrücklich, in dem großen Königsgemach zu schlafen, wo sein Vater leblos dagelegen hatte. Auf seine Bitte umstanden Diener sein Bett und bewachten ihn, um die Geister zu verscheuchen, und oft fand er nur Ruhe, wenn ihn eine Jagd erschöpft hatte. Seine ganze Lebensstimmung hatte sich also verändert. Das besonnene und ernste Kind mußte die Bürde der Verantwortung auf sich nehmen, bevor es die Freuden der Tat entdeckt hatte.

Aber wenn er im Innern zutiefst erschüttert war, hatte sich äußerlich nichts verändert. Nichts, während er doch König war und dies wußte. Schon in seinen frühen Kinderjahren hatte er sich eingehend damit beschäftigt, seinen Rang genau kennenzulernen. Eines Tages teilte ihm Monsieur de Souvré mit, daß ihn der Sohn des Herzogs von Württemberg besuchen werde. »Ist er mehr als ich?« fragte er Madame de Montglat. Sie antwortete, der Gast sei Prinz wie er selbst. Der Dauphin überlegte und stellte zutreffend fest: »In Frankreich bin ich mehr als er, und in Deutschland ist er mehr als ich.« Als König schätzte er vollkommen richtig ein, welchen Platz er einnahm, den ersten, und er war sich sehr klar bewußt, was man ihm als dem König von Frankreich schuldig war. Nun erwies man ihm aber nicht den geringsten Respekt. Das erbitterte ihn. Daß der Prinz von Condé ins Zimmer der Regentin eintrat und es nicht allein unterließ, ihn zu begrüßen, sondern sich auch in seiner Gegenwart nicht den Kopf bedeckte, hielt er für eine äußerste Unverschämtheit, die er nicht vergessen wird. Später wird man erfahren, wie unklug das ungenierte Benehmen Concinis war, der eigentlich vorsichtiger sein mußte, weil er Ludwig XIII. gut genug kannte, um seine Empfindlichkeit, seinen argwöhnischen und rachsüchtigen Charakter richtig einzuschätzen.

Man behandelte ihn als Kind. Die Peitsche empfand er als immer widerwärtiger und demütigender. Sogar sein Erzieher verstand, daß derartige Züchtigungen nutzlos waren, und es widerstrebte ihm, die Hand gegen seinen König zu erheben, doch Maria bestand dermaßen darauf, daß ihr Ludwig verstimmt und humorvoll sagte, es wäre ihm durchaus angenehm, wenn man ihm weniger Reverenzen erweise und ihn nicht mehr mit der Peitsche schlage. An den Sitzungen des Kronrats nahm er sehr selten teil, bei denen man ihm im übrigen nichts erklärte, während er ihn, worauf wir bereits hingewiesen haben, schon in der Zeit Heinrichs IV. besucht hatte. Man hielt ihn von den politischen Debatten fern und ermunterte ihn, als wollte man Ruhe haben, den größten Teil seiner Zeit mit der Jagd oder mit seinen Beizvögeln zu verbringen, denn schon als ganz junger Mann begeisterte er sich für die Falknerei. Die Studien wurden aufgegeben: Seine Majestät war *mit ihrem Latein am Ende,* wie man es damals nannte, doch auch mit ihren Kenntnissen in der Mathematik. Offenbar kümmerte sich niemand darum, und diese Vernachlässigung wurde nicht durch die direkte Beschäftigung mit den Staatsangelegenheiten ausgeglichen. Ludwig XIII. beschwerte sich bei seinem Erzieher, daß man ihn zwinge, ein Kind zu bleiben. Später wird er es bitter beklagen, daß man ihn nichts gelehrt hatte.

Zusammenfassend gesagt: Die Jahre, die zwischen dem Tod seines Vaters und seiner eigenen Machtübernahme vergehen, werden traurige Jahre sein, in denen man seine Gefühle und seinen Stolz kränkte. Von seinen früheren Spielgefährten getrennt, immer mehr nur noch in der Gesellschaft von Männern, die älter als er waren, gab er sich einer Schwermut hin, einem Trübsinn, der nicht normal war. Allmählich verschärften sich die Widersprüche seiner Persönlichkeit. Oft steigerte er sich in Wutausbrüche hinein, während er durchaus fähig war, sich zu beherrschen, besonders bei seinen Ausritten. Sein Stallmeister Antoine de Pluvinel gab darauf acht. Pluvinel hatte die Kunst des Pferdezureitens in Neapel erlernt, und als er dann nach Frankreich zurückgekehrt war, wurde er Oberstallmeister des Herzogs von Anjou, den er nach Polen begleitete. Während der Herrschaftszeit Heinrichs IV. gründete er in Paris eine Reitschule, und dort waren Richelieu wie auch viele andere junge Herren seine Schüler. Man vertraute ihm den Dauphin an, als die Zeit dafür gekommen war. Er wandte eine revolutionäre Theorie an: Er ersetzte die Zwangsdressur durch eine sanfte und geduldige Methode. (Erinnern wir hier daran: Héroard war Roßarzt im Stall Karls IX., danach wurde er – ein Beweis für die Hochachtung, die man der Tierheilkunde entgegenbrachte – Arzt Heinrichs III., und er stand gewiß in Verbindung mit Pluvinel. Sicher ist jedenfalls, daß die beiden Männer sehr nahe verwandte Theorien hatten.) Nach Ansicht des Oberstallmeisters mußte der beste Reiter daher »mit Schlägen geizen und nicht mit Liebkosungen sparen«. Das heißt, er verlangte vom Reiter, daß er sich beherrschte und Kaltblütigkeit zeigte. Die Kunst der Falknerei, die den König so sehr interessierte, erforderte gleichfalls Geduld, Konzentration und ungewöhnliche Kenntnisse. Bei der Beizjagd wurde nichts dem Zufall überlassen: Für jede Vogelart setzte man eine bestimmte Anzahl von Jägern und Falken sowie eine bestimmte Hunderasse ein. So etwa teilte man der Reiherjagd fünfzehn Männer, vier Windhunde und zwölf Falken zu. Bei derartigen Themen konnte niemand dem König etwas vormachen.

Außer diesen königlichen Vergnügungen widmete sich Ludwig XIII. auch gern den einfachsten manuellen Tätigkeiten. Er konnte Eisen gießen und feilen, und er hatte es gelernt, ein Pferd zu beschlagen und ein Rad zu reparieren. Gern flocht er Körbe aus Weidenruten. Teppiche festzunageln, zu nähen, Schlingen herzustellen, so etwas beschäftigte ihn stundenlang. Seine Widersprüche zeigten sich auch in seiner Konstitution. Der König war äußerst ausdauernd, er konnte mehr als zehn Stunden ohne Pause und bei jedem Wetter jagen, und gleichzeitig war er sehr empfindlich, kränkelte ständig und erkrankte oft. Seine Unsicherheit, die sich paradoxerweise mit einem sehr klaren Bewußtsein seiner hohen Stellung verbindet, wird es ihm schließlich nicht erlauben, sich gegenüber seiner Mutter durchzusetzen.

Als Heinrich IV. starb, war Maria von Medici siebenunddreißig Jahre alt. Rubens, ihr Hofmaler, hält in vorbereitenden Skizzen ihren vulgären Gesichtsausdruck, ihren düsteren Blick, eine beunruhigende Schwerfälligkeit fest, die in den großen offiziellen Gemälden zu einer geruhsamen Majestät werden. Wie man gesehen hat, hatte sie sich kaum für die Staatsangelegenheiten interessiert, sondern wollte ihre Ruhe haben, sie war eher streitsüchtig als willensstark, gab gern viel Geld aus und unterwarf sich den Plänen Leonora Concinis. »Die Königin hat sich ganz verändert«, wird nun der Gouverneur von Lyon, der Sohn des Ministers Villeroy, sagen. »Sie scheint der wirkliche König zu sein. Sie tritt mit feierlichem Ernst auf, sie kümmert sich persönlich um die Staatsgeschäfte und gibt Audienzen.«[104] Zur großen allgemeinen Verwunderung ist sie ständig beschäftigt und

»ruht nur aus, wenn sie schläft, und dafür verwendet sie viel weniger Zeit als früher.«[105] Soll das heißen, daß sie sich nach dem Beispiel Heinrichs IV. oder der Regentinnen richtete, die ihr vorausgegangen waren? Sicherlich nicht. Maria arbeitete offenbar immerzu, gerade weil sie viel Zeit vergeudete.

Die unter dem Vorsitz Heinrichs IV. durchgeführten Ratsversammlungen waren effektive und folglich schnelle Arbeitstagungen. Der König traf rasche Entscheidungen, während Maria nicht nur lange zögerte, sondern zum großen Unwillen der Minister auch ihre Entschlüsse oft rückgängig machte. Außerdem hatte sich der Kronrat in eine Versammlung mit offenen Türen verwandelt, bei der sich alle Prinzen einfanden. Die Minister mußten deshalb um Privataudienzen nachsuchen, um ihre Angelegenheiten vorzutragen, und am Abend sprach die Königin darüber mit dem Ehepaar Concini, mit ihrem Arzt Duret, »einem Mann mit einem schwachen und unbeständigen Verstand«, wie Richelieu urteilte, und mit ihrem Rechtsbeistand Dolé. Schon im Januar 1611, ungefähr sechs Monate nach dem Königsmord, trat außerdem Sully von seinen Ämtern zurück. Drei Minister aus der Zeit Heinrichs IV. – Villeroy, Sillery und Jeannin – behielten ihre Stellung; sie war jedoch gegenüber den Prinzen sehr geschwächt, deren Ehrgeiz und Begehrlichkeit nicht mehr eingedämmt wurden, und vor allem nahmen die Favoriten einen bevorzugten Platz ein. Klarer, als man sich hätte vorstellen können, durchschaute der kleine König die wesentlichen Veränderungen, ob es sich nun um den Triumph der Concinis oder um die Annäherung an Spanien handelte – zwei Probleme, die seine Beziehungen zur Mutter erschweren und schließlich vergiften sollten.

Die Concinis gehörten zum ständigen Inventar. Der Mann der allerengsten Freundin seiner Mutter hatte immer freien Zugang zum Dauphin. Dieser ließ sich von seinem instinktiven Sinn für feine Rangunterschiede leiten und hatte ihn stets auf der Stufe der Untergebenen, der ungeliebten Domestiken gesehen. Er nahm dessen Geschenke an, doch er bekundete ihm keine Zuneigung. Solange Heinrich IV. lebte, hatte Concini im übrigen nicht die geringste Bedeutung, außer daß er der Stallmeister der Königin war und somit zu ihrem Gefolge gehörte. Die Ermordung des Königs sollte ihm die Tore zu Reichtum und Macht weit aufstoßen. Sein ungestümer Ehrgeiz ließ die Schranken des Anstands brechen. Im Juli 1610, zwei Monate nach dem Attentat, wurde er zum Staatsrat ernannt; bereits im September erreichte er den Gipfel: Er wurde Marquis d'Ancre, Gouverneur von Bourg-en-Bresse, Péronne, Roye und Saint-Didier. Er hatte nicht erst diese Würden abgewartet, um sich auf ungehörige Weise einzumischen. Schon seit der feierlichen Parlamentssitzung vom 15. Mai 1610, auf der die Regentschaft Marias proklamiert wurde, offenbarte sich seine Anmaßung. Er unterbrach die Debatte und schwieg erst, als ihn der Oberpräsident »sehr ernst und höchst angemessen« zurechtwies: »Es kommt Ihnen nicht zu, hier zu sprechen.« Ludwig XIII. wußte ganz genau, daß »die Marschälle«, wie man das Ehepaar Concini nannte, den Geist seiner Mutter übermächtig beherrschten. Deshalb kam es vor, daß er sich erniedrigte – und man kann sich vorstellen, welche Überwindung ihn das gekostet hat – und Leonora bat, sich zu seinen Gunsten bei der Königin zu verwenden, diese Leonora, die »so herrschsüchtig und beleidigend auftrat, daß sie, wenn sie über den König und die Königin sprach, sich nur mit Schmähungen und Geringschätzung äußerte, den einen als Idioten und die andere als Tölpelin bezeichnete«, berichtete Pontchartrain.

Das zweite Thema, das ihn unmittelbar interessierte, betraf die Entwicklung der Beziehungen zwischen Frankreich und Spanien. Einige Jahre zuvor hatte man daran gedacht, ihn mit der Tochter des spanischen Königs zu verheiraten. (Als ihn Héroard damals fragte: »Wo ist der Liebling der Infantin?«, legte er die Hand auf sein Spätzchen.[106]) Aber Heinrich IV. hatte seine Meinung geändert, und es schien, als hätte man auf den Plan verzichtet. Gleich nach dem Tod des Königs kam es jedoch zu einem Umschwung bei den Ehebündnissen. Der verstorbene König hatte Spanien mit dem ganzen Groll mißtraut, dessen ein König von Navarra fähig war; außerdem meinte er, daß Heiraten unter den wichtigsten Königsfamilien kaum von politischem Interesse waren, weil sie keine Konflikte verhinderten, während Ehen mit weniger bedeutenden Fürsten – wie etwa dem Herzog von Savoyen – weitaus zuverlässigere Vorteile boten. Maria hingegen ersehnte mit der ganzen Energie einer Habsburgerin – ihre Mutter war die Erzherzogin Johanna von Österreich – eine verwandtschaftliche Verbindung mit Philipp III. Als sie Regentin wurde, setzte sie ihren Standpunkt durch, und 1615 fand eine Doppelhochzeit statt: Ludwig XIII. heiratete die Infantin und seine Schwester Elisabeth den ältesten Sohn des spanischen Königs.

Ludwig war ebenso wie seine Ehefrau vierzehn Jahre alt. In diesem Alter hatten auch Heinrich II. und Katharina von Medici geheiratet. War er aber fähig, die Ehe zu vollziehen? Sogar bei dieser Frage bewies Maria von Medici kein Feingefühl. Als es zu den ersten Verhandlungen kam, hatte sie ihn zu sich gerufen, um ihm ihre Pläne mitzuteilen, doch hinzugesetzt, sie glaube nicht, daß er Kinder zeugen könne. »Verzeihen Sie bitte«, antwortete er mit einer gewissen Würde. »Und wieso können Sie das?« fragte sie weiter. »Das hat mir Monsieur de Souvré beigebracht.« Es ging nicht so sehr darum, ob er den praktischen Vorgang kannte, vielmehr wollte sie sich vergewissern, daß ihn die Aussicht, diesen durchzuführen, reizte oder ihm wenigstens keine Angst machte. Aber Maria, die stets unfähig war, ihm etwas Freundlichkeit entgegenzubringen, konnte nicht weiter in ihn dringen und seine Neigungen zuverlässig erkunden.

Der ganze Hofstaat reiste nach Bordeaux, wo die beiden Eheschließungen *per procurationem* stattfinden sollten; der Austausch der Prinzessinnen würde am Grenzfluß Bidassoa erfolgen. Die Abreise Elisabeths schmerzte den König tief, er rang einen Augenblick mit sich, um seinen Kummer zu beherrschen, und brach dann in Tränen aus. Er hielt seine Schwester so fest umschlungen und schluchzte so stark, daß man sie nur mit Mühe aus seiner Umarmung lösen konnte. Doch er überwand sich, und liebenswürdig, ja beinahe galant empfing er das hübsche Mädchen mit den langen blonden Haaren und dem sanften Blick, das seine Frau werden sollte. Die feierliche Hochzeitsmesse wurde am Nachmittag um vier Uhr zelebriert.

Nun naht der unausweichliche Moment. Ludwig begleitet Anna bis in ihr Zimmer und weicht zurück. Er verschwindet in seinem Gemach, wo er sich zur Ruhe begeben will. Aber, sagt Héroard, »er schämt und fürchtet sich sehr ... Die jungen Leute, die ihn umringen, erzählen schlüpfrige Geschichten, um ihm Selbstvertrauen zu geben ... Schließlich verlangt er nach seinen Pantoffeln, zieht seinen Schlafrock an und geht ins Zimmer der Königin. Man legt ihn ins Bett neben die Königin, seine Gattin, wobei seine Mutter, die Königin, anwesend ist ... Um Viertel nach zehn Uhr kommt er zurück. Zuvor hatte er eine Stunde geschlafen und zweimal das getan, was er uns sagt, nachdem er sie gefragt hatte, ob sie es auch wollte. Als er erschien, war sein Spätzchen rot.« Der Erfolg dieses ersten Versuchs hatte ihm offenbar nicht die geringste Freude gemacht. Die Hochzeitsnacht oder vielmehr die Hochzeitsstunde war so eindeutig mißlungen, daß er erst vier Jahre später zu seiner Frau zurückkehrt. Eine derart distanzierte Haltung wird alle handelnden Personen dieser Geschichte, die sich zu einem Drama entwickelt, schwer belasten.

Ludwig ist großjährig, Ludwig ist verheiratet, doch Ludwig, der es als ganz kleines Kind verstanden hatte, sich durchzusetzen, scheint vor seiner Mutter den Rückzug anzutreten. Sie wird jeden Tag herrschsüchtiger, geringschätziger und widerwärtiger. Da die Hofetikette sie zwang, der jungen herrschenden Königin den Vortritt zu lassen sowie ihr die eigenen Gemächer im Louvre abzutreten – was sie höchst ungern tat, nachdem der spanische Botschafter eingegriffen hatte –, rächte sich Maria, indem sie ihren Sohn enger als je zuvor an sich band; ja noch schlimmer, sie bemühte sich nicht im geringsten, ihn zu einer Annäherung an seine Gattin zu ermutigen. Die Weigerung oder die Unfähigkeit, das Eheleben ihres Sohnes zu erleichtern, sowie die Eifersucht auf ihre Schwiegertochter würden, falls dies notwendig wäre, zusätzliche Beweise für die politische Dummheit der Maria von Medici liefern.

Auch Katharina hatte gewiß alles Notwendige getan, damit ihre Schwiegertöchter nicht darauf verfielen, sich in ihren Herrschaftsbereich einzumischen, niemals aber hätte sie versucht, diese von ihren Gatten fernzuhalten: Es war ja, wie sie wußte, von entscheidender Bedeutung für die Dynastie, daß dem König Nachkommen geboren würden. Blanca von Kastilien war eine abscheuliche und verabscheute Schwiegermutter. Wie Joinville berichtet, »wollte die Königin Blanca, soweit sie es vermochte, nicht zulassen, daß ihr Sohn in der Gesellschaft seiner Frau war, außer am Abend, wenn er mit ihr zu Bett ging«. Man erzählte, daß Ludwig IX. nach seiner Heirat soviel Zeit wie möglich in seinem Schloß Pontoise verbrachte, und das aus dem einzigen Grund, weil sein Zimmer über dem Margaretes lag und die beiden Räume durch eine Innentreppe miteinander verbunden waren, denn dort konnten die jungen Eheleute in aller Ruhe »ihrer Zwiesprache« pflegen. Blanca meinte tatsächlich, daß die jungen Leute zuviel Zeit damit vergeudeten, gemeinsam zu lachen und zu schwatzen, und daß Ludwig seine Amtspflichten vernachlässigte. Sie versäumte nicht, die beiden unverhofft aufzusuchen und zu überwachen. Aber der König hatte seine Türhüter ins Vertrauen gezogen. Wenn die Königinmutter nahte, klopfte einer von ihnen an die Tür, auf die sie zukam. War es die Tür Ludwigs, so eilte dieser in großen Sätzen hinauf, vertiefte sich wieder in seine Pergamente und erhob sich vom Tisch, um seine Mutter zu begrüßen. Margarete sprang die Stufen hinunter, wenn das Klopfsignal ihr Zimmer angab. Die Anekdote wirkt entzückend, da sie so vertraut scheint. Eine strenge Mutter, die sich über Zärtlichkeiten entrüstet, weil diese einen jungen Ehemann von seinen Pflichten abhalten, hat zeitlose Gültigkeit. Eine Mutter, die sich damit abfindet, daß das Eheleben ihres Sohns mit einer Katastrophe endet, ist widernatürlich.

Tallemant des Réaux behauptete, Maria von Medici hätte »befürchtet, daß die junge Königin Macht über seinen Geist bekäme«.[107] Solange die jungen Leute keine intimen Beziehungen unterhielten, war diese Gefahr beseitigt. Nun bürgerte sich eine lächerliche Routine ein. Zwei- oder dreimal am Tag stattete der König den beiden Damen protokollarische und belanglose Besuche ab. Zur großen Beunruhigung des spanischen Königs begnügten sich die jungen Eheleute damit, sich wohlgesittet miteinander zu unterhalten. »Der König zeigt nicht die geringste Freude über seine Ehe«, meldet der venezianische Botschafter, »[...] und er verabscheut all jene, die [bei der Königin] sind und die der spanischen Nation angehören.«[108] Dieser Haß auf Spanien war seine Art, der Politik seines Vaters treu zu bleiben.

Man hielt ihn vom politischen Geschehen fern. Mutter und Sohn führten niemals einen wesentlichen Gedankenaustausch. Worüber hätten sie auch sprechen sollen? »[Der König] verehrte und achtete die Königin, seine Mutter, und außerdem hatte er von Natur aus so große Angst, sie zu erzürnen, daß er es nicht gewagt hätte, das Geringste zu tun, was ihr mißfallen konnte, wie er glaubte.«[109] Dennoch stauten sich in ihm Ressentiments an. Eines Tages »wagte er, aus eigenem Entschluß [in den Kronrat] zu kommen, um zu erfahren, worüber man debattierte. Die Königinmutter sprang schnell auf, packte ihn am Arm, setzte ihn vor die Tür und bat ihn, anderswo herumzutollen.« Er war kein Kind mehr, und außerdem verlangte die Tradition, die Blanca von Kastilien eingeführt und Katharina beibehalten hatte, daß das königliche Kind an den Sitzungen des Kronrats teilnahm. Ludwig wurde schamrot und empfand deshalb »außerordentliches Mißvergnügen«.[110] Zwischen 1615 und 1617 »habe ich das Kind gespielt«,[111] wird er sagen, als er seine Zurückgezogenheit erklären wollte, denn er kämpfte nicht, um sich seinen Platz zu erobern. Müßig, untätig, »von den Prinzen und dem ganzen Adel im Stich gelassen, mit einem Gefolge, das lediglich aus drei oder vier Domestiken bestand«,[112] verbarg er seine Enttäuschungen, seinen »Kummer und seinen außerordentlichen Verdruß [...], gezwungen zu sein [...], sich in den Tuilerien damit zu unterhalten, zusammen mit Dienern und Begleitern nichtswürdige und mechanische Dinge zu tun, ohne daß man ihm irgendeine Kenntnis der Staatsangelegenheiten gewährte«.[113] Sein einziger Freund in dieser traurigen Zeit war Charles d'Albert de Luynes, der Verwalter seiner Falknerei, ein Edelmann aus dem Kleinadel. Er, der ungefähr zwanzig Jahre älter als der König war, schien der einzige zu sein, der den jungen König aus seiner Lethargie reißen konnte.

Das Jahr 1616, in dem er fünfzehn Jahre alt wurde, ein Jahr der Krankheiten, und zwar demütigender Krankheiten, war eine harte Prüfung. Die akuten Darmleiden wurden häufiger. Héroard war aufs tiefste betrübt. Er versuchte, die heftigen Schmerzen der Koliken zu lindern, indem er warme Tücher und Breiumschläge verordnete. Er machte sich Sorgen wegen der schlimmen Übelkeitsanfälle, doch vor allem beunruhigte ihn der apathische Zustand seines Kranken, den Langeweile und Trübsinn plagten, der »dahinsiechte«. Wir würden so etwas als »Depression« bezeichnen. Der König verließ nicht sein Zimmer, kleidete sich nicht an, schleppte sich von einem Bett zum anderen, hüllte sich in einen Schlafrock aus Ratiné. Seine Nächte waren so schlimm, daß er manchmal Ruhe suchte, indem er sich am Fußende der Matratzen seiner Kammerdiener hinlegte. Ja noch schlimmer, am 31. Oktober hatte er einen epileptischen Anfall: Am späten Nachmittag glaubte man, er sei eingeschlafen, als der Arzt hörte, daß er sehr laut röchelte oder schnarchte. »Ich eile herbei«, sagte er, »ich finde ihn mit dem Mund nach unten, den er an den Arm drückt. Ich hebe ihn hoch, lege ihn auf die Erde und stecke ihm den Finger in den Mund, um ihm die Zähne auseinanderzupressen [...], Herr de la Piolière drückt ihm den Griff seines Messers in den Mund [...]. Wein, Branntwein. Man führt ihn umher. Branntwein, man führt ihn immer weiter umher. Der Anfall dauerte ungefähr die Hälfte einer Viertelstunde.«[114] Die Anwesenden bekamen dermaßen Angst, daß sie die Königin herbeiriefen. Zehn Tage lang blieb der Arzt ununterbrochen bei seinem Kranken.

Wenn sich seine engen Freunde überaus sorgfältig und aufmerksam um ihn kümmerten, zeigte hingegen der Kreis seiner

Mutter – und vor allem Concini – ihm gegenüber eine beleidigende Gleichgültigkeit. Nachdem der Alarm vorüber war – und man könnte sogar behaupten, daß der Begriff »Alarm« unpassend ist, denn Maria hätte nichts dagegen gehabt, wenn die Krone auf ihren jüngeren Sohn übergegangen wäre: den zweiten Herzog von Orléans, das schöne, blondgelockte Kind, das sie allen übrigen vorzog –, machte sich das Gefolge der Königin die Krankheit des Königs zunutze, um zu rechtfertigen, daß er von den Staatsangelegenheiten ferngehalten wurde. »Man hatte das Gerücht in den Provinzen verbreitet, daß der König sehr leidend wäre und eine sehr schwache Konstitution habe; daß er ständig Arzneien brauchte; daß er sich gerade aus diesem Grunde nicht aus Paris entfernen konnte und daß er allem Anschein nach nicht lange leben würde.«[115] Die Grandseigneurs, die Botschafter und die allgemeine Öffentlichkeit zeigten sich allmählich wegen dieses abwesenden Königs beunruhigt. »Man ließ zu, daß er seine Zeit mit niedrigen und nichtswürdigen Beschäftigungen und mit kindischen Unterhaltungen verschwendete«,[116] berichtete der florentinische Gesandte, während der Herzog von Guise der Regentin erklärte, daß ihre Behandlung des Königs ein Grund der Unzufriedenheit für Adel und Volk sei. Der venezianische Botschafter äußerte sich noch eindeutiger: »Man hat dafür Sorge getragen, ihn [von den Staatsangelegenheiten] abzuhalten sowie all jene aus seiner Umgebung zu entfernen, die einigen Geist besaßen und ihm gewisse Einsichten über diese Themen geben konnten, damit man ihn seiner Mutter gegenüber in größtem Respekt und Gehorsam hält«, schrieb er 1614. Ein Jahr danach kam er wieder auf diesen Punkt zu sprechen. »Man gibt dem König keine vollständigen Kenntnisse über alle Fragen; man ist sehr eifrig bemüht, ihn so wenig wie möglich mit Regierungsangelegenheiten zu beschäftigen, obwohl man scheinbar das Gegenteil tut. [...] Man gestattet ihm, so oft, wie er will, auf die Jagd zu gehen, für die er sich sehr begeistert. [...] All jene, die bei ihm sind, hängen völlig von seiner Mutter ab, die Leute mit beschränkten Fähigkeiten und wenig anspruchsvollem Geist aussucht, damit sie den König nicht auf allzu lebhafte Gedanken bringen. Er soll ihr weiter Gehorsam leisten.«[117] Einmütig äußert man sich über den Willen der Königin, ihren Sohn zu beherrschen: »[Sie] hatte den König vorsätzlich so erziehen lassen, daß sie ihn unfähig machen wollte, sein Amt selbst auszuüben.«[118]

Die Königin und Concini waren allzu selbstsicher und beachteten ihn so wenig, daß sie überhaupt nicht wahrnahmen, wie sich der »kleine Rat« des Königs bildete. Jeden Abend kamen einige Personen mit ihm zusammen, um seine Machtübernahme vorzubereiten, denn der aufs äußerste gereizte Ludwig hatte beschlossen, »alles zu tun, um sich von der Regierung und der Autorität seiner Mutter, der Königin, und von der Tyrannei des Marschalls von Ancre zu befreien«.[119] Luynes blieb weiter derjenige, der am häufigsten anwesend war und dem König am nächsten stand, doch er hatte »einen mittelmäßigen und zaghaften Geist, war wenig zuverlässig und überhaupt nicht edelmütig«, wie Richelieu urteilt, er war kein politischer Kopf. Er scheute sich vor Gefahren, und das erklärt, warum man ihn in der Gesellschaft des Königs ließ. Der intelligente, realistische Mann, der Autorität ausüben und den König beeinflussen konnte, war Claude Guichard-Déageant. Er hatte als ständiger Sekretär der Königin begonnen und war danach durch die Vermittlung des Oberfinanzverwalters Barbin zu einem Geschöpf Concinis geworden. Dennoch verbündete er sich mit Luynes, der ihn einlud, an den abendlichen Zusammenkünften mit Ludwig XIII. teilzunehmen. Déageant, den die Entschlossenheit des jungen Herrschers beeindruckte und den dessen ungerechte Behandlung durch die Königin beunruhigte, entschied sich nun für ein neues Treuebekenntnis.* Der Gruppe schlossen

* Er bewies solchen Ernst, daß er bei Ludwig XIII. einen größeren Einfluß gewann, als ihn viele Minister hatten. Die Botschafter hofierten ihn und besuchten sogar seine Gattin, obwohl sie so wenig klug war, daß sie dem Botschafter Venedigs, der ihr eines Tages von der Größe der Republik erzählte, antwortete, weil sie glaubte, die Republik sei eine Frau, »daß man sie mit dem Herrn Herzog von Orléans verheiraten müßte« (Arnauld d'Andilly, *Mémoires*, Éd. Michaud, IX, S. 427).

sich drei weitere Getreue an, darunter Tronçon, ein ehrbarer und tüchtiger Jurist, der Kabinettssekretär des Königs werden sollte. Diese Zusammenkünfte waren nicht geheim, doch man unterschätzte ihre Bedeutung, und niemand aus dem Gefolge der Königin bemühte sich zu erfahren, was dort besprochen wurde.

Maria beurteilte die Bedeutung derartiger Zeichen bei weitem nicht richtig und fürchtete durchaus keine energische Reaktion ihres Sohns – wo sie doch besser als jeder andere wußte, wie heftig seine lange zurückgehaltenen Wutausbrüche sein konnten. Sie ließ weiter zu, daß man sich nicht um den König kümmerte. Diese Haltung sollte während einer Szene am 11. November 1616 ihren Höhepunkt erreichen. An jenem Tag hatte sich Ludwig XIII. von einer Krankheit erholt, fühlte sich besser und ging zusammen mit seinen drei Gefährten in die große Galerie des Louvre. Er betrachtete die Seine, »als der Marschall von Ancre, den mehr als hundert Leute begleiteten, eintrat und ebenfalls an einem Fenster stehenblieb, ohne auf den König zuzugehen. Er war barhäuptig und ließ sich den Hof machen.«[120] Nun hatte ihm aber der Türhüter mitgeteilt, daß sich Ludwig XIII. im Raum befand. Der König fühlte sich gedemütigt, weil sich der größte Teil des Hofstaats um Concini zusammendrängte, und ohne sich bemerkbar zu machen, über die Beleidigung zutiefst erbittert, daß ihn Concini nicht begrüßte und sich in seiner Gegenwart nicht den Kopf bedeckte, entfernte er sich »mit höchst bekümmertem Herzen«, wie Héroard feststellte. Andere Memoirenschriftsteller – Pontchartrain und Déageant – benutzten die gleichen Worte. Pontchartrain verzeichnete einen weiteren aufschlußreichen Zwischenfall: »Es verschlimmerte den Schmerz [des Königs], daß er ungefähr zu jener Zeit den Wunsch hatte, eine Bargeldsumme von fünfzehnhundert oder zweitausend Talern zu erhalten, weil er sie für einige unbedeutende Dinge verwenden wollte, mit denen er sich die Zeit vertrieb, und daß man ihm diese Bitte abschlug, womit man ihn merken ließ, in welcher Not er sich befand … Nach dieser Ablehnung suchte ihn der Marschall von

Ancre auf, während er mit zwei Dienern allein war und der Marschall von einer sehr großen Menge Edelleute und Herren begleitet wurde. Dieser wollte ihn in seinem Kummer trösten und sagte, wenn er verstimmt sei, weil man ihm Schwierigkeiten bereitet und ihm nicht das erbetene Geld gegeben habe, so hätte er sehr unrecht daran getan, sich nicht an ihn zu wenden, und er würde ihm die Summe entweder durch seine königlichen oder durch die eigenen Schatzmeister aushändigen lassen, er brauchte es nur zu verlangen. Der König faßte das als eine Beleidigung auf und teilte das einigen Vertrauten mit: daß ein ausländischer Privatmann, der keinerlei Vermögen besessen hatte, als er nach Frankreich kam, sich eine solche Vermessenheit erlaubte, vor ihm, der allein war, in der Begleitung so vieler Herren und Edelleute zu erscheinen und ihm zu erklären, er tue unrecht daran, sich nicht an ihn zu wenden, um ihm das erwünschte Geld aushändigen zu lassen ... [zumal er ganz genau wußte, daß der Marschall] die Gelder und Anweisungen seinen eigenen Finanzen entnommen hatte.«[121] Alle Zeugen meinen übereinstimmend, daß der König an diesem Tag den Entschluß faßte, den Günstling zu beseitigen.

Daß Concini als erster den Zorn des Königs auf sich zog, war nicht erstaunlich. Ludwig XIII. durchschaute ganz genau, wie sehr die Königsherrschaft unter Maria von Medici geschwächt war. Die Regentin mußte mit einer Lage fertig werden, die nicht so dramatisch war wie diejenige, der sich Katharina während der vorhergehenden Regentschaft gegenübersah. Das Volk sehnte sich nach innerem Frieden, und die religiösen Konflikte schienen sich einstweilen beruhigt zu haben. Die Jahre nach dem Tod Heinrichs IV. waren eine Übergangszeit, in der nichts Unabänderliches geschah. Die Unruhen im Lande, die wegen der Ansprüche und Rivalitäten der Großen ausbrachen, waren nicht im mindesten mit dem Aufruhr vergleichbar, den die Guisen und die Bourbonen während der Regentschaft Katharinas angestiftet hatten. Wenn sich die Grandseigneurs und die Hugenotten nach 1610 auflehnten, so deshalb, weil sie wußten, daß der Staatsschatz gut gefüllt war, und weil sie finanzielle

Vorteile aus ihrer Treue ziehen wollten. Heinrich II. von Condé, der erste Prinz von Geblüt, der immer wieder versuchte, die größten Schwierigkeiten zu schaffen, erhielt riesige Schenkungen als Lohn für eine recht zweifelhafte Treue. Wenn sich die Königin vergebens den Forderungen von Prinzen fügte, die im übrigen unfähig waren, sich an die Spitze von Rebellenheeren zu stellen, so veranschaulichte das den zunehmenden Verfall der königlichen Autorität und führte zu einer gefährlichen Abnahme des Staatsschatzes. Diese Abnahme war durchaus nicht theoretisch zu verstehen. Heinrich IV. hatte bedeutende Goldreserven hinterlassen, die in der Bastille aufbewahrt wurden. Immer wenn die Königin Geld für eine Schenkung entnehmen wollte, mußte sie sich gemeinsam mit Ludwig, der als einziger Bürgschaft leisten durfte, in die Festung begeben. Er war also dabei, wenn der Geldschrank geöffnet wurde, und konnte die Taler sehen, die in den Taschen der Günstlinge seiner Mutter verschwinden sollten. Nun hatte Ludwig schon in sehr jungen Jahren einen ausgeprägten Sinn für wirtschaftliche Fragen und verabscheute unnötige Ausgaben. Als ihm seine Mutter eines Tages eine Diamantenkette schenken wollte, erklärte er, er wolle sie nicht haben.

Im Jahre 1616 verabschiedete Maria von Medici die Mitglieder ihres Kronrats und übertrug den »Marschällen« offiziell die Macht: Gemeint waren damit Leonora, deren Autorität nichts Weibliches hatte, und Concini. Lediglich der Aufstieg Richelieus, des jungen Bischofs von Luçon, zum energischen Staatssekretär für Auswärtige Angelegenheiten – so bekommt er acht Monate Zeit, sich an die Staatsgeschäfte zu gewöhnen und die einzelnen Hauptpersonen einzuschätzen – bedeutete einen gewissen Vorteil dieser Initiative. Richelieu, den das anmaßende Auftreten Condés tief kränkte, überzeugte Maria, ihn verhaften, zuerst in die Bastille werfen und danach im Turm von Vincennes einsperren zu lassen. Doch das Problem, das Concini darstellte, konnte er nicht ebenso mühelos erledigen, obwohl er klar erkannte, wie ernst es war, und er fragte sich, ob es sich als zweckmäßig erwies, ihm weiter zu dienen. Von den Mitgliedern des neuen Kronrats schien er als einziger zu begreifen, daß der schweigsame und rätselhafte junge Mann, der untätig in den Korridoren umherirrte, die Fähigkeiten eines Königs besaß. Er bot ihm im übrigen durch die Vermittlung von Luynes seine Dienste an, was keine Beachtung fand. Diese Geste bewies allerdings, daß er die Konflikte voraussah, die Concini in den Abgrund reißen würden. Dessen unverschämtes Verhalten gegenüber dem König kam einem Majestätsverbrechen nahe.

Die Unzufriedenen – und sie waren zahlreich – beklagten sich offen über die maßlose Vorrangstellung des Florentiners. »Die ganze Regierungsgewalt Ihres Staates liegt in der Hand des Marschalls von Ancre und seiner Gefolgsleute, denen er Zutritt zu Ihrer Person verschafft hat, um alles nach seinem Belieben zu regeln und der einzige Richter über das Leben, den Besitz, die Ehre und Würde Ihrer Untertanen zu sein«, schrieb der Herzog von Nevers an Ludwig XIII. in einem Brief, der veröffentlicht und weit verbreitet wurde.[122] In einem Einspruch, den die Prinzen, Herzöge, Pairs und ehemaligen Kronbeamten an den König richteten, wurde der Aufruf gegen Concini noch konkreter: »Das Heilmittel liegt in Ihrer Hand und in Ihrer Macht; wenn Sie es nicht gebrauchen, wird das Übel unheilbar; es kommt allein auf Ihr Wort an.«[123] Ludwig XIII. hatte derartige Warnungen gar nicht nötig, denn die Edelleute mochten zwar diesen ausländischen Krautjunker verabscheuen, der sie mit seinem Reichtum und seiner Macht verhöhnte, der König aber haßte ihn.

Er wußte genau, daß Concini nie auch nur den geringsten Einfluß erhalten hätte, wenn sein Vater noch am Leben wäre. Nun hatte indes das Ehepaar Concini nicht allein ein derart märchenhaftes Vermögen zusammengerafft, daß Leonora, die doch maßlos geldgierig war, glaubte, der Augenblick sei gekommen, sich nach Italien abzusetzen, ohne das Schicksal herauszufordern, indem man länger in Frankreich blieb, sondern Concini übte auch weiter einen unvergleichlichen Einfluß auf die Königin aus. Denn er regiert, »er führt, ordnet und bestimmt alle Angelegenheiten«. Wir haben schon gesehen, daß

Katharina von Medici einen schweren Fehler begangen hatte, indem sie einen jüngeren Sohn offen bevorzugte, doch sie war nicht in den Irrtum verfallen, einen Günstling auszuzeichnen, der bei ihren Söhnen den Eindruck hervorrufen konnte, er hätte auf unzulängliche Weise ihren Vater ersetzt. Maria ließ sich gleichfalls zu dem Irrtum hinreißen, ihren jüngeren Sohn zu begünstigen. Bei ihr kam noch der außerordentliche Fehlgriff hinzu, den unaufhaltsamen Aufstieg Concinis zu erlauben.

Aus dem Tagebuch Déageants kennt man die Beratungen, die im Kreis Ludwigs XIII. stattfanden: »Er äußerte sein Mißfallen über die Art, wie man regierte, insbesondere, weil man so wenig Rücksicht auf seine Person nahm und weil man ihn überhaupt nicht an den wichtigen Angelegenheiten des Königreichs beteiligte, in dem es an verschiedenen Orten zu Empörungen kam.« Die Königin, die schließlich von diesen Diskussionen erfuhr, schien beunruhigt zu sein, doch nicht so sehr, daß sie auf Leonora gehört hätte, die verängstigt erklärte: »Madame, denken Sie daran, daß sich [der Marschall] zugrunde richten wird, und bei seinem Sturz wird er Sie und auch mich, uns alle mitreißen«[124] – und daß sie sich gegen das Ränkespiel Concinis gewandt hätte. Nun entschloß sich Ludwig XIII. zum Handeln. Doch wie sollte er handeln? Er mußte entweder den Befehl geben, den Marschall zu ermorden, oder den, ihn festzunehmen, um ihn vor dem Parlament zu verklagen. Ludwig XIII. neigte eher zur zweiten Lösung. Zum Vollstrecker wählte man den Gardehauptmann Vitry aus. Als er ins Gemach des Königs gerufen wurde, antwortete er diesem, der ihm angeordnet hatte, Concini zu verhaften: »Aber, Eure Majestät, was soll ich tun, wenn er sich wehrt?« Der König schwieg dazu, doch er widersprach Déageant nicht, der erklärte: »Der König meint, daß man ihn töten soll.«

Ein Beinahe-König
1617-1624

Am Tag vor dem für die Verhaftung – oder Ermordung – Concinis festgelegten Termin änderte Ludwig XIII. nichts an seinen Gewohnheiten. Nachdem er die beiden Königinnen besucht hatte, ging er in die Tuilerien, nahm am Vespergottesdienst teil, kehrte dann zu seiner Mutter zurück, bevor er zu Abend aß und um zehn Uhr zu Bett ging. Er schlief ebenso schlecht wie in den vorherigen Nächten und stand bei Tagesanbruch auf. Vitry kam bereits um fünf Uhr früh in den Louvre, verteilte seine Männer, verstärkte die Wache und gab den Befehl aus, das große Eingangstor zum Schloßhof zu schließen, sobald Concini, der direkt jenseits der Mauern des Louvre wohnte, eingetreten wäre, damit er so von seinem Gefolge getrennt würde. Um den Louvre zu betreten, kamen die Fußgänger nämlich durch dieses Tor, das zur Uferstraße führte, danach überquerten sie den Graben auf einer Bogenbrücke und erreichten das niedrige zweite Tor, in dem es eine kleinere Tür gab. Es begann eine lange Wartezeit, die Ludwig ausfüllte, indem er Billard spielte, ohne sich allzu große Mühe zu geben. Schließlich, gegen zehn Uhr, verließ der Marschall seine Wohnung. Der sofort benachrichtigte Vitry lief daraufhin zum Tor und stieß auf der Brücke mit Concini zusammen. Er packte ihn plötzlich am Arm und rief: »Im Namen des Königs, ich nehme Sie fest!« – *»A me!«* (»Mich!«) entgegnete der überraschte Marschall und legte die Hand an den Degen. Diese Geste und der Ausruf genügten Vitry, um darin einen Akt des Widerstandes zu sehen. Drei seiner Männer feuerten ihre Pistolen ab, und Concini brach zusammen.

Im ersten Stockwerk des Schlosses hörte Ludwig XIII. die Schüsse. Während des nun folgenden Tumults warnte man ihn, der Marschall und ein bewaffnetes Gefolge stiegen die Treppe herauf. Der König bewies erstaunliche Kaltblütigkeit, er zog den Degen und lief ins Vorzimmer, als man ihm mitteilte, das ganze Gegenteil wäre geschehen und Concini sei tot. Nun kam es zu einem plötzlichen Umschwung, einer der Szenen, wie sie an Höfen so häufig sind. Den König, den seit Monaten niemand besucht hatte, umgab auf einmal eine begeisterte Menge. Die Höflinge strömten aus allen Winkeln zu ihm. Selbst Richelieu eilte aus der Sorbonne herbei, wo er die Neuigkeit erfahren hatte, und das wurde ihm bestätigt, als er »mehrere Personen entdeckte, die [ihn] zwei Stunden zuvor umschmeichelt hatten und nun nicht wiedererkannten«.[125] Im Louvre äußerte jeder sein Glück und seine Freude über den Erfolg des Angriffs, jeder drängte sich durch, um den in der Menge verschwindenden König auf sich aufmerksam zu machen. Dieser kletterte auf einen Billardtisch und zog seinen Bruder zu sich hoch, damit man sie besser sehen konnte. Das Volk, das in den Hof eingedrungen war, rief nach ihm, um ihm zuzujubeln: Daher hob man ihn zum Fenster hinauf. Er antwortete auf den Jubel, indem er laut rief: »Vielen, vielen Dank an euch alle! In diesem Augenblick bin ich König!« Doch eine fehlte ganz gegen ihren Willen auf diesem Fest: die Königinmutter.

Auch in ihrem Zimmer hatte man die Pistolenschüsse gehört, und die Nachricht erreichte sie unverzüglich. Die Königin fuhr bestürzt von ihrem Sitz hoch. Sie lief, von heftigster Erregung gepackt, im Zimmer auf und ab und sagte immer wieder: »Ich habe sieben Jahre geherrscht, ich warte nur noch auf eine Krone im Himmel.« Darauf sollte sie lange warten. Ihre Kehrtwendung erfolgte augenblicklich: Sie ließ Leonora mit einer derartigen Rücksichtslosigkeit fallen, daß ihr Gefolge erstaunt reagierte. Einen Vertrauten, der bekannte, er wisse nicht, wie er der Marschallin die Nachricht beibringen solle, fuhr sie an, »daß sie viele andere Dinge zu bedenken hätte, und wenn man ihr die Nachricht nicht sagen könnte, sollte man sie ihr vorsingen«. Der Unglückliche kam zurück, nachdem er mit Leonora gesprochen hatte, und bat die Königin, sie zu empfangen. Er mußte einen zweiten Wutausbruch ertragen: »Man sollte ihr nichts mehr von diesen Leuten erzählen, sie hätte es ihnen ja deutlich genug gesagt! Sie hätten schon lange in Italien sein sollen.«[126]

Maria hatte nur noch einen Gedanken: Ludwig zu sehen. Sie war überzeugt, daß sie ihn in ihren Bann ziehen und auf seinen, ihr untergeordneten Platz verweisen könnte. Dieser aber wußte, welche Wirkung sie auf ihn ausübte; er war sich nicht sicher, ob er ihr standhalten würde, und darum verweigerte er nachdrücklich jede Begegnung. Dreimal beauftragte sie ihren Stallmeister, ihn um eine Audienz zu bitten. Dreimal lehnte er ab und erklärte ausdrücklich, sie brauche nur in ihrem Zimmer zu bleiben, solle sich nicht mehr um seine Angelegenheiten kümmern und abwarten, bis er ihr einen Ruhesitz zuweise. Marias Starrsinn erlaubte ihr nicht, sich geschlagen zu geben: Sie schickte die Prinzessin von Conti und danach Madame de Guercheville, die Heinrich IV. zur Hofdame ernannt hatte und die von Ludwig XIII. stets mit Zuneigung behandelt wurde. Sie sollten ihn anflehen und erweichen, indem sie an seine Gefühle als Sohn appellierten. Ludwig weigerte sich höflich und nicht ohne Würde, indem er daran erinnerte, daß ihn die Königin zwar »früher nicht als Sohn behandelt [hätte], gleichwohl werde er sie immer als seine Mutter behandeln«, aber er sei viel zu beschäftigt, um sie zu sehen.

Trotzdem war er nicht zu beschäftigt, um zu ihrer Person ganz genaue und strenge Anordnungen zu treffen. Er gab Königin Anna nicht die Erlaubnis, ihre Schwiegermutter zu besuchen; er verbot seinem Bruder und seinen Schwestern, ihr Trost zuzusprechen. Man zerstörte die Brücke, die ihr Gemach mit dem Garten am Flußufer verband, und vermauerte zwei von den drei Türen zu ihrem Zimmer, um die kleinste Möglichkeit eines Fluchtversuchs zu verhindern. Die Bogenschützen der Königsgarde verwehrten es den Besuchern – darunter dem spanischen Botschafter –, zur ehemaligen Regentin vorzudringen. Nur dem florentinischen Gesandten Bartolini gelang es, in ihr Zimmer zu schlüpfen, wobei er einen geheimen Durchgang benutzte. Er versuchte sie zu trösten, indem er ihr voraussagte, der König werde seinen Irrtum einsehen, doch sie zweifelte sehr daran, *»perchè conosceva troppo la natura del Re«* (»weil sie die Wesensart des Königs zu genau kannte«), wie sie antwortete. Derselbe Bartolini hatte allerdings bereits 1612 die Lage sehr zutreffend beurteilt und damals in einer Depesche berichtet, daß »die Politiker, die das Wesen und Gemüt dieses Königs kennen, behaupten, in vier oder fünf Jahren werde die Königin allen Einfluß auf ihren Sohn verlieren, und der Grund sei der folgende: Der König ist ungestüm, heftig und eigenwillig, und es wäre nicht unmöglich, daß er sich von Prinzen oder anderen in seiner Umgebung, die der Königin mißfallen, drängen ließe und selbst regieren wollte«.[127]

Zehn Tage danach ließ Ludwig XIII. seiner Mutter mitteilen, welchen Entschluß er gefaßt hatte – einen Entschluß, den Luynes und Richelieu ausgehandelt hatten. Richelieu war das einzige Mitglied der ehemaligen Regierung, das als Gesprächspartner der neuen Führung diente, denn die Hauptbeteiligten unterhielten keine direkten Beziehungen. Maria von Medici sollte Paris verlassen und durfte Blois als Verbannungsort wählen, dem sie den Vorzug vor Moulins gab, sie behielt ihre Einkünfte und übte in ihrem Wohnsitz die höchste Amtsgewalt aus. Doch ihre Töchter und erst recht der Herzog von Orléans sollten in Paris unter der Obhut und Aufsicht des Königs bleiben. Dieser erklärte sich schließlich einverstanden, seine Mutter vor ihrer Abreise zu sehen. Der Abschied sollte im Vorzimmer des Gemachs der Königin stattfinden. Selbstverständlich eilte der ganze Hof dorthin, um das Auftreten von Mutter und Sohn zu beobachten. Der König wirkte »entschlossen und zeigte keine Gemütsbewegung«, wie der venezianische Botschafter meldet. Er war gestiefelt und gespornt und verbarg nicht sein ungeduldiges Verlangen, nach dem Ende des Besuchs sogleich zur Jagd aufzubrechen. Sein jüngerer Brüder und Luynes begleiteten ihn. Mit dem Hut in der Hand erklärte er der Königin in äußerst ruhiger Haltung: »Ich hatte den Wunsch, Sie von der Bürde zu befreien, die Sie übernommen haben, als Sie sich mit meinen Angelegenheiten beschäftigten; es wird Zeit, daß Sie ausruhen und daß ich mich selbst darum kümmere; es ist mein Entschluß, nicht mehr zuzulassen, daß ein anderer als ich in meinem Königreich befiehlt. Jetzt bin ich König ... Bei Ihrer Ankunft in Blois werden Sie von mir hören.«[128] Die gestürzte, besiegte, den Tränen nahe Regentin hielt nun auch eine kleine Ansprache, die man im voraus verfaßt hatte, doch entweder wollte sie ihren Sohn auf die Probe stellen, oder sie mußte mit ihrem üblichen Starrsinn unbedingt versuchen, einen letzten Vorteil zu erreichen, und deshalb bat sie ihn um die Gnade, »die Sie, wie ich erhoffen möchte, mir nicht verweigern werden, daß Sie mir nämlich Barbin, meinen Intendanten, zurückgeben«.* Ludwig bewahrte Schweigen, wie es ihm Luynes geraten hatte, der »befürchtete, daß sich der Monarch von den Tränen seiner Mutter rühren ließ«.[129] Er fühlte sich noch nicht sicher genug, um sich auf eine improvisierte Aussprache mit der Königinmutter einzulassen. Maria ließ jedoch nicht locker und brach in Tränen aus: »Schlagen Sie mir nicht diese letzte Bitte ab, die ich an Sie richte.« Schweigen. »Vielleicht ist es die letzte, die ich jemals an Sie richten werde.« Immer noch keine Antwort. »Nun wohlan!« rief auf einmal die Königin und ging zu Ludwig, um ihn zu umarmen. Dieser verbeugte sich vor ihr und zog sich zurück, wobei er immer noch kein Wort sagte. Er hatte es gelernt, sich in acht zu nehmen.[130]

Danach verließ Maria den Raum und trat in den Hof, wo sie in ihre Kutsche stieg. Sie weinte nicht mehr, weil sie niemanden mehr rühren mußte. Man sprach viel über ihre Gefühllosigkeit: War das Verstellung oder ein solch leidenschaftlicher Rachedurst, daß er ihr jedes Gefühl des Mitleids, sogar für sich selbst, nahm? Einige Damen begleiteten sie bis nach Bourg-la-Reine.

---

* Barbin war weitaus mehr als ein Intendant (Haushofmeister). Er war durch den Beistand der Concinis in seine Stellung gelangt und übte nicht nur das Amt des Oberfinanzverwalters oder »Generalkontrolleurs der Finanzen« aus, sondern war auch mächtiger als jeder andere. Arnauld d'Andilly (a. a. O., IX, S. 427) erläutert: »Er besaß keine Erfahrungen, doch er war ein sehr verständiger und kluger Mann, der ganz saubere Hände und keine vorgefaßten Meinungen hatte, was ein derart seltener Vorzug ist, daß ich ihn nur bei wenigen Leuten entdeckt habe.«

Madame de Guercheville und Madame de Bressieux, die Frau ihres Stallmeisters, folgten ihr in die Verbannung, außerdem Richelieu, der bei ihr die Aufgaben eines »Kabinettchefs« wahrnahm. Ludwig XIII. begab sich in die kleine Galerie am Seine-Ufer, um zuzusehen, wie die lange Reihe der fünfzehn Karossen über den Pont-Neuf fuhr, nach links auf der Uferstraße weiterrollte und in die Rue Saint-Jacques einbog. Ein erstaunliches Schauspiel, notierte Richelieu, »eine berühmte Königin zu sehen, die wenige Tage zuvor dieses große Königreich unumschränkt beherrscht hatte, nun auf ihren Thron verzichtete und vorüberfuhr, nicht heimlich im Schutz des nächtlichen Dunkels, um ihr Unglück zu verbergen, sondern öffentlich, am hellichten Tage, vor den Augen ihres ganzen Volkes«.[131] Diese von ihrem Sohn erzwungene Demütigung sollte lange Jahre ihren Vergeltungsdrang anspornen. Sobald der Zug verschwunden war, zeigte der König offen seine Genugtuung, wie die Botschafter berichten; er gab mit strahlendem Lächeln und *»con gusto particolare«* (»mit besonderer Freude«) den Befehl, aufzusitzen und zum Wald von Vincennes zu reiten. Doch er hatte sich noch nicht ganz von seiner Mutter befreit.

Endlich war er König geworden – wie er es selbst nannte –, und nun wollte er das Andenken seines Vaters ehren und die Erinnerungen an die Regentschaft auslöschen. Er rief die alten Minister Heinrichs IV. – die »Graubärte« (Gérontes) – an die Macht zurück und machte sich gewissenhaft mit seinem Amt vertraut. Offenkundig war, wie ernst der König seine Aufgabe nahm. Er wohnte jetzt den täglichen Sitzungen des Kronrats bei, und wenn er dort auch nicht oft das Wort ergriff, so hörte er doch aufmerksam zu und stellte kluge Fragen. Pontchartrain beobachtet ihn zufrieden: »Nun hat der König die Zügel seines Staates in der Hand; er führt ihn, er befiehlt, überwacht, empfängt die Botschafter, verfaßt die Antworten. Hierfür verwendet er mit Freuden einen Teil seiner Vormittagsstunden. Er ist wirklich jung, aber er hat gesunden Menschenverstand und Urteilsvermögen.« Die Venezianer gehen noch weiter: »Er hat einen fähigen Geist und wird von großer Entschlußkraft bei allen Staatsgeschäften beseelt [...], er beweist viel Einsicht, wenn er sich Aufschluß über die behandelten Themen verschaffen will.« Sully, der schwerlich zu Lobreden neigte, bezeichnet ihn als »scharfsinnig, umsichtig und von leichter Auffassungsgabe«,[132] und er würdigt dessen Klugheit, daß er sich Bedenkzeit läßt, bevor er sich entscheidet, und daß er an seinen Entschlüssen festhält. Meistens folgte er der Ratsmehrheit, weil er sich seiner mangelhaften Kenntnisse wohlbewußt war. Sein politisches Auftreten war also vorbildlich, und wenn er nicht die glänzende Erscheinung und die rasche Entschlußkraft seines Vaters hatte, noch viel weniger dessen Erfahrung, so erwies er sich doch als würdig, dessen Nachfolge anzutreten. In seiner Privatsphäre erinnerte hingegen nichts an den Vert-Galant, den »Unermüdlichen Liebhaber«. In seinem Eheleben geschah nichts, immer noch nichts. »Wir sind zu jung«, antwortete der König solchen Leuten, die ihm nahelegten, seine Pflichten bei der Königin zu erfüllen, und er ging zusammen mit Luynes zum Abendessen.

Hatte er mit ihm mehr als die Mahlzeiten gemeinsam? Gerüchte verbreiteten sich, die Botschafter sprachen von »außerordentlicher Zuneigung«, doch die kühle und tugendhafte Wesensart des Königs lud nicht zu Vertraulichkeiten oder Indiskretionen ein. Jedenfalls fand der König bei Luynes und nur bei Luynes eine Wärme und Zwanglosigkeit, die ihm wohltaten. Der Nuntius stellte zwar fest, daß Ludwig XIII. von jedem Laster frei sei und nicht vom »Pfad der Unschuld« abweiche, doch er setzte eine witzige Bemerkung hinzu: *»Ora Luynes sarà l'Ancre del Re.«* (»Jetzt wird Luynes der Ancre des Königs sein.«) Wie kann man sich tatsächlich einen Vergleich mit Concini vorenthalten? Ehren, Ämter und Würden fielen Luynes, der die unermeßlichen Schätze Concinis erbte, in Mengen zu. Er erhielt die Wechsel über zwei Millionen Livres, die man in der Tasche des Toten gefunden hatte, und er ließ sich das Gouverneursamt der Normandie sowie die Festungen Quillebœuf und Pont-de-l'Arche übertragen. Der größte Teil des Vermögens der Concinis gehörte allerdings Leonora, die mit ihrem Gatten in Gütertrennung gelebt hatte. Das erklärt die hartnäckigen Bemühungen des Königs und Luynes', ihr Todesurteil und die Beschlagnahme ihres Besitzes zu erreichen.

Leonoras Prozeß war auch eine Möglichkeit, das Ansehen der Mutter des Königs in den Schmutz zu ziehen. Alles, was man von den anrüchigen finanziellen Praktiken der Maria von Medici weiß, beruht auf dem Studium der Prozeßakten. War das dem König unangenehm? Nichts berechtigt zu dieser Annahme. Im Gegenteil, es kam ihm sehr gelegen, einen indirekten Muttermord zu begehen. Nichts berechtigt außerdem zu der Annahme, Ludwig hätte sich von dem Umstand zurückhalten lassen, daß die Anklagepunkte gegen Leonora kein Todesurteil rechtfertigten. Ihre Einmischung in die Staatsangelegenheiten verdiente nicht, daß man ihr den Kopf abschlug. Man mußte sie zusätzlich beschuldigen, eine Hexe zu sein, doch ihre Geständnisse und Aussagen gaben den Richtern keine Handhabe. Schließlich, nachdem Luynes sehr starken Druck auf das Gericht ausgeübt und vor allem zugesagt hatte – aber »nie war jemand ein solch großer Betrüger wie Monsieur de Luynes«[133] –, daß der König im Fall eines Todesurteils sein Begnadigungsrecht ausüben würde, sprach man sie des »göttlichen und menschlichen Majestätsverbrechens« schuldig. Auf recht fragwürdige Weise erlaubte das, den Anklagepunkt der Hexerei einzubeziehen und sie folglich hinzurichten, denn ein geheimes Einvernehmen mit dem Teufel war unentschuldbar. Der König zeigte nicht das geringste Mitgefühl, und die Hinrichtung fand am 8. Juli 1617 statt. Die fehlende Großmut gegenüber einer besiegten Feindin und die verschwenderischen Ausgaben für einen unfähigen Günstling ließen keine maßvolle und milde Herrschaft voraussehen, die an die Zeit des guten Königs Heinrich erinnert hätte.

Richelieu konnte mit der Freiheit schreiben, wie sie Verstecke in Geheimfächern ermöglichen. Er notierte in seinem Tagebuch, das Urteil hätte »allen gezeigt, daß [Luynes und seine Freunde] diese bedauernswerte arme Frau nur verfolgt hatten, um ihr eigenes armseliges Vermögen zu sichern«. Der König übertrug Luynes tatsächlich die fünfzehn Millionen Livres, aus denen das riesige Vermögen Leonoras bestand, durch offizielle Urkunden, deren Registrierung die Oberrechnungskammer hinauszögerte. Sie mußte auf ausdrückliche Anweisung des Königs gehorchen, der erklärte, daß die Schenkung »auf sehr bedeutenden Gründen beruhte, nach reiflicher Überlegung erfolgte und für eine Person bestimmt ist, die zu lieben wir alle Ursache haben, und das wegen der hervorragenden Dienste, die sie uns erwiesen hat und täglich weiter erweist«.

Schließlich suchte der König eine Frau für Luynes. Gern hätte er ihn mit Mademoiselle de Vendôme, seiner Halbschwester, verheiratet. Sie hatte nach den Worten des Kardinals von Retz »eine ernsthafte Haltung, die nicht vom Verstand, sondern von einer gewissen Schwermut bewirkt wurde, wobei ein klein wenig Hochmut hinzukam«.[134] Es kann kaum erstaunen, daß sie eine derartige unstandesgemäße Heirat würdevoll ablehnte. Danach wandte sich der König an den Herzog von Montbazon, bat ihn um die Hand seiner Tochter Marie und erhielt sie. Marie de Montbazon, die zukünftige Herzogin von Chevreuse, kannte hingegen keine Schwermut und sollte einer der »Teufel« des Hofes werden, um den Ausdruck Ludwigs XIII. anzuführen.

Die Gunst, der sich Luynes erfreute, mußte sich auf die Lage Marias auswirken; in ihrem fernen Verbannungsort zog sie Nutzen aus der Eifersucht, die das unglaubliche Wohlwollen des Königs gegenüber einem Mann heraufbeschwor, der sich weder durch seinen Charakter noch durch seine Fähigkeiten auszeichnete. Bassompierre erzählt, daß man Luynes und seine beiden Brüder »mit drei in einer Nacht gewachsenen Pilzen« verglich, so sehr plusterten sie sich im Bewußtsein ihrer plötzlichen Bedeutung auf.[135] Luynes bekleidete gleichzeitig die außerordentlich wichtigen Ämter des Konnetabels (Oberbefehlshabers) und Großsiegelbewahrers (Justizministers), und Condé spottete, er eigne sich wirklich für die beiden Ämter, da er »ein guter Siegelbewahrer in Kriegszeiten und ein guter Konnetabel in Friedenszeiten« sei. Unter diesen Umständen kann es kaum erstaunen, daß sich die neidischen und verärgerten Grandseigneurs – Arnauld d'Andilly spricht von dem »Haß«, den man gegen Luynes empfand – der Königinmutter zuwandten, die ihre Beete pflegte und nur mühsam ihren Zorn beherrschte.

Maria wollte ihre ganze Kraft dafür einsetzen, wieder an die Macht zu kommen, doch sie hatte nicht das geringste politische Talent, das diesen Ehrgeiz unterstützt hätte. Sie hing vollständig von Richelieu ab – obwohl man bezweifeln durfte, daß sie es wußte. Nun stimmten dessen Ambitionen nicht mit denen der Königin überein, deren Diener er eigentlich war. Auch er wollte an die Macht zurückkommen, doch er litt unter zwei Nachteilen. Zunächst einmal hatte er nicht auf das richtige Pferd gesetzt. Die Zukunft gehörte Ludwig XIII., der den Freunden seiner Mutter mißtraute und immer mißtrauen würde. Gewiß, mit größtem Geschick konnte es Richelieu gelingen, eine Verständigung zwischen Mutter und Sohn zu erreichen, aber das würde ihm niemals die Türen zum inneren Kabinett des Königs öffnen. Die Tatsache, daß er mit den Ministern korrespondierte und sich verpflichtete, sie vor einer etwaigen Intrige zu warnen, wirkte sich gegen ihn aus. Diese zwielichtige Rolle beunruhigte Ludwig XIII. um so mehr, als – dies der zweite Nachteil – Richelieus allgemein anerkannte geistige Überlegenheit sowohl den König selbst als auch sein mittelmäßiges Gefolge einschüchterte. »Er machte sich verhaßt, weil er zu große Verdienste hatte.« Was sollte er tun? Geistesschärfe ist ein Trumpf, von dem man sich schwer befreien kann. Deshalb war er nicht unzufrieden, daß er auf Anordnung des Königs aus Blois entfernt und zunächst in sein Bistum Luçon geschickt wurde, bis man ihn schließlich nach Avignon, auf päpstliches Gebiet, verbannte. Das brachte ihn zwar nicht der Macht näher, wenigstens aber trennte es ihn weit von Maria, und das gerade in dem Moment, als sie auf den Gedanken verfiel, aus Blois zu entfliehen.

Die Abreise Richelieus nahm der Königin einen maßvollen und vor allem realistischen Ratgeber: Wie groß auch die Zahl der Unzufriedenen war, die ihre Hoffnungen auf die Rückkehr der Königin setzten – Grandseigneurs, die Luynes verärgert hatte, Vertreter der katholischen Länder Spanien, Toskana und Vatikan, die sie immer unterstützt hatte –, so widerwärtig auch die zahlreichen Schikanen sein mochten, mit denen man sie quälte, trotzdem lag es nicht in ihrem Interesse, den König, ihren Sohn, anzugreifen. Zu ihrem Unglück war ihr Kreis, den der Abbé Rucellai, ein mit den Medicis verwandter Florentiner, beherrschte, ebenso wie sie maßlos und unbesonnen. Rucellai führte vermittelnde Gespräche beim Herzog von Épernon. Der ehemalige Günstling Heinrichs III., der sich den Bourbonen angeschlossen hatte, war zum Generalleutnant der Armeen ernannt worden, doch seine Treue zu Ludwig XIII. war nicht gesichert, weil er meinte, dieser sei nicht eng genug mit der katholischen und ultramontanen Sache verbunden, und er bot der Königin seine Dienste an, die entschlossen war, zu fliehen und gewaltsam die Macht zurückzuerobern.

Am 22. Februar 1619, in der Dämmerung des frühen Morgens, erlebt man nun eine ganz romanhafte und lächerliche Szene. Maria, die nie schlank gewesen ist, hat jetzt das Gewicht eines sechsundvierzigjährigen Schlemmerlebens. Zusätzlich beschwert mit ihren randvollen Schmuckkassetten, die sie sich in die Taschen gestopft hat, gelingt es ihr, über die Fensterbrüstung ihres Zimmers zu klettern, sie klammert sich dann an eine Strickleiter und rutscht vorsichtig zur Schloßterrasse hinab. Sie hält sich schlecht fest und erreicht den Boden in einem so unsanften Abstieg, daß sie sich weigert, auf die gleiche Weise zum Fuß der Mauer zu gelangen. Da wickelt man sie, sie und ihre Diamanten, in ein Bündel aus Mänteln, das man eng zusammenschnürt. Man befestigt das Ganze an einem Seil, das man sehr behutsam hinabläßt. Nun kann Maria in die nur ein paar Schritte entfernt wartende Kutsche steigen, die sie in größter Eile nach Loches bringen soll, wo Épernon auf sie wartet. Sie ist frei, aber was kann sie tun?

Ihre Pläne waren recht unklar. Ihre Anhänger beargwöhnten sich gegenseitig. Jeder dachte nur an sich. Es gab zwar Gegner

Ludwigs XIII., doch niemand in Frankreich wollte einen Bürgerkrieg heraufbeschwören, um Maria von Medici wieder mit der Leitung der Staatsgeschäfte zu betrauen. Im schlimmsten Fall, wenn es zu bewaffneten Auseinandersetzungen kam, würden die Streitkräfte des Königs mühelos mit denen des Herzogs von Épernon fertig werden. Die Komödie war zu Ende, noch bevor überhaupt der Vorhang aufging. Épernon selbst riet der Königin zu Verhandlungen, nachdem die erste Aufregung vorüber war. Ludwig XIII., der genug Selbstsicherheit gewonnen hatte, um endlich großherzig aufzutreten, tat so, als glaubte er, daß Maria auf schlechte Ratgeber hereingefallen wäre: »Man hat sich nicht damit zufriedengegeben, daß man Ihnen einen schlechten Eindruck von meinen Angelegenheiten geben wollte, man möchte Ihnen sogar vor meinen Waffen angst machen, als dürfte man glauben, daß ich sie gegen Sie richtete [...], Sie können dasjenige von Ihren oder meinen Häusern auswählen, das Ihnen gefällt, um dort vollkommen frei zu leben [...]. Unterstützen Sie lediglich meine wohlwollende Haltung, indem Sie unsere Absichten wirklich übereinstimmen lassen.«[136] Maria hingegen sträubte sich nachzugeben, da sie in einer Geste des guten Willens ein Zeichen der Schwäche sah; doch ihre Täuschungsmanöver und Ansprüche ermüdeten schließlich Feinde und Verbündete.

In der allgemeinen Unruhe und Verwirrung erschien Richelieu als der Mann der Vorsehung, der als einziger fähig war, die Königin zu besänftigen. Der König rief ihn dringend zurück, und er machte sich unverzüglich ans Werk. Er riet, »sich mit dem König auszusöhnen, dies aber liebevoll und im gegenseitigen Vertrauen«, und nicht länger an einer eigenen Partei festzuhalten. Sollte man Maria trotz ihrer offenherzigen Haltung schlecht behandeln, »so würde ihr ein derart ungerechtes Verfahren große Autorität geben«. Wieder einmal ließ sich die Königin von seiner eindeutigen Argumentation überzeugen. Sie verabschiedete ihre übrigen Ratgeber und gab Richelieu den ersten Platz in ihrem Rat zurück. Es gelang ihm tatsächlich, Frieden zwischen beiden Parteien durchzusetzen. Durch den

Vertrag von Angoulême sollte die Königin zur Gouverneurin von Anjou ernannt werden und ihre Ämter, Einkünfte und Würden behalten. Die Großzügigkeit dieses Vorschlags mag erstaunen, aber Richelieu hatte sich sehr geschickt der Tradition des Dotalitiums (Wittums) bedient. Königinwitwen erhielten beim Tod ihres Gatten zunächst einmal ihre Mitgift als Geldbetrag zurückerstattet, außerdem bekamen sie Besitzungen als Sondergut, die beim Ableben der Witwe an die Krone zurückfallen sollten.[137] Es war also normal, daß Maria eine tatsächliche Territorialherrschaft erlangte. Überdies nutzte sie den Umstand aus, daß der König seinem Reich und Europa, das die Ereignisse fasziniert verfolgte, auf keinen Fall das Schauspiel eines heftigen Familienstreits bieten wollte. Er beabsichtigte, dieses Kapitel abzuschließen und sie an den Hof zurückzuholen. Die Königinmutter zeigte hingegen immer noch keine Eile, auf das teilweise Entgegenkommen ihres Sohns einzugehen. Für sie bedeutete es eine unerträgliche Kränkung, wenn sie nach Paris zurückkehrte, ohne daß sie ihren Platz im Kronrat einnehmen könnte.

Doch nach monatelangen, von Richelieu und Luynes geführten Verhandlungen sollte eine Begegnung das Ende der Feindseligkeiten bezeichnen. Die Zusammenkunft fand in dem drei Kilometer von Tours entfernten Schloß Couzières beim Herzog von Montbazon, dem Schwiegervater Luynes', statt. Mutter und Sohn gingen aufeinander zu. Mit offenkundiger Zurückhaltung wurden unter den aufmerksamen Blicken der beiden Zeugen einige Worte gewechselt, die bewiesen, daß die zwei Unversöhnlichen nichts von ihren Zwistigkeiten vergessen hatten. Jeder führte auf eigene Rechnung »einen Krieg der Eifersucht, der Verdächtigungen und der Befürchtungen«, erklärt der Nuntius. »Die Krankheit ist so tief in ihrem Herzen eingewurzelt, daß kein Heilmittel sie beeinflussen kann.«[138] Außerdem trug ein neuer Umstand zur schlechten Laune der alten Königin bei: Seit ihrer Abreise führte Ludwig XIII. ein glückliches Familienleben. Er unterhielt ausgezeichnete Beziehungen zu seinem Bruder Gaston, und was noch größere Bedeutung hatte: Anna war offensichtlich die Gattin des Königs geworden, und die beiden jungen Leute verbargen nicht ihre Freude, zusammen zu sein. Im warmen Herbst badeten sie lange und hingebungsvoll miteinander und unternahmen Jagdausflüge, von denen Maria ausgeschlossen war. Morgens erschien Anna mit einem freudestrahlenden Lächeln, und sie behauptete der Schwiegermutter gegenüber derart mühelos ihre Stellung, daß diese außer sich geriet.

Héroard hat ausführlich über diese Entwicklung berichtet, die Luynes zu verdanken war: Am 25. Januar geht der König wie üblich zu Bett, als Luynes gegen elf Uhr erscheint und ihn überzeugen will, bei seiner Frau zu schlafen. Der König »widersetzt sich nachdrücklich und entschieden, selbst unter Tränen«. Luynes läßt sich nicht abweisen, er packt den König und führt ihn in Annas Zimmer, wobei ihnen der Kammerdiener vorangeht, der einen Leuchter trägt. Dort steckt er ihn ins Bett, schickt die spanische Kammerfrau Stefanilla fort, geht selbst hinaus und schließt die Tür hinter sich. Alle Botschafter versenden eingehende und begeisterte Berichte: »Der König«, schreibt Contarini, »erwies sich als tapferer Held und hat seiner Gattin inbrünstig Liebe und Treue geschworen.«[139] Kein Wunder, daß sie besänftigt und zufrieden ist und dem König eine zärtliche Liebe bekundet, die er leidenschaftlich erwidert. Das empört Maria, die kaum darauf vorbereitet ist, daß sie es zugleich mit einer Rivalin und einem triumphierenden Sohn zu tun bekommt.

Die Versöhnung konnte nicht von Dauer sein. Mutter und Sohn verband keine Zuneigung. Ludwig XIII. wollte den Schein wahren, seine Gefühle blieben indes unbeteiligt; Maria hatte nie eine innere Bindung zu ihrem Kind, ja sie sollte nicht einmal versuchen, so etwas vorzuspielen. Eine derartige Gefühlskälte lähmte jedoch Ludwig. In einem Augenblick großer Aufrichtigkeit hatte er ihr geschrieben: »Wenn ich mich geliebt sehe, muß ich noch mehr lieben«,[140] aber das konnte und wollte diese hochmütige und unnachgiebige Mutter nicht verstehen. Von ihrem zwanghaften Verlangen getrieben, in den Kronrat zurückzukehren, weigerte sie sich darum hartnäckig, dem Hof nach Paris zu folgen und dort die Rolle der Königinwitwe, der verabschiedeten Regentin zu spielen. Und Richelieu? Richelieu hätte vielleicht versucht, sie zu überzeugen, daß sie dem König nachgab, wenn er gefunden hätte, daß diese Rückkehr nach Paris irgendeinen Vorteil bot. Doch er fand keinen. Er hatte gehofft, für seine guten Dienste mit dem Kardinalshut belohnt zu werden. Trotz der Beteuerungen des unzuverlässigen Luynes, der ihm weisgemacht hatte, daß ihn der König beim Papst unterstützen würde, gehörte er nicht zu den Neuernennungen des Jahres 1619. Die Minister verhielten sich ihm gegenüber abweisend. Warum sollte er unter diesen Umständen in Paris untätig dahinleben? Er zog es vor, würdevoll nach Luçon zurückzukehren, und da ihm die üble Laune Marias lästig wurde, verzichtete er zeitweilig auf seine dubiose Wächterrolle. Die Königin begab sich daraufhin nach Angers, um ihr neues Lehnsgut in Besitz zu nehmen.

Die Beziehungen zwischen Mutter und Sohn verschlechterten sich im folgenden Jahr weiter. Maria von Medici schloß erselbst die Möglichkeit einer Rückkehr an den Hof aus und erklärte, sie empfinde »Widerwillen« bei dem Gedanken, in diesen Louvre zurückzukommen, in dem man sie gefangengehalten hatte. Mehrmals schickte sie die Vertreter des Königs fort, die den Auftrag hatten, sie zur Rückkehr zu bewegen. Die Freilassung Condés, den sie 1616 ins Gefängnis geworfen hatte, kam ihr wie eine persönliche Beleidigung vor. Als sich Richelieu ihr in Angers wieder anschloß, worum sie ihn ersucht hatte, erkannte er klar, daß jede Hoffnung auf einen Ausgleich absurd war. Maria wollte sich nicht mit ihrem Sohn verständigen, der andererseits nicht wußte, was er tun sollte, um sie zu überzeugen. Eine paradoxe Situation: Ludwig XIII. hatte alle Trümpfe in der Hand und konnte seiner Mutter dennoch nicht seinen Willen aufzwingen, während sie sich trotz ihrer vollständigen Niederlage so benahm, als besäße sie noch ihre ganze Macht. Sie weigerte sich, ihrem Sohn *zu gehorchen*, sie weigerte sich, anzuerkennen, daß er, und er allein, nun die höchste Autorität besaß, die ihm durch Recht und Macht zustand, und wenn sie sich erlauben konnte, sich ihm zu widersetzen, so gerade deshalb, weil der König zögerte, seine Macht gegen sie zu gebrauchen. Auch die Situation Richelieus hatte paradoxe Züge angenommen, da er sich zwischen den beiden Gegnern befand.

Er gab sich keiner Illusion über das objektive Kräfteverhältnis zwischen den zwei Parteien hin, weil er vollkommen richtig beurteilte, wie schwach die Position der Königin tatsächlich war. Er konnte sich nur zu genau vorstellen, in welchen Mißkredit diejenigen geraten müßten, die aufs neue den Bürgerkrieg entfesseln würden, und trotzdem gab er das Spiel nicht auf, denn das hätte bedeutet, jede Hoffnung auf eine Teilnahme am politischen Leben fahrenzulassen. Wie aber konnte er in Marias Dienst bleiben, ohne mit ihr gemeinsame Sache zu machen und sie gegen seinen Willen in ihrer Rolle einer Aufrührerin zu unterstützen? Viele Jahre später bekannte er, daß er »sich eher dem Sturm beugen mußte [...], als seine Argumente durchzusetzen«. Daher blieb er bei ihr, während die zweite Rebellion Marias organisiert wurde, die wie im Jahr zuvor alle Unzufriedenen auf ihre Seite zog. Obwohl er sich an ihren Vorbereitungen aktiv beteiligt hatte, war er so ehrlich, sie ganz unmißverständlich zu warnen: »Es wird sich keiner Ihrer treuen Untertanen finden«, sagte er ihr voraus, »der Ihnen rät, sich Ihrem Sohn zu widersetzen oder die Unzufriedenen in ihrer Meinung zu bestärken. [...] Bevor man sich auf irgendeine Angelegenheit einläßt, [muß man] immer bedenken, wie man sich heraushelfen kann. [...] [Ihre Majestät] möge geruhen, mir zu verzeihen und zu bedenken, daß Waffen und Gewalt niemals über einen König triumphieren können, der von den Engeln Gottes behütet wird.«[141] In seinen Memoiren wird er sich noch klarer äußern: »Ich erkannte, daß jede Partei, wenn sie sich aus mehreren Gruppen zusammensetzt, deren einzige Verbindung in ihrer leichtfertigen Geisteshaltung besteht, die sie veranlaßt, stets die gegenwärtige Regierung zu mißbilligen, und ihnen den Wunsch nach einer Veränderung eingibt, ohne daß sie wissen, warum, keine große Lebenskraft hat, denn etwas, was sich nur durch eine unsichere Autorität aufrechterhält, ist nicht von langer Dauer.«[142] Worauf vertraute also Richelieu unter solchen Umständen? Auf seine enorme Überlegenheit gegenüber Luynes, diesen erbärmlichen Gegner, denn er war ganz zu Recht überzeugt: Wie auch immer der Krieg zwischen Mutter und Sohn ausgehen mochte – so nämlich wurde der Konflikt in der Öffentlichkeit bezeichnet –, die abschließenden Vereinbarungen würden zwischen dem Günstling und ihm selbst ausgehandelt.

Wer waren die Unzufriedenen, die Maria in ihren Illusionen bestärkten? Eine tatsächlich sehr bunt zusammengewürfelte Koalition: der Herzog von Épernon, der Herzog von Longueville, der Herzog von Montmorency, die Brüder Vendôme, die alle gegen Luynes' Regierung aufbegehrten. Diese Prinzen stifteten Unruhe von der Normandie bis zum Languedoc und wurden dabei trotz ihrer unversöhnlichen Meinungsunterschiede von Aufständen der Hugenotten im Westen und Süden unterstützt. Luynes, der sich nicht durch Kühnheit auszeichnete, wollte Zeit gewinnen, aber der gerade erst freigelassene Condé drängte zum Handeln, und Ludwig XIII., der wirklich Mut und Entschlossenheit besaß, wenn es um einen militärischen und nicht um einen psychologischen Krieg ging, erklärte: »Unter all den vielen Gefahren, die uns bedrohen, muß man den größten und nächsten zuerst begegnen, und das ist die Normandie. Ich will geradewegs dorthin marschieren und nicht in Paris abwarten, bis mein Königreich zur Beute wird und meine treuen Diener unterjocht werden. Ich setze große Hoffnungen in die Reinheit meiner Waffen. [...] Vorwärts!«

Der Feldzug geriet zum militärischen Spaziergang. Wie es Richelieu vorausgesehen hatte, wollte die Opposition den König einschüchtern, sich aber nicht in einen Bürgerkrieg stürzen. Rouen öffnete ihm seine Tore. Mühelos bemächtigte sich Ludwig XIII. der Stadt Caen und zog dann an der Loire weiter. Er konnte nicht mehr zurückweichen: Die Truppen seiner Mutter sperrten den Flußübergang. Daher griff er sie in Les Ponts-de-

Cé an. Diese lösten sich auf, als die königliche Armee heranrückte. »Bei ihnen allen herrschte die Angst so unumschränkt über ihre Herzen, daß kein Platz für die Vernunft blieb.«[143] Die besiegte Maria raffte ihre Juwelen zusammen und machte sich zur Flucht bereit, als Richelieu eingriff und den Frieden zwischen ihr und dem König wiederherstellte. Seine Aufgabe wurde dadurch erleichtert, daß Ludwig XIII. ein großmütiger Sieger war und seine Mutter nicht vernichten, sondern im Gegenteil besänftigen und endlich überzeugen wollte, zu ihm zurückzukehren. In der Provinz, wo sie unbehindert Intrigen und Komplotte anzetteln konnte, stellte sie eindeutig eine zu große Gefahr dar. Außerdem ließ sich eine mögliche Intervention der spanischen Niederlande und Englands nicht ausschließen. Sobald der Vertrag von Angers unterzeichnet war, der wieder einmal ihre Vorrechte bestätigte, fand ein erneutes Wiedersehen statt. »Ich halte Sie fest, Sie entkommen mir nicht mehr«, sagte Ludwig XIII. zu seiner Mutter. Sie antwortete: »Sie werden mich ohne Mühe zurückhalten, Monsieur, weil ich überzeugt bin, daß ich von einem solchen Sohn wie Ihnen immer als Mutter behandelt werde.« Fortan sollten sie nicht mehr mit scharfen Waffen, sondern mit Nadelstichen kämpfen.

Das brachte allen zusammen Nutzen, und Richelieu konnte sich gratulieren, daß er eine höchst gewagte Herausforderung erfolgreich bewältigt hatte. Da er sich des überaus großen Vorrangs der legitimen Macht bewußt war, denn eigentlich »sind jene, die eine rechtmäßige Macht bekämpfen, in ihrer Phantasie schon halb besiegt; ihre Gedanken [...] spiegeln ihnen gleichzeitig Henker vor, während sie den Feinden entgegentreten, und das macht den Kampf äußerst ungleich, da es recht wenig tapfere Gemüter gibt, die stark genug sind, um sich über diese Betrachtungen mit ebensolcher Entschiedenheit hinwegzusetzen, als wenn ihnen diese unbekannt wären«,[144] und da er entschlossen war, im Lager des Königs zu bleiben, sollte er alles Notwendige tun, um diese zweite Versöhnung fest zu verankern. Im Interesse des politischen Realismus versuchte er, sich Luynes zu nähern, und ihre Verständigung wurde dadurch besiegelt, daß eine seiner Nichten einen Neffen Luynes' heiratete. Maria begann den langsamen Wiederaufstieg zur Macht, denn sie verpflichtete sich, in gutem Einvernehmen mit dem Hof und ganz besonders mit Luynes zu leben, womit sie, sobald es der König für angebracht hielt, ihren Platz im Kronrat wiederfinden könnte.

Die Königsfamilie kehrte allerdings nicht gemeinsam nach Paris zurück. Ludwig XIII. setzte seinen Feldzug fort und wandte sich nach Süden, um in Béarn für Ordnung zu sorgen. Béarn und Navarra, das einstige Königreich Heinrichs IV., waren nur theoretisch mit Frankreich vereinigt, und obwohl dieser König dort die katholische Religion wieder eingeführt und vor allem festgelegt hatte, daß die Pastoren gegen eine Entschädigung dem katholischen Klerus die früher konfiszierten Kirchengüter zurückgeben mußten, waren seine Anordnungen nicht in Kraft getreten. Zwar hatte sich ein Teil des Rates dagegen ausgesprochen, doch Ludwig XIII. beschloß, sich an Ort und Stelle zu begeben. Es ging nicht darum, den Bürgerkrieg neu zu entfachen, vielmehr wollte er seine Autorität über das gesamte Königreich sichern. Er errang einen Erfolg, der alle Erwartungen übertraf. Er nahm die Entschuldigungen der Gerichtsbeamten von Pau entgegen, die die Restitutionsedikte registrierten, und dann kam er als ungeduldiger junger Mann in größter Eile nach Paris zurück, wo ihn andere Probleme erwarteten: Die Wahl Ferdinands II. zum Kaiser des Heiligen Römischen Reiches und dessen Bündnis mit Maximilian I. von Bayern sanktionierten den Triumph des Hauses Österreich in Mitteleuropa, und die spanische Herrschaft über die Alpenpässe schürte die Angst der Bourbonen vor einer Einkreisung. Das Weltreich Karls V. schien seine Auferstehung zu erleben, und wenn Ludwig XIII. die Protestanten bekämpfte, leistete er Hilfsdienste für Spanien und Österreich. Wie sollte er seine Verantwortung als katholischer König und den unbestreitbaren Vorteil, die ausländischen protestantischen Fürsten zu unterstützen, miteinander vereinbaren? Erst nach zwanzig Jahren und einer langen Reihe von Kriegen wird man aus diesem Dilemma herauskommen. In

Paris, wo Maria wieder ihre Gemächer im Louvre bezogen hatte, gab die herrschende Stimmung inzwischen dem König kaum die Möglichkeit, sich ungestörten Überlegungen zu widmen.

Die Königinmutter hatte keineswegs ihre frühere Position wiedererlangt, und darüber beklagte sie sich laut. Zunächst einmal mußte sie mit der herrschenden Königin rechnen, die sich durchaus nicht bemühte, sie mit unnötiger Höflichkeit zu behandeln. Im vollen Bewußtsein ihrer rechtmäßigen Stellung* beanspruchte Anna den ersten Platz, wogegen ihre Schwiegermutter wütend protestierte, denn sie meinte, der König habe völlig freie Hand, zu ihren Gunsten gegen das Gewohnheitsrecht zu verstoßen. Außerdem war sie immer noch nicht im Kronrat zugelassen, und das trotz des traditionellen Grundsatzes, dem zufolge der Königinmutter ein Sitz zustand, und trotz der vagen Versprechungen Ludwigs XIII. Die Regierung erhob Einspruch, da sie der Ansicht war, »daß sie, sobald sie in den Rat gelangt wäre, die Autorität des Königs teilen wollte, daß sie sich den Ruhm der guten Ratschläge zuschreiben und den Tadel bei unglücklichen Ereignissen auf den von den wichtigsten Ministern ausgeübten Zwang abwälzen würde«.[145] Marillac, der zukünftige Siegelbewahrer, der Maria sehr nahestand, stellte fest, daß »der König seine Mutter, die Königin, liebt, doch er fürchtet sie auch: Wenn er sich weigert, ihr Autorität zu geben, so deshalb, weil er auf seine eigene bedacht ist, und nicht, weil es ihm an Hochachtung und guter Sinnesart fehlte«.[146]

Unterdessen litt die Königin krankhaft an ihrem enttäuschten Ehrgeiz. Contarini entdeckte, daß sie sich völlig verändert hatte, »ihre Miene war von tausend unseligen und widerwärtigen Gedanken verdüstert«.[147] Richelieu riet, sich angesichts der

---

* Cosandey, a. a. O., S. 114. Die Juristen der damaligen Zeit hielten die Frage des Vorrangs zwischen Königinnen für wichtig genug, um sich damit gründlich zu beschäftigen. Sie entschieden zugunsten der herrschenden Königinnen, »wegen der lebendigen und gegenwärtigen Autorität der Könige, ihrer Gatten, an allen Orten, bei allen Amtshandlungen und öffentlichen Zeremonien«.

Umstände zu gedulden: »In Frankreich verhält es sich nicht so wie in anderen Ländern. Das beste Mittel, dessen man sich in Frankreich bedienen kann, ist die Geduld; zumal wir so leichtlebig sind, daß sich die Ordnung, die wir einrichten, unmöglich auf Dauer erhält [...]. Da die anderen Nationen schwerfälliger sind als wir, halten sie eher an dem Zustand fest, den sie sich geben.«[148] Der richtige Moment war noch nicht gekommen, um sich durchzusetzen und den König in die Defensive zu drängen. Ludwig XIII. mußte sich gerade mit ernsten Schwierigkeiten auseinandersetzen.

Im Frühjahr 1621 brachen erneut heftige Unruhen unter den Protestanten aus. Damals dachte man an einen zweiten Feldzug. Es handelte sich nicht mehr wie im vorhergehenden Jahrhundert um dogmatische Streitigkeiten, sondern um die Rechte einer Minderheit gegenüber der staatlichen Autorität. Da die Regierung deren Umtriebe fürchtete, hatte sie den Protestanten verboten, sich zu versammeln. Diese setzten sich zur Wehr, indem sie in La Rochelle eine Generalversammlung durchführten, die sich die Befugnis anmaßte, Steuern zu erheben, um ein Heer aufzustellen, und sie erbaten die Unterstützung des englischen Königs. Ludwig XIII. und sein Rat beurteilten die Tragweite dieser Demonstration richtig: »[Die Hugenotten] widersetzen sich und wollen nicht gehorchen, und jeden Tag werden sie unverschämter. [...] Ich weiß nicht, was mit uns geschehen mag«, sagte der Kanzler de Sillery. »Das Übel liegt uns im Blut, im Herzen.«[149] Die Venezianer zeichneten nun in ihren Depeschen das Bild eines Souveräns, der gleichermaßen entschlossen war, sich Gehorsam zu verschaffen und sich mit seinen Amtsaufgaben vertraut zu machen. »Der König beharrt jetzt nachdrücklicher als sonst auf seinem Willen, sich Gehorsam zu verschaffen und seine Autorität gewaltsam durchzusetzen [...]. Er hat seine Falken verschenkt und auf seine Hunde verzichtet. Er hat erklärt, er wolle sich nicht mehr mit der Jagd auf Tiere, sondern mit der Jagd auf Menschen und Festungen beschäftigen [...]. Mit außerordentlichem Fleiß widmet er sich dem Studium der Mathematik; einen großen Teil der Zeit verbringt er damit, sich über Festungspläne zu beugen; es gefällt ihm, die Geschütze in Stellung zu bringen.«[150] Doch er konnte nicht zur Armee aufbrechen, ohne sein familiäres Hinterland zu sichern. Sollte er seine Mutter lieber mitnehmen, damit er sie überwachen konnte, oder mußte er das Risiko eingehen, ihr in Paris freie Hand für Intrigen zu lassen? Nach langem Zögern nötigte er sie, ihm zu folgen. »Sein früherer Argwohn ist immer noch nicht verschwunden.«[151] Die zur Regentin ernannte Anna sollte im Louvre bleiben, um die laufenden Staatsgeschäfte zu erledigen.

1621 war Ludwig XIII. zwanzig Jahre alt und wirkte endlich wie ein erwachsener Mann. Er hatte seine Mutter erfolgreich gebändigt und es gelernt, sich auf seine Gattin zu verlassen. Vor allem hatte sich der empfindliche, mißtrauische, wenig selbstsichere Halbwüchsige gründlich gewandelt. »Der König erfreut sich weiter ausgezeichneter Gesundheit. [...] Er kümmert sich nicht nur um die Heerführer, sondern auch um die einfachen Soldaten. Oft ist er vollständig bewaffnet, stets begleitet ihn der Degen.«[152] Zwischen ihm und Luynes kam es zu Streitigkeiten: Der »äußerst mutige und entschlossene« König empörte sich über die Langsamkeit und Unschlüssigkeit des anderen, der »erschöpft und voller Zweifel«[153] war. Endlich schien etwas vom Erbgut Heinrichs IV. erkennbar zu werden.

Trotz der Entschlossenheit des Königs und seiner Armee entwickelte sich die militärische Lage ungünstig. Luynes versuchte nicht länger, den Widerstand La Rochelles zu brechen, und erhielt die Erlaubnis, den Feldzug in Guyenne fortzusetzen und vor der Stadt nur ein sehr kleines Truppenkontingent zurückzulassen. Diese Rechnung ging nicht auf. Die königlichen Truppen kamen vor dem eingeschlossenen Montauban nicht von der Stelle und mußten die Belagerung aufheben. Ludwig XIII. verzieh Luynes diesen Mißerfolg nicht. »Ich will, daß er alles herausgibt, was er mir genommen hat«, rief er drohend. Dazu blieb ihm keine Zeit. Einige Tage später starb Luynes an Scharlach. Als Ludwig XIII. vom Tod dieses Mannes erfuhr, der einmal so wichtig für ihn gewesen war, widmete er ihm einen kurzen und nicht unzutreffenden Nachruf: »Etwas hat Monsieur de Luynes gefehlt.« Dieses gewisse Etwas fehlte Richelieu nicht. Unverzüglich machte er sich ans Werk.

Die von Luynes' Tod hinterlassene Lücke garantierte nicht, daß Maria wieder in Gunst kam. Der Prinz von Condé oder einer der Minister, deren Amt sie ständig in der Nähe des Königs hielt, hätte sich in den Rang eines neuen Günstlings erheben können, denn das Gefolge des Königs wußte genau, daß er, obwohl sich seine Persönlichkeit in letzter Zeit stärker ausgeprägt hatte, so veranlagt war, »sich immer jemandem unterzuordnen, obwohl er die Autorität desjenigen fürchtete, der ihn beherrschte«.[154] Als schlimmer für Richelieus Absichten erwies sich, daß der König weiter »großen Argwohn [hegte], [seine Mutter] wolle ihn wie zu Lebzeiten Concinis unterwerfen. Wenn man den Bischof von Luçon bei ihr sieht, kann man befürchten, daß dieser allzu großen Einfluß gewinnt; denn sein Hirn ist so beschaffen, daß er imstande wäre, Mutter und Sohn zugleich zu tyrannisieren.«[155] Richelieu ließ sich nicht entmutigen. Er veranlaßte, daß eine Reihe von Pamphleten erschien, die Blanca von Kastilien und Katharina von Medici verherrlichten, und so konnte er erreichen, daß sich ein Teil der Öffentlichkeit recht günstig für die Königinmutter äußerte. Deshalb gab Ludwig XIII. halb nach und lud sie ein, an manchen Ratssitzungen teilzunehmen. »Sie erkannte sehr wohl«, sagt Richelieu, »daß man ihr gegenüber auf der Hut war, daß man ihr nur das Schaufenster des Ladens zeigte und daß sie nicht hineindurfte; aber sie ließ nicht erkennen, daß sie es durchschaute, weil sie hoffte, diese Schwierigkeiten durch ihr Wohlverhalten zu überwinden.«[156] Richelieu hingegen blieb stets ausgeschlossen, was ihn jedoch kaum bekümmerte, denn Maria befand sich vollständig unter seinem Einfluß und befolgte ohne Widerrede alle seine Ratschläge. Ludwig XIII., den die Friedfertigkeit und die scheinbare Gefügigkeit seiner Mutter beruhigten, näherte sich ihr gerade in dem Augenblick, als ihn ein dramatischer Ehekonflikt bedrückte.

Die junge Königin hatte sich zu einer Unbesonnenheit hinreißen lassen. Sie vergnügte sich damit, zusammen mit ihren Damen über die glatten Fliesen im großen Thronsaal zu schlittern, als sie dort den Abend verbrachte. Da stieß sie in der Dunkelheit an ein Möbelstück und stürzte. Doch sie war schwanger. Am nächsten Tag hatte sie eine Fehlgeburt, ihre dritte. Ludwig XIII. wird ihr das auf recht kindische Weise nicht verzeihen. Vorbei war es mit ihrer vertrauten Zweisamkeit, es gab keine Spaziergänge und keine gemeinsamen Abende mehr, an denen man dem Geigenspiel gelauscht hatte. Er verfiel wieder seiner krankhaften Jagdleidenschaft, der er sich nun ganz hingab, »so sehr, daß er sich nicht um Sonne oder Regen, Nacht oder Tag, Hitze oder Kälte, Essen oder Schlafen kümmerte«.[157] Die kurze Zeit, in der er an seinen Vater erinnern mochte, war geschwunden. Die Rachsucht der Medicis trat wieder hervor, denn der König hatte einen Charakter, wie Richelieu feststellte, »daß man zwangsläufig entweder von ihm gehaßt wurde oder sein Vertrauen genoß, und [...] man verlor seine Gunst nicht stufenweise, sondern stürzte in einen Abgrund«.[158] Anna, die nicht den Vorteil hatte, von Richelieu beraten zu werden, wird sich niemals wieder aus der Tiefe emporarbeiten. Da sich Ludwig nicht mit den beiden Königinnen zugleich schlecht stehen konnte, näherte er sich seiner Mutter und unterstützte endlich die Bewerbung ihres Beraters um die Kardinalswürde. Im Bewußtsein dieses ersten Erfolges betätigte sich nun Maria emsig, um zu erreichen, daß ihr politischer Vordenker endlich in den Kronrat aufgenommen wurde. Ludwig sträubte sich hartnäkkig. Da er jedoch isoliert war und keine Unterstützung hatte, hielt er seiner Mutter nicht lange stand, die sich im Palais du Luxembourg einschloß und es ablehnte, bei Hof zu erscheinen, bevor sie ihre Forderung durchgesetzt hatte.

Der König, der sich vor einer Krise fürchtete, gab also nach und lud Richelieu ein, »damit man erfährt, daß er [mit seiner Mutter] in vollem Vertrauen leben wollte, und das nicht scheinbar, sondern wirklich und wahrhaftig«.[159] Niemand täuschte sich über die Tragweite dieser Ernennung. Die Königin errang nicht die Macht zurück, vielmehr bekam Richelieu den Zugang zu ihr. »Der Kardinal beherrscht die Königin; man meint, seiner Tüchtigkeit wegen sei er die klügste und scharfsichtigste Persönlichkeit des Königreichs, der größten Dinge fähig, ein Freund des Reichtums, nach Ehren strebend, der als einziger befehlen wolle [...]; man darf annehmen, daß er binnen kurzer Zeit der einzige Steuermann des Staatsschiffes bei allen Angelegenheiten sein wird.«[160] Maria »nimmt es mit unglaublicher Freude auf, da sie sieht, daß alle Geschäfte in seiner Hand liegen«. Sie vergaß, daß Ludwig XIII. sie nicht mehr brauchte, und sie hatte vielleicht nicht bemerkt, daß Richelieu unvergleichliche staatsmännische Fähigkeiten und einen Ehrgeiz besaß, der keine Hemmungen und kein Maß kannte.

Triumphe, Prellereien und Fluchten
1622-1643

Auf den Krieg zwischen Mutter und Sohn folgte ein Triumvirat, das aus dem König, der Königin und dem Minister bestand. Doch es war ein labiles Triumvirat, weil seine drei Angehörigen in unterschiedlichem Maße voneinander abhingen. Der König glaubte, er brauche seine Mutter, um ruhig regieren zu können, Richelieu brauchte Maria, solange er nicht das uneingeschränkte Vertrauen des Königs besaß, und Maria war zu Unrecht überzeugt, daß sie niemanden brauchte. Keine dieser drei führenden Persönlichkeiten übte eine unanfechtbare Autorität über die beiden anderen aus. Ludwig XIII., der unbestreitbar den oberen Winkel des Dreiecks hätte einnehmen müssen, zitterte zu sehr vor seiner Mutter und verließ sich zu sehr auf seinen Minister, um als Herr zu handeln; Richelieu wußte zu genau, wie unsicher die ihm gewährte Gunst war, als daß er sich für ganz unangreifbar gehalten hätte, und Marias Herrschaft wurde von ihrer Ignoranz und Eitelkeit beschränkt. Außerdem darf man die Bedeutung zweier weiterer Persönlichkeiten – Annas von Österreich und Gastons von Orléans – nicht unterschätzen, die sich zeitweilig zusammenschlossen, um sich bei anderen Gelegenheiten gegenseitig zu denunzieren, die sich je nach den Umständen mit der Königinmutter verbündeten und entzweiten und meistens gegen den König und Richelieu konspirierten.

Blicken wir kurz in die Vergangenheit zurück und erinnern wir uns an die Familiensituation des großen Ahnherrn Ludwigs XIII.: Auch Ludwig der Heilige befand sich in einem Spannungsfeld zwischen seiner Mutter und seiner Gattin. Er konnte noch so sehr das dominierende Element zweier Paare sein, trotzdem war es ihm nicht immer gelungen, die Konflikte der beiden Frauen zu überwinden. Doch die zwei Könige befanden sich in einer völlig entgegengesetzten Lage. Ludwig der Heilige unterhielt ganz offenkundig mit seiner Mutter die vielschichtigsten und nützlichsten Beziehungen, die einen gewiß von ihrer Stellung bedingten, aber auch von Zuneigung, Anerkennung und Hochachtung geprägten Zusammenschluß bedeuteten. Blanca unterstützte ihn ständig in seiner Herrschaft; er betraute sie mit den wichtigsten Aufgaben; sie erörterten gemeinsam die zu treffenden Entscheidungen, und vor allem vertrat sie ihn, wenn er erkrankte oder sich außer Landes begab. Mit seiner Frau unterhielt er eine unkompliziertere Beziehung. Daß elf Kinder in zwanzig Jahren geboren wurden, bezeugt ihr Einvernehmen, obwohl sie offenbar wenig gemeinsame Interessen hatten, die über die gegenseitige sexuelle Anziehungskraft hinausgingen. Margarete teilte Ludwigs religiöse Ansichten nicht und glaubte beinahe, seine außerordentliche Frömmigkeit sei einem König nicht angemessen, und niemals, weder vor Blancas Tod noch danach, dachte Ludwig daran, Margarete wirkliche politische Verantwortung zu übertragen.

Im Unterschied zu seinem Vorfahren brauchte Ludwig XIII. seine Mutter nicht – er fürchtete sie. Und wenn er sie widerstrebend an der Regierung beteiligte, so geschah das vor allem, um sie zur Loyalität zu zwingen. Merkwürdigerweise litt aber das Ansehen der Königinmutter darunter nicht. Ganz im Gegenteil. Sie, die bei ihrem Sohn derart heftige Reaktionen ausgelöst hatte, wurde im Rat mit den aufrichtigsten Bekundungen der Wertschätzung aufgenommen. Man konsultierte diese Frau, die nie politischen Verstand besessen hatte, hörte sie an und gehorchte ihr. Schließlich erhielt sie, die den unter Heinrich IV. angehäuften Staatsschatz verschleudert hatte, äußerst großzügige Subsidien. Was war geschehen? Wie sollte man diese glanzvolle Rückkehr erklären? Ludwig XIII. hatte nicht plötzlich eine tiefverwurzelte Sohnesliebe in sich entdeckt, doch er war gereift und legte unbedingten Wert darauf, ein angemessenes Bild seiner Familie vorzuführen. Unter diesen Umständen war es aber undenkbar, daß er seine Mutter nicht respektvoll behandelte und ihr nicht den Platz im Kronrat zugestanden hätte, der ihr von Rechts wegen zukam. Fügen wir dem die weiter oben erwähnte Tatsache hinzu, daß sich sein Verhältnis zur jungen Königin – sowohl im persönlichen als auch im politischen Bereich, denn er mißtraute ihrer Bindung an Spanien – wieder verschlechtert hatte und daß ihm seine Mutter bei seinen Eheproblemen als Beistand und Sprecherin diente – was große Gefahren in sich barg, wie wir noch sehen werden. Außerdem hatte sie sich verändert, wie es schien. Ihre vernünftigen und energischen Auftritte erwiesen sich als sehr zweckdienlich. Denn sie bereitete sich ja auf die Ratssitzungen in langen Gesprächen mit Richelieu vor, und dieser konnte dann in aller Ruhe Standpunkte entwickeln und präzisieren, die die Königin als ihre eigenen übernahm. Ludwig XIII. durchschaute, aus welcher Quelle die Weisheit seiner Mutter stammte. Nach Jahren des Mißtrauens erkannte er endlich die Ergebenheit Richelieus an, und er wird dieses Urteil nicht wieder revidieren. Nun ließ er ihn in den Kronrat eintreten.

Von 1625 bis 1627 nahm Maria daher weiter eine entscheidende Stellung ein, denn der kluge Richelieu, der sich seines Einflusses auf den König wenig sicher war, brachte seine politischen Ansichten über ihre Vermittlung vor. Da er sich seiner prekären Lage schmerzlich bewußt war, achtete er stets sorgfältig darauf, Maria in seine direkten Auftritte einzubeziehen. Er, und er allein, wußte genau, wie verwundbar er war. Der Hof hielt ihn für allmächtig. »Der König«, berichtete Zorzi, der venezianische Botschafter, »spricht und denkt nur, wenn ihm der Kardinal das Thema und die Methode liefert, obwohl alles von seiner Entscheidung abhängt.«[161] Der König sicherte seinem Minister zwar ganz unmißverständlich sein Vertrauen zu und dankte ihm immer mit den herzlichsten Worten: »Ich erkenne deutlich, daß Sie für meinen Dienst alles andere geringachten ... Doch seien Sie gewiß, daß ich Sie gegen jedermann schützen und nie aufgeben werde. *Die Königinmutter verspricht Ihnen das gleiche.*«[162] Gerade dieser letzte Satz beruhigte Richelieu durchaus nicht, denn er kannte die Königinmutter besser als jeder andere und mißtraute ihr, wie übrigens allen Frauen: »Das sind sonderbare Tiere. Man glaubt«, behauptete er, »daß sie keiner bösen Tat fähig seien, weil sie zu nichts Gutem fähig sind: Aber ich versichere nach bestem Wissen und Gewissen, daß es nichts gibt, was eher imstande wäre, einen Staat ins Verderben zu reißen.«[163]

Außer ihrer ganz neuen politischen Klugheit trug ein weiterer Umstand zu Marias wiedererlangtem Ruhm bei: ihr selbstbewußtes Auftreten und ihre Prunkliebe an einem Hof mit bescheidenen Sitten. Ludwig XIII. war kein Freund von Festen oder prächtigen Ausstattungen; seine Kleidung paßte eher zu einem ruinierten alten Edelmann als zu einem König, während die wieder in Gnaden aufgenommene Maria ihren Hang zu Luxus, Bauten und Raumkunst frei entfaltete. Da sie die Rolle der triumphierenden Königin so überzeugend spielte, wurde sie wirklich dazu. Sie stellte sich selbst als Machthaberin dar.

Wie ihre Tante Katharina wollte sie sehr früh ihr eigenes Palais in Paris haben. 1611 hatte sie das Herrenhaus des Herzogs von Luxembourg gekauft, das in der Rue de Vaugirard lag – die Straße trug bereits damals diesen Namen, der allerdings Vaulx Girard geschrieben wurde –, dazu den es umgebenden großen Park. Nach und nach rundete sie diesen Grundbesitz ab, und schließlich besaß sie eine vierundzwanzig Hektar große Fläche in diesem neuen, naturnahen Viertel, das viel angenehmer als das dicht bebaute und sehr ungesunde Gebiet um den Louvre war. Sie hatte sogleich die Gärten planen und viele Bäume pflanzen lassen – drei Ulmen aus jener Zeit sollen bis heute überlebt haben –, und obwohl sie das Haus nach ihrem Geschmack eingerichtet und möbliert hatte, war sie entschlossen, einen neuen Gebäudekomplex zu bauen. Das alte Palais steht immer noch, es ist der Petit-Luxembourg, die Residenz des Senatspräsidenten, und beim Bau des neuen verband man unter der Leitung des Architekten Salomon de Brosse den florentinischen Einfluß mit der französischen Tradition. Die Bauarbeiten hatten aufgehört, solange die Königin in Ungnade gefallen war, doch nun begannen sie unter Richelieus tatkräftiger Leitung wieder, und 1625 zog Maria von Medici in ein Palais ein, das alle mit Bewunderung erfüllte. Während der Louvre einen düsteren, schmutzigen, unheimlichen Eindruck machte, wirkte der heitere, prächtig eingerichtete, sonnendurchflutete Luxembourg – die Fenster gingen auf einen weiten Park, in dem Fontänen, Becken und Springbrunnen die neugeschaffenen Alleen schmückten – ganz im Gegenteil entzückend. Aber dieser Erfolg genügte ihr nicht. Um ihren Stolz zu bekunden, um ihre Rückkehr an die Macht, die sie als unwiderruflich ansah, zu proklamieren und ihre Herrschaft über eine Familie zu sichern, die sie für endgültig unterworfen hielt, bediente sich die Königin einer neuen und unbesiegbaren Waffe, der Werke des Malers Rubens.

Maria rief ihn zu sich, weil er ihre große Galerie ausschmükken sollte. Daß sie sich in diesem so ganz italienischen Jahrhundert für einen Antwerpener Maler entschied, mag erstaunen, aber Rubens genoß bereits einen glänzenden Ruf in ganz Europa. In seiner Jugend, als offizieller Maler des mantuanischen Hofes, an dem die ältere Schwester der Königin herrschte, hatte er in Florenz an ihren Verlobungsfeierlichkeiten teilgenommen. 1611 war er nach Antwerpen zurückgekehrt, wo er ein großes Atelier aufgebaut hatte, um alle Aufträge ausführen zu können. Er stand an der Spitze eines richtigen Unternehmens, denn zeitweilig beschäftigte er mehr als dreißig Gehilfen. Alles interessierte ihn: Geschichte, Literatur, politische Tagesereignisse. Er befreundete sich mit einem provenzalischen Gelehrten, der ihn mit einem Abbé von Saint-Ambroise, dem Schatzmeister der Königin, in Verbindung brachte. Maria gegenüber bedachte er Rubens mit überschwenglichem Lob. Der Vertreter der spanischen Niederlande erfuhr von dieser Angelegenheit und unterstützte dessen Kandidatur begeistert – ein derart aufgeweckter Geist wie Rubens konnte gewaltigen Nutzen aus den langen, vertraulichen Stunden ziehen, die ein Porträtmaler beanspruchen durfte. Schließlich ließ Maria den Maler kommen, um mit ihm den Auftrag zu besprechen, da sie zu Recht überzeugt war, daß er genug Scharfsinn besaß, um ihre Vorstellungen zu verstehen. Es ging nicht um ein einzelnes Bild, sondern um vierundzwanzig Gemälde, die eine »Geschichte der Maria von Medici« nachgestalten sollten.

Alle Fragen, die man sich über die neuen Beziehungen zwischen Mutter und Sohn sowie über die Art, wie sie ihre früheren Demütigungen verarbeitet hatte, und über die Deutung ihrer Rolle seit der Regentschaft stellt, würden ohne Antwort bleiben – da es keine Korrespondenz und kein Tagebuch gibt –, wenn sich Rubens nicht zu ihrem Interpreten und Geschichtsschreiber in dieser Bilderfolge gemacht hätte, die unter seiner sorgfältigen Leitung geschaffen wurde – denn in einem außerordentlich genau abgefaßten Vertrag hatte sie sich das letzte Wort über die Gestaltung der Gemälde vorbehalten. Es ist ein Lieblingssport der Regierenden, die Geschichte umzuschreiben. Manche praktizieren das in bescheidenem Maße mit ihren Erinnerungen, andere, selbstbewußtere, bearbeiten Fotos und Dokumente, verlangen die Revision von Lehrbüchern oder die Vernichtung von Zeugenaussagen. Maria hingegen stellte ein Genie in ihren Dienst und beauftragte es schamlos mit einer derart verfälschten, stolzen, erhabenen *Geschichte der Maria von Medici*, daß die beiden letzten Bilder schlicht und einfach Mariä Himmelfahrt und Krönung heraufbeschwören.

Rubens war ein zu intelligenter Künstler, als daß er nicht erkannt hätte, welch ungeheure Anstrengung es bedeuten würde, eine Königin zufriedenzustellen, die eine politische Kontrolle über sein Werk ausübte. Zwei größere Schwierigkeiten machten ihm Sorgen: Wie sollte er die Vertreibung der Königin nach der Ermordung Concinis und dann den Krieg zwischen Mutter und Sohn behandeln, und wie sollte er den König darstellen? Es widerstrebte der Königinmutter, ihn mit dem konventionellen, einem König gebührenden Glanz wiederzugeben, doch es war Rubens unmöglich, der den französischen König nicht beleidigen wollte, ihren Empfehlungen zu folgen und ihn als undankbaren Sohn, als blasse und hinterhältige Persönlichkeit zu schildern. Er zog sich aus der Affäre, indem er nach langwierigen Verhandlungen mit der Königin bestimmte Episoden überging und für den Laien schwer zu entschlüsselnde Embleme, mythologische oder religiöse Anspielungen mit seltener Meisterschaft benutzte. Die vollendeten Gemälde ließen sich also unterschiedlich »lesen«, je nachdem, ob man die Bedeutung dieses oder jenes Symbols sowie der Stellung der Hauptpersonen verstand oder nicht. Der Sinn der Gemälde, auf denen sich Herrscher und mythologische Gottheiten vermischten, war so tief verborgen – Maria brauchte ausführliche Erklärungen, bevor sie sich zufrieden äußerte –, daß, als Ludwig XIII. sie zum erstenmal betrachtete, sie ihm von Claude Maugis, einem Berater der Königin, gezeigt wurden, während der Künstler abwesend war, »wobei er ihm mit großem Geschick die wahre Bedeutung der Gemälde verbarg und verschleierte«. Anders ausgedrückt, im Palais seiner Mutter und mit deren uneingeschränktem Einverständnis täuschte man den König, der eine Unwissenheit zeigte, wie sie bei einem Laien schließlich natürlich war.

Man hatte, wie sich anerkennen läßt, Ludwig XIII. die bittere Pille so wirkungsvoll versüßt, daß er das Gesamtwerk aufrichtig bewunderte – und der Umstand, daß er nun auch Rubens mit einer Bilderreihe beauftragte, könnte es beweisen. Doch dürfte man sich vorstellen, daß andere, scharfsichtigere Höflinge nicht bemerken würden, welch ungewöhnliche Haltung der Dauphin bei der Krönung seiner Mutter einnimmt – denn er wird ja von hinten gesehen –, wie er außerdem bei der Zeremonie der Regentschaftsübertragung – die ohne die Erklärung des kleinen Königs im Parlament unmöglich gewesen wäre – abwesend ist und wie die beiden auf dem die Versöhnung darstellenden Bild höchst unterschiedliche Stellungen haben: die sitzende Königin nimmt die Huldigung ihres vor ihr knienden Sohns entgegen? Wie könnte man an der schrecklichen Selbstsicherheit der Königin zweifeln, die es wagte, Leonora Galigai auf einem Gemälde darstellen zu lassen, und den Zyklus mit ihrem Bildnis als triumphierender Königin abschließt? Das Verlangen, Ludwig in den Schatten zu stellen, ließ sich nicht übersehen. Sie allein hielt die Embleme der Macht und des Rechts in den Händen. In einer Skizze zu dem Gemälde, das an die Verständigung von

Mutter und Sohn erinnern sollte, hatte Rubens eine Person mit einer Waage vorgesehen, die die Feinde Frankreichs in die Flucht schlug. Nun symbolisierte die Waage aber Ludwig XIII., Ludwig den Gerechten, der im Zeichen der Waage geboren war. Die Königin ließ auf dem endgültigen Bild das Instrument verschwinden, das ihren siegreichen Sohn bezeichnete, und eignete es sich selbst an. Den Auftrag zu dieser Serie hatte sie nicht gegeben, um sich zu rechtfertigen, sondern um sich zu rächen. Fügen wir hinzu, daß die überall verstreuten Fruchtbarkeitssymbole das kinderlose junge Paar verletzen mußten.

Rubens' Unternehmen war so erfolgreich, daß die Galerie des Luxembourg bereits im Mai 1625 mit unglaublichem Prunk eröffnet wurde. Ein tatsächlicher Triumph der Desinformation und der Propaganda. Der ganze von Ludwig XIII. angeführte Hof geriet in Verzückung vor der *Glückseligkeit der Regentschaft*. Einstweilen hatte die Dreistigkeit der Königin anscheinend das Spiel gewonnen. Sie setzte sich jedoch der Gefahr aus, sich an dieser Flamme zu verbrennen, die man allein ihr zu Ehren entzündet hatte. Wenn sie die Solidarität leugnete, die sie mit ihrem Sohn verband, so bedeutete das, daß sie die Grundlagen ihrer eigenen Autorität untergrub. Die Verantwortung für die Regentschaft war ihr nicht aufgrund ihrer Verdienste übertragen worden, sondern weil sie die Mutter des Königs war. Wenn sie diesen ausschloß oder erniedrigte, stellte sie also ihre eigene Autorität in Frage. Katharina hingegen hatte nie vergessen, daß sich ihre Macht von derjenigen ihres Sohns herleitete, so jung und unfähig er auch sein mochte, und wie wir gesehen haben, hatte sie stets darauf geachtet, die äußeren Zeichen dieses Verhältnisses öffentlich darzustellen. Die Ikonographie Marias führte sie im Gegenteil weniger als Witwe und fürsorgliche Mutter vor, sondern als starke und triumphierende Frau. Wenn sie die Trauerschleier ablegte und sich malen ließ, wie sie auf einem Schimmel ritt und einen Marschallstab in der Hand hielt, was sie beim Triumph von Jülich tat, so ergab das ein unverständliches und verwirrendes Bild ihrer Rolle.[164] Darum kümmerte sich die Königin nicht, die sich ganz ihrer großartigen

Revanche hingab. Diese Mutter, die sich selbst als eine vermeintlich für immer herrschende Mutter verstand, wobei sie ihre Schwächen und ihren Verrat vergaß, wurde dermaßen dreist, daß sie sogar die klassische Rolle einer Tugendwächterin am Hofe spielte.

Ihre Schwiegertochter, diese impertinente Person, die einen Moment lang geglaubt hatte, sie könne sie verdrängen, war so unklug, die Leidenschaft des verführerischen Buckingham, des Favoriten Karls I. von England, zu erregen. Durch die Schuld der Herzogin von Chevreuse – die keine andere als Marie de Montbazon war, die wiederverheiratete Witwe Luynes', und die sich zur besten Freundin Annas gemacht hatte –, die stets bereitwillig Intrigen und Abenteuer begünstigte, befand sich die Königin im Garten des Bischofspalastes von Amiens einen Augenblick allein mit dem jungen Mann. (Der ganze Hof hatte sich nämlich auf die Reise begeben und in Amiens haltgemacht, um Henriette, die Schwester des Königs, zu begleiten, die an Bord eines Schiffs gehen wollte, um den König von England zu heiraten.) Sobald Anna erkannte, daß sie allein war, rief sie nach ihren Frauen, aber das Übel war schon geschehen: Man mußte die Königin in der Öffentlichkeit und, was noch schlimmer war, vor dem König verteidigen. Eine arglistige Andeutung war allzu verlockend, als daß Maria sie sich erspart hätte: »Das ist nichts weiter«, sagte sie zum König, »hätte die Königin etwas Böses tun wollen, so wäre es ihr unmöglich gewesen, weil es in ihrer Umgebung so viele Leute gab, die sie beobachteten.«[165] Danach konnte sie sich als Trösterin aufspielen, sie hatte die andere ja gerade um den Beistand gebracht, den sie eigentlich verdiente.

Anna hatte jedoch die Gefahr nicht richtig eingeschätzt. Nun mischte sie sich unbedacht ein, um die Ehe ihres Schwagers Gaston zu verhindern, eine Episode, auf die wir zurückkommen werden und die es ermöglichte, daß der Einfluß ihrer Schwiegermutter noch festere Grundlagen gewann. Fortan wurde Maria während der Abwesenheiten des Königs zur Regentin ernannt, der Kronrat fand in ihrem Zimmer statt, und sie empfing die Botschafter und die Generäle, sie wurde auch noch von all jenen aufgesucht, die sich dem König nähern wollten. Das heißt, daß die Verbannung, Blois und Les Ponts-de-Cé aus dem Bewußtsein des Hofes verschwunden waren.

Es genügte Maria nicht, daß sie gewissermaßen mit ihrer Schwiegertochter abgerechnet hatte. Sie verschloß nicht die Augen vor den Herzensregungen ihres Sohns – in Anbetracht seiner Gehemmtheit wagt man nicht zu sagen, seinen körperlichen Regungen. Seine Sympathie galt meistens schönen jungen Leuten. Der König, soviel ist klar, liebte nicht die Frauen. Niemand zweifelte daran, daß seine stets kurzen und seltenen Aufenthalte im Ehebett nur von der Notwendigkeit diktiert waren, einen Erben zu zeugen. Er sollte zwei Beziehungen zu Frauen – Marie de Hautefort und Louise de La Fayette – haben, deren Reinheit niemals in Frage gestellt wird, während seine Schwäche für junge Männer zu Gerede und Verleumdungen herausforderte. Schlief er mit ihnen oder nicht? Niemand wußte es zuverlässig, doch sobald sich einer der hübschen Favoriten in die Politik einmischte, verständigten und einigten sich Richelieu und Maria von Medici, um den Unbesonnenen loszuwerden. So etwa entfernte Richelieu den jungen Offizier Toiras, der kurze Zeit als »Mignon« (Günstling) hervorgetreten war, vom Hofe, nachdem er seine Abneigung gegen die Heirat von Monsieur (dem Bruder Ludwigs) geäußert hatte, während die Königinmutter diese Ehe wünschte. Baratte, sein Nachfolger, hielt sich länger. Der Venezianer Morosini erläuterte unmißverständlich, welche Rolle ihm zukam: Er war der ständige Begleiter Ludwigs XIII., und das »nicht wegen der Staatsangelegenheiten, sondern bei den Jagden und für die besonderen Neigungen des Königs«. Doch Baratte gab sich durchaus nicht mit den Gunstbeweisen des Königs zufrieden, er wollte ihn auch beeinflussen und machte ihm, wie es hieß, »Vorhaltungen [...] wegen der Normandie und der Bretagne [...], über die gegenwärtig die Königinmutter und der Kardinal uneingeschränkt verfügen«.[166] Dieser Fehler wirkte sich noch verhängnisvoller aus, weil sich Baratte auf indiskrete Weise in eine junge Dame aus dem Hofstaat der Königin verliebt hatte und erklärte, er wolle sie heiraten. Einige Tage später konnten Richelieu und Maria die Empörung Ludwigs über diesen »Verrat« nutzen und ihn überzeugen, den Unverschämten zu entfernen. Bei allen diesen Vorgängen richtete sich Maria nur nach politischen Gesichtspunkten, selbstverständlich denen einer persönlichen Politik, denn stets ließ sie sich ja allein von ihren Interessen leiten.

Dennoch wurde das Gleichgewicht innerhalb des Triumvirats im Lauf der Jahre gestört, weil es zu einer direkteren Beziehung zwischen Ludwig XIII. und Richelieu kam. Die Bewunderung und das Vertrauen, das der Souverän dem Minister entgegenbrachte, nahmen täglich zu. Den König beruhigten die Vorsichtsmaßnahmen des Ministers, der ihn niemals brüskieren und ihm stets das Gefühl geben wollte, daß ihm in letzter Instanz die politischen Entscheidungen zustanden, und der König bekundete ihm immer häufiger seine Freundschaft – alle seine Briefe an ihn beendete er mit: »Seien Sie für immer meiner Zuneigung versichert, die ewig währen wird.« Obwohl die sachverständigen Beobachter einmütig urteilten, daß »der Kardinal handelt und alles tut, wie es ihm beliebt, ohne sich mit jemandem zu beraten, und [daß ihm] alles gelingt«, bewahrte Richelieu einen kühlen Kopf und klagte einem Freund, daß sein Herr oft die Ratschläge ablehnte, die er ihm gebe: »Ich ziehe mir alle Tage die gleichen Unannehmlichkeiten zu, und ich schätze mich glücklich, wenn ihm zwei von vier Vorschlägen gefallen.« Außerdem fühlte sich Richelieu immer von Stimmungsumschwüngen bedroht. »Manchmal ist der König außerordentlich zufrieden mit mir, dann wieder empfindet er eine gewisse Abneigung. [...] Weitaus mehr muß ich verschiedene Intrigen fürchten, die kein anderes Ziel als das haben, mich zugrunde zu richten: die Heerschar der Großen, der Frauen, der Ausländer.«[167] Er ließe sich mit einem Ministerpräsidenten der vierten Republik vergleichen, der den Launen der Nationalversammlung unterworfen war. Wie er selbst bestätigt hat, quälte ihn die Erinnerung an den Anblick des toten Concini, der von der Menge zerrissen wurde, denn das veranschaulichte ihm, wie gewalttätig Ludwig XIII. sein konnte, und darum vermied er es sorgfältig, übermäßige öffentliche Dankbarkeitsbekundungen zu empfangen. Es war nicht leicht, unter derart unsicheren Bedingungen zu regieren, und ihm blieb keine Zeit mehr, sich besonders aufmerksam um die Königin zu kümmern, deren Kreis ihm immer feindseliger gegenüberstand.

Sobald das Palais du Luxembourg fertiggestellt war, wandte sich Maria mit ganzer Kraft der katholischen Sache zu, die ihr stets sehr am Herzen gelegen hatte. Zunächst konzentrierte sie sich auf wohltätige Stiftungen, und danach, unter dem Einfluß des Kardinals Pierre de Bérulle, des Gründers der Kongregation der Oratorianer, der sie anleitete und beriet, widmete sie sich den Fragen der Außenpolitik, die mit den Interessen der Kirche zu tun hatten. Bérulle gewann nun zunehmende Bedeutung. Er war kein Neuankömmling. Er hatte sich eng an Richelieu angeschlossen, dem er seinen Kardinalshut verdankte, und mit dessen Einverständnis spielte er eine politische Rolle, als es um die Ehe Henriettes von Frankreich, um die Regelung verschiedener Probleme mit Spanien und die Wiederaufnahme des Kriegs gegen die Protestanten ging. Ein anderer Mann, der großen Einfluß auf sie ausübte, war Michel de Marillac. Er absolvierte eine ehrenwerte Verwaltungslaufbahn, als ihm die Freundschaft Bérulles und die Protektion Marias zu einem steilen Aufstieg verhalfen. Dieser unnachgiebige Katholik, der früher der Liga nahegestanden hatte, trat in den königlichen Rat ein und wurde im Jahre 1626 zum Großsiegelbewahrer ernannt. Sein Bruder Louis machte ebenfalls eine glänzende Karriere und erhielt das Amt eines Marschalls von Frankreich, obwohl Richelieu eine recht schlechte Meinung über dessen militärische Fähigkeiten hatte: »Zwar hatte er den Ton und den Dünkel eines Befehlshabers […], doch auf dem Schlachtfeld war er weitaus weniger Soldat und Hauptmann als auf dem Papier.«

Noch bevor richtige politische Konflikte ausbrachen, beobachtete Richelieu mißtrauisch die Schützlinge dieser Königin, mit der er selber so lange engen Umgang gepflegt hatte. Er wußte, wieviel er verlor, weil er nicht mehr die Muße hatte, sie lange unter vier Augen zu sprechen, ihr seine Initiativen zu erläutern und ihr Verhaltensmaßregeln zu empfehlen, doch wegen der Langsamkeit, des Starrsinns und Argwohns Ludwigs XIII. stellte »das vier Quadratfuß große Kabinett des Königs« ein Schlachtfeld dar, das er allmorgendlich neu erobern mußte. Nur wenn er jede Ruhepause geopfert hätte, wäre es ihm möglich gewesen, Mutter und Sohn mit sanfter Hand zu leiten.

Niemand konnte bezweifeln, daß Richelieu seit 1628 wirklich zum bevorzugten Berater des Königs geworden war. Das erfreute die Königin durchaus nicht, vielmehr sah sie darin ein Hemmnis für ihre eigene unumschränkte Macht. Denn wie es eine Generation später Saint-Simon, der Sohn eines wohlinformierten Favoriten Ludwigs XIII., berichten wird, »wollte sie regieren, sie dachte nur daran, sich nach und nach zur vollständigen Herrin zu machen, und dafür wurde ein offizieller und befähigter Erster Minister zu einem großen Hindernis«. Die Spannungen zwischen den drei führenden Persönlichkeiten des Königreichs nahmen zu. Maria bildete sich ein – denn man kann Richelieus Klugheit unmöglich unterschätzen und glauben, er habe nicht auf die äußeren Formen geachtet –, daß der Minister sie vernachlässigte und sie für ihn nur eine »Marotte« gewesen sei, um die von ihrem Sohn Gaston benutzte Redensart anzuführen, der stets bereit war, Zwietracht in seiner Umgebung zu säen. In einem Zornesausbruch erklärte sie sogar einem nahen Vertrauten: »Ich bin völlig vernichtet! Der Herr Kardinal hat alle Macht.« Doch es wäre absurd, die Krise allein auf persönliche Streitigkeiten zurückzuführen. Frankreich stand damals tatsächlich vor einer politischen Alternative: Sollte es dem Religionskrieg gegen die Protestanten die Verteidigung der französischen Interessen in Italien opfern oder nicht? An diesem Problem werden sich die beiden Parteien scheiden.

Im Jahre 1628 war diese Frage durchaus nicht theoretisch. Nach dem Tod des Herzogs von Mantua fielen dessen Besitzungen dem Herzog von Nevers, einem französischen Prinzen, als Erbe zu. Aber die Erbfolge wurde angefochten: Der Besitz des Herzogtums war entscheidend für den Zugang zu den Alpenpässen, und Spanien widersetzte sich, daß Frankreich sie in die Hand bekam. Der französische König mußte sich andererseits mit einer protestantischen Revolte auseinandersetzen, die gleichzeitig im Süden, im Poitou und in der Normandie ausbrach. Er entschied, in der Normandie zu kämpfen und La Rochelle zu belagern, bevor er seine Gegner im Süden angreifen wollte. Im Dezember 1628 fiel schließlich die Zitadelle. Dieser Sieg nötigte den König, sich zu entscheiden, ob er den Kampf gegen die Protestanten fortsetzen oder seine Truppen nach Italien führen sollte. Eine Ratssitzung bot Richelieu die Gelegenheit, das Problem darzulegen. Seiner Ansicht nach sollte der Kampf gegen die Protestanten dazu führen, daß die Königsmacht uneingeschränkt geachtet wurde, doch damit sollte er nicht die Ausrottung der Ketzerei bezwecken. Es ging also um eine politische und nicht um eine religiöse Frage. Was das italienische Problem betraf, so bestand sein einziges Ziel darin, die Macht Spaniens einzudämmen. Sollte er, da das europäische Gleichgewicht in seinen Augen entscheidend war, vorrangig die Autorität des Königs in Frankreich stärken oder den Einfluß Frankreichs jenseits seiner Grenzen vergrößern? Der Minister äußerte sich nicht und überließ es allein Ludwig XIII., die Entscheidung zu treffen. Dieser beschloß, in der Alpenregion einzugreifen, indem er sich selbst an die Spitze der Armee stellte, und Richelieu ins Languedoc zu schicken, um den Aufruhr der Protestanten zu beenden.

Diese Entscheidung verärgerte Maria und ihre Ratgeber. Daß sie während der Abwesenheit des Königs zur Regentin ernannt wurde, genügte nicht, um sie zu beruhigen. Sie, fortan eine blindwütige Gegnerin Richelieus, unfähig, die Vorteile einer besonnenen Politik richtig einzuschätzen, und viel zu eitel, um die geistigen und psychologischen Qualitäten des Kardinals zu würdigen, bemühte sich nun erbittert, die Stellung ihres einstigen Günstlings zu untergraben – was so weit ging, daß sie ein Bündnis mit Anna schloß.

Die Politik, für die man sich entschieden hatte, erwies sich als vollständig erfolgreich – Richelieu siegte auf dem Schlachtfeld und verkündete, um Frieden zu stiften, am 27. Juni 1629 das »Gnadenedikt von Alès«, das die im Edikt von Nantes gewährten Privilegien aufrechterhielt, aber die politischen und militärischen Vorzugsrechte der Reformierten beseitigte, und nachdem Ludwig XIII. am Engpaß vor der Stadt Susa gesiegt hatte, konnte er den Herzog von Nevers wieder in seine Rechte einsetzen. Doch das alles beeindruckte die Königin nicht, die den Kardinal nach seiner Rückkehr derart kühl in Paris empfing, daß er dem König seinen Rücktritt anbot. Dieser lehnte ab und versuchte, Königin und Minister zu versöhnen. Einige Monate danach verschlechterte sich die Lage in den Alpen und machte wieder ein militärisches Eingreifen erforderlich. Damit stellte sich das Problem der Regentschaft, und es erwies sich als unlösbar. Unklug wäre es gewesen, abermals Maria zur Regentin zu ernennen, und eine Ernennung Annas hätte die Königinmutter aufs äußerste gereizt; überdies hatte der König zu seiner Gattin ja kein größeres Vertrauen als zu seiner Mutter. Ludwig XIII. befand sich in seinem Familienkreis wie immer in einer ungünstigen Position.

Der König war nun dreißig Jahre alt, und bisher hatte er klug regiert. Warum, mag man sich fragen, verhielt er sich seiner Mutter gegenüber stets derart ängstlich und kindisch? Wovor fürchtete er sich? Vor ihrer Bosheit, die sich in ihren Reden offenbarte, ihrem selten bezähmten heftigen Wesen, ihrer stets bereitwillig geäußerten Geringschätzung oder ihren unergründlichen Fähigkeiten zur Intrige? Trotzdem fehlte es dem Herrscher ja nicht an Waffen, um dieses Joch abzuschütteln. Mit einem so tüchtigen, loyalen und aufmerksamen Minister wie Richelieu an seiner Seite brauchte er diese Mutter nicht mehr, die sich ihm gegenüber stets übel verhalten hatte. Und dennoch war er besorgt. Obwohl es ihn danach verlangte, sich an die Spitze seiner Truppen zu stellen, mußte er sich entschließen, sich nicht aus Paris zu entfernen, so große Angst hatte er, sie zurückzulassen, und an seiner Stelle übernahm Richelieu den Befehl über die Armee.

Nach den ersten Erfolgen stellte sich wieder das grundsätzliche Problem, worauf man die französische Politik ausrichten sollte, und das geschah unter den gleichen Voraussetzungen. Abermals ersuchte Richelieu den König, sich zu entscheiden: entweder anzugreifen und so die drohende Einkreisung Frankreichs durch die Habsburger zu beseitigen, aber »in diesem Fall [mußte man] jeden Gedanken an Ruhe, Ersparnisse und inneren Aufbau des Königreichs aufgeben«, oder sich auf die innenpolitischen Probleme zu konzentrieren, das heißt auf die religiöse Einheit und die Durchführung großer Verwaltungsreformen. Vor die Wahl zwischen diesen zwei politischen Konzeptionen gestellt, neigte Ludwig XIII. eher zum militärischen Eingreifen und zum Vorrang der Außenpolitik. Daher beschloß er, trotz eines hartnäckigen Fiebers zur Front aufzubrechen, um an der Spitze seiner Armee zu kämpfen ..., doch er nahm die beiden Königinnen mit. Sie sollten in Lyon bleiben, während er sich nach Grenoble wandte.

Wie man sich unschwer denken kann, wünschte Maria von Medici keinen Sieg, der die Entscheidung Ludwigs XIII. gerechtfertigt hätte, ja sie wollte nicht einmal, daß er gesund würde. Tatsächlich verschlimmerte sich der Zustand des Königs so schlagartig, daß er die Armee verlassen und Zuflucht in Lyon suchen mußte. Die Krankheit machte solche Fortschritte, daß man nun in allen Kirchen für sein Seelenheil betete. Gaston von Orléans sah schon die Krone auf seinem Haupt, Maria hatte ihre Getreuen benachrichtigt, die sie zu Ministern ernennen wollte, und Richelieu traf seine Vorkehrungen, um möglichst schnell fliehen und sich vor den Vergeltungsmaßnahmen schützen zu können, die er sich nur zu gut vorstellte. Da kam die erste unerwartete Wendung eines Jahres, der viele weitere folgen sollten: Der König erholte sich wie durch ein Wunder. Sobald er das Bewußtsein wiedererlangt hatte, eilte die völlig fassungslose Maria an sein Bett, mit Anna von Österreich an ihrer Seite, und ohne jede Scham wollte sie den Genesenden so weit bringen, daß er seinen Minister davonjagte. Dieser ließ sich jedoch nicht von seinem Auftrag ablenken. Er setzte die Offensive gegen die Spanier fort, erhielt neue Angebote des Feindes, die ihm ein

Römer übermittelte, ein gewisser Giulio Mazarini, und er unterzeichnete ein Abkommen, das »nicht nur die Staatsangelegenheiten weit voranbrachte und förderte, sondern das auch so ehrenhaft und ruhmvoll war, daß es kaum ein Beispiel für etwas Ähnliches [gab]«.[168] Hierauf reiste der ganze Hofstaat wieder nach Paris zurück.

Maria teilte die allgemeine Hochstimmung nicht und bereitete ihre nächsten Schritte vor. Ludwig hatte ihr in bezug auf Richelieu nichts versprochen, doch er hatte ihr zugehört, was nach ihrer Auffassung einem halben Versprechen gleichkam. Die halsstarrigen Bemühungen der Königin, einen Minister zugrunde zu richten, der sich ihr gegenüber nicht feindselig verhalten wollte, ihr nach außen seine größte Hochachtung bekundete und obendrein die Staatsgeschäfte vernünftig und erfolgreich führte, widersprachen jeder Logik. Eine so absurde, so destruktive Politik – tatsächlich wird sie selbstmörderisch sein –, daß die einzige annehmbare psychologische Deutung in der Absicht bestehen würde, ihren Sohn um jeden Preis zu vernichten. In dieser Hinsicht widerspricht Marias Verhalten vollkommen dem Katharinas, der vorherigen Königin. Katharina haßte ihre Söhne nicht, sie hatte – ganz zu Recht – kein Vertrauen zu deren Fähigkeiten. Sie wollte deren Schwächen vorbeugen, sie schützen, zum Wohl ihrer Söhne und zu jenem des Landes an deren Stelle handeln. Doch wenn Katharina wie eine Hündin war, die ihre Jungen verteidigte, so war Maria eine, die ihren Knochen nicht loslassen wollte. Ihre verbissene Haltung läßt sich nur auf Dummheit und Haß zurückführen. Das sind wenig befriedigende Erklärungen, aber unter diesen Umständen drängen sie sich auf.

Die dramatischen Konflikte zwischen den drei Personen werden innerhalb einiger Tage ihre Lösung finden. Ludwig XIII. hatte den Louvre verlassen, der wegen Bauarbeiten unbewohnbar geworden war, und zog vorläufig in der Rue de Tournon ein, in ein Herrenhaus, das neben dem Palais Marias und dem Petit-Luxembourg lag, wo der Kardinal wohnte. Während dieser Übergangszeit sollte der Kronrat in Marias Zimmer stattfinden. Das war nichts Ungewöhnliches, und damit wurde deutlich gezeigt, daß man nicht daran dachte, sie kaltzustellen. Doch dieser Ratssitzung gingen zahlreiche und geheimnisvolle Zusammenkünfte voraus. Die Königin lud Ludwig XIII. zu endlosen Unterredungen ein. Wenn er sie verließ, rief sie ihre privaten Ratgeber, mit denen sie eine umfangreiche Akte gegen Richelieu anlegte: das Verzeichnis seines Vermögens, dessen Herkunft, die Ämter und Vergünstigungen, die er seinen nahen Angehörigen verschafft hatte. Paradoxerweise hatte Richelieus Nichte, Madame de Combalet, die Galigai als Hofdame der Königin ersetzt und war stets zur Stelle. Unmöglich konnte ihr entgehen, daß man es auch auf sie abgesehen hatte, und selbstverständlich informierte sie den Kardinal über diese Umtriebe. Wie dürfte man sich vorstellen, daß diese Zusammenkünfte geheim geblieben wären?

Richelieu wartete nicht, bis das Beil auf seinen Nacken herabsauste, sondern reagierte, indem er dem König erneut seinen Rücktritt anbot. Dieser lehnte wiederum ab. Nun wählte der Minister einen anderen Weg: Er verfaßte einen langen Brief an die Königin, in dem er – mit tausend weitschweifigen Formulierungen, deren schmeichlerischer Ton nahezu unterwürfig wirkte – darum bat, von den Verbrechen und Verdächtigungen freigesprochen zu werden, die ihm ein Tribunal zur Last legte, das ihm nicht die Gerechtigkeit widerfahren ließ, ihn anzuhören. Zum Schluß versicherte er: »Ich werde es nicht mehr bedauern, den Hof und die Welt zu verlassen, wo ich tausendmal am Tage sterbe, seitdem sich Eure Majestät so verhält, als wäre ich nicht mehr ich selbst, das heißt, Madame, Euer untertänigster, allertreuester und zu größtem Dank verpflichteter Diener.« Selbstverständlich hatte der Brief nicht die geringste günstige Wirkung. Im Gegenteil. Am 10. November 1630 hielt die Königin den Kardinal nach der Ratssitzung zurück und entzog ihm alle Ämter, die er in ihrem Hofstaat ausübte. Sie gab sich nicht damit zufrieden, ihn davonzujagen, sondern verabschiedete auch alle anderen Personen, einschließlich seiner Nichte, die er ihr empfohlen hatte. Um ihr Werk zu vollenden, ließ sie dem König schließlich kategorisch ausrichten, daß sie sich weigerte, diesen Schuft Richelieu wiederzusehen. Es käme überhaupt nicht in Frage, daß sie gemeinsam im Rat säßen.

Der ganze Hof wurde zur Gerüchteküche. Man zeigte dem Minister nicht mehr die liebenswürdige Miene, die er sonst gewöhnlich sah. Und der König? Der König zögerte. Allein, ohne Berater, ohne Unterstützung, überließ er sich seinen widersprüchlichen Gefühlen. Er wollte sich nicht von seinem Minister trennen, doch er wollte sich auch nicht mit seiner Mutter entzweien. Da er gegen jede realistische Voraussicht hoffte, sich eine schmerzliche Wahl zu ersparen, bat er Richelieu, einen Tag, nachdem er einen letzten Schritt bei Maria versucht hätte, offiziell Abschied von ihr zu nehmen. Er begab sich also am späten Vormittag zur Königin. Ihr Gemach nahm den ersten Stock des rechten Palastflügels ein, den eine Treppe mit einer Kapelle verband.

Die Königin war entschlossen, Ludwig XIII. ihren Willen aufzuzwingen und ihm jedes Unabhängigkeitsstreben zu nehmen. Sie fürchtete, während dieser Besprechung unterbrochen zu werden, und deshalb hatte sie die Anweisung erteilt, niemanden hereinzulassen. Als Richelieu, wie es der vom König vorgesehenen Inszenierung entsprach, im Vorzimmer erschien, hinderte ihn der Türhüter deshalb am Eintreten. Der Kardinal ließ sich keineswegs entmutigen, sondern begab sich nun zu einer Galerie, die durch eine andere Tür zu dem Zimmer führte, doch er stellte fest, daß sie abgesperrt war. Entschlossen, seine letzte Chance zu nutzen, stieg er hinunter und ging zur Kapelle, denn er kannte sich ja im Palast genau aus: Dort betrat er eine dunkle Treppe, erreichte eine Tür, drückte die Klinke herunter und konnte hineingelangen. Maria hatte nicht daran gedacht, diese Tür von innen verriegeln zu lassen.

Der unerwartete Auftritt Richelieus beendete die Unterhaltung auf der Stelle. »Ich möchte wetten«, sagte er, »daß Eure Majestäten von mir gesprochen haben.« Diese in heiterem und selbstsicherem Ton gesagten Worte erregten den Zorn der Königinmutter, die sich nicht um die Anwesenheit ihres Sohns kümmerte, sondern eine Flut von Beschimpfungen, Vorwürfen und Grobheiten ausstieß. Sie weigerte sich, ihn anzuhören, und drehte ihm den Rücken zu. Nun ergriff der König das Wort, dies jedoch so zaghaft, daß der Kardinal es für ein schlechtes Vorzeichen halten mußte. Er gab zu, daß es ihm nicht gelungen war, seine Mutter zu überzeugen – ein Schwächebekenntnis, das wegen der Anwesenheit Marias noch kläglicher wirkte –, und schlug ihm vor, sich ein paar Tage nach Pontoise zu begeben, um eine Beruhigung der Lage abzuwarten. Nach seinen Worten drehte sich Maria um und erklärte, Ludwig müsse unverzüglich und eindeutig zwischen ihr und dem Minister wählen. In ihrem Unvermögen, den Zorn zu beherrschen, wirkte sie dermaßen gefährlich, daß selbst Richelieu die Fassung verlor und unter Tränen vor ihr niederkniete, um sich von ihr zu verabschieden. Dann zogen sich die beiden Männer zurück und ließen sie scheinbar als Siegerin auf dem Schlachtfeld allein. Wenigstens sie war davon überzeugt.

Ludwig XIII. begab sich zu einem kleinen Jagdhaus, das man in Versailles für ihn gebaut hatte, Richelieu in seine Wohnung, den Petit-Luxembourg. Als der Hof das Benehmen der Königin beobachtete, war er vom endgültigen Sturz des Ministers überzeugt. Tatsächlich handelte Maria wie ein absoluter Alleinherrscher, als hätte sie soeben einen erfolgreichen Staatsstreich durchgeführt. Sie verzichtete auf jede Beratung mit dem König, verkündete den Rücktritt des Kardinals und gab zu verstehen, Nachfolger werde Marillac, der Mann ihres Vertrauens. Ihr ganzes Benehmen bekundete völlige Mißachtung des Souveräns. Wieder einmal – doch es wird das letzte Mal sein – bewies sie eine sonderbare Verblendung, weil sie die zeitweilige Tatkraft ihres Sohnes und seine Verstellungskunst unterschätzte.

Der König hatte, bevor er Paris verließ, Richelieu und Marillac angewiesen, zu ihm zu kommen. Nichts zeigt deutlicher, wie sehr den vollständig entmutigten Richelieu der Wutausbruch Marias erschreckt hatte, als die Tatsache, daß er sich bereits zum Exil gezwungen sah und sich auf eine Flucht nach Le Havre vorbereitete. Ein Freund, der Kardinal La Valette, machte ihm jedoch klar, daß mit seinem Verschwinden das Spiel endgültig verloren wäre, und er riet, dem König zu gehorchen und ihn aufzusuchen. Nun faßte sich der Kardinal, er ließ anspannen und traf spätabends in Versailles ein. Damals gab es dort nur ein Herrenhaus mit acht Räumen, das keine Ähnlichkeit mit dem Schloß hatte, wie wir es heute kennen. Richelieu fühlte sich über die Absichten seines Königs beruhigt, als dieser ihm das Zimmer seines Vetters, des Grafen von Soissons, zuwies, alle übrigen Anwesenden verabschiedete und ihm endlich seine Absichten mitteilte.[169]

»Ich befehle Ihnen ausdrücklich, zu bleiben und weiter die Leitung der Staatsangelegenheiten zu führen, denn dies ist mein unwiderruflicher Entschluß.« Ludwig XIII. fügte hinzu, daß es um das Interesse des Königreichs und um seine persönliche Würde ging. Hierauf sprach Richelieu das wesentliche Problem direkt an und fragte: »Wie wird man es allgemein aufnehmen, [wenn ihn der König bei sich] behält und sich den öffentlichen Vorwurf zuzieht, der Königin gegenüber undankbar zu sein?« Der König antwortete, er achte zwar seine Mutter, doch »größere Verpflichtungen habe er seinem Staat gegenüber«. Er verbarg nicht, daß er nach einem wirklichen inneren Kampf zu dieser Schlußfolgerung gelangt war und daß sein Beichtvater diese Entscheidung gebilligt hatte. Die beiden Männer besprachen sich länger als vier Stunden. Danach und trotz der vorgerückten Stunde berief Ludwig XIII. den Rat ein, der also mitten in der Nacht zusammenkam. Er verkündete die Absetzung und Festnahme des Großsiegelbewahrers Michel de Marillac und seines Bruders, des Marschalls. Dreizehn Jahre zuvor war die Ermordung Concinis das Zeichen für die Machtergreifung Ludwigs XIII. Im Jahre 1630 konnte er es sich erlauben, unter größerer Beachtung der Formen zu handeln, doch die Günstlinge der Königin mußten diesen Unterschied wohl für unwesentlich halten. Der Großsiegelbewahrer wurde trotz seines Alters – er war schon über achtundsechzig Jahre alt – und seines hohen Rangs grausam behandelt. Er wurde im Schloß von Châteaudun »eingesperrt« und »in niedrigster Knechtschaft gehalten, so daß selbst der letzte Bogenschütze über ihm stand«. Zwei Jahre später starb er in der Haft. Den Marschall stellte man vor Gericht, aber der Prozeß war lediglich eine Farce und endete mit einem eilfertig verkündeten und wenig überzeugenden Todesurteil. Er wurde 1632 enthauptet.

Doch kommen wir zu den denkwürdigen Tagen im November 1630 zurück. Nun mußte man noch Maria den Umsturz mitteilen. Der Staatssekretär La Ville aux Clercs wurde am Morgen in den Luxembourg geschickt, um sie zu unterrichten. Sie war maßlos bestürzt. Sie wollte nach Versailles eilen, laut wettern und toben, um ihren Rang wiederzuerringen. La Ville aux Clercs konnte sie davon abhalten. Der am Vortag triumphierende Kreis der Königin verstummte tiefbetrübt. Die Flut der Höflinge zog sich wie das Meer bei Ebbe zurück. Der noch am Morgen betriebsame, lärmende und geschwätzige Luxembourg lag bei Sonnenuntergang verödet und stumm da. Bautru, ein Höfling, fand den treffenden Ausspruch für dieses Ende: »Das war der Tag der Geprellten.«

Die Ereignisse von 1617 wiederholten sich nicht, die Königin wurde nicht fortgeschickt. Ludwig XIII. und Richelieu hätten es sogar gern gesehen, die Angelegenheit wieder »einzurenken«, der eine, um den Anstand zu wahren, der andere aus Angst. Er gestand Contarini, »daß er der Königin nicht mehr vertrauen konnte, die, wie alle Italiener, in ihrem Innern die Triebe des Hasses stets frisch erhielt«.[170] Er fürchtete sie nicht zu Unrecht. Die Königin gab sich nicht geschlagen. Da diese Palastrevolution einen deutlichen Rückgang des katholischen und spanischen Einflusses bezeichnete, was von der Tatsache verdeutlicht wurde, daß Ludwig XIII. damals ein knappes Dutzend Spanier aus dem Hofstaat Annas von Österreich des Landes verwies, machte sich Maria das zunutze, um sich – zum großen Ärger des Königs – ihrer Schwiegertochter zu nähern. Dieser Ärger wurde zu Besorgnis, als der junge Gaston den Kampfplatz betrat. Er ließ Richelieu wissen, daß er sich angegriffen fühlte, und ging von Paris nach Orléans, um die Fahne des Bürgerkriegs zu entfalten. Diese unüberlegte Tat sollte sich für die alte

Königin nachteilig auswirken. Wer sonst hätte den jungen Narren ermutigen können, seinen Bruder herauszufordern? Der Hof befand sich in Compiègne. Die beiden Königinnen hatten den König dorthin begleitet, als er beschloß, eine Ratssitzung einzuberufen, um für dieses ewig neu aufflammende Familiendrama eine Lösung zu finden.

Man faßte drei Möglichkeiten ins Auge: eine Versöhnung mit dem Bruder des Königs, eine Einigung mit der Königinmutter, den Rücktritt Richelieus. Die erste wurde wegen der unberechenbaren Reaktionen Gastons von vornherein verworfen; die zweite ließ sich schwerlich in Betracht ziehen, weil man die Königin nur zufriedenstellen könnte, wenn man ihr unumschränkte Macht gegeben hätte – aber der König hatte durchaus nicht die Absicht, auf den Thron zu verzichten –, und die letzte Möglichkeit wurde schließlich ohne Debatte zurückgewiesen, denn Ludwig XIII. wollte sich nicht von Richelieu trennen. Nun legten die Minister dar, daß nur durch die Entfernung der Königinmutter wieder Ruhe einziehen würde, und der König, den die einmütige Haltung des Rates gewissermaßen erleichterte, nahm diesen Beschluß überraschend schnell an.

Plötzlich beschleunigten sich die Ereignisse. Unter dem Befehl des Marschalls d'Estrées marschierten acht Kompanien der Leibgarde, das heißt eintausendfünfhundert Mann, nach Compiègne. Sie hatten den Auftrag, die Königin zu beaufsichtigen und zu überwachen, bis sie sich nach Moulins begeben würde, das man ihr als Aufenthaltsort zugewiesen hatte. Sobald der Befehl gegeben war, stieg der König zusammen mit Anna von Österreich in eine Kutsche, um nach Paris zurückzukehren, ohne sich von seiner Mutter zu verabschieden. Wollte er sich eine unangenehme Szene ersparen? Fürchtete er, sich von ihren Tränen rühren zu lassen? Oder meinte er einfach, da er als König gehandelt hatte, sich also, wie er es ausdrückte, über die Gefühle von Privatpersonen hinweggesetzt hatte, daß es ein absurdes und unvertretbares Rollenspiel sein würde, wenn er wieder als Sohn aufträte, und wäre es auch nur für eine Viertelstunde? Sie sollten einander nie wiedersehen.

Damit endet die Geschichte ihrer Beziehungen, denn sie unterhielten überhaupt keine mehr. Doch könnte man es sich versagen, zu erzählen, wie die Abenteuer der Medici ausgingen? Sie blieb ihrem Charakter treu, kümmerte sich nicht um die Niederlage und nahm die Entscheidung des Königs nicht ohne Widerrede hin. Zunächst einmal weigerte sie sich, nach Moulins zu gehen. Sie wollte nach Nevers. Nun gut, dann eben Nevers, erklärte der König. Doch wie könnte sie die Demütigung ertragen, Compiègne als Gefangene zu verlassen? Der König beugte sich ihren Klagen und ließ die Truppen zurückziehen. Da nutzte die Königin ihre Chance, um zu entfliehen. Es war leichter, aus Compiègne zu verschwinden, als aus Blois zu entweichen. Sie brauchte keine Strickleitern oder gefährlichen Rutschpartien. Maria verbarg sich unter undurchsichtigen Schleiern und ließ sich von vier Dienern begleiten. Auf deren Bitte wurde das Schloßtor geöffnet, nachdem sie der Wache erklärt hatten, daß die Dame, eine Hofdame der Königin, in einer benachbarten Einsiedelei heimlich heiraten wollte. Sie stiegen in eine auf sie wartende Kutsche und wandten sich nach Norden, weil sie die Festung La Capelle an der Grenze zu den spanischen Niederlanden erreichen wollten. Dort stand ihr eine erste Enttäuschung bevor. Um sich in den Dienst der Königin zu stellen, hatte der Festungskommandant, der junge Marquis de Vardes, den Hof verlassen, ohne einen ersichtlichen Grund zu haben und ohne sich zu verabschieden. Seine Abreise hatte Richelieu alarmiert, der den Vater des jungen Mannes benachrichtigen ließ. Dieser eilte dorthin, er verlangte von seinem Sohn, ihm die Schlüssel der Zitadelle zu übergeben, und verbot der Königin, die Festung zu betreten. Sie, die mit dieser Behinderung ihres Plans nicht gerechnet hatte, ging nun über die Grenze und suchte Zuflucht in den Niederlanden.

Es hieße, sie schlecht zu kennen, wenn man sich vorstellte, daß sie sich fortan ruhig verhalten hätte. Beim Pariser Parlament reichte sie eine Klage gegen Richelieu ein und verlangte, daß man ihm den Prozeß machte. Nun entschied sich der König für einschneidende Maßnahmen: Er begab sich ins Parlament und wies den Antrag als verleumderisch zurück, er untersagte seinen Räten unter Androhung der Strafe, des Majestätsverbrechens schuldig gesprochen zu werden, irgendwelche Beziehungen mit der Königin zu unterhalten, und schließlich ließ er ihre Besitzungen und Einkünfte beschlagnahmen. Der Bruch war vollständig und endgültig. Maria wird weiter Unruhe stiften und ihren jüngeren Sohn benutzen, um gegen den König zu intrigieren. Als jedoch 1638 der Kronprinz geboren wird, verliert Gaston viel von seiner Autorität. Maria hält sich eine Zeitlang bei ihrer Tochter in England auf, wo sie sehr schnell zur unerwünschten Person wird. Sie, die Mutter des französischen Königs, der englischen Königin, der spanischen Königin und der Herzogin von Savoyen, wird ihr Leben als vereinsamte, ruinierte, mißachtete Frau in Köln beenden, in einem Haus, das ihr Rubens überlassen hatte. Sie starb ein knappes Jahr vor ihrem Sohn. Ihre Schwiegertochter Anna konnte lange genug ihren Glanz und ihr Elend mit ansehen. Sie verstand es, daraus Lehren zu ziehen.

Anna von Österreich

»Argwöhnisch, unbeständig und wankelmütig« 1615-1638

Anna von Österreich, eine Spanierin und Königstochter wie Blanca von Kastilien, hatte wie diese vertrauensvolle und unkomplizierte Beziehungen zu ihrem Sohn und hinterließ ihm trotz ernster Schwierigkeiten ein intaktes und befriedetes Königreich. Wenn man jedoch die Rolle Blancas einmütig lobend anerkennt, hat die Nachwelt über Anna von Österreich ein weniger eindeutiges und paradox wirkendes Urteil abgegeben. Man bewundert übereinstimmend, daß sie die harte Prüfung des Aufstandes der Fronde bewältigen konnte, man würdigt ihr Verhältnis zu den beiden Kindern, und trotzdem rechnet man so etwas nicht ihr allein als Verdienst an. Warum nicht? Zum einen, weil Mazarin all ihre Erfolge – vom Kampf gegen die Parlamente und die »Verschwörung der Wichtigen« bis zur Erziehung Ludwigs XIV. – ins Werk gesetzt hat, und zum anderen, weil sich zwei der größten Schriftsteller des Jahrhunderts sehr hart über sie geäußert haben. Das geschriebene Wort hat eine unbezwingliche Macht, und es ist nahezu unmöglich, sich gleichzeitig gegen Retz und gegen Saint-Simon zu verteidigen.

Wenn man das berühmte Porträt des Kardinals von Retz liest – »Mehr als irgendwer, dem ich je begegnete, besaß die Königin die Art von Geist, die ihr nötig war, um von jenen, die sie nicht kannten, nicht für töricht gehalten zu werden. In ihrem Wesen lag mehr Bitterkeit als Stolz, mehr Stolz freilich als Größe, mehr Manieren als Moral, eher Sorglosigkeit in Gelddingen als Großzügigkeit, mehr Großzügigkeit immerhin als Eigennutz, mehr Eigennutz allerdings als Selbstlosigkeit; sie war eher anhänglich als leidenschaftlichen Gefühls, eher hart als hochmütig, entsann sich des Üblen, das man ihr antat, leichter als des Guten; zur Frömmigkeit zog es sie hin, ohne daß sie ihr sehr nahe kam; sie besaß mehr Hartnäckigkeit als Festigkeit, und vor allem andern, wovon die Rede war, Unfähigkeit.«[171]* –, könnte man dann erraten, daß Retz am Ende der Fronde im Gefängnis saß, während die Königin gemeinsam mit Ludwig XIV. und Mazarin in Paris triumphierte? Die Seitenhiebe Saint-Simons, der ihren »zaghaften, argwöhnischen, unbeständigen und wankelmütigen Geist«[172] und die abscheulich schlechte Erziehung schilderte, die sie, wie er sie beschuldigt, dem König zuteil werden ließ, sind in Erinnerung geblieben: »Beinahe schon bei seiner Geburt König, von der Politik einer Königin, die herrschen wollte, und noch mehr vom lebhaften Eigennutz eines bösartigen Ministers bedrückt, wurde seine erste Erziehung derart vernachlässigt, daß niemand wagte, sich seinem Zimmer zu nähern.«[173] – »Man brachte ihm kaum Lesen und Schreiben bei; er blieb dermaßen unwissend, daß er nie auch nur ein Wort wußte von den bekanntesten Tatsachen der Geschichte, den Ereignissen, Schicksalen, Verhaltensweisen, Geburten und Gesetzen.«[174] Man kann zwar ganz genau informiert sein, daß Ludwig XIV. richtig lesen und schreiben gelernt hatte, und man mag auch anerkennen, daß kein anderer Prinz so sehr von einer sanften und aufmerksamen Mutter verhätschelt wurde, man kann durchaus berücksichtigen, daß sich Saint-Simon von der Leidenschaft verblenden ließ und daß man den Zeugenbericht eines solch voreingenommenen, geistreichen und bissigen Gegners wie Retz nicht vorbehaltlos akzeptieren darf, trotzdem bleibt immer etwas von einer Verleumdung übrig, die auf dieser Ebene ersonnen wurde.

Schlimmer für die Legende, die sich um die Königin herausgebildet hat, wirkt sich das uneingeschränkte Vertrauen aus, das sie Mazarin schenkte, womit nicht gemeint ist, daß er sich dieses Vertrauens unwürdig erwiesen hätte. Im Gegenteil. Man betrachtet es im allgemeinen als ruhmvoll für einen König, wenn er einen guten Minister wählt. Daß Sully von Heinrich IV. mit

---

* Zit. nach: Kardinal Retz, *Memoiren*, aus dem Französischen übers. von Walter Maria Guggenheimer, Leipzig: Reclam, 1977; S. 127 (Anm. d. Ü.).

den Staatsangelegenheiten betraut wurde, daß Ludwig XIII. stets Richelieu die Treue gehalten hat, sind Zeichen ihrer Klugheit und Größe. Anders verhält es sich bei einer Königin, und das aus dem – übrigens beleidigenden – Grund, daß man ihre Wahl zwangsläufig mit einer Liebesneigung und nicht mit Wertschätzung erklärt. Die Legende von der verliebten Königin ist gewiß erst spät entstanden. Victor Cousin, ein Philosoph des 19. Jahrhunderts, ist der Autor, der diese Ansicht am klarsten ausgedrückt hat: »Wenn Anna von Österreich tatsächlich Mazarin nicht geliebt hat, wenn sie ihn allein durch die Erleuchtungen ihrer Vernunft verstehen konnte, wenn sie ihm ohne irgendeinen Ausgleich in Herzensangelegenheiten all ihre Freunde geopfert hat, wenn sie ihn 1643 gegen die ›Verschwörung der Wichtigen‹ und 1648 und 1649 gegen die Fronde verteidigt hat, wenn sie ihm 1651 während seines Exils treu geblieben ist, wenn sie 1652 und 1653 um seinetwillen einem langen und grausamen Bürgerkrieg getrotzt und sich damit abgefunden hat, zusammen mit ihren Kindern in Frankreich umherzuirren, dem ungewissen Ausgang von Kämpfen auf Gnade und Ungnade ausgeliefert, ohne daß sie oft wußte, wo sie sich am nächsten Tag zur Ruhe legen würde, und wenn sie nicht vielmehr einen Landesfremden aufgegeben hat, den man beinahe ebenso wie den Marschall von Ancre haßte und verachtete, weil sie begriffen hatte, daß dieser Fremde ein verkanntes Genie und als einziger fähig war, das Königtum zu retten und Frankreich den Rang zu bewahren, der ihm in Europa gebührt; wenn diese Standhaftigkeit, die sich von den schlimmsten Stürmen nicht erschüttern ließ und die sich mehr als zehn Jahre erhalten hat, sich bei ihr nicht auf ein besonderes Gefühl stützte, *den großen Beweggrund und die große Erklärung des Verhaltens der Frauen*, dann muß man Anna von Österreich als eine außergewöhnliche Persönlichkeit ansehen, als einen der größten Geister, eine der größten Seelen, die jemals einen Thron innehatten, eine Königin, die Elisabeth gleichkommt oder ihr gar überlegen ist. Was uns betrifft, so wagen wir nicht, nachdem wir gründlich darüber nachgedacht haben, derart weit zu gehen.«[175]

Warum diese Zwangsvorstellung von sexuellen Beziehungen zwischen der Königin und ihrem Minister? Warum lehnt man den Vorrang einer geistigen Autorität aus dem einzigen Grund ab, daß sie manchmal mit Milde ausgeübt wird? Warum fragt man sich nicht eher nach den Gründen für die Hochachtung Ludwigs XIV., der sich niemals Mazarin widersetzte und so klug war, den Tod seines Ministers abzuwarten, bis er allein die Regierungsverantwortung übernahm? Der junge König zeigte nie Eifersucht auf den Minister; nun gab es aber zwischen Ludwig, Anna und Mazarin stets ein enges Verhältnis. Man kann sich unmöglich vorstellen, daß sich der junge Mann nicht gegen seine Mutter empört hätte, wenn er sie im geringsten eines unsittlichen Lebenswandels verdächtigte. Der Philosoph des 19. Jahrhunderts kümmert sich auch nicht im mindesten darum, was merkwürdig wirkt, daß kein zeitgenössischer Memoirenschriftsteller – selbst nicht der respektlose Retz – die leiseste Anspielung auf ein etwaiges Liebesverhältnis der Königin macht. Ja, ein paar unflätige Schmähschriften, die sogenannten »Mazarinades«, behaupteten es mit den derbsten Worten, aber kein ernsthafter Historiker hatte jemals, ausgehend von diesen anonymen Angriffen, irgendeine Hypothese aufgestellt. So etwas wurde in allen Zeiten verbreitet, und wenn man derartigen Pamphleten glauben wollte, wären alle französischen Königinnen, von Blanca von Kastilien bis Marie-Antoinette, Huren gewesen. Victor Cousin hat es nicht für notwendig gehalten, zu erklären, warum und wie er zu seiner Schlußfolgerung gelangt war, ein Beweis für die geringe Wertschätzung, die man den Frauen im Frankreich des 19. Jahrhunderts entgegenbrachte.

Was bei Anna von Österreich am erstaunlichsten und ungewöhnlichsten wirkt, ist tatsächlich der Verwandlungsprozeß, den sie mit der Geburt ihres Sohnes begann und der sich nach dem Tod Ludwigs XIII. allmählich intensivierte, und gerade diese Entwicklung erklärt, wie widersinnig ihr Ruf ist. Es fällt nicht leicht, zwei widersprüchliche Bilder in Einklang zu bringen: das einer unbesonnenen, unbefriedigten, unbeschäftigten jungen Frau, die schnell zu unüberlegten Handlungen bereit war, und das einer entschlossenen, selbstsicheren Mutter, die treu an dem Berater festhält, den sie sich gegeben hat. Den Schlüssel zu ihrer Persönlichkeit bietet nicht die Liebe, die Mazarin in ihr erregt, sondern die Liebe und Leidenschaft für ihren Sohn.

Wir haben sie schon in den vorherigen, ihrer Schwiegermutter gewidmeten Kapiteln kennengelernt. Konzentrieren wir uns jedoch nun auf sie, vor allem, um die Unterschiede zwischen ihr und den Medici-Königinnen zu veranschaulichen. Der erste Unterschied besteht darin, daß sie die Tochter eines Königs, und zwar eines großen Königs, ist, eines Königs, der sie stets aufmerksam und voller Zuneigung behandelte und das auch nach ihrer Hochzeit weiter tun wird. Während die Zukunft Katharinas, die gleich nach ihrer Geburt verwaist war, und die Marias, die frühzeitig Mutter und Vater verloren hatte, lange recht ungewiß blieb, wuchs Anna bei ihren Eltern auf, die über ein riesiges Reich herrschten. Sie war zwar erst elf Jahre alt, als ihre Mutter starb, doch ihr Vater, den dieser Verlust in Verzweiflung stürzte – er wird nie wieder heiraten –, verhielt sich deshalb nur noch zärtlicher zu seiner Tochter.

Wenn die Ehen Katharinas und Marias ihrer Mitgift zu verdanken waren – und man sorgte dafür, daß diese Töchter großer »Bankiers« ihr unbedeutendes dynastisches Erbe schwerlich vergaßen –, so verdankte Anna ihre Ehe einem makellosen Stammbaum und der entscheidenden Bedeutung eines Bündnisses mit der Vormacht im europäischen Kräftespiel. Die zwei Medici-Töchter kamen als Einzelpersonen nach Frankreich, und nichts in dem kleinen Land, das sie hinter sich zurückließen, konnte ein Gegengewicht zu dem darstellen, was sie in Frankreich entdecken sollten. Welch ein Gegensatz zu Anna! Sie wurde von ihrem Vater bis zur Grenze begleitet, womit sich dieser Mann über die Etikette hinwegsetzte, denn ihn bestürzte der Gedanke an die endgültige Trennung von seiner geliebten Tochter, die einen politischen Auftrag zu erfüllen hatte – sie sollte jeden Konflikt zwischen den beiden Ländern verhüten und den Kampf gegen die Ketzer fördern. Sie wurde von einem beeindruckenden Gefolge geleitet und war sich auch zutiefst bewußt, was man einer spanischen Prinzessin schuldete. Während jedermann die Reizlosigkeit Katharinas betonte und die Schönheit der üppigen Maria schnell verblüht war, begeisterten sich schließlich alle Beobachter für die Erscheinung der blonden und schlanken Infantin mit den grünen Augen und dem strahlenden Teint, und sie schien den König zu bezaubern.

Schon in ihren ersten Zeiten hatten die Italienerinnen mit Demütigungen fertig zu werden. Katharina mußte hinter Diane de Poitiers zurücktreten und verzehrte sich vor Kummer in ihren zehn kinderlosen Jahren; überrascht und wütend mußte Maria sehr bald begreifen, daß ihr königlicher Gemahl von ihr erwartete, in gutem Einvernehmen mit seinen zahlreichen Mätressen zu leben. Doch die Bedingungen, die man ihnen vorschrieb, waren eindeutig. Sobald sie verstanden hatten, welchen Beschränkungen ihr Einfluß unterlag, konnten sie sich darauf einstellen. Anna hingegen sah sich einer höchst unsicheren und demzufolge verwirrenden Lage ausgeliefert, denn sie hing ja von Ludwig XIII. ab, einem Mann, dessen Launen beinahe unmöglich zu durchschauen waren. Ihre Ehe begann mit einem widerwärtigen Erlebnis. Gleich nach ihrer Ankunft mußte sie in ihrer Hochzeitsnacht die jämmerlichen und ungeschickten Bemühungen eines unerfahrenen Ehegatten erdulden; danach ließ Maria von Medici nicht zu, daß sich die jungen Leute behutsam an ihre neue Intimität gewöhnten, sondern hielt sie voneinander getrennt, und nun empfing die kleine Prinzessin inmitten ihrer Frauen die protokollarischen Besuche ihres Gemahls und ihrer Schwiegermutter, während ihre einzige Ablenkung die Briefe ihres Vaters waren, der sie aufheitern wollte, indem er ihr von Stierkämpfen, Maskenbällen und neuen Theaterstücken erzählte, aber auch seine Besorgnis über die Untätigkeit des jungen Ehemanns durchblicken ließ. Ein, zwei Jahre vergehen, dann drei und vier, und im Ehebett ist immer noch nichts geschehen. Leider haben sich die Briefe Annas an ihren Vater nicht erhalten. Man hätte so gern erfahren, was sie über diese Verhältnisse dachte, die nicht mehr allein beunruhigten, sondern nun auch grotesk wirkten. Sie stammte, wie wir gesehen haben, aus einer harmonischen Familie, während ihr die Familie ihres Gatten so vorkommen mußte, als bestünde sie aus lauter Verrückten.

Sicher hatte sie bemerkt, wie beleidigend Maria den König behandelte. Aber rechnete sie mit der Wendung vom 24. April 1617, mit der Ermordung Concinis und der brutalen Verabschiedung der Königinmutter? Diese Ereignisse beunruhigten sie um so mehr, als sie nicht den Auftakt zu einer Annäherung der Eheleute bildeten. Unmittelbar danach entließ Ludwig XIII. den größten Teil des spanischen Gefolges der Königin unter dem Vorwand, er ertrage es nicht, sie in der Gesellschaft von Ausländern zu sehen, doch seine Besuche wurden nach deren Abreise nicht länger, häufiger oder zärtlicher. Der spanische König mochte seiner Tochter noch so sehr zu Geduld, Gehorsam und guter Laune raten, es änderte sich nichts, und die schöne junge Frau schlief immer weiter allein, wie allgemein bekannt war.

Diese harten und langen Prüfungen, die sie ertragen mußte, waren offenbar schmerzlicher als jene, die die vorherigen Königinnen erlebt hatten, weil sie gewissermaßen unbegreiflich erschienen. Heinrich II. hatte sich von Diane de Poitiers verführen lassen; Heinrich IV. war ein unverbesserlicher Schürzenjäger, aber Ludwig XIII.? Wie sollte man ihn beschreiben? Niemand wußte das, und darüber streitet man sich immer noch. War er homosexuell? War er von unüberwindlicher Schüchternheit? Fürchtete er sich vor Frauen? Und was konnte Anna anderes tun als warten? Endlich, am 25. Januar 1619, gab der *Mercure français* den Vollzug der Ehe bekannt. Alle Botschafter schickten Depeschen an ihre Regierungen. Die Tradition verlangte, daß Königinnen in der Öffentlichkeit niederkamen. Daß die Presse ein solch natürliches Ereignis meldete, war weniger üblich. Man kann sich gleichwohl vorstellen, daß Philipp III. erleichtert aufatmete.

Allerdings endeten damit die Mißgeschicke Annas nicht.

Wenn Ludwig XIII. einige Jahre lang – während der ersten Verbannung Marias von Medici nach Blois – scheinbar Vergnügen an einem wirklichen Eheleben fand, so war der Honigmond doch nur von kurzer Dauer. Brach der König zu einem Feldzug auf, übertrug er zwar Anna nominell die Verantwortung, aber er wurde wieder zu einem abweisenden und unfreundlichen Ehemann. Oft erklärt man diesen Sinneswandel mit seinem Zorn über die Fehlgeburten der Königin. Daß man es einer Frau übelnimmt, wenn ihr sehnlichster Wunsch nicht in Erfüllung geht, wirkt gleichermaßen dumm und kindisch, zumal der König immer weniger gern das Ehebett aufsuchte und somit nicht das Notwendige unternahm, um die Lage zu ändern. Der andere Grund besteht in der Rückkehr Marias von Medici an den Hof und in ihrem eifersüchtigen und starrsinnigen Bestreben, die junge Königin an den Rand zu drängen und ihr bei Ludwig XIII. zu schaden. »Sie bemühte sich so eifrig und erfolgreich, deren Zwietracht zu erhalten, daß die Königin seit jener Zeit kein Ansehen und keine freundliche Behandlung genoß«,[176] berichtete Madame de Motteville, eine Hofdame der jungen Königin.

Tatsächlich war sich Ludwig XIII. unschlüssig, wie er sich seinen beiden Königinnen gegenüber verhalten sollte, wobei er sich zunächst nach dem Gewohnheitsrecht richtete und Anna den Vorrang gab. Dann änderte er den Kurs und zwang sie, hinter der alten Herrscherin zurückzustehen. So trug er dazu bei, eine ebenso verworrene wie unangenehme Lage zu schaffen. Selbst die Abneigung zwischen den beiden Frauen war keine unabänderliche Gegebenheit. Sie zeigten, daß sie durchaus imstande waren, sich zu vereinen, vor allem gegen Richelieu, und man wird erleben, daß Anna in Tränen ausbricht, als die Königinmutter zum zweitenmal in Ungnade fällt. Weinte sie jedoch über die Mißgeschicke ihrer Schwiegermutter oder über die ungewisse Zukunft, die vor ihr lag? Nur eines blieb sich gleich: daß man Anna stets alle Informationen vorenthielt. Niemand kümmerte sich darum, ihr die Probleme des Staates zu erklären. Sie hatte ja noch immer keine Kinder, und bei einem etwaigen Ableben Ludwigs XIII. würde sie nicht Königinmutter und noch viel weniger Regentin, sondern ganz einfach eine königliche Schwägerin sein, das heißt so gut wie nichts.

Im Gegensatz zu den vorhergehenden Königinnen hatte sie also keine Möglichkeit, sich mit der Regierungsarbeit vertraut zu machen. Seit 1622 war sie an nichts mehr beteiligt, sie wurde von ihrem Ehemann und ihrer Schwiegermutter abgewiesen, während diese sich bis 1630, bis zum »Tag der Geprellten«, in den Staatsgeschäften durchsetzte. Und auch Richelieu lehnte sie ab, denn sie hatte sehr schlechte Beziehungen zum Kardinal. Ein Mann von seiner Intelligenz hätte sich mit Anna einigen können, wenn es mit ihr zu einem offenen Meinungsaustausch gekommen wäre, doch er hatte bereits so viele Schwierigkeiten, seine Position zwischen dem König und der Königinmutter zu behaupten, er verlor so viele Stunden damit, die diplomatischen und militärischen Probleme zu erläutern, daß man sich kaum vorzustellen vermag, woher er auch noch die Zeit hätte nehmen sollen, die herrschende Königin auf seine Seite zu ziehen. Außerdem war das Mißtrauen des Königs gegenüber seiner Frau wie gegenüber seinem Minister so groß, daß sich dieser selbst zum Untergang verurteilt hätte, wenn der Monarch von einer derartigen Annäherung erfahren sollte. Anna empfand im übrigen keinerlei Sympathie für diesen Mann, der, wie sie überzeugt war, stets ihr Feind bleiben würde. Ihr Gefolge erleichterte schließlich auch nicht ein solches Bestreben.

Anna war nicht untätig und nicht isoliert. Sie wurde von einem ganzen Hofstaat kühner und abenteuerlustiger Frauen umschwärmt, die stets bereit waren, sich auf Intrigen und Komplotte einzulassen. Ludwig XIII. fühlte sich unbehaglich unter diesem brillanten und spöttischen Frauenvolk, das ungeduldig darauf wartete, daß er ging, um sich über sein steifes Benehmen zu mokieren, hemmungslos über seine Ungeschicklichkeiten zu lachen und sich mit so pikanten Büchern und Scherzen zu beschäftigen, daß der beunruhigte Nuntius den Beichtvater der Königin beauftragte, sie zu warnen. Ludwig XIII. hatte die Gesellschafterinnen seiner Frau selbst ausgewählt, und das vergrößerte seinen Ärger. Die Frauen, die er für die zuverlässigsten hielt, ergriffen sehr bald Partei für Anna und beteiligten sich an den Spielen wie an den Komplotten. Ein zusätzlicher Beweis, falls er notwendig sein sollte, daß Ludwig XIII. wahrhaftig nichts von den Damen verstand. An einem Tag, als er besonders aufgebracht war, gestand er Richelieu: »Wenn ich nur fern von all diesen Frauen bin, es ist mir gleich, wo.«[177]

Marie de Chevreuse herrschte über diese Schar von Lachtauben. In der Zeit ihrer ersten Ehe mit Luynes hatte ihr der König die bedeutende Stellung der Oberhofmeisterin des Hausstaates der Königin gegeben. Damals hatte sich Anna von dieser Ernennung verletzt gefühlt, die man vorgenommen hatte, ohne sie zu fragen. Sie war auch etwas verunsichert wegen des Interesses, das ihr Gatte offenbar dieser sehr hübschen jungen Frau entgegenbrachte. Doch sie ließ sich selbst sehr bald vom Frohsinn, Schwung und Geist der übermütigen Person faszinieren, die, kaum war sie Witwe geworden, den Herzog von Chevreuse heiratete. Ludwig XIII., der die Tugend sehr ernst nahm, hatte bei seiner Wahl keine glückliche Hand bewiesen. Marie de Chevreuse hatte ein feuriges Temperament und konnte es schlecht ertragen, daß ihre Freundinnen nicht die Freuden kennenlernten, die ihr selber zahlreiche Liebhaber bereiteten. Wie Retz urteilte, ersetzte bei ihr »die Lebhaftigkeit des Geistes die Fähigkeit zum Urteil. [...] Sie liebte ziemlich wahllos, und nur einfach, weil sie jemanden haben mußte, den sie liebte. [...] Niemals hat ein Mensch weniger auf Gefahren geachtet als sie, und nie hat eine Frau mehr Verachtung für Gewissensskrupel und Pflichten gleicherweise bewiesen: Sie kannte nur die, ihrem Geliebten zu gefallen.«[178]* Während der Buckingham-Affäre spielte sie eine zwielichtige Rolle, die der Königin außerordentlich schadete, und das weniger aus Bosheit oder Doppelzüngigkeit als vielmehr aus Leichtfertigkeit. Deshalb verlor sie ihren Posten der Oberhofmeisterin, doch sie blieb eine sehr nahe Vertraute der Königin.

* Zit. nach: Retz a. a. O., S. 131 f. (Anm. d. Ü.).

Richelieu und Ludwig XIII. trafen eine andere unglückliche Wahl, als sie Madame du Fargis den Platz einer Hofdame gaben: einer scheinbar sehr frommen Frau, die ihnen für die bei einer Person ihres Standes unerwartete Gunst dieses Amtes maßlos dankbar hätte sein müssen. Statt dessen wechselte sie unverzüglich ins Lager der Königin über und trug mühelos zur Heiterkeit des kleinen weiblichen Hofstaates bei, dessen Galanterie einen deutlichen Gegensatz zu den Gefährten des Königs bildete. All diese Damen unterhielten die junge Königin, die deren Abenteuer nicht als Sittenrichterin beurteilte, und vor allem füllte deren Freundschaft ihr vereinsamtes Herz aus.

Madame de Motteville meinte, Anna habe viel Geist bewiesen: »Sie ist redegewandt: ein Gespräch mit ihr wirkt angenehm, sie versteht Spaß, nimmt nie etwas übel, taktvolle und geistreiche Unterhaltungen machen ihr Freude ... aber sie ist bequem; sie hat überhaupt nichts gelesen.« Es war nicht nach ihrem Geschmack, wie Katharina von Medici ganze Stunden in ihrem Kabinett zu verbringen, um Griechisch und die Grundlagen der Astronomie zu lernen, ebensowenig, sich wie Maria von Medici mit einer Kammerfrau in ihrem Zimmer einzuschließen, um ihre Einkünfte zu berechnen. Diese schöne, verführerische Frau war gern in Gesellschaft, sie zog Huldigungen an, sie war die Tochter eines so hohen Hauses, daß ihr nie auch nur der Gedanke kam, man könnte sie verdächtigen, ihre Ehre zu beflekken, und das erwies sich als die Quelle ihrer Unbesonnenheiten.

Sie unterhielt sich gern, und da Ludwig XIII. selbst das kleinste echte Gespräch, den geringsten direkten Gedankenaustausch verweigerte, setzte sie ihre ganze Hoffnung zunächst auf den Briefwechsel mit ihrem Vater und dann auf den mit ihrem Bruder. Nun ist aber eine Korrespondenz mit dem Souverän eines feindlichen Landes – während eines großen Teils dieser Herrschaftszeit befanden sich Spanien und Frankreich im Krieg – niemals harmlos. Da man die Königin von den Staatsangelegenheiten Frankreichs fernhielt, blieb sie übermäßig eng mit Spanien verbunden, was sich für sie ungünstig auswirkte. Das war nicht die beste Politik für eine französische Königin.

Diese widersprüchliche und spannungsreiche Situation, in der jede Initiative schlecht ausgelegt werden kann, veranschaulichen nichts besser als die dramatischen Wendungen, zu denen es im Zusammenhang mit einer möglichen Ehe Gastons, des kleinen Bruders, kam. »Weil er die Kraft nicht hatte, denen zu widerstehen, die ihn aus Eigennutz in ihre Unternehmungen hineinzerrten, nahm er an diesen allen teil; aus allen ging er mit Schande hervor, weil er den Mut nicht aufbrachte, sie durchzuhalten.«[179*] Nach dem Willen Marias von Medici stand eine Eheschließung Gastons, der gerade achtzehn Jahre alt geworden war, auf der Tagesordnung. Die Königinmutter hatte es auf ihren Liebling Mademoiselle de Montpensier, die reichste Erbin Frankreichs, abgesehen. Ganz anders als ihr Ältester trat Gaston fröhlich und umgänglich auf, fühlte sich zu Frauen hingezogen und, ein Beweis für seine Leichtfertigkeit und Gedankenlosigkeit, hatte nicht die geringste Lust zu heiraten. Er war nicht als einziger gegen diesen Ehebund. Ludwig XIII. legte durchaus keinen Wert darauf, daß der jüngere Bruder heiratete, der gewiß in der Lage war, für Neffen zu sorgen und so seinen Kummer zu verschlimmern, daß er selber keine Kinder hatte. Er hatte zwar seine Fähigkeit bewiesen, Nachkommen zu zeugen, doch er hatte auch gezeigt, daß er es mit geringer Begeisterung tat. Wie dürfte man sich darüber wundern? Er war stets kränklich und litt unter abstoßenden Übeln. Außerdem vertrug sich Ludwig XIII. schlecht mit seiner Frau, er verbrachte die Abende mit seinen Edelleuten und die Nächte in seinem schmalen Bett. Anna widersetzte sich der Ehe aus unklaren Gründen: Man konnte sich vorstellen – wenigstens gaben das einige gehässige Höflinge zu verstehen –, daß sie, falls ihr kranker Gatte sterben sollte, damit rechnete, ihren Schwager zu heiraten. Nichts von alldem wurde ausgesprochen, doch in den Salons der Königin erinnerte man andeutungsweise an den Präzedenzfall der Anna von Bretagne, die sich nacheinander mit Karl VIII. und Ludwig XII. vermählt hatte. Auf Initiative der Herzogin von Che-

* Zit. nach: Retz, a. a. O., S. 127. (Anm. d. Ü.)

vreuse bildete sich eine Partei der »Ehegegner«, die bald die Ausmaße einer Verschwörung annahm. Richelieu und Maria gerieten in Unruhe: Das Komplott wurde aufgedeckt. Man gab ihm den Namen »Komplott von Chalais«, denn aus Liebe zur Herzogin von Chevreuse hatte sich der unvorsichtige Graf von Chalais zu weit vorgewagt. Er mußte seine Torheit mit dem Kopf bezahlen, die Herzogin wurde ins Exil geschickt, Gaston wurde ordnungsgemäß verheiratet, und Anna, die man vor den Kronrat zitierte, mußte die Verlesung der Anklageschriften und, noch schlimmer, die Vorwürfe ihrer Schwiegermutter über sich ergehen lassen. Diese »ermahnte sie, so zu leben, wie die Königinnen von Frankreich früher gelebt hatten«. Ludwig XIII. bezichtigte sie, sie hätte seinen Tod gewollt, um seinen Bruder heiraten zu können. Die zutiefst verletzte junge Königin ließ sich jedoch nicht demütigen und warf geringschätzig hin: »Bei diesem Tausch hätte ich zuwenig gewonnen!« Sie wies die Anklage zurück, doch sie hatte das Vertrauen ihres Ehemanns für immer verloren und ihrem Ruf erheblich geschadet.

Daher kommt das Bild der unklugen, unbesonnenen, ihren Leidenschaften unterworfenen Königin. Saint-Simon charakterisiert sie zutreffend in diesem konkreten Augenblick, wie sie auf seinen Vater, den Herzog Claude, den Günstling Ludwigs XIII., wirken mußte. Merkwürdig ist, daß die von ihm gebrauchten Adjektive – argwöhnisch, unbeständig und wankelmütig – sich ebensogut auf den König anwenden ließen. Denn gerade das fehlende Vertrauen, Zweifel und Unbeständigkeit haben ja ihre Beziehungen vergiftet. Ludwig XIII. und Anna erscheinen als ein höllisches Paar, wobei der eine den anderen ins Unglück riß. Er blieb immer mißtrauisch und feindselig; sie lehnte sich gegen die verlangte Unterwerfung auf; je mehr er darauf versessen war, sie zu demütigen, desto entschiedener widersetzte sie sich und entzog sich ihm. Nie unterbrach sie die Korrespondenz, die sie irrtümlich für geheim hielt, mit ihren emigrierten Freunden oder ihren Verwandten. Obwohl sich der König nicht um ihre Gesellschaft bemühte, fühlte sich der Eifersüchtige gekränkt, wenn sie ihm nicht folgte, sobald er eines von seinen Schlössern aufsuchte. Die langen Wochen, die man in Fontainebleau oder Saint-Germain mit der Jagd verbrachte, waren der Königin offenkundig ein Greuel, und wenn sich die kleinste Gelegenheit bot, eilte sie nach Paris, um sich im Theater zu zerstreuen. Gern suchte sie auch Zuflucht in Klöstern, die sie unterstützte und deren Nonnen eine ihr zusagende Gesellschaft boten. Der König bemühte sich nicht, sie zurückzuhalten, aber er verbarg auch nicht seinen Ärger. »Die Königin wird erst am Montag fortgehen, und ich am Dienstag, gewiß möchte sie sich in Paris die Zeit während meiner Abwesenheit vertreiben, sie wird recht enttäuscht sein, wenn sie sieht, daß ich ankomme«, schrieb er Richelieu.[180]

Zur letzten großen politischen und Ehekrise kam es im Jahre 1631, als Maria von Medici endgültig in Ungnade fiel. Diese Krise wurde von der außenpolitischen Entwicklung hervorgerufen, genauer gesagt, von den Beziehungen zwischen Frankreich und Spanien. Richelieu maß den religiösen Gemeinsamkeiten und den dynastischen Bündnissen geringere Bedeutung als einem europäischen Gleichgewicht der Kräfte bei. Wenn die Habsburger, die bereits Spanien und Österreich beherrschten, die Oberhand über die protestantischen deutschen Fürsten gewannen, würden ihr Einfluß und ihre Autorität dermaßen anwachsen, daß Frankreich zu einer zweitrangigen Macht herabsinken müßte. Es gelang dem Kardinal, Ludwig XIII. zu überzeugen, daß es richtig war, eine Außenpolitik aufzugeben, die auf der religiöser Gemeinschaft beruhte. Die Königin war durchaus imstande, diesen Grundsatz zu verstehen – das wird sie während ihrer Regentschaft beweisen –, doch niemand machte sich die Mühe, ihr zu erklären, daß dieser wahrhaftige Kreuzzug gegen die erste katholische Macht Europas für sie nicht die Gefahr bedeutete, verstoßen zu werden. Nun fühlte sie sich in einer sehr schwachen Position. Sie hoffte kaum noch, einen Sohn zu gebären. Wenn der politische Vorteil entfiel, den die Verbindung mit ihr bot, wie sollte sie dann nicht die Aufhebung ihrer Ehe befürchten? Eine unbegründete Furcht, denn nichts deutet darauf hin, daß Richelieu oder Ludwig XIII. beabsichtigt hätten, sich für eine solche Möglichkeit zu entscheiden, aber die Klatschgeschichten verstummten nicht, und Anna hatte nicht soviel gesunden Menschenverstand, sich selbst zu schützen, indem sie jeden Austausch mit Spanien abbrach. Natürlich fing der Kardinal ihre Briefe ab. Drei Jahre lang gab er sich damit zufrieden, sie zu sammeln, schließlich aber argwöhnte Ludwig XIII., daß es sie gab, und das Drama nahm seinen Lauf.

Die Königin war nicht ganz unschuldig. Sie hatte sich in die Verschwörung von Chalais hineinziehen lassen, nie hatte sie ihren Briefwechsel mit der Herzogin von Chevreuse unterbrochen, die sich größte Mühe gab, dem König und Richelieu an allen Höfen Europas zu schaden. Obwohl die Königin ganz genau wußte, daß sie keine Macht besaß, oder vielleicht gerade, weil ihr dies schmerzlich bewußt war, versuchte sie, sich zu informieren, und zögerte nicht, dafür Auskünfte anzubieten, die durch die Vermittlung Augiers, eines in Paris ansässigen Engländers, schließlich beim Marqués de Mirabel landeten, der früher als spanischer Botschafter in Paris gewirkt hatte und nun einen Posten in Brüssel bekleidete. Dieser unterrichtete dann den Kardinal-Infanten, den Statthalter der Niederlande und Bruder des spanischen Königs. Anna machte sich doppelt schuldig: Für eine Person ihres Ranges handelte sie besorgniserregend leichtsinnig, und außerdem trat sie als Gegnerin der Politik ihrer Regierung auf. Doch diese Korrespondenz blieb folgenlos, und das erklärte sich damit, daß die Spanier sie nicht allzu ernst nahmen und daß sie der unnützen Intrigen der Feinde Richelieus überdrüssig wurden. Dieses Vorgehen bewies allerdings unwiderleglich, daß sich die Königin weiter von ihren Leidenschaften leiten ließ. Ludwig XIII. und sein Minister beschlossen, dieses ganze Treiben zu beenden.

Der Schleppenträger der Königin – der Beamte, dessen Aufgabe darin bestand, die Schleppe ihres Mantels zu tragen –, ein gewisser La Porte, dem sie mit gutem Grund uneingeschränkt vertraute und der ihre heimlichen Briefe an deren rechtmäßige Adressaten übermittelte, wurde festgenommen und in die Bastille gebracht, wo man ihn einem Verhör unterzog. An demselben Tag drangen der Bischof von Paris und der Kanzler Pierre de Séguier ins Kloster Val-de-Grâce ein, wo die Königin gern in Klausur ging. Oft verbrachte sie einige Tage in einem Zimmer, das man in diesem Gebäude für sie eingerichtet hatte, und der König verdächtigte sie, daß sie dort, fern von den neugierigen Blicken des Hofes, ihre Briefe schrieb. Er hatte nicht unrecht. Die Oberin, Mutter Saint-Étienne, nahm für sie die Briefe der Herzogin von Chevreuse entgegen und übermittelte die Antworten durch ihren Bruder, den Gouverneur von Besançon, das damals freie Reichsstadt war. Eine Durchsuchung fand statt, die Äbtissin wurde erfolglos verhört. Sie verteidigte die Königin so nachdrücklich und zeigte sich derart entschlossen, sie nicht zu verraten, daß der Bischof die Nonnen zusammenrief und ihnen mitteilte, er enthebe die Oberin ihres Amtes. Er ließ sie augenblicklich durch eine Cousine Richelieus ersetzen. Ohne länger zu warten, stieß er Mutter Saint-Étienne in eine Kutsche, um sie ins Kloster von La Charité-sur-Loire zu verbannen. Als nun auch die Königin verhört wurde, gestand sie die offensichtlichen Tatsachen, das heißt, daß sie Madame de Chevreuse und dem spanischen König geschrieben hatte, doch sie leugnete jede Absicht, im geheimen Einvernehmen mit den Feinden Frankreichs handeln zu wollen. Ihr Heil hing nun aber von den Geständnissen La Portes ab. Wenn er zuviel erzählte, war sie verloren; wenn er alles leugnete, war er verloren. Sie fürchtete sich also gleichermaßen vor dem Widerstand und der Schwäche ihres Dieners. Unter diesen Umständen mußte man unbedingt zu ihm vordringen, um ihn zu unterrichten. Dank der Kühnheit, des Einfallsreichtums und Mutes ihrer Anhänger wurde die Königin gerettet.

Mademoiselle de Hautefort, eine ihrer Damen, schlüpfte bei Tagesanbruch in eine Droschke, die am Tor des Louvre auf sie wartete. Als Kammermädchen verkleidet, das Gesicht unter einer großen Haube verborgen, wurde sie von den Wachposten nicht erkannt. Sie ließ sich zur Bastille bringen und verlangte, den Chevalier de Jars zu sehen: Sie sei die Schwester seines Dieners, erklärte sie, und wolle ihm mitteilen, daß ihr Bruder mit dem Tode ringe. Der Chevalier de Jars, ein Vertrauter Marias von Medici und dann Annas von Österreich, hatte sich an allen Komplotten gegen Richelieu beteiligt. Er war insgeheim aus der Verbannung zurückgekommen, man hatte ihn verhaftet, zum Tode verurteilt und erst auf dem Schafott begnadigt. Gerade hatte er diese schreckliche Bewährungsprobe hinter sich gebracht. Er erkannte die Besucherin sofort und hörte ihr bestürzt zu. Sie flehte ihn an, ein versiegeltes Schreiben an La Porte weiterzuleiten, worin genau angegeben war, wie weit er bei seinen Geständnissen gehen durfte. Der unglückliche Chevalier, den dieser Auftrag einigermaßen aus der Fassung brachte, stand in dem Ruf, ein erstaunlich mutiger Mann zu sein, und er machte seinem Ruf alle Ehre: »Ich muß also tun, was die Königin erbittet; es gibt keinen anderen Ausweg, ich bin gerade erst dem Schafott entronnen, und ich werde ihm wieder verfallen.«[181] Seine Zelle lag vier Stockwerke über dem Verlies La Portes. Er durchbohrte den Boden, ließ den Brief der Königin und dazu einen Zettel zu dem Häftling hinabgleiten, der unter ihm hauste. Er bat ihn, das gleiche Manöver auszuführen. Das ebenso gefährliche wie komplizierte Unternehmen gelang, und La Porte, der sich von den ausführlichen Anweisungen leiten ließ, konnte sich selbst und seine Herrin mit einer Entschiedenheit rechtfertigen, die auch die angedrohte Folter nicht zu erschüttern vermochte.

Doch der König verfolgte sie auf seine Weise hartnäckig weiter. Er trat der Königin nicht persönlich entgegen, sondern zwang ihr eine demütigende Isolierung auf. Er begab sich nicht mehr in ihre Gemächer; und die vorsichtigen Höflinge zogen es vor, auf Besuche bei ihr zu verzichten. Schließlich, am Ende ihrer Kraft, gab sie nach; sie bat den Kardinal, ihr einen Besuch abzustatten, und sie gestand ihm, welchen Inhalt ihr Briefwechsel mit dem Kardinal-Infanten hatte. Nun handelte der König als pedantischer Staatsanwalt. Er ließ sie ein vollständiges Geständnis unterschreiben, das er vor einem Zeugen gegenzeichnete, und danach erteilte er peinlich genaue Anweisungen: Er untersagte ihr, an Madame de Chevreuse zu schreiben; er wies die Hofdame und die erste Kammerfrau an, den König jedesmal zu unterrichten, wenn die Königin ihr Schreibzeug verlangen sollte; er verbot der Königin, sich in ihre Klöster zu begeben. Die spanische Regierung reagierte verwundert auf den Skandal, den eine im Grunde wenig bedeutsame Korrespondenz heraufbeschworen hatte, denn die von den Staatsangelegenheiten ferngehaltene Königin kannte ja nur ganz unverfängliche Informationen. Die Regierung erklärte ironisch, daß sie weitaus nützlichere Quellen hätte, und Olivares, der Erste Minister Philipps IV., erbot sich, dem Kardinal eidlich zu versichern, daß der spanische König niemals auf eine Weise gehandelt hätte, »die der Königin, seiner Schwester, Unannehmlichkeiten bereiten würde«. Ludwig XIII. war über jeden Spott erhaben. Als er meinte, daß sich seine Frau in einer ausweglosen Lage befand und ihm ausgeliefert war, suchte er wieder trübselig das Ehebett auf. Glücklicherweise sind Leidenschaft und Lust keine notwendigen Vorbedingungen für die Empfängnis. Zur allgemeinen Verblüffung kündigte Anna am Jahresbeginn an, daß sie ein Kind erwartete. Noch erstaunlicher war, daß diese achtunddreißigjährige Frau, die so viele Fehlgeburten erlitten hatte und so oft in ihren Hoffnungen enttäuscht wurde, das Kind mühelos, wenn auch nicht ohne Furcht austrug.

Sie war überzeugt, daß sie im Wochenbett sterben würde, eine Angst, die wegen der schrecklich hohen Zahl von Mütter und Kinder heimsuchenden Unglücksfällen wohlbegründet war. Um sich zu schützen, bekannte sie sich zu einer noch inbrünstigeren Frömmigkeit, sie schrieb den Domherren von Le Puy und bat sie, ihr ein Stück des heiligen Gürtels, einer Reliquie der Heiligen Jungfrau, zu schicken, und sie befolgte gehorsam alle Ratschläge ihrer Hebamme, einer gewissen Frau Péronne, die einige Monate vor dem vorgesehenen Termin zu ihrer Patientin zog. Entbindungen waren noch Frauensache. Erst am Ende des Jahrhunderts tauchten Geburtshelfer auf, und selbst dann gab es wenige junge Frauen, die es wie die Hofdamen machten, als sich die Mode, der Hebamme einen Arzt vorzuziehen, in Versailles einbürgerte. Die sechzig Pariser Hebammen bildeten eine gut eingerichtete Zunft, deren Satzungen regelmäßig erneuert wurden. Frau Péronne hatte mit mehreren Zeugnissen einen Beweis für ihren tugendhaften Lebenswandel erbringen und genau angeben müssen, bei wem sie ihren Beruf erlernt hatte. Außerdem hatte sie sich einer mündlichen Prüfung durch einen Arzt, zwei Chirurgen und eine Hebamme des Châtelet zu unterziehen. Bevor sie das Recht erhielt, ein Schild an ihrer Tür auszuhängen, hatte sie vor dem Pariser Bürgermeister einen Eid abgelegt, mit dem sie sich verpflichtete, keine Abtreibungen vorzunehmen, bei ernsten Schwierigkeiten die Hilfe eines Chirurgen zu verlangen und sich zu vergewissern, daß die Nottaufe des Neugeborenen stattgefunden hatte. Man hatte sie der Königin empfohlen, und diese hatte sich vor der Einstellung mit ihr unterhalten, denn man erachtete ein Vertrauensverhältnis zwischen derjenigen, die man *die Kranke* nannte, und derjenigen, die sie entbinden sollte, als unentbehrlich. So etwa hatte Maria von Medici die Hilfe der Hebamme, die Gabrielle d'Estrées entbunden hatte, entschieden zurückgewiesen, indem sie erklärte, diese sei zu alt und widerwärtig, und sie hatte nach Louise Bourgeois, einer jungen Frau, verlangt, die sehr gute Empfehlungen besaß.

Am Sommeranfang richtete sich also Madame Péronne in Saint-Germain ein. Eifrig umsorgte und beriet sie nun die Königin. Mitgebracht hatte sie eine große Menge Öl und erweichende Mittel, Salben aus mit Rosenwasser gereinigtem Schweineschmalz, andere aus dem Mark von Kalbsfüßen und weitere aus Gänseschmalz, schließlich süßes und wohlriechendes Marzipan, womit sie ihr den Bauch einrieb, um ihn weitgehend elastisch zu erhalten, bevor sie ihn bandagierte, damit dies der sehr rundlich gewordenen Königin als Stütze und Erleichterung diente. Selbstverständlich setzte man das Purgieren und die Aderlässe fort, doch man ermutigte sie zu laufen. Als der Termin näher rückte, riet die Hebamme von reichlichem Obstgenuß ab. Die Stadt, der Hof und die Botschafter waren seit dem 18. August auf alles gefaßt, doch das Warten zog sich in die

Länge. Ludwig XIII. ließ seine Ungeduld, wenn nicht gar seine Gereiztheit offen merken. Eigens wegen der Entbindung war er von der Armee zurückgekehrt, und unnütz, mürrisch und tatenlos stampfte er mit den Füßen: »Gern wäre ich nicht so früh hergekommen«, schrieb er an Richelieu. »[...] Für zwei oder drei Tage gehe ich nach Versailles. Ich habe entdeckt, daß das weibliche Geschlecht ebenso unverständig und impertinent mit seinen Fragen wie üblich ist. Es verdrießt mich sehr, daß die Königin noch nicht niedergekommen ist, weil ich endlich in die Picardie zurückkehren will ...«[182] Ein paar Tage danach schimpfte er immer noch: Sie solle doch niederkommen, um »mich von hier fortzulassen«. Er mußte sich noch annähernd zwei Wochen gedulden. In der Nacht vom 4. zum 5. September setzten die Wehen ein. Der ganze Hof eilte ins Vorzimmer der Königin. Die Prinzen, die Minister, der Kanzler betraten ihr Gemach: Die Königinnen Frankreichs kamen in der Öffentlichkeit nieder ... zu ihrem großen Mißvergnügen.

Maria von Medici, die Heinrich IV. ermahnt hatte, sich nach der herkömmlichen Sitte zu richten, wollte nicht im Bett liegenbleiben, sondern entschied sich für einen Gebärstuhl, um ihr Schamgefühl einigermaßen zu wahren. Ungefähr vierzig Jahre später blieben die vornehmen Damen während der Entbindung auf dem Bett liegen – die anderen kamen meistens im Stehen nieder oder stützten sich auf eine Stuhllehne. Dieser Brauch lebte bis zum 19. Jahrhundert weiter, weil man das für die zweckmäßigste Methode hielt und sich scheute, Matratzen und Wäsche zu beschmutzen. Anna benutzte als erste Königin ein Gebärbett, das man eigens für sie hergestellt hatte: ein kurzes Bett, das aus zwei Matratzen bestand, zwischen denen man ein Brett hindurchschob. Man konnte die Beine fest gegen ein weiteres Brett am Fußende stemmen. An jeder Seite befand sich ein Zapfen, der etwa einen Fuß lang war. Die Gebärende konnte sie anfassen und sich an ihnen festhalten. Schließlich legte man ans Kopfende des Bettes ein doppeltes Kissen, um Kopf und Schultern anzuheben und so zu erleichtern, daß die Gebärende eine nicht ganz sitzende und auch nicht vollständig liegende Haltung einnahm. Dasselbe Bett, das in der königlichen Gerätekammer erhalten ist, wird auch Maria Theresia, der Gattin Ludwigs XIV., und ihrer Schwiegertochter, der bayrischen Kronprinzessin, sowie schließlich ihrer Enkelin, der Herzogin von Burgund, dienen. Danach ersetzte man es durch ein Bett, das eine verstellbare Rückenlehne und Beinhalter hatte. Außerdem wurde das Bett von einem Zelt überspannt, in dem sich die Hebamme, ihre Gehilfen und manchmal auch der König bewegten.

Die mit einem langen und weiten Hemd bekleidete Königin war mit einem Bettuch zugedeckt. Die ganze Kunst der Hebamme bestand darin, daß sie abtastend untersuchte, ohne hinzusehen, also das Bettuch so lange wie möglich an seinem Platz ließ. Madame Péronne rieb sich die Hände mit einem Gemisch aus Butter und weißem Speck ein, damit sie ihre Patientin leichter examinieren und bei ihren Eingriffen ein Gleitmittel auftragen konnte. Während der langen Wartestunden der Wehen tröstete und ermutigte sie ihre Patientin. Der Säugling präsentierte sich gut, aber eine erste Geburt ist immer langwierig und mühsam. Der König stand hinter der Königin und half – ein wenig – dabei, ihre Schultern zu halten. Doch ihr Wehklagen berührte ihn unangenehm, er entfernte sich und ging zu Mademoiselle de Hautefort, die abseits stand und, von den Leiden der Königin erschüttert, wortlos in einer Fensternische weinte. Der König soll sich über ihre Tränen gewundert und erklärt haben: »Ich wäre recht froh, wenn man das Kind retten kann; Sie werden allen Grund haben, Madame, sich über den Verlust der Mutter hinwegzutrösten.«[183] Dann zog er sich zurück ... und versäumte die Geburt, die nach zwölfstündigen Wehen kurz vor Mittag stattfand. Man beeilte sich, ihn vom Essen zu holen. Die Hofdame kam ihm entgegen und teilte ihm mit, daß er einen Sohn hatte. Er fiel auf die Knie.

Als er das Zimmer betrat, hatte Frau Péronne mit ihrer scharfen Schere schon die Nabelschnur durchgeschnitten, dem Kanzler das Kind vorgezeigt, dann um seinen Nabel einen mit Branntwein getränkten Lappen gewickelt. Nach der Nottaufe des Neugeborenen wuschen die Frauen es mit lauwarmem

Wasser, und mit Umschlägen, die in mildes Öl getaucht waren, säuberten sie es vom Schleim, während sich die Hebamme der Mutter zuwandte und ihr behutsam mitteilte, daß sie einen Sohn zur Welt gebracht hatte – man glaubte, eine übermächtige Freude könne Krämpfe bewirken. Sie vergewisserte sich, daß die ganze Plazenta ausgetrieben war, wusch sie, verband sie und gab ihr einen Tee. Hierauf trug man sie in ihr großes Bett, und freudestrahlend nahm sie die Glückwünsche der Menge entgegen, die ins Zimmer strömte. Hebammen fürchten diesen Augenblick: Der Luftmangel, das Gedränge, der Lärm und das Durcheinander rund ums Bett stören die Wöchnerin am Ende immer, aber Anna war eine starke Frau.

Wenn sie sich verletzt fühlte, weil Ludwig XIII., wie Madame de Motteville berichtet, es nicht über sich brachte, zu ihr zu treten, sie zu umarmen und ihr liebevoll seine Freude zu bekunden, so ließ sie sich nichts anmerken. Sie beobachtete die »Melancholie« ihres Mannes, der »ganz verwirrt dastand, als ihm die Amme anhand von *körperlichen Merkmalen* zeigte, daß die Königin einen Sohn geboren hatte«. Das Kind wurde von der Doppelreihe seiner eigenen Garde begrüßt, und die Amme trug es in sein Zimmer, wo man es auf ein Kopfkissen aus weißem Atlas legte, im Schutz »eines großen Betthimmels aus geblümtem weißem Damast, der die ganze Breite des Zimmers einnahm, mit Schirmwänden an beiden Seiten; davor ein großer Pfosten, so daß man ihn zwölf oder fünfzehn Fuß weit sehen konnte«.[184] Der Dauphin betrat die Szene, aber er betrat sie nicht allein. Ihn begleitete eine unbekannte, verantwortungsbewußte, besonnene, aufmerksame Persönlichkeit: seine Mutter, die neue Anna von Österreich.

Die Mutter
1638-1642

Alles hatte sich für Anna verändert: die kinderlose, leicht angreifbare Königin mit den ungewissen Aussichten wurde zur Mutter des zukünftigen Königs, zur möglichen Regentin und wahrscheinlichen Königinmutter. Die Frau mit dem leeren Herzen, die nur äußerlich Gefühlsregungen zeigte und lediglich protokollarische Pflichten hatte, entdeckte Lust und Leid der Liebe, das Gefühl uneingeschränkter Verantwortung, die stolzen Mutterfreuden. Die Königin fügte sich nicht den höfischen Gepflogenheiten. Sie ging zwar nicht so weit, daß sie ihrem Kind selber die Brust gab, doch sie vertraute es nicht tagelang ihrer Amme, ihren Wiege- und Wickelfrauen und Kindermädchen an, sondern besuchte es ständig in seinen Zimmern. Eines ihrer Kammermädchen berichtete: »Die Königin trennt sich kaum von ihm; es gefällt ihr sehr, das Kind spielen zu lassen und es bei schönem Wetter in ihrer Kutsche spazierenzufahren; das ist ihr ganzes Vergnügen.«[185] Während der langen Zeremonie des ersten Kirchgangs der Wöchnerin äußerte man sich erstaunt, weil die Königin das Kind getragen hatte, ohne daß sie sich während der ganzen Segnung auch nur einmal ersetzen ließ. Es war Schluß mit den Ausflügen nach Paris, wenn sich das Kind in Saint-Germain aufhielt, es gab keine Reisen mehr, die so angenehme Abwechslungen in ihrem eintönigen Leben bedeuteten. Sie lehnte jede Ortsveränderung ab, die sie von dem Säugling trennen müßte. Bald sollte der kleine, kräftige, aufgeweckte und zärtliche Junge berechtigten Anlaß zu vollkommener Zufriedenheit geben.

Die Freude und der Stolz Ludwigs XIII. waren nicht geringer. Als Alvise Contarini, der venezianische Gesandte, seine Aufwartung machte, um ihn zu beglückwünschen, nahm ihn der König an die Hand, führte ihn zur Wiege, deren Vorhänge er aufziehen ließ, und sagte: »Das ist ein wunderbares Werk der Gnade des Herrgotts, denn so muß man wohl nach meinen zweiundzwanzig Ehejahren und den vier unglücklichen Fehlgeburten meiner Gattin ein solch schönes Kind nennen.«[186] Richelieu, der seinen Herrn genau kannte, wies auf dessen Freude hin, daß die braunen Haare des Kindes an jene seines Vaters erinnerten.

Der König ging mehrmals am Tag zu seinem Sohn, um zuzusehen, wie er »gestillt und gewickelt wurde«, und er nahm all seine Besucher mit. Seine Freude ließ ihn sogar einen Augenblick geistreich werden. Da ihn die allgemeine Verwunderung über diese Geburt allmählich ein wenig ärgerte, erklärte er, es sei normal, »daß ein Ehemann, der mit seiner Frau schlief, ihr ein Kind machte«. Er hielt es für ebenso normal, die Königin weiter streng zu überwachen. Zwei Monate nach ihrer Entbindung verabschiedete er eine von ihren Hofdamen, die ihr sehr ergeben war, und zwang ihr eine gewisse Madame de Brassac auf, deren Mann zum Oberhofmeister ihres Hausstaates ernannt wurde. Von diesem Ehepaar verlangte man täglichen Bericht über die Beschäftigungen der Königin, kläglich langweilige Berichte, denn die Königin kümmerte sich nur um ihren Kleinen. Monsieur de Brassac ließ indes nicht den Mut sinken: »Ein Dienst, den ich leisten kann und muß, besteht darin, daß ich Eurer Eminenz getreulich alles mitteile, was hier geschieht.«[187] Jedenfalls verbesserten sich die Beziehungen zwischen den Gatten nicht, wie man es hätte erhoffen dürfen. Zwar bekamen sie noch ein Kind, einen zweiten Sohn, der endgültig die Erbfolge Ludwigs XIII. sicherte, aber ihr gegenseitiges Vertrauen ließ sich offenbar unmöglich wiederherstellen. Denn Ludwig XIII. erlebte ein neues persönliches Drama, das ihn noch reizbarer als je zuvor machte.

Wir haben gesehen, wie der König nach der Affäre mit Luynes einer Reihe schöner junger Männer seine besondere Gunst schenkte: Er verliebte sich in Toiras und Baratte, dann in Claude de Saint-Simon, den Vater des Memoirenschriftstellers. Lästermäuler behaupteten, Saint-Simon habe seinen Aufstieg einem raffinierten Manöver zu verdanken, er führte nämlich Ludwig XIII. ein Ersatzpferd für die Jagd so zu, daß es mit dem Kopf in die den anderen entgegengesetzte Richtung zeigte, damit er Zeit gewinnen konnte. Außerdem sabberte er nicht, wenn er ins Horn blies. Immerhin konnte er sich etwa zehn Jahre halten, zehn Jahre voller Zerwürfnisse und Szenen, deren Anlaß meistens war, daß der Herzog – denn Ludwig hatte ihn 1635 zum Herzog und Pair ernannt – mit »liederlichen Weibern« verkehrte, wie der König sie nannte, der sich bei Richelieu beklagte. Doch wenn der junge Herzog nicht davor zurückschreckte, den König zu provozieren, benahm er sich dem Kardinal gegenüber sehr vernünftig und versuchte nie, ihm zu schaden – bis zu dem Augenblick, als er im Jahre 1636 einen für ihn verhängnisvollen Fehler machte. Ein Onkel, der Kommandant einer Festung an der picardischen Grenze war, hatte diese Stellung den Spaniern übergeben. Im Kronrat wurde beschlossen, ihn festzunehmen. Saint-Simon warnte ihn. Er mußte diese Geste der Familiensolidarität mit seinem Platz am Hof bezahlen und sich auf seinen Posten als Befehlshaber der Festung Blaye zurückziehen. Richelieu wußte gut genug, daß man für Saint-Simon einen Ersatzmann – oder eine Ersatzfrau – finden mußte. Der Kardinal, der geistige und nicht der gefühlsmäßige Günstling des Königs, schätzte richtig ein, wie sehr Ludwig XIII. zärtliche Liebe brauchte, obwohl dieser zutiefst frustrierte Eifersüchtige unfähig war, sich dem Glück einer ruhigen Liebesbeziehung hinzugeben. Er beschloß, selber einen Freund für den König auszusuchen, und entschied sich für den jungen und eleganten, überwältigend schönen Marquis de Cinq-Mars.

Der Liebesfunke zündete nicht auf der Stelle. Ludwig XIII. fand, der junge Mann sei zu verschwenderisch und oberflächlich. Er hielt dessen prunkvolle Ausstattung mit Kleidung und Wäsche für übertrieben. Cinq-Mars hingegen, »der sein Vergnügen liebte«,[188] fühlte sich von dem stets leidenden, stets griesgrämigen König abgestoßen, dessen übelriechender Atem ihn anwiderte. Seine Mutter machte ihm als realistische und vorausschauende Frau klar, daß er es seiner Familie schuldig sei, seinen persönlichen Geschmack zu opfern. Die Liebe oder vielmehr die Gunst des Königs wurde erst 1639 offiziell, ungefähr ein Jahr nach der Geburt des Dauphins. Als Cinq-Mars das Amt des Groß-Stallmeisters erhalten hatte, nahm er den Titel »Monsieur le Grand« an. Die Spannungen, die diese »Freundschaft« mit sich brachte, raubten Ludwig XIII. alle Ruhe. Tallemant wunderte sich, daß »der König alles liebte, was Monsieur le Grand haßte, und daß Monsieur le Grand alles haßte, was der König liebte«. Der eine hatte äußerst bescheidene Sitten, er kannte keine Tafelfreuden, keine Prachtliebe und keine Lust an Gesprächen, der andere lebte nur für köstliche Speisen, auserlesene Eleganz, eine Existenz als Salonlöwe. Ja noch schlimmer, Ludwig war leidenschaftlich, aber keusch, während Cinq-Mars außerordentlich leichtsinnig, aber feurig und wollüstig war. Er liebte die Frauen, und wenn er sich zum König legte, um dessen übrigens unvollendete Liebkosungen zu ertragen, so steigerte das nur noch sein Verlangen nach der verführerischen Marion de Lorme. Sobald er seinen »Dienst« beendet hatte, eilte er nach Paris und kam am frühen Morgen erschöpft nach Saint-Germain oder nach Fontainebleau zurück, wo der junge Mann zum großen Verdruß Ludwigs XIII., der stets seit dem Tagesanbruch auf den Beinen war, bis Mittag faul im Bett ruhte.

Die ständig schlechte Laune des Königs äußerte sich in Sticheleien gegen die Königin, doch diese Drangsalierungen trafen sie nicht mehr im Innersten, selbst wenn sie ihr Alltagsleben belasteten. So etwa war ihr die Gesellschaft der Marie de Hautefort stets eine große Freude gewesen. Der König hatte sich kurze Zeit in dieses Kammerfräulein verliebt, selbstverständlich war er ein schüchterner und untätiger Verehrer. Auch dabei hatte sich Ludwig XIII. in seinen eigenen Netzen gefangen. Er hatte verlangt, ihr eine Stellung bei der Königin zu geben, doch Anna und das junge Mädchen, das ihren schmachtenden Bewunderer offen verspottete, verstanden sich wunderbar. Sie, ein hochmütiges und sehr selbstsicheres Mädchen, zögerte nicht,

13 Richelieu im Jahre 1635, Gemälde von Philippe de Champaigne. Maria von Medici zwang Ludwig XIII., sich zwischen ihr und dem Kardinal zu entscheiden. Der König zögerte nicht: »Er ist der größte Diener, den Frankreich jemals hatte. Ich kann nicht auf ihn verzichten.«

20 Ludwig XIV., Gemälde von Charles Le Brun. Anna von Österreich hatte ihn in dem Gefühl erzogen, daß er der Herr war. Dieses Vorrecht nutzte er rückhaltlos. (Schlösser von Versailles und Trianon)

den König kühl zu behandeln, wenn sie ihm etwas übelnahm, und gewissermaßen rächte sie so indirekt die Königin, und diese hatte Gefallen an deren lebhaftem Geist gefunden. Außerdem haben wir ja weiter oben gesehen, wie weit ihre Ergebenheit reichte, als sie sich während der Affäre La Porte in die Bastille begab. Nun aber, im Jahre 1639, ein Jahr nach der Geburt des Dauphins, befahl ihr Ludwig XIII., den Hof zu verlassen, weil sie Cinq-Mars lächerlich gemacht hatte. Anna bedauerte sie, doch ihre ganze Aufmerksamkeit galt ja ihrem Kind, und die Abreise ihrer Freundin stürzte sie nicht in Verzweiflung, wie man hätte annehmen können. Madame de Motteville, die damals eine enge Vertraute der Königin war, stellte sehr zutreffend fest, sie habe ihren Sohn derart leidenschaftlich geliebt, daß »die übrigen, welche die Ehre [hatten], ihr nahen zu dürfen, sich nicht ohne Anmaßung und unbegründete Eitelkeit rühmen konnten, von ihr geliebt zu werden [...], doch sie [behandelte] die anderen freundlich«.[189] Es ist anzunehmen, daß sie die anderen vor der Geburt ihres Sohnes noch besser behandelte.

Anna bewies, und das ist weitaus bedeutsamer als diese neue Gleichgültigkeit gegenüber ihrem Gefolge, wirkliche Klugheit, als sie sich mit der ihr wohlbekannten Überwachung abfand und daraus sogar noch einen persönlichen Vorteil zog. Es mißfiel ihr durchaus nicht, daß sie zum Kardinal einen geheimen Verbindungsweg hatte, dessen sie sich ohne Zögern bedienen wird, als Ludwig XIII. plante, ihr die Kinder fortzunehmen. Sie wollte die Möglichkeit haben, Richelieu zu bitten, sich für sie zu verwenden, und daher war es ganz logisch, daß sie beschloß, ihm keine Abneigung mehr zu zeigen und sogar zu versuchen, ihm im engen Rahmen ihrer Möglichkeiten nützlich zu sein. Ein bemerkenswerter und sehr vernünftiger Haltungswechsel. Daß man sich nicht von seinen Ressentiments und Feindseligkeiten beherrschen läßt, ist ein seltener Vorzug, und wenn sich die Höflinge bemüht hätten, die neue Anna aufmerksam zu beobachten, so hätten sie sich viele Überraschungen erspart.

Ludwig XIII. war stets eifersüchtig. Das Verhalten seines Sohnes sollte seinen Zornesausbrüchen neue Nahrung geben. Mit siebzehn Monaten war das Kind in der Lage, bei Tisch seinem Vater die Serviette zu reichen, ihn zu begrüßen, ihm zu gehorchen und ihn nachzuahmen, doch nicht immer konnte es sich beherrschen. Zu einem offenen Skandal kam es an dem Tag, als der kleine Ludwig, dem man am Abend zuvor die Muttermilch entzogen hatte, sich deshalb etwas verwirrt fühlte und zu seiner Überraschung von einer Menschenmenge umringt wurde, die den König und Cinq-Mars begleitete. Er brach in Tränen aus, als ihn sein Vater streicheln wollte. Der gekränkte Ludwig XIII. weigerte sich, die Entschuldigungen der Erzieherin anzunehmen. Er blieb vor der Königin stehen und fuhr sie mit den besorgniserregenden Worten an: »Der Sprößling kann meinen Anblick nicht ertragen, man gibt ihm eine sonderbare Nahrung, aber ich bringe das in Ordnung, fertig.«[190] Die tiefbetrübte Anna kehrte weinend in ihre Gemächer zurück. Sie vertraute ihre Befürchtungen Madame de Brassac an und schickte sie als Fürsprecherin zum Kardinal, den sie inständig bat, zu verhindern, daß man ihr den Sohn fortnahm. Der Kardinal erhielt einige Tage später einen sonderbaren Brief des Königs: »Mit größtem Bedauern bin ich gezwungen, Ihnen von der tiefen Abneigung, die mein Sohn gegen mich empfindet, Nachricht zu geben. [...] Sobald er mich sieht, stößt er wütende Schreie aus. [...] Ich kann es nicht ertragen, mit anzusehen, wie dieses entartete Kind [seine Mutter] mit Liebkosungen überschüttet und nur ihren Namen im Munde führt, während es den meinigen verabscheut. Ich habe die Absicht, den Jungen sogleich fortzubringen [...], damit er die Königin und all diese Frauen, die ihn vergöttern, nicht wiedersieht.«[191] Er führte seine Drohungen nicht unverzüglich aus, und im Palast kehrte wieder Ruhe ein, als der Kleine seinen Vater beim nächsten Besuch mit einem strahlenden Lächeln empfing. Hatte die Königin dem Jungen gut zugeredet und ihn überzeugen können? Jedenfalls notierte ihr Sekretär, daß sie sich offenbar getröstet fühlte »durch die Liebkosungen, die dem König vom Herrn Dauphin erwiesen wurden, der ihn zwanzigmal umarmt hatte und ihm nachgelaufen war, um dessen Beine zu umschlingen«.[192] Doch der ganze Vorfall blieb trotzdem widerwärtig, zumal er wenige Tage vor der Geburt Philipps, des zweiten kleinen Prinzen, stattgefunden hatte.

Die heftigen Wortwechsel wegen des Kindes waren nicht die einzigen Aufregungen Ludwigs XIII., dessen Intimleben immer stürmischer verlief. Er erwies sich als unfähig, mit Cinq-Mars zu brechen, der immer mehr Geld und immer mehr Macht verlangte. Der verbitterte König lehnte wie gewöhnlich eine direkte Auseinandersetzung ab und überließ es dem Kardinal, dem Unverschämten eine Lektion zu erteilen. Der Kardinal war hingegen enttäuscht, daß sich Cinq-Mars weigerte, ihm als bevorzugter Informant zu dienen, und er empörte sich über die unleidliche Stimmung in der Umgebung des Königs. Da sich dieser nicht mehr auf die politischen Probleme konzentrieren konnte, legte er Richelieu unüberwindliche Hindernisse in den Weg, denn der Kardinal konnte ja nur mit der Unterstützung und dem Einverständnis des Königs handeln. Der König, sagte der Minister, hätte es gern gesehen, daß Cinq-Mars »sich mit seinen Zärtlichkeiten zufriedengäbe und seinen Geldbeutel in Ruhe ließe [...]. Gleichwohl wäre es besser, daß er ihm seinen Geldbeutel öffnete, als ihm seine geheimen Angelegenheiten anzuvertrauen, wie er es tut.«[193]

All diese Konflikte bildeten einen deutlichen Kontrast zu der Ruhe, die im Kreis der Königin herrschte. Seitdem sie sich ihrer Position grundsätzlich sicher war, betrachtete sie die Hofintrigen mit anderen Augen. Sie verstand auch, wie vorteilhaft eine starke Königsmacht für sie war, denn da sie sah, daß die Kräfte Ludwigs XIII. immer mehr abnahmen, konnte ihr nicht entgehen, daß eine zukünftige Regentschaft wahrscheinlich wurde. Wenn sie also die Adligen ermutigt hätte, gegen den Kardinal und folglich gegen den König zu konspirieren, so hätte das bedeutet, ihren eigenen Interessen zu schaden. Ebenso erkannte sie endlich, daß es ernsthafte Schwierigkeiten für eine neue Herrschaft mit sich bringen würde, wenn Spanien mächtiger als Frankreich wäre. Außerdem war ihre zwanghafte Voreingenommenheit gegen Richelieu verschwunden, wie wir festgestellt haben. Sie kam zu der Ansicht, daß eine Verständigung mit dem Kardinal, dem einzigen Menschen, der dem König wirklich Achtung abnötigen konnte, unumgänglich war. Hatte der Kardinal diese Entwicklung bemerkt? Das ist anzunehmen, aber er wollte Beweise haben. Es bot sich die Gelegenheit, bei der er die Königin zwingen konnte, mit offenen Karten zu spielen.

Weiter oben habe ich gesagt, daß die ungewisse Lage am Hof, die ständige Veränderung der Beziehungen zwischen den Hauptakteuren zu verwirrenden Zwischenfällen führte. 1639 scheint sich die Königin von den Auseinandersetzungen abzuwenden: Ihr einziger Wunsch ist, daß man sie und ihren Sohn in Ruhe läßt. In dieser Absicht nähert sie sich Richelieu. Das Verhältnis zwischen Richelieu und dem König, das mehrere Jahre lang äußerst eng gewesen war, gerät offenbar ins Wanken, was auf das Wirken von Cinq-Mars zurückzuführen ist, dem ersten der Günstlinge und »Mignons«, der politische Ambitionen verfolgt, so ungerechtfertigt sie auch sein mögen. Gaston, dem die politische Reife stets fehlen wird und dem die Entwicklung seiner Schwägerin Anna verborgen bleibt, träumt fortwährend nur von Intrigen gegen König und Kardinal. Gegen diesen richtet sich eine neue Verschwörung, die Cinq-Mars, Gaston und der Herzog von Bouillon gemeinsam anzetteln. Neu daran ist, daß Cinq-Mars versuchen wird, Ludwig XIII. mit hineinzuziehen.

Der junge Mann war ein viel zu enger Vertrauter Ludwigs XIII. geworden, um nicht zu bemerken, wie sehr der König unter der Überlegenheit und der maßlosen Autorität seines Ministers litt, doch ihm fehlte es an Scharfsinn und politischem Verstand, und er begriff nicht, daß der König die Ratschläge des Kardinals unbedingt benötigte und daß er genau wußte, was er ihm verdankte. Der prahlerische und selbstsichere Cinq-Mars sprach mit wachsendem Nachdruck von einem möglichen Frieden mit Spanien; er ließ durchblicken, daß der Kardinal an einer Fortsetzung des Krieges interessiert sei, um seinen Einfluß aufrechtzuerhalten, doch vor allem benahm er sich während dieser ganzen Offensive dem König gegenüber endlich liebevoll und aufmerksam, womit er sich deutlich von dem hartherzigen und oft ungeduldigen Richelieu unterschied. Man muß betonen, daß beide, König und Minister, schwerkrank waren und sich unablässig anstrengen mußten, um ihre Schwäche zu überwinden, doch gerade diese Anstrengungen führten zu ständigen Spannungen zwischen ihnen. Um so mehr schätzte Ludwig XIII. die Schäferstündchen mit Cinq-Mars und gab sich bereitwillig dem Vergnügen hin, ihm sein Herz auszuschütten: »Ich wollte, es gäbe in Frankreich eine Partei gegen ihn [den Kardinal] wie einst gegen den Marschall von Ancre«, vertraute er ihm unbesonnen an. Wenn Cinq-Mars den Mut dazu aufbrächte, könnte er ihn diese Worte wiederholen lassen. Er begnügte sich damit, ihm eine offenkundige Frage zu stellen: Warum den Kardinal nicht einfach fortschicken? Hierauf antwortete der König geradeheraus: »Der Kardinal ist der größte Diener, den Frankreich jemals hatte. Ich kann nicht auf ihn verzichten. Wenn er sich eines Tages offen gegen Sie wenden sollte, dürfte ich Sie nicht einmal bei mir behalten.«

Cinq-Mars bewies eine verwirrende Naivität, als er nicht erkannte, wie aufrichtig dieses Geständnis gemeint war. Er setzte seinen Kampf gegen Richelieu fort, indem er sich auf den Versuch eines Friedensschlusses mit Spanien einließ. Mit der Zustimmung Gastons von Orléans wurde entweder von Cinq-Mars oder vom Herzog von Bouillon ein Vertragsentwurf verfaßt. Die Verschwörer weihten danach Anna ein, ohne zu ahnen, daß sie ihr so einen gefährlichen Trumpf zuspielten. Sie entmutigte sie nicht. Allerdings ergriff sie die Vorsichtsmaßnahme, Gaston zu bitten, unter keinem Vorwand zu verraten, daß sie den Plan überhaupt kannte, während sie ja ohnehin keine Komplizin war. Und da sie ihrem Schwager ganz zu Recht wenig traute, beschloß sie, sich zu schützen. Sie ließ Pater Carré, einen dem Kardinal sehr nahestehenden Ordensgeistlichen, zu sich rufen. Vordergründig schien es, als wollte sie bei ihm ein gutes Wort für Mademoiselle de Hautefort einlegen, beiläufig erwähnte sie jedoch, wie sehr ihr mißfalle, daß sich Cinq-Mars gegenüber Richelieu undankbar verhalte. Doppelzüngigkeit, einfache Vorsicht oder die erste Regung politischer Klugheit? Es ist Januar 1642.

Trotz seiner offenkundigen Schwäche brach Ludwig XIII. im Februar auf, um sich an die Spitze der Armee im Roussillon zu stellen, weil er hoffte, Perpignan einzunehmen. Richelieu und Cinq-Mars begleiteten ihn. Anna von Österreich blieb mit ihren Söhnen in Paris. Cinq-Mars unternahm nun einen letzten Vorstoß, um Richelieu zu vernichten und dem König zu beweisen, daß allein Richelieus Halsstarrigkeit die Wiederherstellung des Friedens verhinderte. Hierzu legte er dem König nahe, ohne Wissen des Kardinals einen inoffiziellen Botschafter nach Rom und Madrid zu entsenden, damit er so einen anderen Bericht über den Verlauf der Verhandlungen erhalten könnte. Er brachte den Namen seines Freundes François-Auguste de Thou ins Spiel: ein höchst brillanter junger Mann, der als Zwanzigjähriger zum Staatsrat ernannt wurde. Ludwig XIII. erklärte sich nicht nur einverstanden, sondern erteilte den beiden jungen Leuten auch noch schriftliche Anweisungen.

Diese Mißtrauensbekundung gegenüber Richelieu wurde von Cinq-Mars und seinen Freunden als erster Schritt zu einer Verabschiedung des Ministers aufgefaßt, und eines Abends, als sich Ludwig XIII. wie gewöhnlich über »die Sklaverei« beklagte, »zu der ihn sein Minister verdammt hatte«, schlug der ungeduldige Cinq-Mars vor, Richelieu zu verjagen. Danach wurde er kühner und ging weiter, ja zu weit, als er sagte, »daß es der kürzeste und sicherste Weg wäre, ihn ermorden zu lassen, wenn er in sein Zimmer käme, das die Gardisten des Kardinals nicht betreten würden«. Nach langem Schweigen gab Ludwig XIII. diese sonderbare Antwort: »Er ist Kardinal und Priester, ich würde exkommuniziert werden.«

Richelieu war selbstverständlich über diese vertraulichen Besprechungen unterrichtet; seine Spione hatten ihm von den inoffiziellen Missionen berichtet, von der, die Ludwig XIII. angeordnet hatte, wie auch von jener, die Gaston von Orléans veranlaßt hatte: Er war so unklug, Philipp IV. einen sehr ausführlichen Geheimvertrag zu übermitteln, in dem unter anderem aufgeführt war, daß der Herzog von Orléans hundertzwanzigtausend Taler vom spanischen König erhalten würde, der Herzog von Bouillon sechzigtausend und Cinq-Mars zwanzigtausend. Richelieu wußte also, daß man gegen ihn konspirierte. – »Ihre Geschichte ist in Paris so wohlbekannt«, schrieb Maria di Gonzaga an Cinq-Mars, »wie man weiß, daß die Seine unter dem Pont-Neuf fließt.« – Allerdings kursierten zwar Abschriften des Vertrags in der Stadt, doch fehlten ihm noch Einzelheiten und Beweise. Da erhielt er unerwartete Hilfe von der Königin.

Ludwig XIII. war plötzlich auf die Idee verfallen, daß sie zu ihm kommen und selbstverständlich ihre Kinder in Saint-Germain lassen sollte. Entsetzt und verzweifelt entschuldigte sie sich unter dem Vorwand, sie sei krank, doch das nützte nichts. Ludwig XIII. bestand auf seiner Forderung und drohte. Nur der Kardinal konnte ihn umstimmen. Die Königin schrieb ihm: »Mich von meinen Kindern in ihrem zarten Alter zu trennen hat mir einen so großen Schmerz bereitet, daß mir die Kraft fehlt, das zu ertragen.« Da er Schweigen bewahrte, sah sie ein, daß sie ihm einen Beweis für ihr »Wohlwollen« liefern mußte (was, weniger diplomatisch ausgedrückt, bedeutete, unwiderruflich für ihn Partei zu ergreifen). Anna entschloß sich, ihm alles zu sagen, was sie über das Komplott wußte. Alle ihre Kontakte erfolgten unter strengster Geheimhaltung, doch die außerordentlich zahlreichen und schnellen Mitteilungen, die zwischen Saint-Germain und der Provence, wo sich der Minister befand, ausgetauscht wurden, ließen erkennen, wie umfassend und wichtig sie waren. Man hat sogar angenommen, daß die Königin dem Kardinal vielleicht eine Abschrift des Vertrags zugeschickt hatte. Einer ihrer Kuriere brach am 7. Juni auf, und Richelieu, der sich in Arles befand, erhielt den Brief schon zwei Tage später. Nie hat jemand den genauen Wortlaut des Schreibens erfahren, doch ein Brief, den der Sekretär Richelieus an seinen Herrn schickte, endete so: »Da Sie besser als jeder andere die einzigartige Wertschätzung kennen, die Sie in ihrem Geist genießen, möchte ich Ihnen lediglich sagen, daß man sie sich in seinen Wünschen nicht größer vorstellen könnte.«[194] Das zeigte, daß sich der Ton vollständig verändert hatte. Es wurde Zeit: Im Juni 1642 blieben Richelieu nur noch sechs Monate zu leben, Ludwig XIII. weniger als ein Jahr und Cinq-Mars hundert Tage.

Bald sollte Anna von Österreich für ihre Politik unmittelbar belohnt werden. Ein liebevoller Brief ihres Gatten erlaubte ihr, bei den beiden kleinen Prinzen zu bleiben. Aber nun hatte Richelieu die Gewißheit, daß sein König nahe daran gewesen war, sich von ihm loszusagen, und er hielt den Beweis in Händen, daß der vom Bruder des Königs ermutigte Cinq-Mars Landesverrat begangen hatte, weil er in Kriegszeiten direkte Verbindungen mit Spanien aufgenommen hatte. Der Kardinal machte sich trotz seines bedrohlichen Gesundheitszustandes auf den Weg. Er war mit schmerzhaften Abszessen übersät und mußte in einer Sänfte liegen, aber er hatte sich entschlossen, sich mit dem König auszusprechen und ihm seinen Willen aufzuzwingen. Seit Monaten wich Ludwig XIII. jeder Begegnung aus. Er fühlte sich unbehaglich und war sich bewußt, daß er seinem Minister gegenüber eine zweideutige Haltung eingenommen hatte. Doch am 28. Juni konnte er sich nicht entziehen, und die höchst pathetische und dramatische Konfrontation fand in Béziers statt.

Obwohl Ludwig XIII. »so schlimm von Hämorrhoiden gepeinigt wurde, daß er weder stehen noch sitzen konnte«,[195] suchte er seinen Minister auf, weil er wußte, wie erschöpft dieser war, und ließ sich im Zimmer des Kardinals ein Bett aufstellen. Die beiden Schwerkranken, die nebeneinander lagen, begannen ihre Unterredung. Der unmißverständliche, hartnäkkige, unglaublich entschiedene Richelieu bezwang und demütigte Ludwig in einer vierstündigen Aussprache. Die Diener berichteten, der König habe bitterlich geweint. Der Prozeß gegen Cinq-Mars, über dessen Ausgang es keinen Zweifel gab, wurde beschlossen. Man entschied auch, welches Schicksal Gaston von Orléans haben sollte: Man begnadigte ihn, nachdem er aller seiner Rechte auf die Krone entsagt hatte; er rettete also sein Leben auf Kosten seiner Ehre. Richelieu verlangte vom König dazu noch eine Generalvollmacht, weil er in dessen Abwesenheit die Freiheit haben wollte, schnell zu entscheiden, während eine große Seeschlacht zwischen Spanien und Frankreich bevorstand, bei der es um die Vorherrschaft im Mittelmeer und zusätzlich um die Festung Perpignan ging.

Es sah ganz so aus, als trennten sich die beiden Männer »wie die besten Freunde auf der Welt [...], doch im Herzen bewahrten sie größtes Mißtrauen, denn der König konnte nicht die äußerst hochfahrende Haltung seines Ministers ertragen und der Minister nicht die Undankbarkeit des Königs vergessen«.[196] Hierauf reiste Ludwig XIII. nach Paris weiter, während Richelieu im Süden blieb, um ein doppeltes Werk zu vollenden: Er wollte die Übergabe Perpignans erreichen und für die Bestrafung von Cinq-Mars sorgen. In drei Monaten sollte dieser mit dem Tode ringende Mann auf der ganzen Linie siegen. Perpignan wurde dem Königreich angeschlossen und Cinq-Mars am 12. September 1642 enthauptet.

Inzwischen, am 23. Juli 1642, war Ludwig XIII. nach Nordfrankreich zurückgekehrt. Anna, die ihn in Fontainebleau empfing, sah einen innerlich zerrissenen, niedergeschlagenen Mann, der von den finstersten Gedanken gequält wurde. Maria von Medici war kurz zuvor in Köln gestorben, beinahe von allen verlassen, und dieser Tod verstärkte die Gewissensbisse, von denen ihr Sohn überwältigt wurde, seitdem er ihre Verbannung angeordnet hatte. Er steigerte auch seinen Groll auf Richelieu, dessen entschiedene Haltung ihn daran gehindert hatte, der immer wiederkehrenden Versuchung nachzugeben, die Rückkehr der Königinmutter zu gestatten, denn er sah zwar voraus, daß sie unausstehlich sein würde, doch mit ihrer Demütigung konnte er sich ebensowenig abfinden. Nichts veranschaulicht besser, wie sehr Ludwig XIII. von seinem Minister abhing, als die Briefe, die sie über das Thema der Maria von Medici wechselten: »Bitte teilen Sie mir mit, was ich tun soll, wenn mir die

Königin, meine Mutter, jemanden wegen der Niederkunft der Königin schickt.«[197] Und der Kardinal gab eine sehr genaue Antwort: »Der König muß den Glückwunsch entgegennehmen, dem Edelmann gegenüber jedoch sehr kühl auftreten, und meiner Ansicht nach sollte man ihn nur einen einzigen Tag dabehalten.« Das blieb eine rein rhetorische Frage, denn die Königinmutter meldete sich bei der Geburt ihres Enkelkindes nicht.

Alles bekümmerte Ludwig XIII., der während des Sommers und Herbstes 1642 in Depressionen versank. Giustiniani, der venezianische Gesandte, schilderte, daß er sich »nicht einer guten Gesundheit [erfreut]: Er bleibt hartnäckig dabei, ein zurückgezogenes Leben zu führen und seinen fixen Ideen nachzuhängen, er schenkt den Ministern kein Vertrauen und findet sein Wohlgefallen an Einsamkeit und Melancholie.«[198] Wenn er in die Vergangenheit zurückblickte, sah er, daß ihn seine Mutter, sein Bruder und seine Frau verraten hatten. Wenn er die unkomplizierten, liebevollen und fröhlichen Beziehungen des Dauphins und seines Bruders zu ihrer Mutter beobachtete, erwachten seine eigenen bitteren Kindheitserinnerungen, denn er litt noch immer darunter, daß man ihm keine derart spontane Zuneigung bekundet hatte. Er war eifersüchtig auf seinen Sohn, den die Mutter so zärtlich liebte, er war eifersüchtig auf die blühende Gesundheit seiner Frau, und jeden Tag verdüsterte sich seine Laune weiter. Er schob den Zeitpunkt hinaus, zu dem er die unerläßlichen Anordnungen treffen mußte, um eine Regentschaft vorzubereiten, die, wie er wußte, unausweichlich war. Die psychischen Qualen vervielfachten sich bis ins Unendliche. Was für diesen Mann, der die Tugend so hoch schätzte, vielleicht noch schlimmer war: Er konnte sich seine zwiespältige Haltung gegenüber seinem unersetzlichen Minister nicht verzeihen. Seine Ehre war angetastet, denn aus den »Unklarheiten und Rätseln«[199] des Prozesses gegen die beiden Komplizen Cinq-Mars und de Thou ging doch deutlich hervor, daß die Angeklagten auf seine Anweisung und mit seiner Zustimmung gehandelt hatten. Wie sollte man sich dann wundern, daß Ludwig XIII. keine gute Laune hatte?

Die Sommertage waren qualvoll und bedrückend. Richelieu, der immer noch im Süden zurückgehalten wurde, regelte weiter alle Probleme aus der Entfernung. Nichts entging ihm. Er schöpfte aus einer neuen Informationsquelle, denn »zwischen der Königin und dem Herrn Kardinal besteht innigste Übereinstimmung. Man glaubt, daß sich der Herr Kardinal der Königin bedienen will, um alle Handlungen Seiner Majestät zu überwachen, der dieser gegenüber außerdem große Zuneigung und Wohlwollen bekundet«.[200] Selbstverständlich stellte sich die Frage, wer wen ausnutzte. Dem Kardinal, das war allen klar, blieb nur noch wenig Zeit zu leben, und die Königin bereitete sich – gewiß mit der notwendigen Diskretion, doch auch mit erstaunlichem Ernst – auf neue verantwortliche Aufgaben vor.

Als Richelieu seinen Auftrag erfüllt hatte, beschloß er, trotz seines beunruhigenden Gesundheitszustandes an den Hof zurückzukehren. Man beförderte ihn in einer Sänfte, die derart schwer und riesig war, daß man vierundzwanzig Träger brauchte und manchmal die Wände der Häuser, in denen er Station machte, einreißen mußte, um ihn hineinzubringen. So oft wie möglich benutzte er Flüsse und Kanäle, wobei ihn zwei Kavalleriekompanien an den Ufern begleiteten. Endlich erreichte er Fontainebleau. Er lehnte es ab, wie sonst im Schloß zu logieren. Er wußte, daß er bald sterben würde, aber er wollte nicht als Mordopfer sterben, und da ihn nur der Schutz seiner eigenen Garde beruhigte, beschloß er, in einem benachbarten Haus zu wohnen. Er ließ den König bitten, ihn zu besuchen. Dieser begab sich also zu einer Unterredung, die ihm nicht angenehm sein konnte. Denn Richelieu hatte keine Zeit und keine Lust mehr, ihm zu schmeicheln und ihn durch Milde zu gewinnen. Er wollte die Affäre Cinq-Mars abschließen, indem er den König zwang, die Freunde des Toten vom Hof zu entfernen, er wollte den Krieg beenden und schließlich die Regentschaft ordnungsgemäß vorbereiten, indem er seinen Schützling Mazarin durchsetzte. Ein gewaltiges Programm für einen Todkranken. Nach einem dreistündigen Gespräch war noch nichts entschieden. Dann beschloß Richelieu, nach Paris zurückzukehren, um die Sicherheit und den vertrauten Komfort des Kardinalspalais zu genießen. Noch gab er sich nicht geschlagen, er stellte weiter seine Forderungen und drohte mit seinem Rücktritt – der Gipfel der Anmaßung bei einem Sterbenden –, wenn man seine Ansprüche nicht erfüllte. Schließlich gab Ludwig XIII. nach, er entließ die Edelleute aus der Partei des Cinq-Mars, und vor allem erklärte er sich mit den vom Kardinal ausgehandelten Friedensbedingungen einverstanden. Richelieu hatte nur noch zwei Wochen zu leben.

Trotz schrecklicher Erstickungsanfälle und unerträglicher Schmerzen arbeitete er weiter, lenkte die Staatsgeschäfte und machte sich bereit, den König mit vollendeter Würde und Selbstsicherheit zum letzten Mal zu empfangen: »Sire, dies ist das letzte Lebewohl: Wenn ich mich von Eurer Majestät verabschiede, so finde ich Trost darin, daß ich Ihr Königreich auf der höchsten Stufe des Ruhmes und des Ansehens zurücklasse, auf der es sich je befunden hat, während all Ihre Feinde niedergeworfen und gedemütigt sind.« Hierauf bat er, daß man sie allein ließ. Nun schlug er ihm vor, Mazarin mit seiner Nachfolge zu betrauen. Als der König das Zimmer verlassen hatte, trat der Arzt ein. Richelieu stellte ihm eine einzige Frage: »Wieviel Zeit bleibt noch?« – »In vierundzwanzig Stunden sind Sie entweder geheilt oder tot«, antwortete dieser. Richelieu verstand und verlangte nach seinem Beichtvater. Am nächsten Tag, dem 3. Dezember 1642, stattete ihm der König noch einmal einen einstündigen Besuch ab. Am Morgen des 4. Dezember empfing er einen Kammerherrn der Königin. Am Mittag bat er seine Lieblingsnichte hinauszugehen: »Entfernen Sie sich, sonst rühren wir uns gegenseitig zu Tränen. Es wäre nicht gut, daß Sie mich sterben sehen.«[201] Sie ging. Wenige Minuten danach hauchte er sein Leben aus.

Der König, der, wie alle einmütig feststellten, sich »von der Last einer mächtigen Vorherrschaft befreit« sah, wie es der venezianische Gesandte formulierte, ehrte jedoch den Toten mit seinen Tränen[202] und befolgte, was noch bedeutsamer war, die letzten Ratschläge Richelieus so getreulich, daß man sagen konnte, »der Verstorbene herrschte noch immer«. Der letzte Dienst, den Richelieu der Dynastie erwies, bestand darin, daß er ihr Mazarin hinterließ und damit eine reibungslose und unmittelbare politische Erbfolge sicherte.

Jules Mazarin, der als Giulio Mazarini geboren wurde, verbrachte seine Jugend in Rom, wo seine Familie im Dienst der Fürsten Colonna stand. Bereits als sehr junger Mann bewies er ein außergewöhnliches Verhandlungstalent, und Papst Urban VIII. betraute ihn oft mit diplomatischen Missionen. Schon bei seinem ersten Besuch in Frankreich, wo er sich um einen Waffenstillstand zwischen Frankreich und Spanien bemühte, hatte er Richelieu beeindruckt und Ludwig XIII. gefallen, der ihn Anna im Jahre 1632 vorgestellt hatte. 1632 war für die Königin ein demütigendes Jahr: Man hatte ihre Briefe abgefangen, La Porte in die Bastille geworfen und sie selbst von allen Staatsangelegenheiten ferngehalten. Sie wurde vom Gefolge des Königs gemieden und lebte damals sehr isoliert. Trotzdem zögerte Mazarin nicht, ihr regelmäßig Besuche abzustatten, und das, was noch merkwürdiger ist, nicht, um Banalitäten auszutauschen. Ihre Gespräche drehten sich durchaus um ernsthafte Dinge, denn in einem seiner Berichte notierte er, wie sehr ihn der Ernst, die Mäßigung und der gesunde Menschenverstand der jungen Frau überrascht hatten. Damals war er wohl der einzige Mensch, der mit ihr über Politik sprach und der ihr zuhörte. Sie empfing ihn um so bereitwilliger, da er gern auf spanisch plauderte und nie vergaß, ihr nach Jasmin duftende Handschuhe aus Rom zu schicken. Ihre Beziehungen waren also angenehm, respektvoll und uneigennützig, und so setzten sie sich auch fort, nachdem Mazarin 1636 zum wichtigsten Mitarbeiter Richelieus wurde.

Sechs Jahre später rückte der zum Kardinal ernannte Mazarin in den Vordergrund des Geschehens. Er kannte nicht nur das ganze politische Räderwerk des Königreichs, sondern konnte auch die gegenseitigen Beziehungen der beteiligten Hauptpersonen vollkommen zutreffend einschätzen. Da er den empfindlichen Charakter des Königs genau durchschaute, konzentrierte er sich in dieser schwierigen Zeit ganz auf ihn. Allerdings war sie weniger hart, als man es hätte befürchten können. Die letzten Unterredungen mit Richelieu hatten Ludwig XIII. in einen schmerzlich gereizten Zustand versetzt. Der Tod des großen Mannes brachte ihm so etwas wie ein Hochgefühl, das der sanfte und fähige Mazarin bestärkte: »Seine Majestät erfreut sich bester Gesundheit und größter Geistesruhe. Er teilt seine Zeit zwischen den Staatsgeschäften und den Zerstreuungen angemessen auf, was die öffentliche Meinung lebhaft begrüßt. Er schläft beinahe alle Nächte durch, was er früher nicht gewohnt war«, berichtete der venezianische Gesandte, der auch noch notierte, daß sich der junge Kardinal »gleichsam zu einem Höhenflug« erhebe, »er erhält die größte Gunst, denn der König behandelt ihn mit Wertschätzung und Vertrauen«.[203] Im Gegensatz zu dem unerbittlichen Richelieu hatte Mazarin eine maßvolle Wesensart, die zur Liebenswürdigkeit neigte. Nie wollte er einen Gegner und noch viel weniger einen Gesprächspartner überwältigen. Man kann sich vorstellen, wie erleichtert der König war, wenn er sich mit einem Minister beriet, den er nicht zu fürchten hatte und der die bisherige Politik erfolgreich weiterführte.

Sein Gesundheitszustand besserte sich allerdings nicht nachhaltig, und man konnte die Frage der Regelung einer Regentschaft nicht länger hinausschieben. Ludwig XIII. war sich dessen bewußt, doch seine problematischen Familienverhältnisse machten eine kompliziertere Lösung als jene erforderlich, für die sich sein Vater entschieden hatte. Nun war es nicht nur so, daß sich das unglaubliche diplomatische Geschick Mazarins unter diesen bedenklichen Umständen offenbarte, sondern es erreichte geradezu einen glanzvollen Höhepunkt. Gaston von Orléans, der Bruder, wurde im Januar 1643 an den Hof zurückgerufen, wozu der Kardinal geraten hatte, der es für besser hielt, dem Prinzen einen Platz anzubieten, als abzuwarten, daß er ihn sich im Fall einer Regentschaft selbst aneignete und daß er während der Minderjährigkeit des jungen Königs Schwierigkeiten bereitete. Blieb nur noch das Problem der Königin. Wie wir mehrmals gesehen haben, verlangte die Tradition, daß die Königin zur Regentin ernannt wurde, doch Ludwig zögerte, ihr ein derart außerordentliches Vertrauen zu bezeigen. Die Erinnerung an die Komplotte verfolgte ihn. Trotz ihrer äußersten Beteuerungen konnte ihn Anna nicht von ihrer Unschuld überzeugen. Er ließ sich nicht von ihren Tränen rühren und erklärte lediglich, nachdem sie sich aus dem Zimmer entfernt hatte: »In dem Zustand, in dem ich mich befinde, muß ich ihr verzeihen; aber ich bin nicht verpflichtet, ihr zu glauben.«[204] Wenn er jedoch in seinem Zustand überhaupt keine Entscheidung traf, konnte das zu den schlimmsten Konflikten führen. Mazarin riet dem verunsicherten König, einen Regentschaftsrat zu bilden. Das würde Annas Handlungsfreiheit weitgehend einschränken. Dann hätte sie zwar den Titel der Regentin, doch ihr wäre die wirkliche Machtausübung entzogen. Ludwig XIII. entschied sich für diese Lösung und verfügte: »Da das Amt eine solch schwere Bürde bedeutet [...] und es unmöglich ist, daß sie vollkommene und höchst notwendige Kenntnisse für die Entscheidung derart großer und schwieriger Angelegenheiten besitzt, die man erst durch lange Erfahrung erwirbt, haben wir es für ratsam gehalten, ihr einen Regentschaftsrat beizugeben, nach dessen Ratschlägen und unter dessen Autorität die großen und wichtigen Staatsgeschäfte mit Stimmenmehrheit entschieden werden.«[205] Trotz aller langjährigen Demütigungen hatte sich Anna einen Rest spanischen Stolzes bewahrt. Sollte sie sich dieser ungewöhnlichen Regelung widersetzen? Offenbar war sie nahe daran, das zu tun, als Mazarin durch die Vermittlung des Nuntius und ihres Großalmoseniers insgeheim mit ihr in Verbindung trat und ihr versicherte, daß sie nichts zu befürchten hätte: Er, Mazarin, werde dafür sorgen, daß man ihre Autorität vollständig respektiere. Da sie ganz genau wußte, daß er weder zur Partei Gastons noch zu der des Prinzen von Condé – eines weiteren potentiellen Rivalen – gehörte und daß, wie La Rochefoucauld bemerkte, »er ihr allmählich durchaus nicht unangenehm war«, beschloß sie, ihm zu vertrauen, und kümmerte sich nur noch darum, Ludwig XIII. die letzte Pflege und die letzten Bekundungen der Ehrerbietung zuteil werden zu lassen. Sie erfüllte diese Pflichten mit einer Hingabe, die gleichzeitig ihr politisches Talent und ihre Tugend bezeugte.

Eine der letzten Taten des Königs war es, den Dauphin taufen zu lassen. Als Taufpaten wählte er den Kardinal Mazarin, und die Prinzessin von Condé war Patin. Ein Kammerherr des Herzogs von Orléans erzählt, daß er den kleinen Prinzen nach seinem Namen gefragt hätte, und dieser habe geantwortet: »Ich heiße Ludwig der Vierzehnte, aber das darf man nicht sagen, weil Papa noch nicht gestorben ist.«[206] Am nächsten Tag, dem 23. April, fühlte sich Ludwig XIII. so schlecht, daß man ihm die Sakramente spendete. Zum Ärger der Höflinge bewirkte dies eine leichte Besserung. »Er wird nicht mit dem Sterben fertig«, murmelte man. Die zu Verbannung oder Haft verurteilten Freunde der Königin, darunter Marie de Hautefort und der treue La Porte, vergingen vor Ungeduld.

Die Königin hingegen bewahrte eine untadelige Haltung, sie zeigte unerwartete Geduld und Nächstenliebe gegenüber diesem Kranken, der vor ihren Augen verfaulte. »Er hat einen Wurm aus dem Mund gespien«, meldete Giustiniani, »und es ist etwas Entsetzliches und ein denkwürdiges Beispiel für das menschliche Elend, wenn man sieht, wie sich der erste und mächtigste König der Christenheit vor seinem Tod in einen Leichnam verwandelt, der ein Ort der Fäulnis und eine Grabstätte für die Würmer geworden ist.«[207] Trotzdem verbrachte Anna lange Stunden bei ihrem Gatten, der im Château-Neuf (Neuen Schloß) von Saint-Germain untergebracht war, und sie ließ regelmäßig die beiden Kinder kommen, die im Château-Vieux (Alten Schloß) wohnten. »Der König hat gern seine Söhne, die Prinzen, bei sich«, notierte der Venezianer, »und er bekundet ihnen seine Zuneigung, was ungewöhnlich und bemerkenswert ist. Mit der Königin führt er sehr häufige Gespräche, die jedesmal zwei bis drei Stunden dauern.«[208] Aber er verlor oft das Bewußtsein, und – ein Zeichen für die rauhen Sitten jener Zeit – man brachte die Kinder nicht hinaus. So etwa, als sie ihn am 10. Mai besuchten, schlief Ludwig XIII. »mit offenem Mund und verdrehten Augen, als Zeichen für seinen baldigen Tod«. Da wandte sich sein Kammerdiener Dubois an die kleinen Jungen: »Sehen Sie bitte den König an, wie und auf welche Art er schläft, damit Sie sich daran erinnern, wenn Sie groß sind.« Dann fragte der Türhüter den Dauphin: »Monsieur, möchten Sie gern König werden?« – »Nein«, antwortete dieser. – »Und wenn Ihr Papa sterben sollte?« Darauf erwiderte der Dauphin aus eigenem Antrieb, dem Weinen nahe: »Wenn mein Papa sterben sollte, würde ich mich in den Graben stürzen.«[209]

Zwei Tage später meinten die Ärzte, daß das Ende unmittelbar bevorstehe. Anna ließ die Kinder rufen, damit sie die Abschiedsworte ihres Vaters anhören konnten, und danach schickte sie die beiden ins Château-Vieux zurück. Sie blieb bis zum Ende bei ihrem Mann, sie umarmte ihn und sprach lange zu ihm, und ihre Gesichter waren einander so nahe, daß sich ihre Tränen vermischten. War das Heuchelei, wirkliche Rührung oder Mitleid angesichts der Leiden dieses abgezehrten, von den Folgen seiner Krankheit aufs tiefste erniedrigten Mannes? Anna war zu zurückhaltend und zu stolz, als daß sie sich zu vertraulichen Mitteilungen hätte hinreißen lassen. Allerdings sagte sie zu Madame de Motteville, es wäre ihr so vorgekommen, als hätte man ihr beim Tode Ludwigs XIII. das Herz herausgerissen. Doch sie faßte sich schnell wieder, sie lief durch den Garten zum Zimmer ihrer Kinder. Von allen Würdenträgern des Hofes umgeben, kniete sie dann vor Ludwig XIV. nieder und huldigte ihm. Auf den Tag genau dreiunddreißig Jahre zuvor hatte man Maria von Medici daran erinnern müssen, daß die Könige in Frankreich nicht sterben, und ihr das zehnjährige Kind gezeigt, das Ludwig XIII. hieß. Anna von Österreich hatte es nicht nötig, daß man ihr diese Lehre erteilte. Der kleine König wurde zu ihrer großen Freude »der König, mein Sohn«.

»Der König, mein Sohn«
1643-1653

»Königin Anna war seit langem die Hoffnung der Unzufriedenen.«[210] Während des größten Teils der Herrschaftszeit Ludwigs XIII. hatte man erlebt, daß sie stets von den Staatsangelegenheiten ferngehalten, ihrer Freunde und treuesten Diener beraubt wurde – man hatte ihr 1630 sogar ein neunjähriges Mädchen, Françoise Bertaut, die zukünftige Madame de Motteville, weggenommen, weil sie mit ihm Spanisch sprach – und daß sie trotz der ununterbrochenen Überwachung durch Richelieu immer bereit war, sich auf Intrigen einzulassen. Man wußte, daß sie stolz war, man ahnte, daß sie sich verletzt fühlte, man stellte sich vor, daß sie von Vergeltung träumte. Diese Vergeltung könnte in zwei Bereichen erfolgen. Es gab keinen Zweifel, daß sie in der Außenpolitik ihr möglichstes tun würde, um bald Frieden mit Spanien zu schließen; und auf dem Gebiet der Innenpolitik erwartete man, daß sie ihren Kreis um zahlreiche Verbannte und in Ungnade Gefallene sowie um all jene Damen erweitern würde, deren munterer Geist den Unwillen Ludwigs XIII. erregt hatte. Madame de Chevreuse, Madame de Hautefort, Madame de Senecey sowie die Grandseigneurs, die Richelieu mit ihren Umtrieben aufs äußerste herausgefordert hatten, vor allem die Vendômes und La Rochefoucaulds, bereiteten sich auf den Triumph vor. Die öffentliche Meinung sah in Anna von Österreich eine neue Maria von Medici, die sich so rasch von Sully, dem Berater Heinrichs IV., befreit und sich mit ihren eigenen Günstlingen umgeben hatte. Da man als sicher annahm, daß die Regentin die alte Regierungsmannschaft Richelieus entlassen würde, hielt man den Herzog von Beaufort, den jüngeren Sohn des César de Vendôme, für den aussichtsreichsten Kandidaten, um Mazarin zu ersetzen. Beaufort hatte offen auf der Seite der Königin gestanden, und sie hatte ihm stets größtes Vertrauen und wahre Freundschaft bekundet.

Niemand hatte offenbar darüber nachgedacht, daß sich die Herrscherin nach der Geburt des Dauphins verändert hatte. Allerdings war ihre Korrespondenz mit Richelieu geheim geblieben; ebenso geheim waren ihre Beziehungen zu Mazarin während der letzten Krankheit Ludwigs XIII. Sie konnte Diskretion wahren, ja sich sogar verstellen, eine seltene Fähigkeit an einem Hof, die aber für einen Souverän unentbehrlich ist. Sie vertraute ihre Absichten nur dem ehemaligen Staatssekretär Loménie de Brienne an. Selbst ein derart kluger und weitsichtiger, ihr so nahestehender Mann wie La Rochefoucauld wurde von ihren ersten Entscheidungen als Regentin überrascht. Anna hatte sofort nach dem Tod Ludwigs XIII. Saint-Germain verlassen und war in den Louvre gezogen, wo sie nicht, wie es der Sitte entsprochen hätte, vierzig Tage in einem Palais, dessen Wände mit schwarzen Behängen überzogen waren, auf dem Bett lag. Tagelang erteilte sie Audienz, empfing Besucher, hörte jeden interessiert an und bewahrte Stillschweigen. Allerdings traf sie die notwendigen Vorbereitungen, damit der kleine König so schnell wie möglich eine feierliche Parlamentssitzung abhielt, um die für ihre Macht als Regentin festgelegten Einschränkungen aufzuheben. Und noch am Abend nach dieser Sitzung, vier Tage nach dem Tod des Königs, am 18. Mai 1643, verkündete sie zur allgemeinen Überraschung, daß sie Mazarin zum Mitglied des Kronrats ernannte und wünschte, daß er ihn in Abwesenheit des Herzogs von Orléans oder des Prinzen von Condé leiten sollte. Am nächsten Tag errang der Herzog von Enghien, der älteste Sohn des Prinzen von Condé, den Sieg von Rocroi über die spanischen Truppen. So begann die neue Herrschaft mit einem glanzvollen Erfolg, deshalb aber beruhigte sich der Machthunger der Enttäuschten nicht.

Man konnte annehmen, daß Mazarins Erfahrung in dieser Übergangszeit unentbehrlich war und daß der Italiener seinen Platz bald entweder an Beaufort oder an den Almosenier der Königin, den Bischof von Beauvais, abtreten würde, zumal diese weiter alle ihre Besucher wohlwollend befragte und großzügig Hilfsgelder und Belohnungen verteilte. Sie gab jedoch keine verbindlichen Zusagen und gewährte keinem ihrer Freunde die geringste bedeutsame Gunst, während sie um ihretwillen Verbannung, Gefängnis und den Zorn Richelieus auf sich genommen hatten. Denn sie hatte schnell erkannt, daß die Interessen Frankreichs und also ihres Sohnes von ihr verlangten, ihre Freundschaften und Feindschaften zu opfern. La Rochefoucauld, der sie genau kannte und vor dem sie »ihren Geisteszustand weniger als vor den anderen verbarg«,[211] wunderte sich ein wenig, daß sie ihn schon vor dem Tod des Königs ermunterte, die Gunst Mazarins zu gewinnen. »Ich mußte ahnen, daß sie mir nicht die wahren Gründe nannte, doch vielleicht kannte sie diese auch selbst nicht gut genug, um sie mir nennen zu können.«[212] Jedenfalls folgte sie durchaus nicht dem Beispiel ihrer Schwiegermutter, indem sie auf Gegenkurs zur früheren Politik gegangen wäre, sondern hielt sich an die Tradition Heinrichs IV., der all jenen hochherzig verzieh, die ihn bekämpft hatten; Anna kündigte auch schon den Pragmatismus, wenn nicht gar die Undankbarkeit Ludwigs XVIII. an, der Talleyrand und den Königsmörder Fouché zu Ministern berief, ohne sich um die Gefühle seiner treuen Anhänger zu kümmern.

Ihre Entschlossenheit und Klugheit, die weder ihre Freunde noch ihre Gegner von ihr erwarteten, erklären diesen Haltungsumschwung zum Teil. Doch er läßt sich auch damit begründen, daß ihre Treuegefühle zu Spanien hinter dem Verantwortungsgefühl für ihren Sohn zurücktraten. Dem muß man noch das hinzufügen, was Cousin den »Instinkt der Königsmacht« nennt: In ihrem Fall äußerte er sich durch die Weigerung, sich von Dankbarkeit oder Treue binden zu lassen. Nicht zufällig wird ihr Sohn Ludwig XIV. im Jahre 1700 dem Herzog von Anjou raten, der bald die Krone Spaniens empfangen sollte: »Empfinden Sie nie Zuneigung für irgend jemanden.« Darin glich er seiner Mutter. Die Königin besaß genug gesunden Menschenverstand, um sich der Begehrlichkeit, Undankbarkeit, Unbeständigkeit und politischen Unklugheit aller Grandseigneurs in ihrer Umgebung bewußt zu sein. Beaufort, den sie gleichwohl sehr gern hatte, war unfähig, die geringste konsequente Überlegung anzustellen. Stimmgewaltig und mutig, von oft grobschlächtiger Galanterie, war er der Abgott des Pöbels – man hatte ihm den Beinamen »König der Markthallen« gegeben –, doch er hatte wahrhaftig nicht die Fähigkeiten eines Hofrates. Sie konnte nicht das geringste Vertrauen in ihren arglistigen, trägen und feigen Schwager Gaston haben. Daß Madame de Chevreuse ehrgeizig und impulsiv war und daß sie nicht allein die Interessen der Krone im Kopf hatte, wußte sie nur zu genau. Sie achtete zwar den Bischof von Beauvais, doch sie bewunderte schwerlich jemanden, von dem Retz sagte, daß er »ein Dummkopf mit Bischofsmütze«,* der allergrößte Ignorant sei. Hingegen hatte sie entdeckt, daß ihr die Ratschläge Mazarins sehr nützlich waren.

Er hatte ihr bereits geraten, wie wir gesehen haben, die von Ludwig XIII. diktierten Bedingungen für die Regentschaft ohne Widerrede anzunehmen, wobei sie diese ja im richtigen Augenblick annullieren könnte. Die kluge Doppelzüngigkeit dieses Ratschlags hatte ihr gefallen. Während der langen Agonie des Königs gelangte sie zu der Überzeugung, daß sie auf einen derart gut mit den Staatsangelegenheiten vertrauten Mann nicht verzichten durfte, einen Mann, der ihr im übrigen stets den größten Respekt bezeigt hatte. Doch sie wußte durchaus, daß es nur schädlich sein konnte, wenn sie ihre Entscheidung im voraus bekanntgegeben hätte. Der einzige Mensch, den sie offen ins Vertrauen zog, war also Brienne, dem sie ihre Gründe erklärte: Sie hielt Mazarin als die beste Wahl für das Amt des Ersten Ministers, und das nicht nur wegen seiner Erfahrung und seines Charakters, sondern auch, weil er sich keine Feinde gemacht hatte. Wenn sie sich für einen Gegner Richelieus entschieden hätte, so wäre sie unausweichlich gezwungen gewesen, die ganze alte Regierungsmannschaft zu entlassen, die Condés gerade in dem Augenblick zu kränken, in dem sich der

* Zit. nach: Retz, a.a.O., S. 10 (Anm. d. Ü.).

Herzog von Enghien bereit machte, seine Truppen in eine Entscheidungsschlacht zu werfen. Das hätte sie um die Unterstützung des Prinzen von Condé gebracht, der einzigen Person, die man gegen den Herzog von Orléans aufbieten konnte. Gegen diese Argumentation ließ sich nichts einwenden, und Brienne übernahm höchst bereitwillig den Geheimauftrag, gleich nach dem Tod des Königs mit Mazarin in Verbindung zu treten. Die Königin teilte ihm ihre Absicht mit, den Regentschaftsrat in der von Ludwig XIII. vorgesehenen Form aufzulösen, doch sie bat ihn, in ihre Dienste zu treten, sobald sie ihn rufen würde. Vier Tage später war die Sache entschieden.

Anna von Österreich war in jeder Hinsicht anders als Maria von Medici. Zunächst einmal sicherte das fortgesetzte Wirken Mazarins, daß sich die neue Herrschaftszeit bruchlos an die vorhergehende anschloß, ganz besonders in der Außenpolitik. Daß ihn Ludwig XIII. als Taufpaten des Dauphins bestellt hatte, trug zu einer besonderen Beziehung zwischen dem Minister und dem Kind bei, die nicht zwangsläufig die Vermittlung der Königin benötigte: Sofern der kleine Prinz respektvolle Erinnerungen an seinen Vater bewahrte, übertrug sich dieser Respekt ganz selbstverständlich auf Mazarin. Schließlich ersparte die natürliche und unbefangene Zuneigung der Königin ihren Kindern jene leidvolle Trauerzeit, die den Sohn Heinrichs IV. so tief geprägt hatte. Außerdem war Ludwig XIII. für seine Kinder stets nur eine verschwommene und zugleich erschreckende Gestalt gewesen: Der arme Kranke, der ständig mißmutig murrte und mit einer Nachtmütze auf dem Kopf in den Gängen des Louvre umherirrte, hatte nichts mit dem fröhlichen, energischen, lebhaften und bewunderten Vater gemein, wie es Heinrich IV. gewesen war. Ludwig XIV. litt weniger heftig unter dem Verlust, obwohl Krankheit und Tod, wie wir gesehen haben, das Kind durchaus beeindruckten. Die Gegenwart der aufmerksamen und sanften Mutter war – trotz ihrer Aufgaben als Regentin – stark spürbar und bildete das beste Gegenmittel zu dem, was noch an traurigen Gedanken übrigblieb. Der kleine König und sein Bruder verbrachten die meiste Zeit im Gemach der Königin, und sie verließen es nur für den Mittagsschlaf, die Mahlzeiten und die Nachtruhe. Das einzige Zeichen der Schwäche dieser neuen Herrschaft war, daß Anna das Geld mit vollen Händen und wahllos an alle hohen Adligen verteilte, die von der Entwicklung der Ereignisse enttäuscht und auf Mazarins Einfluß eifersüchtig waren. Ihre aufrührerischen Umtriebe sollten ihnen den Spitznamen »die Wichtigen« (»Les Importants«) einbringen.

Madame de Motteville stellte bedauernd fest, daß die Königin, »da sie nicht ans Regieren gewöhnt war, die Aufdringlichen nicht abzuweisen und jenen nichts zu geben vermochte, die sich vernünftig und maßvoll benahmen«.[213] Mazarin zügelte ihre Hemmungslosigkeit, indem er nachdrücklich betonte, sie müsse ihre Einsicht in die Finanzlage beweisen. Es war also angebracht, daß sie ihre freigebigen Schenkungen bis zu jenem Zeitpunkt hinausschob, zu dem man den Friedensvertrag unterzeichnen würde. Er erklärte ihr außerdem, damit sie sich Respekt verschaffen könne und man ihre Gunst schätzenlerne, müsse sie zeigen, daß sie auch abzulehnen verstand. Darum verpflichtete er sie, dem Herzog von Bouillon nicht das Fürstentum Sedan zurückzugeben – das er nach der fehlgeschlagenen Verschwörung von Cinq-Mars gegen Richelieu verloren hatte –, denn das Gegenteil hätte bedeutet, die Großen zur Empörung zu ermuntern. Die Eintragungen in seinen privaten Notizbüchern, die in einem sehr kraftvollen Italienisch verfaßt sind, klingen höchst aufschlußreich: »Wenn die Königin einwilligte, wäre ihr Ansehen zugrunde gerichtet, und sie würde eine Torheit begehen, welche die Prinzen und selbst den Bruder des Königs reizen müßte, das ganze Königreich in heilloses Durcheinander zu stürzen.«[214] Immer wieder schärfte er ihr ein: »Die Franzosen müssen gezwungen werden, mit ihrer Regierung zu rechnen, sonst halten sie nichts von ihr.« Schon vor der Fronde warnte er sie unermüdlich vor den Grandseigneurs, dem Parlament und sogar den Klöstern, die sie bei jeder Gelegenheit aufsuchte. »Nehmen Sie sich in acht«, sagte er ihr freimütig, »diese nach spanischer Art zur Schau gestellte Frömmigkeit ist in Frankreich nicht angebracht.« Da man sah, daß sie ständig Kirchen und Klöster aufsuchte und von Priestern, Mönchen und Nonnen umgeben war, verglich man sie mit Heinrich III., der sich ewig seinen Andachtsübungen hingab, was nicht verhindert hatte, daß man ihn aus Paris vertrieb. Die königliche Autorität, versicherte er, könne nur unabhängig und unparteiisch sein, sonst schwinde sie dahin. Es gehe um ihre Pflicht und ihren Ruhm als Regentin, wenn sie bedachtsam handele.

Eine solche Sprache verstand die Königin von Frankreich. Noch einmal hervorheben muß man eine Tatsache, auf die Madame de Motteville hinweist: Anna wollte sich von ihren alten Freunden und Komplizen nicht die Hände binden lassen. All diese jahrelangen Verschwörungen hatten ihr nur Ärger und Demütigungen eingebracht; sie hatte niemanden gefunden, der gleichzeitig ihr Gefühl und ihren Verstand ansprach: Die einen oder anderen hatten sie erheitert oder getröstet, doch in ihrer neuen Lage erkannte sie deutlich, daß sie unterschiedliche politische Interessen verfolgten. Mit Mazarin war es etwas anderes. Er äußerte sich sanft und klar und mit um so mehr Respekt, als er selbst von ihr abhing; seine außergewöhnliche Leistungsfähigkeit entlastete und stärkte sie; er vertrat vernünftige politische Ansichten, und vor allem war er wie sie leidenschaftlich bemüht, den Ruhm des kleinen Ludwig XIV. zu sichern. Darin bestand das festeste Band zwischen ihnen. Die Regelungen, die man für die Erziehung des kleinen Königs traf, sollten es beweisen.

»Die ganze Heerschar der Frommen«, wie Mazarin sie nannte, bemühte sich, die Königin zu beeinflussen, doch man war sich nicht einig, und die Kandidaten für die Posten des Erziehers und Hofmeisters meldeten sich in großer Zahl. Mazarin und die Königin hörten sie wie gewöhnlich aufmerksam an, entmutigten niemanden und setzten wieder einmal auf eine überraschende Entscheidung. Mazarin wurde zum Oberaufseher für die Erziehung des Königs ernannt, »eine Wahl«, erklärte die Königin in einer offiziellen Mitteilung, »die gleichsam eine Bestätigung und notwendige Folge der Ehre war, die der verstorbene König, unser hochgeehrter Herr, ihm erwiesen hatte, als er wollte, daß er zu seinem Taufpaten würde«.[215] Als Erzieher wählte er Hardouin de Péréfixe, den Abbé de Beaumont, einen gebildeten, maßvollen Mann, der weder Jesuit noch Jansenist war. Das Amt des Hofmeisters wurde dem Marquis de Villeroy übergeben, einem Höfling, der derart geistlos war, daß er mit »Ja, Sire« antwortete, noch bevor das Kind seine Bitte vollständig vorgetragen hatte. In der unmittelbaren Umgebung Ludwigs XIV. gab es wenig Konflikte. Wir haben es hier mit etwas ganz anderem als den komplizierten Beziehungen zwischen Heinrich IV., Maria von Medici und Héroard oder mit den Machtkämpfen zwischen Diane de Poitiers und Katharina von Medici zu tun. Anna und Mazarin sprachen mit einer Stimme. Villeroy und Péréfixe folgten ihnen. Die einzige Ausnahme: der Schleppenträger La Porte, der im Dienst der Königin so große Opfer gebracht hatte. Er war nun in den Dienst des Königs getreten, und er verbarg ihm nicht, daß er den Kardinal nicht mochte, aber Ludwig schwankte nie in seiner Treue zu seinem Paten und Minister.

Anna hatte lange über die Erziehung ihres Sohnes nachgedacht und wollte ihm die Leiden ersparen, die Ludwig XIII. so stark geprägt hatten. In ihrer Bibliothek hatte sie eine in rotes Saffianleder gebundene Handschrift mit dem Titel *Grundsätze der Bildung und Kinderzucht*, einen Text, mit dem sie einen ihrer Räte beauftragt hatte, der dem Jansenisten Arnauld d'Andilly nahestand. Der anonym gebliebene Autor, der offenbar mit den Verhältnissen am Hof wohlvertraut war, zeigte, daß er die unglückliche Kindheit Ludwigs XIII. kannte. Das verleiht seinem Text ein besonderes Interesse. Er befürwortete eine pragmatische Erziehung und riet, immer konkrete Beispiele anzugeben, um den Religionsunterricht anschaulich zu gestalten; er empfahl, die ersten Kenntnisse – man war der Ansicht, daß der Dauphin schon das Lesen beherrschen sollte, bevor er fünf Jahre alt wurde – wie ein Spiel vorzustellen, damit sich der Schüler nicht langweilte. Für eine Gefahr, die man um jeden Preis vermeiden mußte, hielt er die Untätigkeit: Das Kind sollte nicht allein bleiben und seinen Träumereien nachhängen, und was noch bedeutsamer war: Er riet, die Peitsche nur im äußersten Notfall anzuwenden und dies auf keinen Fall vor Zeugen zu tun, denn »die Scham der Kinder ist der stärkste Ansporn, den sie zum Guten haben, und man muß sie bewahren; wenn sie diese nämlich einmal verlieren, ist alles verloren«.[216]

Der Rat wurde befolgt, und die schlimmste Strafe, die man Ludwig XIV. auferlegte, weil er sich schuldig gemacht hatte, Flüche wiederholt zu haben, bestand im Hausarrest. Er durfte sein Zimmer zwei Tage lang nicht verlassen. Eine derartige Strenge war jedoch Ausnahme, und die Beziehungen zwischen Mutter und Sohn waren anscheinend besonders unkompliziert: »Seine Mutter appellierte an seine Vernunft und seinen Gehorsam, und damit brachte sie ihn stets soweit, das zu tun, was sie von ihm wollte.«[217] La Porte stellte fest, daß er »große Zuneigung zu seiner Mutter empfand, und sogar weitaus mehr, als die Kinder dieses Standes gewöhnlich haben [...]. Er blieb so wenig wie möglich in seinem Zimmer und [...] war immer bei der Königin.« La Porte fügt vielleicht mit einem gewissen Recht hinzu, daß ihn alle bei seiner Mutter laut lobten und ihm nie widersprochen hätten.[218] Wenn der kleine Junge erfuhr, daß die Königin ein Bad nehmen wollte, rannte er in ihr Zimmer und ließ sich schnell auskleiden, um sich ihr anzuschließen. Im Badezimmer der Königin herrschte größtes Schamgefühl. Es war ein entzückender, ganz himmelblauer und goldener Raum. Er bestand aus zwei Gewölben, die von mehreren Marmorsäulen getragen wurden. Ihn schmückten Porträts von Velázquez, die mehrere spanische Verwandte Annas darstellten. Die eigentliche Badewanne war ein großes Marmorbecken, dessen Rand mit batistenen Badetüchern bedeckt und dessen Boden mit Kissen belegt war. Das Wasser, das aus den Hähnen floß, kam aus Behältern, die sich in einem von einer Zwischendecke verborgenen Nebenraum befanden. Ein kleiner, mit Holz beheizter Kessel lieferte warmes Wasser. Im Bad trugen Mutter und Sohn lange Gewänder, und wenn sie aus der Wanne stiegen, streckten sie sich auf einem Ruhebett aus.[219]

Schließlich mußte Anna gewiß über das schlechte Verhältnis zwischen Ludwig XIII. und seinem Bruder, über ihre fortwährende und überflüssige Rivalität nachdenken, die von der deutlichen Bevorzugung des Zweitgeborenen durch ihre Mutter angestachelt wurde. Vielleicht war sie sich außerdem der regelrechten Kriege bewußt, in denen sich die Söhne Katharinas von Medici gegenseitige Kämpfe lieferten. Auch diese Mutter hatte ja den Jüngeren begünstigt. Einen Fehler, den Anna nicht wiederholen sollte. In den kindlichen Streitigkeiten zwischen den beiden Jungen gab sie immer dem Älteren recht. »Sie empfand unendliche Liebe zum König, die größer als jene für ihren zweiten Sohn war, den sie dennoch sehr liebte. Den ersten hatte ihr Gott nach tausend vergeblichen Bitten geschenkt, als sie ihn nicht mehr zu erhoffen wagte. Er hatte sie aus dem jämmerlichen Zustand erlöst, in den sie die Verfolgungen des Kardinals Richelieu gestürzt hatten. Er hatte sie zur Regentin gemacht, und schließlich hatte er ihre ganze Zuneigung auf sich gezogen: so mußte sie denn dem Bruder des Königs nur noch das geben, was die Natur in das Herz einer guten Mutter tief eingeprägt hat.«[220] Sie räumte ihm gern den ersten Platz ein, weil sie ihn vergötterte und weil er König war. Madame de Motteville setzt noch hinzu: »Die Königin wollte immer, daß man ihm gehorchte, und es schien, daß sie ihn gern ebenso geachtet hätte, wie sie ihn liebte.« Außerdem muß man klarstellen: Wenn die Spiele der beiden Brüder auch oft mit Raufereien endeten – La Porte schildert, wie die kleinen Prinzen auf ihre Betten springen, dann einander anspucken und schließlich auf ihre Matratzen urinieren –, so trugen sie doch nie das Kainsmal einer krankhaften Eifersucht, die die Beziehungen zwischen Ludwig XIII. und seinen Brüdern gekennzeichnet hatte. In den gefährlichen Zeiten der Fronde bemerkte die Hofgesellschaft, daß »der kleine Monsieur [d. h. der Herzog von Anjou] von Schrecken ergriffen wurde. Der König beruhigte ihn, so gut er konnte [...], er schmeichelte diesem jungen Bruder und sagte ihm die schönsten Dinge der Welt [...], er brachte ihn selbst in sein Zimmer zurück, um ihn ins Bett zu legen.«[221] Diese Politik hatte die glückliche Folge, daß die Verbindungen zwischen den beiden Männern während der gesamten Herrschaftszeit stark und friedlich blieben. Man muß hervorheben, daß die Königin dafür Sorge getragen hatte – vor allem, indem sie »Monsieur« (Philipp von Orléans, dem Bruder des Königs) die geringste politische Bildung vorenthielt –, ihm jeden Gedanken an eine mögliche Nachfolge zu nehmen. In dieser Hinsicht gab Philipp nie Anlaß zur geringsten Beunruhigung. Während einer sehr schweren Erkrankung des Königs im Jahre 1659 zeigte er nichts als Trauer und Mitgefühl.

Die Erziehung Ludwigs XIV. wurde oft kritisiert, besonders von ihm selbst. Über seine mangelnde Bildung sagte er eines Tages offen: »Man empfindet quälenden Kummer, wenn man das nicht weiß, was alle anderen wissen.« Seine geringen Lateinkenntnisse bereiteten ihm solchen Verdruß, daß er viele Jahre danach diese Sprache erneut studierte, weil er in der Lage sein wollte, die Depeschen des Papstes selbst zu lesen. Doch vor allem verwendete er größte Sorgfalt auf die Erziehung seines Sohns und seines Enkels. Daß er Bossuet und Fénelon als Lehrer wählte, zeigt schon, wie ernsthaft der König sich um dieses Problem kümmerte. Seine eigene klassische Bildung litt unter dem Mittelmaß seiner Lehrer und der Ungunst der Verhältnisse: Die Unruhen, Fluchten und Schlachten der Fronde ließen kaum Zeit für das Studium. Als der Frieden wiederhergestellt war, fiel es ihm schwer, sich erneut mit den Büchern zu beschäftigen, trotz der beschwörenden Bitten Mazarins, der ihn sehr spät immer noch drängte, »einige Zeit dem Schreiben und den Gesprächen über ernste Dinge zu widmen«,[222] und der sich beklagte, weil der König nicht regelmäßig auf seine Briefe antwortete. Trotzdem muß man anerkennen, daß das Pflichtbewußtsein, mit dem er sein Amt als König ausübte – denn »er verstand, daß Untätigkeit der Feind des Ruhms ist«[223] –, und der Glanz, den er seinem Hof zu geben vermochte, diese wesentlichen Grundlagen seiner Größe, sich durch seine Ausbildung erklären lassen.

Wenn man das Amt des Königs ausübt, heißt das, daß man versteht, welche Folgen die eigenen Entscheidungen haben, und daß man die Verantwortung für sie übernimmt. Diese Lehrzeit begann früh. Der Fünfjährige muß am Empfang der ausländischen Botschafter teilnehmen, die ihm zu seiner Thronbesteigung gratulieren. Der Kleine hört nicht zu, wenn man seine Mutter anredet, doch er wird höchst aufmerksam, sobald sich die Gesandten an ihn wenden, und er verlangt, daß man ihm danach wiederholt, was sie gesagt haben. Zwei Jahre später hält er eine feierliche Parlamentssitzung ab und zeichnet sich durch seine Selbstsicherheit aus. Seit dieser Zeit läßt ihn nämlich Mazarin am Kronrat teilnehmen, entweder an einer kürzeren Sitzung, bei der man eine einzige Angelegenheit behandelt, oder bei einem genau festgelegten Punkt einer längeren Ratstagung. Noch wichtiger ist, daß ihm Mazarin die unterschiedlichen Lösungsmöglichkeiten für ein konkretes Problem vorträgt und erklärt, warum er einen bestimmten Beschluß gefaßt hat. Als es viele Jahre später um die Erziehungsregeln für seinen Sohn geht, wird Ludwig XIV. betonen, daß nichts den praktischen Lektionen gleichkommt, die sich auf Tatsachen stützen und bei passender Gelegenheit gegeben werden. Ein Prinz muß die Kausalzusammenhänge verstehen.

Er war zehn Jahre alt, als ihm sein Erzieher anläßlich der Unterzeichnung des Westfälischen Friedens, der den Dreißigjährigen Krieg beendete, eine Geschichtsstunde über das Heilige Römische Reich Deutscher Nation und die Länder am Rhein gab. Mazarin freute sich dermaßen darüber, wie lebhaft sich der kleine König für konkrete Probleme interessierte, daß er antwortete, als sich der Erzieher bei ihm beklagte, sein Schüler zeige keinen Fleiß und er fürchte, daß er sich später bei den bedeutenden Angelegenheiten ebenso verhalten werde: »Beunruhigen Sie sich nicht, verlassen Sie sich dabei auf mich; er wird darüber schon zuviel wissen, wenn er nämlich in den Rat kommt, stellt er mir hundert Fragen über die betreffende Angelegenheit.«[224] Mazarin war ein zu kluger Pädagoge, um nicht für einen regelmäßigen Wechsel von Unterricht und Vergnügen zu sorgen. Da er wußte, daß der König als wahrer Bourbone die Jagd inbrünstig liebte, kümmerte er sich darum, den Wald von

Vincennes mit Hirschen, Rehen und Wildschweinen sowie mit »allen Arten von Tieren« zu besetzen, »die [...] der Kurzweil des Königs dienen können«,[225] doch vor allem förderte er dessen leidenschaftliches Interesse an der Kriegskunst.

Im Sommer 1647 begleitete der neunjährige Ludwig seine Mutter an die Landesgrenze, um den Mut der Truppen anzufeuern. Kurz darauf nahm ihn Mazarin auf einen Feldzug mit, um ihm die Organisation und die Versorgung der Armeen sowie die Art zu veranschaulichen, wie man Entscheidungen auf dem Schlachtfeld trifft. Die Lektionen erwiesen sich als wirksam: Ludwig XIV. zeigte sehr früh bei militärischen Angelegenheiten große Begeisterung und Gewissenhaftigkeit, und er lernte es, mit den Generälen und den Soldaten zu sprechen. Schon in ganz jungen Jahren machte er sich mit den harten Lebensbedingungen seiner Männer vertraut und gab ihnen seine Sympathie zu verstehen. Sein Wissensdrang, seine Ausdauer und sein Entschluß, zusammen mit seinen Offizieren im Zelt zu schlafen, brachten ihm wirkliche Popularität ein. Diese genaue Kenntnis der Lage verlieh ihm Selbstsicherheit und Ungezwungenheit, wozu noch ein höfliches Verhalten allen gegenüber hinzukam, das später seine unbestreitbare Autorität milderte. In seiner Jugendzeit, sagt Saint-Simon, »nahm er diese höfliche und galante Haltung an, die er zeitlebens stets bewahren und so gut mit Anstand und Majestät vereinbaren konnte«.[226] Schließlich erfaßte er die Bedeutung der politischen Unruhen: Als er 1648 im Parlament erschien, verstand er sehr genau, obwohl er erst zehn Jahre alt war, was der Präsident Talon, dessen selbständige Haltung die Fronde ankündigte, mit seinen Worten meinte. Seine Lehrzeit als König vollzog sich also früher und leichter als die seines Vaters. Der Gedanke, daß ihn seine Mutter, die sich in seiner Gegenwart immer erhob und ihn nur »der König, mein Sohn« nannte, aus dem Ratssaal hinausgedrängt hätte, war tatsächlich unvorstellbar.

Mazarin kümmerte sich ebenfalls darum, das Kind in den Bereich der Künste einzuführen, der während des Großen Jahrhunderts zu solcher Bedeutung gelangen sollte. Er weckte dessen Vorliebe für königliche Lustbarkeiten, Feste, Prunk und Neuerungen. 1647 ließ er die erste wahre Oper aufführen, die man jemals in Frankreich gesehen hatte: Rossis *Orfeo*. Sie wurde von einem Prolog eingeleitet, der den Sieg der Franzosen in einer Schlacht darstellte. Man erblickte eine Victoria, die aus dem Himmel herabschwebte und die Waffen des Königs wie auch die Weisheit der Königin besang. Es folgten komische Zwischenspiele und Tierballette – Affen, Bären und Strauße, über denen Papageien flatterten –, die Ludwig XIV. besonders schätzte. Die Dekorationswechsel und die wunderbare Bühnenmaschinerie wirkten wie Zauberei und gefielen dem König dermaßen, daß er alles nach Fontainebleau befördern ließ und nicht müde wurde, es für seine Besucher auseinandernehmen zu lassen. Die Vorstellung vom Hof als strahlendem Mittelpunkt der Kunst, auf die man unter Ludwig XIII. vollständig verzichtet hatte, erstand aufs neue. Der Geschmack Ludwigs XIV., der sich von dem Mazarins unterscheiden wird, bildet sich jedoch unter der Obhut des Kardinals heraus. Offenbar hat dieser eine angemessene und ausgewogene Methode gefunden, wie man ein Kind behandelt, das außerdem ein Monarch ist: Er nahm den Kleinen 1652 zur Belagerung von Étampes mit, wo die Kanonenkugeln nicht weit von ihm vorbeiflogen, doch in Melun ließ er auch eine kleine Festung am Wasser errichten, um ihn zu unterhalten. In einem späteren Brief betonte Mazarin nachdrücklich die Vorteile einer ausgewogenen Erziehung: »Das werden Sie mühelos und immer besser tun, indem Sie durch die Hingabe, mit der Sie sich den Angelegenheiten widmen wollen, die Ihnen notwendige Kenntnis und Erfahrung erwerben, und das darf Sie nicht von Ihren Zerstreuungen abhalten; denn indem Sie sehr wenig Zeit dafür verwenden, jene Dinge zu entscheiden, von denen man Sie unterrichten wird, sind Sie danach frei für alles, was Ihnen gefällt.«[227] Mit neun Jahren erkrankte das Kind sehr schwer. Um seine Heilung zu feiern, schenkte ihm Mazarin ein entzückendes englisches Pferdchen, das man in den Palast führte und zum Zimmer des Genesenden hinaufsteigen ließ, damit er es streicheln konnte. Die unkomplizierte und natürliche Zuneigung zwischen den drei Hauptpersonen Ludwig, Anna und Mazarin wird während der Bewährungsprobe der Fronde nur noch weiter zunehmen.

Die Königin und der Kardinal glaubten ganz zuversichtlich an die Vorteile einer praktischen Erziehung. Der Bürgerkrieg sollte ihnen mehr Gelegenheiten bieten, als sie gewünscht hätten, den jungen Prinzen mit der Realität in Berührung zu bringen. Ebenso wichtig wie dieser Eintritt ins wirkliche Leben war für seine politische Bildung die Entdeckung seiner repräsentativen Rolle. Anna hatte sich bemüht, daß ihr Sohn von frühester Kindheit an als eine königliche Gestalt erschien, und ihm eingeschärft, daß es unbedingt notwendig war, eine majestätische Erscheinung zu zeigen. Nach ihrer Ansicht war es sich ein Souverän schuldig, gleichmütig und achtunggebietend wie seine spanischen Vorfahren aufzutreten. Ihm kam es zu, auf die vornehme Ordnung seines Hofes zu achten und die Künste zu schützen. Das Vorbild, dem sie nachstrebte, war nicht Heinrich IV., dessen allzu impulsives Wesen keine große Achtung einflößte, ebensowenig Ludwig XIII., der zu unbeholfen und dermaßen trübselig und steif war, daß er eher einen langweiligen als würdigen Eindruck machte, vielmehr dachte sie an Philipp II. oder Karl V. Das gelang ihr über alle Erwartungen gut. Ob es nun bei den Empfängen von Botschaftern, den feierlichen Parlamentssitzungen oder den Aufenthalten bei der Armee war, der König verstand es, sich angemessen zu verhalten und sich der Lage anzupassen. Um dem Parlament, das Edikte wieder in Frage stellen wollte, die man in seiner Anwesenheit registriert hatte, seinen Unwillen zu bekunden, erschien er *in gewöhnlicher Kleidung*, das heißt im Jagdrock, mit der Reitpeitsche in der Hand. Die Mitglieder des Parlaments waren entsetzt, doch sie gaben nach. Der Stolz des Königs hatte sein Ziel erreicht. Allerdings mußte er sich überwinden, um so aufzutreten, denn er bekannte, etwas schüchtern zu sein, was ihn »die Furcht« empfinden ließ, »schlecht zu handeln oder sich schlecht zu äußern«. Ohne Zögern lernte er auswendig, was er zu erklären hatte, und machte sich stets auf die ungünstigsten Wechselfälle gefaßt, um sich auf jede Möglichkeit vorzubereiten: »Bei allem, was ungewiß ist, besteht das einzige Mittel, um sicher vorzugehen, darin, mit dem Schlimmsten zu rechnen.«[228] Trotz seiner Zweifel wurde er zum Musterbild des Königs. Denn er hatte ja immer die Hauptrolle gespielt.

Bei seinem ersten Auftritt als König im Parlament, wenige Tage nach dem Tod Ludwigs XIII., ließ die Königin einen Sitz frei zwischen ihrem Sessel und dem des Kindes, um zu betonen, welchen Abstand es zwischen ihnen gab. Selbst im kleinsten Familienkreis überhäufte sie ihn mit Zeichen der Ehrerbietung und wandte sich immer an ihn mit einem Respekt, der Zärtlichkeiten nicht ausschloß. Darum darf es nicht überraschen, daß die majestätische Erscheinung des Prinzen natürlich und mild wirkte, denn ein jeder würdigte seine Gravität wie auch seine Höflichkeit. Doch er mußte auch noch die Phantasie seiner direkten Umgebung, der Höflinge und Botschafter, beeindrucken und danach die Vorstellungen seines in größerer Ferne von ihm lebenden Volkes durch die Verbreitung von Kupferstichen prägen. Schon seit 1643, dem Jahr seines Herrschaftsantritts, wurde Ludwig XIV. entweder in einer Rüstung oder auf einem Thron mit der Kette des Heilig-Geist-Ordens dargestellt. Ein Stich, der nach dem Triumph von Rocroi angefertigt wurde, zeigte ihn auf dem Thron, während er seinen siegreichen General beglückwünscht. In den Doppelporträts von Mutter und Sohn hielt Ludwig die Embleme des Königtums, während sich Anna im Hintergrund befand und tiefe Trauer trug, um die Witwe und Mutter, nicht die Souveränin zu symbolisieren. Maria von Medici hatte sich im Glorienschein malen lassen, als Mutter des Staates, die sich kühn über ihren Sohn stellte; Anna wollte nur so wahrgenommen werden, daß sie sich der Autorität des kindlichen Königs unterwarf.

In jenen unruhigen Zeiten mit ihren ständigen Umschwüngen, Treuebrüchen, im In- und Ausland drohenden Gefahren übernahmen die Königin und ihr Minister vollständig die politische Leitung des Königreichs, doch sie räumten Ludwig XIV.

einen Platz ein, dessen Bedeutung ständig zunahm. Man mochte die Regentin beleidigen und den Minister anschwärzen, der König aber war durch sein Alter und zugleich durch seine Krone geschützt, und darum stellte man ihn bei allen Repräsentationsaufgaben in den Vordergrund. Allmählich spielte er eine immer aktivere Rolle. Man wies ihn zwar heimlich an, wie er sich zu benehmen hatte, aber er mußte es selbst verstehen, die richtige Haltung im Parlament zu finden, bei der Armee angemessen aufzutreten und sich seinen aufrührerischen Adligen gegenüber zu behaupten. Das Kind wurde sich nun bewußt, welche Bedeutung seine Anwesenheit hatte und wie stark sein Ansehen wirkte. Selten lehnte man sich gegen den König in Person auf. Während dieser Jahre erkannte er, wie vorteilhaft Geheimnisse und Überraschungen waren. Manchmal wundert man sich, daß er nicht eher die Herrschaft persönlich übernehmen wollte. Dabei vergißt man aber, daß er nie das Gefühl hatte, von der Macht ausgeschlossen zu werden, und daß man ihn immer spüren ließ, die entscheidende Grundlage dieses Dreibundes – Regentin, König und Minister – zu sein. Seinem Sohn gegenüber wird er sich dankbar an Mazarin – »diesen Minister, der mich liebte und den ich liebte«[229] – erinnern. Im Gegensatz zu seinem Vater und seinen Valois-Onkeln hatte Ludwig XIV. nie den Eindruck, daß er kämpfen müßte, um seiner Mutter oder seinem Minister die Zügel der Regierung zu entreißen. Er wußte, daß ihm die höchste Autorität zukam, sobald er in der Lage sein würde, sie wahrzunehmen.

Oft wird erklärt, der Aufstand der Fronde sei zu vielgestaltig, zu reich an Wechselfällen, als daß man sie nacherzählen könnte. Und das trifft teilweise zu. Die betreffenden Parteien betrieben eine derart persönliche und inkonsequente Politik, daß die Darstellung der Geschehnisse schnell durcheinandergerät und daß es entmutigend wirkt, wenn man sie nicht nur rein schematisch zusammenfassen will. Allerdings kann man versuchen, die Ereignisse vom Standpunkt des kleinen Königs aus nachzugestalten. Er ist zehn Jahre alt, als die »Parlamentsfronde« ausbricht, und er ist gerade erst vierzehn Jahre alt, als er am 21. Oktober 1652 im Triumph nach Paris zurückkehrt. Am 3. Februar 1653 kommt auch Mazarin nach Paris zurück, und Ludwig XIV. widmet sich wieder dem Lernen. Doch der wesentliche Teil seines Bildungswegs ist abgeschlossen: Er hat erfahren, wie der König seine Macht ausübt.

1648 ist kein gutes Jahr für Könige. In England wird Karl I. von seinem Parlament vor Gericht gestellt, und im Jahr darauf wird man ihn hinrichten. Ludwig XIV. ist gezwungen, heimlich den Louvre zu verlassen und nach Saint-Germain zu fliehen. In seinen Memoiren wird er an jene Zeit »schrecklicher Unruhen« mit den folgenden Worten erinnern: »Ein Prinz meines Geschlechts und mit einem hochangesehenen Namen an der Spitze der Feinde [...] an meinem Hof, sehr wenig selbstlose Treue, und dadurch sind meine scheinbar gehorsamsten Untertanen für mich ebenso als eine Bürde zu fürchten wie die größten Aufrührer.«[230] Die Worte des alten Mannes beruhen auf den Erinnerungen des Kindes.

Die Fronde war von den Parlamentsmitgliedern ausgelöst worden, doch sehr bald hatten sich ihr die Kirchenfürsten und die Grandseigneurs angeschlossen, und das hatte den kleinen König gewiß am stärksten beeindruckt. Sein Onkel, der Bruder seines Vaters, eigentlich sein nächster Verwandter und Beschützer, konspiriert gegen ihn; der Prinz von Condé, der »Große Condé«, der erste Prinz von Geblüt, der Sieger von Rocroi, der also jenen Sieg errungen hatte, mit dem Ludwigs Herrschaftszeit eingeleitet wurde, geht ins Lager seiner Feinde über, genauso wie dessen jüngerer Bruder, der Prinz von Conti, außerdem der Herzog von Longueville, der Herzog von Bouillon und der alte Freund seiner Mutter, der Herzog von Beaufort, sein illegitimer Vetter. Zu dieser Gruppe muß man die Frauen hinzufügen, die Herzogin von Longueville und die Herzogin von Chevreuse, die beide alte Freundinnen der Königin waren, und selbstverständlich Jean-François de Gondi, den Koadjutor des Erzbischofs von Paris, den zukünftigen Kardinal von Retz. Wem konnte man trauen? Niemandem, wird sich Ludwig XIV. nicht ohne Grund sagen.

Der zweite Punkt: Der König hatte schon genug Verstand, um den Widerspruch zwischen dem diplomatischen Erfolg des Westfälischen Friedens, den man ihm eingehend erklärt hat, und der Empörung der Justizbeamten sowie der Grandseigneurs gegen seine Mutter und gegen Mazarin wahrzunehmen, wobei sie sich des Vorwandes bedienten, seine Interessen und die des Königreichs zu verteidigen. Er wußte genau, daß ein Angriff auf seine Mutter – auf sie, die nur an ihn und seinen Ruhm dachte – bedeutete, ihn selbst anzugreifen. An demselben Tag, als in Notre-Dame ein Tedeum zu Ehren des von Condé über die kaiserlichen Truppen errungenen Sieges von Lens zelebriert wurde, ließ Anna von Österreich die Anführer der Rebellion des Parlaments festnehmen, und Paris überzog sich mit Barrikaden. Ein Schauspiel, dessen Gewalttätigkeit das Kind beeindrucken mußte. Damals empfand er zum erstenmal, wie er gesagt hat, »die Dornen der Königswürde«. Da die Atmosphäre immer beunruhigender wurde, denn »ein Komplott [wurde angezettelt], um sich der Person des Königs zu bemächtigen, und danach hätte man nicht hoffen dürfen, daß man während der ganzen Zeit seiner Minderjährigkeit die Autorität des Parlaments anfechten könnte«, beschloß Anna, von Paris nach Saint-Germain zu gehen. Der Aufbruch verlief einigermaßen dramatisch: Die Kinder wurden mitten in der Nacht geweckt, sie gelangten über eine Geheimtreppe auf den Hof und verschwanden aus dem Palast, was eher wie eine Flucht als ein geordneter Rückzug wirkte. Es folgte ein Ausbruch des Volkszorns gegen Mazarin, den das Parlament zum »Feind des Gemeinwohls« erklärte. Am Anfang des Jahres 1649 war der Große Condé der einzige Getreue, der Druck auf Paris ausübte. In der Hauptstadt kursierten unflätige Verleumdungen über die Beziehungen zwischen der Königin und dem Kardinal – die »Mazarinades«. Der König las sie bestimmt nicht, doch derartige Gemeinheiten werden ja oft trotzdem indirekt wahrgenommen. Zu viele Leute in seiner Umgebung wußten Bescheid, als daß er nicht den Inhalt der Pamphlete geahnt hätte, aber nie gab es eine engere Gemeinschaft zwischen Mutter,

Sohn und Minister. Inzwischen hielt Mathieu Molé, der Oberpräsident des Parlaments, den Zeitpunkt für gekommen, um eine Annäherung an den Hof anzubahnen. Er beruhigte seine Kollegen und konnte auch die Pariser besänftigen, und am 18. August hielt Ludwig XIV. unter den Jubelrufen und dem Beifall des Volkes seinen offiziellen Einzug oder vielmehr Wiedereinzug in Paris. Ist man mit elf Jahren zu jung, um die Unbeständigkeit und den Wankelmut der Menge einzuschätzen? Ich glaube nicht.

Nun war zwar die Parlamentsfronde bezwungen, doch die Fronde der Adligen sollte mit größerer Heftigkeit wieder aufflammen. Condé, der enttäuscht war, daß man ihm nicht die Macht übertragen hatte, beging Verrat und schloß sich den Rebellen an. Anna, Mazarin und Ludwig XIV. irrten den größten Teil des Jahres durch Frankreich, zogen von der Normandie nach Burgund, dann in die Picardie und nach Guyenne, weil sie sich bemühten, die Provinzen zur Ruhe zu bringen – und für den König wiederzugewinnen. Im Jahre 1650 ist der König zwölf Jahre alt: nicht ganz ein Kind mehr und auch noch kein junger Mann. Allerdings hat man den Eindruck, daß damals die Jugend ein Lebensabschnitt ist, den es eigentlich nicht gibt, und daß man aus der Kindheit direkt ins Erwachsenenalter eintritt. Für Ludwig XIV. wird dieser Übergang brutal sein: Sein Kriegsheld Condé wandte sich gegen ihn, sein Mentor Mazarin, der ihn mit Milde und seinen Erfahrungen leitete, wird zum Exil gezwungen. Er selbst fühlte sich als Gefangener: Nach dem Weggang des Kardinals grollte die Menge rund um den Königspalast, weil sie überzeugt war, daß man den König in Sicherheit gebracht hatte. Die Königin ließ die Tore aus eigenem Entschluß öffnen, bevor sie dazu gezwungen wurde, und erlaubte den Leuten, das Zimmer zu betreten, in dem Ludwig XIV. schlief oder so tat. Es erweist sich als eine Notwendigkeit, sich im eigentlichen und übertragenen Sinne zu verstellen.

Für die Königin bestand die einzig mögliche Politik darin, Zeit zu gewinnen. Sie mußte bis zur Großjährigkeit des Königs standhalten. Die Ansprüche Gastons von Orléans und des Prinzen von Condé, die Autorität der Regentin aufzuheben, würden gerade dadurch zunichte gemacht, daß man die persönliche Herrschaft Ludwigs XIV. proklamierte. Inzwischen beriet Mazarin die Königin aus der Ferne, indem er sich eines codierten und streng geheimen Briefwechsels bediente. Die Königin bemühte sich, ihre Gegner zu entzweien. All diese Aktivitäten vollzogen sich in einem Klima, das von Geheimnissen, Verrat und überraschenden Wendungen geprägt war. Das Kind wurde nicht über alles unterrichtet, doch es lebte zu nahe mit der Königin zusammen, um nicht den Unterschied zwischen dem, was sie dachte, und dem, was sie sagte, zwischen ihren heimlichen Absichten und ihren offiziellen Erklärungen zu durchschauen. Wenn er später daran erinnerte, wie »nachdrücklich« sie während dieser schwierigen Jahre sein Königreich verteidigte, so hatte er aufmerksam beobachtet, wie unermüdlich sie ihre geheimen Manöver fortsetzte. Ja, in dieser Zeit der Bewährungsproben lernte er die Verstellungskunst, doch auch die Tugenden der Diskretion, des Lakonismus und der Tatkraft.

Bei seiner Großjährigkeitserklärung am 7. September 1651 zeigte er im Parlament sein übliches gewandtes Auftreten und bewies seine Dankbarkeit der Mutter gegenüber, indem er seinen Platz verließ, um sie zu umarmen, bevor sie Zeit hatte, sich zu erheben und sich vor ihm zu verbeugen. Doch diese Proklamation bezeichnete nicht das unverzügliche Ende des Bürgerkrieges. Die Prinzen – mit Condé an ihrer Spitze – verhandelten mit Spanien, aber sie hatten den Kontakt mit ihrem Heimatland verloren. Die Rebellion hatte derart viele Regionen erfaßt, weil die von den Steuern und den Verwüstungen des Krieges schwer heimgesuchte Bevölkerung ihre Hoffnungen auf einen Herrschaftswechsel gesetzt hatte. Nach so vielen Monaten vergeblicher Kämpfe in den Provinzen und sogar in Paris neigte sich die öffentliche Meinung dem König zu. Dieser König hatte sich überall gezeigt, und zwar nicht nach Art Karls IX., dessen Frankreichreise in Friedenszeiten stattfand, sondern als junger militärischer Führer an der Spitze seiner Truppen, ein Führer, »dessen Güte und unbeschwerte Laune zusammen mit seiner anmutigen Gestalt und seinem sanften Blick die Herzen [an sich fesselten]«.[231] Sein Mut, seine Jugend, sein Interesse an den Dingen und Menschen, sein Aussehen, das alle einmütig für königlich hielten, verhalfen ihm überall, wo er erschien, zum Triumph. »Man sagte, wenn die Königin alle Reiche der Welt erobern wollte, brauchte sie nur den König auf Reisen dorthin zu schicken, und das gerade so lange, bis sie ihn gezeigt hätte.«[232] Trotzdem war noch ein ganzes Jahr notwendig, um das gesamte Königreich zu befrieden.

Endlich, am 21. Oktober 1652, hielt Ludwig XIV. zusammen mit seiner Mutter einen triumphalen Einzug in seine Hauptstadt. Damit sich die Geister ausreichend beruhigen konnten, war Mazarin genötigt, noch einige Monate zu warten, bevor er seinen Platz wieder einnahm. Diese zeitweilige Abwesenheit hatte den Vorteil, Ludwig XIV. die Hauptrolle zu überlassen, die Rolle eines Gerichtsherrn: Er zwang seinen Onkel, in die Verbannung zu gehen; dieser gab nach, unterwarf sich und leistete öffentlich Abbitte. Der König unterzeichnete eine neue Erklärung gegen die letzten Rebellen und ließ den Kardinal von Retz verhaften. Die Art, wie er diesen Coup durchführte, kündigte seinen Regierungsstil an.

Erinnern wir daran, daß der König vierzehn Jahre alt war und daß der Kardinal, ein alter Fuchs in der Politik, sein Vater hätte sein können. Retz, der gefährlichste Rebell, weil er der politisch erfahrenste und klügste war, beunruhigte den Hof. Die Minister drängten den König, ihn trotz der den Frondeuren gewährten Amnestie festzunehmen, doch sie schreckten selbst davor zurück, Hand an einen Kirchenfürsten zu legen, der so vorsichtig war, das Kloster Notre-Dame selten zu verlassen. Am Morgen des 19. Dezember begab er sich jedoch in den Louvre. Eine solche Gelegenheit würde sich vielleicht nicht wieder bieten. Man benachrichtigte Ludwig XIV. »Wohlan, es gilt, als König zu handeln«, sagte er lediglich mit unerschütterlicher Ruhe. Mit strahlendem Lächeln ging er dem Kardinal entgegen und plauderte höchst liebenswürdig mit ihm. Er führte ein ungezwungenes Gespräch und pries begeistert eine gerade zur

Aufführung gebrachte Komödie, wechselte mit der größten Natürlichkeit von einem Thema zum anderen. Dann sagte er seinem Gardehauptmann etwas ins Ohr und entfernte sich mit einem Satz, der ein Zeichen war: »Vor allem soll niemand sonst auf der Bühne stehen.« Ein paar Minuten später wurde der Kardinal festgenommen, und man schaffte ihn in die Festung von Vincennes. Die Gelassenheit, das Doppelspiel und die Entschlußkraft ihres jungen Souveräns ermutigten seine Anhänger und überraschten seinen Beichtvater, der bewundernd ausrief: »Der König nimmt an Weisheit und Verstellungskunst zu!«[233] Nun mußte man nur noch Mazarin zurückkommen lassen, was im Februar 1653 geschah, und Ludwig konnte sich erneut mit seinen Studien und Vergnügungen beschäftigen.

Als der Frieden wiederhergestellt war, sollte die politische Rolle Annas von Österreich allmählich in den Hintergrund treten. Die Jahre von 1653 bis 1661 werden die Mazarins sein. Der Kardinal übt eine Macht aus, die, wie es heißt, der Richelieus überlegen ist. Diesem gegenüber hatte er den Vorteil, daß er sich der Unterstützung des Königs und noch weitaus mehr der Königin sicher war. Doch man muß hinzufügen, daß er viel Zeit damit verbrachte, seinen Schüler zu erziehen, und daß dieser an allen Entscheidungen beteiligt war. Allmorgens, wie sein Diener Dubois erzählt, ging der König zum Kardinal hinauf, »der über dessen Zimmer wohnte, und er nahm ihn beiseite. Jeden Tag zog er einen Staatssekretär hinzu, der seine Berichte vortrug. Mit ihnen und mit weiteren, geheimeren Staatsgeschäften unterrichtete sich der König über seine Angelegenheiten, was eine oder anderthalb Stunden dauerte.« Danach speiste er mit seiner Mutter und widmete den größten Teil des Nachmittags den Audienzen für die ausländischen Botschafter. Dabei hörte er stets mit größter Aufmerksamkeit zu und sprach mit ihnen »höchst ungezwungen« über ihren Herrscher, ihr Land und die Freundschaften, die er dort gewonnen habe, und das gelang ihm um so besser, als ihn sein Minister gut vorbereitet hatte. Tatsächlich hat Mazarin die politische Bildung Ludwigs XIV. übernommen, er hat für ihn das Räderwerk der europäischen Politik in allen Einzelheiten erläutert und ihm gezeigt, wie wichtig es war, wenn man eine Kurfürstenstimme des Heiligen Römischen Reiches oder die Stimme eines römischen Kardinals kaufen konnte; Mazarin hat den König auch noch überzeugt, der Staatsräson, falls dies notwendig war, Opfer zu bringen, und er hat ihn zu dem widernatürlichen Bündnis mit dem Königsmörder Cromwell veranlaßt. Ludwig XIV. war ihm dankbar, und später wird er sich gerührt jener Jahre erinnern, in denen er sich heimlich erprobte: »Ich dachte für mich allein über die neuesten Ereignisse nach und fühlte große Hoffnung und Freude, wenn ich zuweilen entdeckte, daß meine ursprünglichen Auffassungen jene waren, denen schließlich die fähigen und erprobten Männer zustimmten.«[234] Hingegen nahm die Königin nicht an diesen Sitzungen teil, und der junge Mann war ihr für diesen Vertrauensbeweis dankbar. Sie beschränkte sich auf die herkömmlichere Rolle einer Mutter, die sich mehr mit dem persönlichen Auftreten ihres Sohnes beschäftigte, wobei sie allerdings nicht auf ihre Vorrechte verzichtete. Die Episode mit Maria Mancini und die abwechslungsreiche Geschichte der spanischen Heirat sollten veranschaulichen, welch starke Autorität sie weiter über ihn ausübte.

Von der Regentin zur Königinmutter 1653-1666

1653 ist Ludwig XIV. also fünfzehn Jahre alt; beim Tod Mazarins, als er die alleinige Verantwortung für sein Königreich übernimmt, wird er dreiundzwanzig sein. Jene Jahre sind seine Jugendzeit, eine harmonische Periode, wie sie weder Ludwig XIII. noch Karl IX. erlebt haben. Damals erwirbt er Erfahrungen, entdeckt die Liebe und wird sich der seiner Freiheit auferlegten Grenzen oder dessen bewußt, um die Sprache jenes Jahrhunderts zu benutzen, was er seinem Ruhm schuldig war. 1654 ist das Jahr seiner Salbung und Krönung. Die Salbung bezeichnete – weitaus mehr als die 1651 erfolgte Großjährigkeitserklärung – den Eintritt des Sechzehnjährigen ins Erwachsenenalter; 1660 ist das Jahr seiner Heirat, 1661 das seiner tatsächlichen und persönlichen Machtübernahme nach dem Tod Mazarins. In diesem achtjährigen Zeitraum wird seine Mutter zunehmend auf jede politische Rolle verzichten. Die Königin hatte bewiesen, daß sie es verstand, wirkungsvoll und geschickt zu manövrieren, um sich beim Tode Ludwigs XIII. die Macht zu sichern und sie während der Fronde zu bewahren, doch mag nun Klugheit, Erschöpfung oder gar Bequemlichkeit der Grund gewesen sein, jedenfalls konnte sie sich zurückziehen, sobald sie erkannte, daß Ludwig XIV. unter der Leitung Mazarins unanfechtbar Herr der Lage war. Ihr Vertrauen zu Mazarin war so groß, daß sie nie versuchte, sich in die täglichen Besprechungen der beiden einzumischen. Als erstes wird sie sich von den militärischen Problemen abwenden, sobald der König mit fünfzehn Jahren die hierfür erforderliche Entscheidungsfähigkeit besaß. Immer wenn sich Mazarin auf Reisen begab, schrieb er gleichlautende Briefe an Mutter und Sohn, außer zum Thema der Armeen. Die diesen Bereich betreffenden Berichte waren allein an Ludwig XIV. gerichtet, »weil er sich sehr gut darauf versteht«, erläuterte Mazarin der Königin.[235] Wenn Anna in diesem Zeitraum noch unmittelbar bestimmte, wo sich ihr Sohn aufhalten sollte, so gab sie doch meistens seinem Wunsch nach, wenn er an der Front bleiben wollte. »Ich ziehe das, was für ihn ruhmvoll und nützlich ist, meiner persönlichen Zufriedenheit vor«, antwortete sie Mazarin, der es im Einvernehmen mit dem König ablehnte, daß er sich für ein paar Tage von seinem Posten entfernen durfte, »weil diese kleine Reise einen schlechten Eindruck auf unsere Armee machen würde«.[236] Trotz des teilweisen Rückzugs wird jener Zeitraum für sie mit so etwas wie einer Apotheose enden.

Die Heirat ihres Sohnes mit ihrer Nichte, der Infantin von Spanien, erfüllte ihren innigsten Hoffnungstraum. Mit großer Geduld und vielen diplomatischen Bemühungen hat sie dieses Ehebündnis zustande gebracht; durch ihre Entschlossenheit und Zärtlichkeit ist es ihr gelungen, daß Ludwig seine Liebe zu Maria Mancini, der Nichte Mazarins, opferte und sich als König betrug, ohne daß diese Trennung ihre Beziehungen beeinträchtigte. Die Mancini-Affäre hat wie alle zum Scheitern verurteilten Liebesgeschichten – besonders, wenn es dabei um Prinzen oder Prinzessinnen geht – seit Jahrhunderten die Phantasie erregt. Das Interessante an dieser ganzen Angelegenheit ist, daß sie es ermöglicht, sehr genau einzuschätzen, welche Grenzen die Freiheit des jungen Ludwig XIV. hatte. Er ist zwanzig Jahre alt, er ist König, und trotzdem …

Der Einfluß, den die Königinmutter ausübte, läßt sich zunächst mit der wirklichen Zuneigung ihres Sohnes und ihrer offenkundig vollkommenen Selbstlosigkeit erklären. »Die Natur hatte meine ersten Bindungen an meine Mutter hervorgebracht. Doch eine Gemeinschaft, die durch übereinstimmende seelische Eigenschaften im Herzen entsteht, zerbricht weitaus schwerer als solche, die nur von den Banden des Bluts bewirkt werden. Die Tatkraft, mit der diese Fürstin meine Krone in jenen Zeiten verteidigt hatte, als ich noch nicht selbständig handeln konnte, bekundete mir ihre Zuneigung und Tugend. Und

Die verwandtschaftlichen Verbindungen zwischen Habsburgern und Bourbonen

Maximilian I. (1459–1519)
römisch-deutscher Kaiser
∞ Maria von Burgund (1457–1482)

Ferdinand II., König von Aragonien
(1452–1516)
∞ Isabella von Kastilien (1451–1504)

Philipp I., König von Spanien (1478–1506) — ∞ — Johanna »die Wahnsinnige« (1479–1555)

Karl I. (V.)
König von Spanien
römisch-deutscher Kaiser
(1500–1558)
∞ Isabella von Portugal

Ferdinand I.
König von Böhmen und Ungarn
römisch-deutscher Kaiser
(1503–1564)
∞ Anna von Böhmen und Ungarn

Philipp II.
König von Spanien und Portugal
(1527–1598)
∞ 1) Maria von Portugal
2) Maria Tudor
3) Elisabeth von Valois
4) Anna von Österreich

Johanna
(1547–1578)
∞ Franz I. von Medici
Großherzog der Toskana

Philipp III.
König von Spanien und Portugal
(1578–1621)
∞ Margarete von Österreich
(1564–1611)

Maria von Medici
(1578–1642)
∞ Heinrich IV.
König von Frankreich und Navarra (1553–1610)

Philipp IV.
König von Spanien und Portugal (1605–1665)
Schwester
∞ 1) Elisabeth von Frankreich, Schwester Ludwigs XIII.
2) Maria Anna von Österreich

Anna von Österreich (1601–1666) — ∞ — Ludwig XIII. König von Frankreich (1601–1643)

Karl II.
König von Spanien
(1661–1700)

Maria Theresia (1638–1683) — ∞ — Ludwig XIV. König von Frankreich (1638–1715) die Ehrerbietung, die ich ihr erwies, war nicht bloß eine Pflicht der Schicklichkeit. Die Gewohnheit, die ich angenommen hatte, mit ihr nur eine gemeinsame Wohnung und Tafel zu haben, die regelmäßigen Besuche, die ich ihr trotz meiner dringenden Staatsgeschäfte mehrmals am Tag abstattete, waren keine Vorschriften, die ich mir selbst aus Gründen der Staatsräson auferlegt hätte, vielmehr bewiesen sie das Vergnügen, das ich in ihrer Gesellschaft empfand. Denn schließlich hatte sie mir durch ihren vollständigen Verzicht auf die höchste Autorität hinreichend zu erkennen gegeben, daß ich von ihrem Ehrgeiz nichts zu befürchten hatte; daher zwang mich nichts, sie durch erheuchelte Zärtlichkeiten zurückzuhalten.«[237] Das Gefühl, daß sie sich nur für ihn bemühte, bildete also die hauptsächliche Grundlage, die rechtfertigte, daß sich der Sohn gehorsam nach den Wünschen der Mutter richtete. Überdies beeindruckte sie ihn durch ihr würdiges Auftreten. (Hier muß man wieder betonen, wie unwahrscheinlich es ist, daß es ein Liebesverhältnis der Königin und Mazarins gegeben hätte, denn in diesem Fall würde Ludwig XIV. deren moralische Autorität niemals unwidersprochen anerkannt haben.) Er war einverstanden, daß der Königin die Verantwortung zukam, über die Anstandsregeln seines alltäglichen Lebens zu wachen.

Bis die jungen Mädchen in sein Dasein traten, hatte sie an ihm eigentlich kaum etwas auszusetzen. Da sie ihn außerdem niemals in der Öffentlichkeit getadelt hätte, kann man nicht wissen, ob und wann er jemals ihr Mißfallen erregt hatte. Nur einmal, bei einem kleinen Ball, den sie in ihrem Gemach veranstaltete, um ihre Schwägerin Henriette – die Königin von England, die nach der Hinrichtung Karls I. Zuflucht in Frankreich gesucht hatte – zu unterhalten, war sie über den König verstimmt, der nicht mit seiner Cousine tanzen wollte, wobei er vorgab, »daß er kleine Mädchen nicht mochte«. Die sehr schmächtige und unbeholfene Prinzessin war erst elf Jahre alt, und Ludwig XIV. hatte mit siebzehn Jahren, wenn man der Legende glauben darf, schon den Reiz reiferer Früchte entdeckt. Die erste Kammerfrau seiner Mutter, die »ihr uneingeschränktes Vertrauen genoß«,[238] Madame de Beauvais, hatte den König in diese Geheimnisse eingeweiht, wie es hieß, und die außerordentliche Hochachtung, die er ihr weiter entgegenbrachte – sie plauderte stets unter vier Augen mit ihm, wenn sie am Ende des Jahrhunderts nach Versailles kam –, schien diese Tatsache durchaus zu bestätigen. Jedenfalls ließ sich von dem jungen Mann erwarten, daß er eher nach seinem Großvater Heinrich IV. als nach seinem Vater kam und daß er sich immer mehr für die jungen Schönheiten interessierte, die bei Hofe verkehrten.

In den Jahren nach der Fronde zog eine Gruppe von berükkenden Ausländerinnen alle Blicke auf sich. Sie waren brünett und schlank in einer Zeit, in der die Mode üppige Blondinen bevorzugte. Ihre Herkunft brachte ihnen den Spitznamen »Mazarinettes« ein. Im Bewußtsein seines Sieges hatte Mazarin tatsächlich entschieden, daß nun der richtige Augenblick gekommen sei, mehr für seine Familie zu tun. Mit seinen acht Nichten, den Töchtern seiner Schwestern Mancini und Martinozzi, fehlte es ihm nicht an Ködern, mit denen er eine besiegte Aristokratie anlocken konnte, die zu allen Konzessionen bereit war, um das Wohlwollen des allmächtigen Kardinals zu gewinnen. 1656 hatte er bereits drei von ihnen untergebracht. Laura Mancini, die als erste eingetroffen war, heiratete den Herzog von Mercœur, den Enkel Heinrichs IV. und der Gabrielle d'Estrées, aber die junge Frau starb 1657 im Kindbett. Die zweite, Anna-Maria Martinozzi, machte ebenfalls eine glänzende Partie, als sie den Prinzen von Conti, den Bruder des Großen Condé, ehelichte, der bei dieser Gelegenheit vergaß, wie sehr er den Kardinal verabscheute. (Der Sproß dieser Ehe verband sich noch enger mit der Königsfamilie, als er die Tochter Ludwigs XIV. und der Mademoiselle de La Vallière heiratete.) Ihre Schwester, eine weitere Laura, wurde zur souveränen Herzogin von Modena. Bis dahin hatte Mazarins Offensive ausschließlich zu überwältigenden Erfolgen geführt, die ohne große Unruhe errungen wurden. Die jüngeren Nichten sollten lebhafteres Aufsehen erregen.

Anna von Österreich bereitete den Nichten ihres Ministers einen herzlichen Empfang in ihrem engsten Kreis. Erinnern wir daran, daß die Königin und ihre Söhne damals den Louvre bewohnten und daß Mazarin eine Wohnung hatte, die dicht bei den Gemächern des Königs lag. Die Verteilung der Privaträume hatte also einen familiären und intimen Charakter. Die Mädchen waren fröhlich, gebildet und amüsant. Ludwig XIV. zeigte sich sofort empfänglich für die Reize Olimpias, der Älteren, die nur ein Jahr jünger als er war. Madame de Motteville hielt sie für häßlich, obwohl sie zugab, daß die Aufmerksamkeiten des Königs »dieser mittelmäßigen Schönheit einen gewissen Glanz verliehen«. Die Königin machte sich überhaupt keine Sorgen wegen dieser Geschichte, die ihr wie eine harmlose Liebelei vorkam. Und sie hatte nicht unrecht. Olimpia ließ sich nicht den Kopf verdrehen. »Sie war auf ihre eigenen Angelegenheiten bedacht und wollte eine Prinzessin wie ihre Schwestern werden.« Höchst bereitwillig akzeptierte sie den vom Kardinal ausgewählten Gemahl Eugen von Savoyen, der den Titel eines Grafen von Soissons annahm. Den König bekümmerte das nicht, und »an dieser Gleichgültigkeit erkannte man deutlich, daß seine Leidenschaft nicht besonders groß gewesen war«. Trotzdem blieben sie Freunde, und der König besuchte die Gräfin immer noch oft, um mit ihr zu plaudern.

Es zeigte sich jedoch offensichtlich, daß er sich einige Launen nicht versagen würde. Ein entzückendes Geschöpf, Mademoiselle de La Motte-Argencourt, ein Hoffräulein der Königin, fesselte seine Blicke, und für deren Geschmack wurden die vertraulichen Gespräche der beiden zu lang und zu häufig. Das teilte sie ihm mit. »Der König nahm den Tadel der Königin gütig und ehrerbietig auf; aber er sagte ihr ganz leise, er bitte sie, ihm diesen Verdruß nicht vor allen Leuten zu zeigen, weil sie damit zu erkennen gebe, daß sie seine Handlungen mißbillige.« Die junge Dame wurde entfernt, doch »die Königin, die vom König, ihrem Sohn, innig geliebt wurde, erfuhr von ihm selbst, in welchem Seelenzustand er sich befand; denn die Milde und die Liebe einer derart guten Mutter verpflichteten ihn, ihr solch großes Vertrauen zu schenken, daß er ihr zuerst nicht seine Gefühle verbergen konnte; und obwohl sie die Gegenpartei bildete, blieb sie gleichwohl seine Vertraute«.[239] Nun gestand er ihr, daß nicht die blonde Mademoiselle de La Motte sein Herz besaß. Seine Bewunderung galt Maria Mancini.

Damit kommt man zur großen Krise von 1659, einer Krise, die die bisher unerschütterliche Eintracht zwischen Anna von Österreich, Ludwig XIV. und dem Kardinal Mazarin beinahe zerstört hätte. Diese Krise war um so schwerer, als sie gerade in dem Moment begann, da »ganz Europa sehen wollte, welcher Seite sich [der König] zuwandte, um eine Frau auszuwählen, und alle Prinzessinnen, die auf diese Ehre hoffen durften, beobachteten den Ausgang dieser Wahl«. Ludwig XIV. hätte eigentlich schon seit einigen Jahren verheiratet sein müssen. Als die Fronde endete, war er fünfzehn Jahre alt geworden, hatte also das für junge Prinzen normale Heiratsalter erreicht. Doch der Krieg mit Spanien ging weiter und vereitelte den Wunsch der Königin, wieder einmal die Verbindungen zwischen ihrer spanischen und ihrer französischen Familie zu stärken. Schicksalsergeben geduldete sie sich. Im Jahre 1658 ließ sich das Warten nicht mehr rechtfertigen. Der Krieg näherte sich dem Ende, und Mazarin hatte mitgeteilt, daß Frankreich eine Heirat des Königs und der Infantin wünschte. Aber Philipp IV. zeigte keinerlei Begeisterung für dieses Projekt. Er hatte nur einen Sohn, Karl II., ein Kind, dessen Schwäche daran zweifeln ließ, daß es lange genug leben würde, um die Herrschaft anzutreten. Falls es jedoch keinen männlichen Erben gab, würde seine Tochter Maria Theresia die Krone erben. Wenn man sie nach Frankreich schickte, könnte das unlösbare Schwierigkeiten heraufbeschwören.

Daher fand sich Anna unter dem Druck Mazarins mit dem ungewöhnlichen Manöver ab, nach Lyon zu reisen, um eine weitere Kandidatin zu »besuchen«: Margarete von Savoyen, die Tochter einer Schwester Ludwigs XIII. Diese Reise des Königs war deshalb ungewöhnlich, weil sich Frankreich zu nichts verpflichtete. Wenn sich Ludwig XIV. gewinnen ließ, konnte er einen Heiratsantrag machen. Er bewahrte seine ganze Freiheit, und das junge Mädchen nahm das Risiko auf sich, zurückgewiesen zu werden. Der Zug setzte sich in Bewegung. An seiner Spitze befanden sich der Kardinal, die Königin, der König … und Maria Mancini. Der König schien glänzend gelaunt und machte der jungen Dame offen den Hof. Die Königin blieb gelassen. Ihre engen Vertrauten errieten jedoch, daß sie verstimmt war und welchen tieferen Grund es hierfür gab. Nicht Maria ist der Anlaß für ihre Sorgen, sondern die Möglichkeit dieser Ehe mit Savoyen, auf die sie nicht den geringsten Wert legt. Und was denkt der Kardinal über all das? Er beunruhigt sich etwas über die Unverschämtheiten seiner Nichte, die beim Anblick Margaretes von Savoyen ihr Erstaunen äußert, daß man dem König eine derart häßliche Person zur Gattin geben will. Mazarin, der nie am Verstand seiner Nichte gezweifelt hatte, mißtraute nun ihrem Urteilsvermögen.[240]

Seine Schwester Mancini hatte ihn außerdem gewarnt und auf dem Sterbebett gebeten, Maria ins Kloster zu schicken: Sie hatte »immer eine schlechte Veranlagung gezeigt, und ihr verstorbener Mann, der ein großer Astrologe gewesen war, hatte ihr gesagt, daß sie der Grund für viele Übel sein werde«. Er hatte sich nicht danach gerichtet, weil er wahrscheinlich dachte, daß er mit ihr eine weitere bedeutende Ehe zustande bringen könnte, obwohl sie nichts Derartiges vorausahnen ließ: »Sie durfte auf eine schöne Figur hoffen, weil sie für ihr Alter groß und ganz gerade gewachsen war; doch sie war dermaßen mager und ihre Arme und ihr Hals sahen so lang und dürr aus, daß man sie in dieser Hinsicht unmöglich loben konnte. Sie war brünett und hatte einen gelblichen Teint; ihre großen und schwarzen Augen besaßen noch kein Feuer und wirkten hart; ihr Mund war groß und ausdruckslos; und wenn man von den Zähnen absah, denn sie hatte sehr schöne, konnte man damals sagen, daß sie ganz häßlich war.«[241] Doch sie hatte den Vorzug, witzig, originell, gebildet und scharfzüngig zu sein, und sie amüsierte den König. Sein ganzes Leben lang hat er intelligente und lebhafte

Frauen geliebt. Wenn ihn eine Frau halten wollte, mußte sie geistvoll sein, und Maria hatte mehr als genug Geist. Sie zeigte auch eine körperliche Kraft, die dem König gefiel. Ihr war es lieber, an seiner Seite zu reiten, als in der Kutsche zu fahren, und auf langen Strecken schwatzten und lachten sie gemeinsam. Er verbarg nicht, wie sehr ihm ihre Gesellschaft gefiel: »Er bedenkt sie mit allen Galanterien, die er ihr erweisen kann [...]. Er leiht ihr seine schönsten Pferde und stellt zwei Equipagen für sie bereit«, notiert eine Hofdame in einem Brief an Fouquet.

Solange es um eine mögliche Ehe mit Margarete von Savoyen geht, läßt man ihm freie Hand, zumal der unfreiwillige Heiratskandidat, als er seiner Cousine vorgestellt wird, sich ihr gegenüber vollendet höflich und galant verhält. Außerdem ist Mazarin ganz mit seinem recht undurchsichtigen Ränkespiel gegenüber Spanien beschäftigt und hat nicht die Muße, sich um die Tändeleien der jungen Leute zu kümmern. Der Bluff mit dem savoyischen Heiratsprojekt gelingt ihm über alle Erwartungen gut. Da Philipp IV. glaubt, dieses Verlöbnis stehe unmittelbar bevor, reagiert er auf einmal unwillig und schickt den Marqués de Pimentel nach Lyon, um dem König die Hand Maria Theresias anzubieten. Mazarin triumphiert; Anna von Österreich wird vor Freude fast ohnmächtig. Man kann sich vorstellen, daß im Dezember 1658 keiner von beiden an Maria denkt. Wie ließ sich begreifen, daß Ludwig XIV., der so ernst, so gewissenhaft, trotz seines jugendlichen Alters so sehr König schien, auch nur einen Augenblick zwischen der ältesten Tochter des spanischen Königs und der jüngsten Tochter des Astrologen Mancini schwanken würde? Die jungen Leute waren im Januar 1659 mit dem ganzen Gefolge nach Paris zurückgekehrt, um den Diplomaten Zeit zu geben, den Friedens- und den Ehevertrag auszuhandeln. In einer traumhaften Atmosphäre, während einer bunten Folge von Bällen, Festen und Jagden, blieben sie immer länger zusammen. Man hatte das Stadium der Liebelei hinter sich gelassen.

»Die Liebe bestimmte alles«, schrieb Maria, »und die Galanterie ließ sich nicht von unseren Mahlzeiten, Spaziergängen und Zerstreuungen trennen.« Nun machte sich Anna allmählich Sorgen, zumal sie feststellte, daß sich Ludwig XIV., bisher der folgsamste und liebevollste Sohn, plötzlich herausfordernd benahm. Er wollte zusammen mit Maria während der Fastenzeit in einem Ballett tanzen. Seine Mutter wehrte sich gegen diese Gottlosigkeit und erklärte, sie werde sich eher ins Kloster Val-de-Grâce zurückziehen, als so etwas mit anzusehen. »Das steht Ihnen frei«, antwortete der König. Mazarin mußte seinen ganzen Einfluß und all sein Geschick aufbieten, um den König zum Nachgeben zu bewegen, doch Anna hatte auf einmal erkannt, daß die Tage ihrer unumstößlichen Autorität gezählt waren. Sie hatte es sich angewöhnt, ihn »als Freundin zu beraten und ihm als seine Königin zu befehlen«.[242] Durfte sie noch lange dabei bleiben? Dieser Schlag schmerzte sie weitaus tiefer, weil sie in diesem Fall kurzzeitig an der Treue Mazarins zweifelte. Könnte er der Versuchung widerstehen, seine eigene Nichte auf den Thron zu setzen? Der Verdacht erwies sich als ungerecht, und Mazarin nahm schließlich dem König gegenüber eine noch härtere Haltung als die Königin selbst ein. In einer Reihe von bedeutenden Briefen wies der Kardinal den König ohne alle Umschweife darauf hin, welche Pflichten er zu erfüllen hatte. Wir haben gesehen, wie Mazarin die Rolle eines Mentors spielte; in diesem Fall handelte er tatsächlich als Vater, und zwar als ein Vater, der seiner Autorität sicher ist. Diese Haltung beeindruckt um so mehr, als Anna nach dem ersten Zorn mit Mitgefühl und beinahe Nachsicht auf den Kummer ihres Sohnes reagierte. Mazarin hingegen gab nie nach.

Im Juni 1659 beschloß der Kardinal, den diese immer heftigere Leidenschaft beunruhigte, seine Nichten nach Brouage in der Provinz Saintonge zu schicken. Ludwig widersetzte sich nicht, doch am Tag vor der Abreise der Mädchen stattete er seiner Mutter einen traurigen Besuch ab. Sie versuchte, ihn zu trösten: »Sie zog ihn beiseite und sprach lange mit ihm; da die Empfindungen eines liebenden Herzens aber nach Einsamkeit verlangen, nahm die Königin eigenhändig einen Leuchter, der auf dem Tisch stand; sie ging aus ihrem Gemach ins Badezimmer und bat den König, ihr zu folgen. Nachdem sie ungefähr eine halbe Stunde zusammengewesen waren, kam der König mit etwas verschwollenen Augen heraus; und die Königin zeigte, als sie herauskam, Rührung über den Zustand, in den sie ihn hatte versetzen müssen, so daß man leicht sehen konnte, wie die Leiden des Königs auch sie tief bekümmert hatten.«[243] Am nächsten Tag begleitete er Maria zu ihrer Kutsche, und seine Tränen offenbarten zugleich seine Schwäche und seine Größe. »Sie sind der König, Sie weinen und ich gehe fort«, sagte sie. Diese Worte sollten vielleicht im Herzen Ludwigs XIV. nachhallen, als er mehr als zehn Jahre später der Premiere von *Berenike* beiwohnte:

> *Seigneur, wie! Ihr seid Kaiser und Ihr weint! ...**
> *Ihr liebt mich, Ihr behauptet, es zu tun,*
> *und dennoch fahre ich, und Ihr befehlt es mir?***

Doch die Romanze war noch nicht zu Ende. Gegen den Rat Mazarins hatte Anna den jungen Leuten erlaubt, einen Briefwechsel zu führen; nun wurden die Briefe aber immer länger und leidenschaftlicher, und gerade während die letzten Bedingungen für seine Ehe mit der Infantin ausgehandelt wurden und der Hof sich vorbereitete, an die spanische Grenze zu reisen, erwog Ludwig die Möglichkeit einer Ehe mit Maria. Aus Unbesonnenheit, mangelnder Erfahrung bei derartigen Dingen oder einfach aus Schwäche willigte Anna von Österreich in Ludwigs Wunsch ein, der sie um die Erlaubnis gebeten hatte, Maria ein letztes Mal wiederzusehen. Auf der Reise, die ihn seiner spanischen Verlobten entgegenführte, machte Ludwig in Saint-Jean-d'Angély halt, wo er eine ausführliche Unterredung mit dem jungen Mädchen hatte. Mazarin äußerte seinen Unmut in stürmischen Briefen an die Königin. Das ganze Abenteuer mit Maria Mancini veranschaulicht nicht nur die

---

* Zit. nach: Jean Racine, »Berenike/Britannicus«, aus dem Französischen von Simon Werle, Frankfurt am Main: Verlag der Autoren, 1987, S. 51.
** Ebd., S. 61.

Beziehungen zwischen der Königinmutter, Mazarin und dem König, sondern auch die Methode, mit der es den beiden erstgenannten gelang, dem jungen König ihren Willen aufzuzwingen. Dieser war sich seiner Stellung und seiner Macht bewußt, und doch setzten sie sich ohne einen Bruch und ohne Gewalt durch.

Wir haben gesehen, wie Anna ihren Sohn mit einer Haltung lenkte, in der sich Milde und Entschlossenheit vermischten. Man muß noch einmal betonen, daß es bis zur Mancini-Episode zu keinen großen Konflikten zwischen ihnen gekommen ist. Vor dem Sommer 1659 hatte es auch mit Mazarin keine größeren Auseinandersetzungen gegeben. Die Krise ermöglicht es, den Gehorsam des Königs zu beurteilen, »einen Gehorsam, den er mit der Muttermilch eingesogen hatte«, erläuterte Madame de La Fayette, »der den Kardinal noch absoluter über den Geist des Königs herrschen ließ, als dies für den Geist der Königin galt«.[244] Das stand in vollkommenem Gegensatz zu den schonungslosen Äußerungen des Ministers. Nach dem Stelldichein des Liebespaares ergriff Mazarin, wahrscheinlich im Einverständnis mit der Königin, die Initiative und schrieb einen überraschend heftigen Brief an Ludwig XIV. Zunächst zeichnete er ein ätzendes Bild seiner Nichte. Sie hatte nach seiner Ansicht »einen maßlosen Ehrgeiz, einen verschrobenen und hitzigen Geist, Geringschätzung für alle anderen, keine Zurückhaltung in ihrem Benehmen, sie ist zu allen möglichen Torheiten bereit [...] und noch närrischer, als sie es jemals gewesen ist, seitdem sie die Ehre hatte, Sie in Saint-Jean-d'Angély zu sehen«. Danach ging er zu einer scharfen Kritik am Verhalten des Königs über: »Sie haben wieder begonnen [...], ihr täglich zu schreiben, und zwar keine Briefe, sondern ganze Bände, worin Sie ihr selbst die unbedeutendsten Ereignisse mitteilen [...], Sie verbringen Ihre gesamte Zeit damit, ihre Briefe zu lesen und Ihre eigenen zu verfassen, was unbegreiflich ist ...« Er hielt ihm als erstes seine Indiskretion und Unachtsamkeit vor. Als nächstes wies er auf die beleidigende Gleichgültigkeit des Königs ihm gegenüber hin: »[...] in meinem Alter, da ich mit so vielen und so wichtigen Aufgaben […] für das Ansehen und den Nutzen Ihres Staates überlastet bin. Aufs äußerste betrübt mich, zu sehen, daß Sie mir nicht beistehen, um mich von diesem Kummer und einer so berechtigten Sorge zu erlösen, sondern daß Sie auch noch dazu beitragen.« In immer heftigerem Ton prangerte Mazarin nun seinen König unmittelbar an: »Sie befinden sich auf einem Weg, der dem Anstand und dem Glück, das Sie erstreben müssen, vollständig widerspricht […], Sie schaden dem Erfolg Ihrer Angelegenheiten [durch diese] Abneigung gegen eine Ehe, obwohl sie die nützlichste, bedeutsamste und ruhmreichste ist, die Sie eingehen können, Sie sich Vorwürfe von allen Seiten zuziehen und Sie sich der Gefahr aussetzen, vom Zorn Gottes getroffen zu werden, wenn Sie eine Ehe schließen wollen und dabei die Prinzessin hassen, die Sie heiraten.« Er endete damit, daß er ihm seine Verantwortung vor Augen führte: »Ich beschwöre Sie, daß Sie mir die Ehre erweisen, diesen Brief zu lesen und sorgfältig zu bedenken, und daß Sie sich die Mühe machen, mir Ihre Absichten ganz unumwunden zu erklären, damit ich die Entscheidungen treffen kann, die ich für Ihren Dienst am angemessensten halte.«[245]

Dieser energische und strenge Brief, der bittere Enttäuschung angesichts dessen bekundet, was ihm ein Verrat seines Souveräns zu sein scheint, gibt einen geradlinigen und autoritären Mazarin zu erkennen, der sich um das Wohl seines Königs und Frankreichs bemüht und der im Grunde der Würde eines Richelieu nahekommt. Ein paar Tage später schreibt er an Anna von Österreich, die ihm ihre vollständige Zustimmung erklärt hatte, um ihr seine Trauer zu bekunden – der König habe ihm mit »zwei Worten« geantwortet, »und er hat sich die Mühe gemacht, sie mir auf einem Stück Papier zu schreiben, um meine drei Briefe zu beantworten, deren Empfang er mir nicht einmal bestätigt« –, und er erklärt, unter diesen Umständen könne er den König unmöglich aufsuchen. Aber am 8. September kam es zu einer überraschenden Wendung: Maria gab den Anstoß zu einem Bruch und schrieb ihrem Onkel einen Brief, der »so philosophisch war […], wie Cato ihn hätte verfassen können«. Sie versicherte ihm, sie hätte diesen »für ihre Ehre notwendigen« Entschluß gefaßt, weil die Ehe des Königs unwiderruflich entschieden sei. Sie war beleidigt, weil der Onkel ihr Benehmen für »leichtfertig und überspannt« hielt, und sie bat Ludwig, ihr nicht mehr zu schreiben. Mazarin, »über eine solch gute Neuigkeit entzückt«, fühlte sich jedoch nicht imstande, dem König zu schreiben, und bat die Königin einzugreifen: »Sie könnten zeigen, daß ich es Ihnen mitgeteilt habe, und ihm von mir bestellen, wie wichtig es ist, daß er so gütig sein soll, keine Änderung bei der Entscheidung meiner Nichte herbeizuführen, denn sie wird das wahre und einzige Mittel sein, um beide zu heilen.«[246] Eine überflüssige Vorsichtsmaßnahme. Er brauchte sich keine Sorgen zu machen: Endlich bekundete der König echte Begeisterung für das Heiratsprojekt.

Nun muß man nur noch eine Erklärung für die Fügsamkeit dieses Königs finden, dem es weder an Charakterstärke noch an Fähigkeiten fehlte. Als Zwanzigjähriger, und dieses Gefühl gereicht ihm uneingeschränkt zur Ehre, hatte er noch nicht die erforderliche Selbstsicherheit, während er die Geisteskraft Mazarins nicht anzweifelte und überzeugt war, daß dessen ganzes Wirken nur darauf ausgerichtet war, seine Größe durchzusetzen. In diesem besonderen Fall spielte der Minister die Glanzrolle: Wenn er es ablehnte, daß seine eigene Nichte zur französischen Königin wurde, so gab das seiner unbestreitbar selbstlosen Autorität ein zusätzliches Gewicht. Außerdem zeigte sich, daß der Strafpredigt des Ministers seine zutiefst menschliche Sorge um Ludwigs Glück zugrunde lag, wenn er ihn vor einer Ehe warnte, die mit so vielen emotionalen Vorbehalten geschlossen wurde, denn das sei ein unfehlbares Mittel, um »der unglücklichste aller Menschen« zu werden. Daß der König dem Druck nachgegeben hat, ist nichts anderes als ein Beweis für das uneingeschränkte Vertrauen, das er seinen älteren und ständigen Beschützern entgegenbrachte.

Die Ehe wurde also geschlossen, und so läßt sich der Erfolg der Politik des Kardinals würdigen. Es war ihm gelungen, alle verbleibenden Intrigen und Zwistigkeiten zu unterdrücken:

Der Adel und auch das Parlament waren nunmehr unterworfen; endlich hatte man ein allgemeines Friedensabkommen unterzeichnet. Ihm wurde jedoch nicht das Glück zuteil, sich der Früchte seines Erfolgs lange zu erfreuen: Er starb kurz nach der Rückkehr von der Reise, auf der es zum Abschluß des Ehe- und des Friedensvertrags kam. Bei seinem Tod wurde man sich seines letzten Triumphes bewußt. Der König, sein Schüler, sollte zeigen, welche Fähigkeiten er besaß, als er zusätzlich zu den Aufgaben eines Souveräns die des Ersten Ministers übernahm.

Der erste Mensch, der zwar nicht unter dieser neu begründeten Autorität leiden mußte, wohl aber deren Wirkung deutlich zu spüren bekam, war die Königinmutter. Von allen Regentinnen Frankreichs erlebte Anna als einzige einen jahrelangen Ruhestand: Blanca von Kastilien hatte im Einvernehmen mit Ludwig dem Heiligen weiterregiert und starb mitten in der Arbeit; Katharina mußte einige Monate vor ihrem Tod auf die Macht verzichten, und ihre letzten Tage wurden von den heftigen Kämpfen im Umfeld Heinrichs III. verdüstert. Maria von Medici wurde ja ganz einfach aus dem Königreich vertrieben. Anna hingegen genoß in ihrem Alter die Wertschätzung und den Respekt ihres Sohnes. Zu ihrer außerordentlichen Genugtuung konnte sie erleben, daß er seine Macht uneingeschränkt ausübte, ohne die Behinderungen, die man befürchten mußte, als sich das Parlament und die Adligen empört hatten. Doch der gefügige und folgsame Halbwüchsige, der Tränen vergoß, wenn sie ihn tadelte, war ein junger Despot geworden, der sein Leben und seine Vergnügungen unbeirrt so gestaltete, wie es ihm gefiel. Zwischen ihnen gab es nie den geringsten politischen Gegensatz; die unübersehbaren Eskapaden des Königs führten hingegen zu Reaktionen, die um so energischer waren, als es die Königin für ihre Pflicht hielt, über die Tugend ihres Sohnes und das Glück ihrer Schwiegertochter zu wachen.

Die ernsthafte Haltung, die der König als Vorsitzender des Kronrates und bei der Bewältigung von Problemen zeigte, mit denen er nicht vertraut war, insbesondere bei den Finanzen, hinderten ihn nicht daran, ständig Feste und Lustbarkeiten zu ersinnen und zu veranstalten. Am Beginn der persönlichen Herrschaft umgab den König ein jugendlicher und heiterer Hof. Merkwürdig wirkt, daß an ihm eine Königin fehlte, die frohen Herzens an den Vergnügungen teilgenommen hätte. »Die junge Königin war zweiundzwanzig Jahre alt und eine gute Erscheinung. Man konnte sie schön nennen, obgleich sie nicht angenehm war [...]. Man sah, daß sie ganz von einer heftigen Leidenschaft für den König beseelt war und bei all ihren übrigen Handlungen an ihre Schwiegermutter, die Königin, gebunden blieb, ohne bestimmte Personen oder Zerstreuungen zu bevorzugen, und sie mußte großen Kummer leiden, weil sie auf den König äußerst eifersüchtig war.«[247] Königin Anna widmete sich der sittenstrengen Freude, Klöster und feierliche Messen zu besuchen. Die schwangere, dicke und kranke Königin Maria Theresia folgte mit Tränen in den Augen ihrer Tante und Schwiegermutter. Sie lernte nicht Französisch, statt dessen bat sie Gott auf spanisch, daß er ihr die Aufmerksamkeit ihres Gatten zurückgeben möge. Madame, die Frau des Königsbruders, füllte diese Lücke aus. Die kleine, schmächtige Prinzessin, die Ludwig XIV. nicht zum Tanzen auffordern wollte, hatte sich zu einer jungen Frau entwickelt. Sie »besaß in höchstem Maße die Gabe zu gefallen und das, was man Grazie nennt«.[248] Außerdem war ihr Bruder wieder auf den englischen Thron gelangt, was selbstverständlich ihre Position außerordentlich stärkte.

Ihre Ehe mit Monsieur, dem Bruder des Königs, die Anna von Österreich gewollt und durchgesetzt hatte, machte aus ihr die wahre Königin des Hofes, dem sie, wie es hieß, Freude und Vergnügen brachte. Der König erlag schließlich ihrem Charme und »verhielt sich ihr gegenüber außerordentlich entgegenkommend. Sie bestimmte über alle Lustbarkeiten; diese wurden alle für sie veranstaltet, und es schien, daß der König nur an ihnen Freude fand, weil sie sich darüber freute. Das war im Hochsommer: Madame [die Gemahlin von Monsieur] ging jeden Tag baden; wegen der Hitze fuhr sie in einer Kutsche dorthin und kam auf einem Pferd zurück. Ihr folgten alle Damen, die galant gekleidet waren und tausend Federn auf dem Kopf trugen; der

König und die jungen Leute des Hofes begleiteten sie; nach dem Abendessen stieg man in Kaleschen, und zum Klang der Geigen fuhr man einen Teil der Nacht am Kanal spazieren.«[249]

Nun geriet die Königinmutter in Unruhe: Obwohl sich der König ihr gegenüber weiter höchst respektvoll verhielt, stattete er ihr nur kurze Besuche ab und blieb andauernd bei seiner Schwägerin; Madame, die entzückt war, daß sie endlich eine Entschädigung für eine traurige und tugendhafte Jugend bei ihrer entthronten Mutter fand, begeisterte sich für alle Vergnügungen, die ihr der Hof bot, sie schmückte alle Feste und bekundete nicht die geringste Absicht, sich der Autorität ihrer Schwiegermutter zu beugen. Diese warnte daraufhin Monsieur, den Ehemann; er, der eifersüchtig veranlagt war, machte seiner Gattin unangenehme Vorhaltungen. Die Ereignisse nehmen melodramatische Züge an. Madame de La Fayette sagt mit der ihr eigentümlichen Eleganz, »daß all dies zu einer Reihe von Klatschgeschichten und Zwistigkeiten führte, die den einen und den anderen keinen Augenblick Ruhe gönnten«.[250] Da rief die Königinmutter ihren Sohn zu sich, redete »nachdrücklich« mit ihm und machte ihm klar, daß die Situation unerträglich wurde, was er bestätigte. Darüber sprach er mit Madame, und die beiden jungen Leute beschlossen, die Gerüchte aus der Welt zu schaffen. Hierfür wäre es die beste Möglichkeit, einigten sie sich, daß man den Anschein erweckte, Ludwig habe sich in irgendein anderes Mädchen verliebt. Sie sahen sich überall um und wählten drei junge Damen aus: Mademoiselle de Pons, Mademoiselle de Chémerault und Mademoiselle de La Vallière. Der König machte es sich gewissenhaft zur Aufgabe, die drei Schönheiten zu umwerben, doch er faßte wirkliche Zuneigung zu Louise de La Vallière, die hübsch, sanft, naiv und außergewöhnlich diskret war. Obwohl er »bei ihr sehr große Fortschritte [erreichte], verhielten sie sich höchst taktvoll [...]. Bei der abendlichen Spazierfahrt stieg er aus der Kalesche von Madame und stellte sich an jene der La Vallière, deren Kutschenfenster offenstand, und da sich dies in der dunklen Nacht ereignete, plauderte er ganz bequem mit ihr«.[251]

Diese Situation gefiel der Königinmutter nicht sonderlich, doch sie sagte sich, daß die Niederkunft der jungen Königin nahte und daß Ludwig XIV. als Vater wohl den Weg ins Ehebett und zugleich seine ganze Würde wiederfände. Außerdem hatte er eingeräumt, daß er größte Diskretion zeigen mußte, »damit die Betrübnis [der Königin] keine allzu schlimmen Wirkungen auf das Leben des Kindes hätte, das sie unter dem Herzen trug«.[252] Als Maria Theresia am 1. November einen Sohn zur Welt brachte, benahm sich Ludwig XIV. wunderbar fürsorglich, während der ganzen Entbindung verließ er seine Frau nicht und bewunderte verzückt den schönen Säugling. Anna war so naiv zu glauben, daß das Gewitter vorüber wäre. Es beruhigte sie noch mehr, daß Madame ebenfalls ein Kind erwartete. Sie vertraute Madame de Motteville an, Gott hätte sie überglücklich gemacht, und »sie habe nun nur noch ihr Heil zu erhoffen«.[253] Doch der Moment, sich ins Val-de-Grâce zurückzuziehen, war noch nicht gekommen.

Der junge Vater nahm seine außerehelichen Aktivitäten mit solcher Tatkraft wieder auf, daß die Herzogin von Navailles, die für die Hoffräulein und deren Tugend verantwortlich war, die Geheimtür zumauern ließ, durch die der König in die Zimmer der Fräulein eintrat. Obwohl Ludwig kaum einen Nachteil von dieser Behinderung hatte – mit wachsender Leidenschaft widmete er sich ganz Louise de La Vallière und versuchte, Verwirrung zu stiften, indem er mit anderen Damen tändelte –, verzieh er der alten Herzogin niemals, und da man über sie einige Verleumdungen erzählte, verbannte er sie und ihren Mann vom Hofe.

Anna empfand diese Verabschiedung als einen persönlichen Affront. Die Herzogin hatte mit ihrer Zustimmung gehandelt, und jedermann wußte, daß die beiden Frauen befreundet waren. Diesmal wurde sie ernstlich böse auf ihren Sohn, und dieser widersetzte sich trotzig. Seine täglichen Besuche unterblieben; sie führten keine Gespräche mehr miteinander, sondern wechselten lediglich ein paar Worte in der Öffentlichkeit. Ihre spanische Kammerfrau entdeckte sie eines Abends tränenüberströmt in ihrer Hauskapelle: »Ah, Molina, estos hijos, estos hijos ...« (»Ach, Molina, diese Kinder, diese Kinder ...«) sagte die Königin, womit sie sich vielleicht zum erstenmal über ihren inniggeliebten Sohn beklagte und auch zugab, daß sich der Jüngere durch seinen Leichtsinn herabwürdigte. Die Lage wurde dermaßen mißlich – die Königinmutter nahm nicht mehr an den gemeinsamen Abendmahlzeiten der Familie teil –, daß der Beichtvater ihr empfahl, die ersten Schritte zu tun, um eine Versöhnung zu erreichen. Das mußte sie nicht ausführen: Der König ließ sich melden und warf sich ihr zu Füßen. Er leugnete nicht mehr seine Liebe zu Louise de La Vallière und »bat sie auf Knien um Verzeihung; er weinte vor Kummer, weil er ihr die schuldige Achtung versagt hatte, und er gestand ihr, die ganze Nacht kein Auge zugetan zu haben, weil es ihn mit solcher Sorge erfüllt hätte, ihr Verdruß zu bereiten«. Ohne sie kann ich nicht zufrieden leben, gestand er seinem Minister Le Tellier. Doch er weigerte sich, gegen seine Leidenschaften anzukämpfen, wenn er sich auch seiner Sünden schämte. Seine Mutter warf ihm vor, wie ungerecht er die Herzogin von Navailles behandelt hatte. Auch hierzu erklärte er, er könne seinen Rachedurst nicht bezwingen. Kurz, er war unfähig, das Zerwürfnis mit seiner Mutter zu ertragen, doch ebenfalls unfähig, sich den Forderungen eines geregelten Lebens zu beugen. Sie mußte sich mit diesem Kompromiß zufriedengeben. Die Gewißheit, daß sie die Zuneigung und das Vertrauen ihres Sohnes nicht verloren hatte, tröstete sie einigermaßen. Ihr blieb die Aufgabe, ihre Schwiegertochter zu unterstützen. Außerdem bemühte sie sich, ihr zu erklären, daß der König sie liebte – er versäumte es in keiner Nacht, wieder zu ihr zu kommen –, und sie zu überzeugen, nicht auf die in ihrer Umgebung kursierenden indiskreten Äußerungen zu achten und es zu lernen, »mit größerer Geduld die Zerstreuungen des Königs hinzunehmen, [denn] er mußte Herr seiner Handlungen sein«.[254] Sie hatte ihn ja gerade in der Hoffnung erzogen, daß er Herr sein sollte. Sie konnte ihm das unbezwingliche Gefühl vermitteln, die Herrschaftsgewalt auszuüben. Aus diesem Erfolg ergab sich unvermeidlich, daß ihre eigenen Wünsche – wie jene der herrschenden Königin, von Monsieur und ihrer ganzen Umgebung – in den Hintergrund traten. Anna hatte genug gesunden Menschenverstand, um die Konsequenzen einer von ihr selbst geschaffenen Situation anzuerkennen, doch sie war zu sehr Mutter, als daß sie keinen Kummer empfunden hätte, weil sie für ihren Sohn nicht mehr notwendig war. »Der König, den sie stets so innig geliebt hatte, zeigte solche Fähigkeiten, war so glücklich, so zufrieden und so erwachsen, daß sie meinte, sie sei für ihn ganz und gar unnütz.«[255]

Der Pakt zwischen Mutter und Sohn hatte Bestand. Fortan verzichtete sie darauf, ihn zu tadeln. Sie empfing sogar Mademoiselle de La Vallière, und er bekundete ihr immer häufiger seine Dankbarkeit und Liebe. Noch bedeutsamer ist, daß er daran dachte, als er an Masern erkrankte und man einen Augenblick um sein Leben fürchtete, ihr die Regentschaft im Fall seines Todes zu übertragen. Aber sie selbst erkrankte in derselben Zeit so schwer, daß man auf diesen Plan verzichtete. Bei dieser Gelegenheit bewiesen ihre beiden Söhne, wie tief die Zuneigung zu ihrer Mutter war. Monsieur verließ sie praktisch überhaupt nicht während der drei Monate, in denen sie das Bett hüten mußte, und der König blieb in der Nacht bei ihr, er schlief angekleidet auf einer Matratze am Fußende ihres Bettes. Schließlich erholte sie sich, doch im folgenden Jahr, im Mai 1664, begann ein Knötchen in ihrer Brust zu schmerzen, und die Ärzte, die diese Krankheit selbstverständlich nicht richtig behandeln konnten, diagnostizierten sehr zutreffend, daß sie unheilbar an Krebs litt.

Trotz der Aderlässe, der Klistiere und Abführmittel, der Arsen- und Kalksalben oder der Einreibungen mit Schlangenpulver überlebte Anna von Österreich bis zum Januar 1666. Stets hatte sie in der Öffentlichkeit gelebt, nun sollte sie ebenfalls in der Öffentlichkeit leiden und sterben. Nur in der Nacht genoß sie die lindernde Wirkung der Stille. Ungeachtet ihrer Leiden war sie stets auf Repräsentation bedacht, stets lächelte sie, nie beklagte sie sich, und geduldig hörte sie die Banalitäten an, die ihre Besucher vorbrachten, doch nicht nur das, vielmehr folgte sie auch dem Hof, denn der König wollte sie nicht allein zurücklassen. So verbrachte sie einen sehr unangenehmen Sommer in Saint-Germain: Ihre Söhne, die sich in der ersten Zeit ihrer Erkrankung so aufmerksam und liebevoll verhalten hatten, wurden es allmählich überdrüssig, ihr lange Besuche abzustatten, und gingen ihr immer häufiger aus dem Wege. Sogar die junge Königin gab in ihrer bodenlosen Dummheit zu erkennen, daß sie mit einiger Ungeduld erwartete, die *einzige Königin* zu werden – ohne zu ahnen, daß der Tod ihrer Schwiegermutter die tatsächliche Herrschaft der Mätressen des Königs einleiten würde. Am Ende des Sommers wurde die Königin ins Kloster Val-de-Grâce gebracht, das sie immer so gern aufgesucht hatte und dessen Nonnen ihre Ruhe respektierten. Dort fand sie eine kleine Atempause. Doch der König und die Ärzte, denen die Entfernung nicht behagte, verlangten, daß sie in den Louvre zurückkehrte. Als sie sich abermals im Palast befand, legte sie sich ins Bett und stand nie wieder auf.

In ihrem schönen, mit blauem Samt ausgeschlagenen Himmelbett – es hatte batistene Laken und seidene, goldbestickte Vorhänge, die an vier mit Knäufen, orangefarbenen sowie blauen Federbüschen und Aigretten verzierten Pfosten hingen, und es wurde durch eine silberne Balustrade vom übrigen Zimmer abgetrennt, dessen Mobiliar man gerade erst auf Verlangen des Königs erneuert hatte – lebte Anna noch drei Monate, ohne jemals ihre Ruhe, ihre Würde und ihren Gehorsam gegenüber den Ärzten zu verlieren. Morgens und abends versammelte sich die Familie, während man ihre Verbände wechselte – eine abscheuliche Prozedur, denn den Wunden entströmte ein so widerwärtiger Geruch, daß ihn die zahlreichen Riechkissen, die ihre Frauen um sie ausgelegt hatten, nicht genügend abmildern konnten. »Man sah, daß ihre Leiden immer schlimmer wurden«, schrieb ihre Nichte, die »Grande Mademoiselle«.*

* Anne-Marie-Louise von Orléans, Herzogin von Montpensier (1627-1693), die Tochter von Gaston von Orléans, dem Bruder Ludwigs XIII. (Anm. d. Ü.).

»Es roch dermaßen übel, daß man beinahe nicht essen konnte, wenn man zurückkehrte, nachdem man zugesehen hatte, wie sie verbunden wurde. Sie hielt sich immer einen Fächer aus Spanisch-Leder an die Nase.«[256] Daß sie bei lebendigem Leibe verfaulte, war für sie noch entsetzlicher, weil sie zeitlebens auf eine in diesem Jahrhundert seltene Sauberkeit und Ordnung geachtet hatte. Ihre Hemden, ihre Wäsche und ihr Bettzeug, die alle aus feinstem Stoff waren, mußten mehrmals gewaschen werden, damit sie unvergleichlich weich wurden. Mazarin neckte sie, indem er erklärte, daß die schlimmste Qual, die sie in der Hölle erdulden müßte, darin bestehen würde, Bettwäsche aus holländischem Leinen zu haben. Da sie erkannte, wie eitel alle Dinge an der Schwelle des Todes werden, sagte sie zu einer ihrer spanischen Damen: »Ah, condesa, sábanas de batista, sábanas de batista …« (»Ach, Gräfin, batistene Bettücher, batistene Bettücher …«)

Sie beichtete jeden Tag, doch die Sorge um ihr Seelenheil beherrschte sie nicht ausschließlich genug, als daß sie auf ihre Bemühungen verzichtet hätte, sich zu vergewissern, daß sich Ludwig XIV. wieder dem Lebenswandel zuwenden würde, den er, wie sie gehofft hatte, führen sollte. Zwei Dinge bereiteten ihr Kummer: seine Vorliebe für Frauen und seine immer deutlichere Weigerung, etwas hinzunehmen, was seine Absichten auch nur im geringsten behinderte. Buchstäblich bis zu ihrem letzten Lebenstag wollte ihn Anna mit aller Kraft überzeugen, daß er den Lehren der Religion folgen und die Rechte seiner Untertanen achten müsse. Sie fand sich nicht damit ab, daß er an einer Ungerechtigkeit schuld war, und gab keine Ruhe, bis er die willkürliche Verabschiedung der Herzogin von Navailles zurücknahm.

Doch der König wußte nicht, wie nahe sie dem Tode war, und niemand wagte es, ihn zu warnen, als seine Cousine, die Grande Mademoiselle, die sich der Gefahr klarer bewußt war, ihm riet, er solle den Ärzten befehlen, ihm die Wahrheit zu sagen. Daraufhin eröffneten sie ihm, daß die Königinmutter von einem Augenblick auf den nächsten sterben konnte. Er ließ seinen Großalmosenier und Monsieur de Montagu holen und sagte ihnen, er sei entschlossen, ihr mitzuteilen, daß der Augenblick gekommen sei, sich auf den Tod vorzubereiten. Monsieur de Montagu, der sich den Namen eines Freundes der Königin durch seine treue Hilfsbereitschaft während der abenteuerlichen Buckingham-Affäre und durch seinen hellsichtigen Rat, Mazarin zu vertrauen, verdient hatte, rief in unvernünftigem gerührtem Überschwang: »Ach, Sire, dann bringen Sie ihr den Tod!« Aber Ludwig XIV., der ja die religiöse Inbrunst seiner Mutter genau kennen mußte, entschied sich für Aufrichtigkeit: »Wie denn, man würde sie schonen und nach einer sechsmonatigen Krankheit ohne die Sakramente sterben lassen ... Für Rücksicht bleibt keine Zeit mehr.«[257] Wie die Grande Mademoiselle schildert, gaben ihm alle recht, und man bereitete sich auf das Ende vor.

Als man die Königin unterrichtete, wurde sie einen Augenblick lang von Schwäche und Furcht überwältigt, »ihre Stimme veränderte sich«, doch bald faßte sie sich wieder. Am nächsten Tag, bevor sie zum letzten Mal, wie sie wußte, die heilige Kommunion empfing, wollte sie mit jedem Sohn unter vier Augen sprechen. Danach wandte sie sich an ihren Großalmosenier, der ihr das aus der Kirche Saint-Germain-l'Auxerrois geholte heilige Sakrament spendete. Die Erregung ließ ihr Gesicht aufleuchten, sie bekam einen strahlenden Blick, und für einen Augenblick fanden ihre Züge den Glanz der Jugend wieder. »Sehen Sie die Königin«, sagte der König zu Madame de Motteville, »ich habe sie noch nie so schön gesehen.« Und er begann zu weinen. Seine Mutter schaute ihn fest an und bat ihn ein letztes Mal inständig: »Tun Sie, was ich Ihnen gesagt habe, mit dem heiligen Sakrament auf den Lippen wiederhole ich es abermals.« Als sie einige Stunden später nicht mehr ihren Puls spürte, bat sie um die Letzte Ölung. Ihre Nichte, die vor dem Bett kniete, bemerkte erstaunt, »ihre Abneigung gegen Unsauberkeit« sei in diesem allerletzten Augenblick weiter so stark geblieben, daß sie ihre Nachthaube hochstreifen ließ, damit sie nicht vom heiligen Öl beschmutzt würde. Nun ließ Anna den

Kopf erschöpft zur Seite sinken. Ludwig XIV. wurde ohnmächtig. Man mußte ihn ins Bad tragen, seine Kleider aufknöpfen und ihm Wasser ins Gesicht spritzen. Als er wieder zu sich kam, hinderte man ihn daran, ins Zimmer zurückzukehren, um dem endlosen Todeskampf weiter beizuwohnen.

Dort zeigte sich ein widerwärtiges Bild. Eine unglaubliche Menge war zusammengeströmt. »Es gab unendlich viele Menschen. Alle kamen herein; alle möglichen Leute starrten sie an. Das bereitete mir den größten Kummer der Welt«, setzte Mademoiselle hinzu. »Die Königin ließ die Vorhänge ihres Bettes zuziehen«, notierte Madame de Motteville, »als wollte sie daran denken, was ihr geschehen würde [...]. Monsieur kam auf den Gedanken, sie aufzuziehen und ihr zu sagen: ›Madame, Sie haben mich hier auf Erden so sehr geliebt, lieben Sie mich weiter, wenn Sie da oben im Himmel sind, und bitten Sie Gott für mich.‹ Die Königin antwortete ihm lediglich abweisend: ›Mein Sohn, bitte lassen Sie mich in Ruhe.‹«[258] Die ganze Nacht über las man Messen in ihrer Hauskapelle. Sie war immer noch bei Bewußtsein und verfolgte die Messe durch die offene Tür. Um sechs Uhr stieß Monsieur einen lauten Schrei aus, den der König im Nachbarzimmer hörte. Der Arzt trat ein. »Ist sie tot?« – »Ja, Sire.«

Anna von Österreich, darin sind sich alle einig, hatte einen großen Tod, einen christlichen Tod, einen königlichen Tod. Noch mehr beeindruckt, daß sie als Mutter gestorben ist, nicht als eine sentimentale Mutter, die sich von dem Glück rühren läßt, das ihre Kinder ihr geschenkt hatten, sondern als eine römische, starke Mutter, die bis zum letzten Augenblick entschlossen ist, ihren Sohn sittlich zu läutern, diesen Sohn, um den sie sich mit nie erlahmendem Eifer gekümmert hatte. Was blieb von ihrem Wirken übrig? Ludwig überlebte sie lange, fast fünfzig Jahre, und wenn er auch in den ersten Jahren seiner Trauerzeit ein recht zügelloses Leben führte, das den Abscheu seiner Mutter erregt hätte, so ließen doch viele Aspekte seiner gesamten Herrschaft ihren Einfluß erkennen.

Der König vergoß bittere Tränen, als er die sterbliche Hülle der Königin sah, doch er konnte sich bezwingen. Er erteilte die notwendigen Anweisungen für das Begräbnis und die Testamentseröffnung. Dann fuhr er nach Saint-Germain. (Die Königsfamilie blieb niemals in einem Schloß, in dem ein Leichnam lag.) Dort erholte er sich, was sich daran zeigt, daß neun Monate später die Tochter der Mademoiselle de La Vallière geboren wurde, eine Tochter, die er legitimiert hat.

Dabei blieb er nicht stehen, und bis 1683 führte er ein höchst aktives Liebesleben, wie es sechs illegitime Kinder bezeugen, deren lebhaftes Temperament sich deutlich von der Schwerfälligkeit seines einzigen rechtmäßigen Kindes, des »Grand Dauphin«, unterschied. Der König äußerte sich hierüber in seinen Memoiren. Er gab zwar zu, daß »eine solche Liebe nicht nachahmenswert ist«, doch er rechtfertigte sich damit, daß seine »Verirrungen [...] niemals [seinen] Staatsgeschäften geschadet hatten« und daß er stets alles Notwendige getan habe, damit »die Schönheit, die uns Lust bereitet, nie die Freiheit hat, mit uns über unsere Staatsangelegenheiten oder über die Leute zu reden, die uns dabei dienen«. Mazarin hätte so etwas gutgeheißen, doch ich glaube nicht, daß sich Anna von Österreich hätte erweichen lassen. Wie sie befürchtet hatte, war es ihr offenkundig nicht gelungen, ihm einzuschärfen, daß er Untreue zu verabscheuen hätte. Man mußte den Tod der Königin Maria Theresia und die morganatische Ehe mit Madame de Maintenon abwarten, damit er sich einer solchen Ordnung beugte. Im Jahre 1689 gab es »außerhalb der Frömmigkeit kein Heil am Hofe«.[259] Anna war gerächt.

So lange mußte man nicht warten, um ihren Einfluß auf andere Aspekte des Lebens am Hofe Ludwigs XIV. festzustellen. Von seiner Mutter, die sich über die Unordnung am Hofe Ludwigs XIII. so bitter beklagte, daß sie oft darauf verzichtete, wichtige ausländische Gäste offiziell zu empfangen, hatte er die Vorliebe für die planvolle Gestaltung des Alltagslebens und den würdevollen Charakter der Empfänge sowie die Beachtung der Etikette geerbt. Nicht selten erwähnte er die liebenswürdige und zwanglose Art, wie sie ihre Gesellschaft prägte. Da er jede

Hoffnung aufgegeben hatte, daß die Königin Maria Theresia einen derartigen Kreis leiten könnte, erwartete er am Ende seines Lebens, daß seine Enkelin, die Herzogin von Burgund, diese Tradition wiederbelebte. Von der Königinmutter hatte er auch seine Höflichkeit und Gelassenheit, die seinem Auftreten eine unvergleichliche Würde gaben. Ludwig XIV. hatte viel von einem Spanier an sich, und sein Verhalten erinnerte recht wenig an seine bourbonischen Vorfahren. Das Vorbild seiner Mutter veranlaßte ihn auch, seinen jüngeren Bruder in einer streng untergeordneten Stellung zu halten. Sie hatte unter den Umtrieben Gastons von Orléans schlimm genug gelitten und deshalb sehr früh beschlossen, wie wir gesehen haben, Philipp, ihren jüngeren Sohn, seinem Bruder zu unterwerfen. Obwohl »Monsieur« nie ein beunruhigendes Unabhängigkeitsstreben zeigte, litt er sein ganzes Leben lang unter einem beinahe grundsätzlichen Mißtrauen des Königs.

Ludwig XIV. hatte dieses Gefühl so tief verinnerlicht, daß er sich eine Regel daraus machte: »Alles, was helfen würde, meinen Bruder über meine anderen Untertanen zu erheben, werde ich stets mit Freuden tun, doch ich habe nicht geglaubt, daß ich ihm etwas gewähren dürfte, was den Anschein erwecken könnte, ihn in meine Nähe zu rücken.« Er erläuterte diese Haltung in seinen Memoiren, die für seinen Sohn bestimmt waren, und betonte, daß seine Mutter, die Königin, ihm »durch ihr Handeln deutlich genug gezeigt hatte, wie wichtig es für jene [ihres] Rangs sein muß, dessen Würde zu bewahren«.[260] Noch aufschlußreicher war seine Entscheidung, den Sohn von Monsieur, den zukünftigen Regenten, gemeinsam mit dem Dauphin erziehen zu lassen. Das schlug er auf eine solche Weise vor, daß sein Bruder nicht bezweifeln konnte, dieser Beschluß werde »von einer rein freundschaftlichen Regung« bestimmt. Doch in einem überraschend zynischen Geständnis setzte der König hinzu, er habe so, »als Sicherheit für dessen Wohlverhalten, die kostbarste Bürgschaft [genommen], die jener [ihm] leisten konnte«.[261] Diese Politik, die Nachgeborenen zu erniedrigen, blieb während der gesamten Herrschaftszeit bestehen.

Bekanntlich ist »Monseigneur«, der Sohn Ludwigs XIV., vor seinem Vater gestorben. Er hinterließ drei Söhne, und der älteste, der Herzog von Burgund, wurde also im Jahre 1711 zum Dauphin. Seine jüngeren Brüder wurden »in einer für die gute Ordnung notwendigen Abhängigkeit und Unterwerfung [erzogen], um Unruhen zu verhindern und den Frieden der Königsfamilie zu sichern«.[262] Die Ironie wollte es in diesem Fall, daß der zweite Sohn, der Herzog von Anjou, König von Spanien wurde, jedoch »sein Geist und alles, was von ihm abhängt, [dermaßen] verkümmert und erniedrigt [war]«, daß er die Fähigkeit verlor, selbständig zu urteilen und zu analysieren.

Wenn schließlich das letzte, was ein Vater oder eine Mutter die Kinder lehren kann, darin besteht, würdevoll zu sterben, so erteilte Anna ihrem Sohn eine meisterhafte Lektion. Als seine Zeit gekommen war, hatte der von Schicksalsschlägen heimgesuchte König, der den Tod seines Sohnes und seines Enkels erlebt hatte, einen ebenso großen, ebenso schönen, ebenso anrührenden Tod wie sie. Gleich ihr starb er in der Öffentlichkeit, gleich ihr galt seine letzte Sorge dem, den er hinterließ. Das letzte Bild Ludwigs XIV. ist das eines hinfälligen, abgemagerten alten Mannes mit starker Stimme und klarem Kopf, der sich an ein schönes fünfjähriges Kind wendet, das man auf sein Bett gesetzt hatte: »Mein Kind, Sie sollen ein großer König werden. Ahmen Sie nicht meine Vorliebe für das Bauen und auch nicht die für den Krieg nach; versuchen Sie im Gegenteil, Frieden mit Ihren Nachbarn zu halten.«[263] Dann umarmte er den Kleinen, verlangte noch einmal nach ihm und umarmte ihn von neuem. Er sprach die Sterbegebete mit solch lauter Stimme, daß er trotz der vielen Zuschauer von allen zu hören war, und erst danach verlor er das Bewußtsein.

Eine neue Regentschaft begann, diesmal aber hatte der kindliche König keine Mutter.

Nachwort

Im Jahre 1715 erweist es sich als unmöglich, die Regentschaft Philipps von Orléans – er war Großonkel des Königs – zu verhindern, was tatsächlich zu einer beunruhigenden Lage führt. Diese Sorgen lassen sich nicht nur mit der eigenartigen Persönlichkeit eines Mannes begründen, der zu originell war, als daß er sich an das Hofleben angepaßt hätte, auch die Furcht vor einem drohenden Machtmißbrauch genügt nicht als Erklärung, vielmehr hat das Kollektivbewußtsein nun den Vorrang der mütterlichen Regentschaften anerkannt. Außerdem hatte Ludwig XIV. ja das ruhmreiche Andenken an Anna von Österreich stets lebendig erhalten. Als er das Mannesalter erreichte und die Regierungsaufgaben selbst übernahm, bewies er seine Sachkenntnis. Damit, wie auch durch die unkomplizierte Übertragung der gesamten Königsmacht trotz der vorausgegangenen Unruhen der Fronde, wurde bestätigt, wie vorteilhaft es war, der Mutter des Königs in der Übergangszeit die Macht anzuvertrauen. Im Jahre 1715 hatten die Regentinnen einen guten Ruf. Während sich der Ruhm Blancas von Kastilien aus fernen Zeiten glanzvoll bewahrt hatte, erregten die Medici-Königinnen, die einen fragwürdigeren Einfluß ausgeübt hatten, kaum noch leidenschaftliche Auseinandersetzungen. Die Rolle Marias trat hinter der Richelieus zurück, und man stimmte dem Urteil Heinrichs IV. zu, der, als man Katharina vor ihm kritisierte, entgegnete: »Was hätte sie denn tun können?« Die zeitgenössischen Historiker bedachten die Königinnen der Vergangenheit recht ausgewogen mit Lob und Tadel. Sie waren sich bei einem unbestreitbaren Punkt einig: All diese Königinnen hatten ihren Söhnen ein ungeteiltes Königreich übergeben. Der Rest war eher anekdotisch. Am Anfang des 18. Jahrhunderts stellte die Mutterliebe also einen starken politischen Trumpf dar, dessen man sich jedoch wegen der konkreten Verhältnisse nicht mehr bedienen konnte, weil es die Zufälle des Lebens wollten, daß es bis zur Französischen Revolution keine Königinmütter mehr gab.

Dennoch hat es weiter die Regentschaft von Frauen gegeben, obwohl den Frauen seit der Revolution alle bürgerlichen Rechte aberkannt wurden. Wenn es zu einer Panik kommt, denn eine Regentschaft wird ja immer während einer Krise eingeführt, meldet sich paradoxerweise und nachdrücklich das Gefühl im politischen Leben. Die Mutterliebe setzt sich gegenüber allen anderen Erwägungen durch. Selbst ein so entschiedener Frauenfeind wie Napoleon beschloß 1813, als er an der Spitze seiner Truppen zum Feldzug aufbrach, seine Gattin Marie Luise mit der Regentschaft zu betrauen. Auch Napoleon III. wandte sich an die Mutter seines Kindes, als es zum Zusammenbruch von 1870 kam. Doch das Beispiel der Bonapartes, vor allem das Napoleons I., ermöglicht es, auf einen weiteren Grund für mütterliche Regentschaften hinzuweisen. Seine Dynastie, die von einer starken Opposition bedroht wurde, war äußerst gefährdet. Seine Beziehungen zu seinen Brüdern Lucien und Louis waren schwierig. Jérôme kämpfte, um sich auf dem Thron Westfalens zu behaupten. Wenn Napoleon die sehr junge Kaiserin zur Regentin ernannte, die Mutter eines zweijährigen Kindes, die drei Jahre zuvor als Neunzehnjährige nach Frankreich gekommen war und der die geringste politische Erfahrung und Einsicht fehlten, so deshalb, weil er seine ganze Hoffnung auf die Macht des dynastischen Symbols setzte, das sie repräsentierte – ein doppeltes Symbol, denn durch ihre Ehe war sie eine Bonaparte und durch ihre Geburt eine Habsburgerin. Nichts konnte die Bonapartes retten, sobald das französische Staatsgebiet besetzt war, doch bedeutsam für unser Thema ist, daß es bis 1870 die rechtmäßige Aufgabe der Mutter war, die Krone eines kindlichen Thronfolgers zu sichern.

Die Institution der Regentschaft, die dadurch begünstigt wurde, daß sie sich sehr flexibel anwenden ließ, hielt sich also länger als das Königtum. Zum unwiderruflichen Vorrang der

Mutterschaft kam der besondere Umstand hinzu, daß sie ein unentbehrliches Kettenglied in der Erbfolge bildete, denn die Verbindung, die eine Königsherrschaft mit der nächsten vereinte, erfolgte über die Vermittlung der Regentinnen, und allein über sie. Das gab ihrer Stellung eine feste Grundlage, deren sie sich alle auf ihre eigene Weise bedienen konnten.

Anhang

Anmerkungen

1 Lorenzo Contarini, Botschafter Venedigs am französischen Hof, zit. von: Armand Baschet, *La Diplomatie vénitienne*, Paris: Plon, 1862, S. 474.

2 Brief an Elisabeth, die Königin von Spanien, zit. von: Ivan Cloulas, *Catherine de Médicis*, Paris: Fayard, 1979, 1982.

3 Brief an Margarete von Navarra vom 25. April 1584, zit. von: Cloulas, ebd.

4 Man lese die sehr anschauliche Schilderung dieses Vorfalls bei: Jean-Michel Delacomptée, *Le roi miniature*, Paris: Gallimard, 2000.

5 Der venezianische Botschafter Giovanni Michieli, zit. bei: Baschet, a. a. O., S. 510.

6 *Relations des ambassadeurs vénitiens*, hrsg. von Niccolò Tommaseo, Paris, 1838, I, S. 439.

7 Fanny Cosandey, *La reine de France*, Paris: Gallimard, 2000, S. 314.

8 Ebd.

9 Katherine B. Crawford, *Regency Government in Early Modern France: Gender Substitution and the Construction of Monarchical Authority*, University of Chicago, 1997, unveröffentlichte Dissertation.

10 Baschet, a. a. O., S. 508.

11 *Dispatches of Michele Suriano and Marc'Antonio Barbaro, Venetian Ambassadors at the Court of France,* 1560-1563, hrsg. von Sir Henry Layard, Lymington, Huguenot Society of London, 1891, S. 96.

12 Baschet, a. a. O., S. 490.

13 Michel Simonin, *Charles IX*, Paris: Fayard, 1995, S. 42. Albert de Gondi heiratete Claude-Catherine de Clermont, die ihm als Mitgift das Land Retz brachte, dessen Namen er annahm. Danach wurde er als Marschall von Retz bekannt.

14 Marguerite de Valois (Margarete von Valois), *Mémoires*, Paris: Mercure de France, 1971, S. 46.

15 Zit. von Jean-Pierre Babelon, *Henri IV*, Paris: Fayard, 1982, S. 93.

16 Michel de L'Hospital, zit. von: Arlette Jouanna, *La France du XVIe siècle,* 1483-1598, PUF, 1996, S. 391.

17 Ebd.

18 Jean Boutier, Alain Dewerpe, Daniel Nordman, *Un tour de France royal, le voyage de Charles IX (1564-1566)*, Aubier, 1984, S. 111.

19 Ebd., S. 121.

20 Ebd., S. 112.
21 Machiavelli, »Portrait de la France«, in: *Œuvres*, hrsg. von Vollard, Paris, 1793, VI, S. 185, zit. in: *Un tour royal*, a. a. O., S. 135.
22 Ebd., S. 190, zit. in: *Un tour royal*, a. a. O., S. 137.
23 *Un tour royal*, a. a. O., S. 131.
24 Brantôme, *Œuvres complètes*, Paris: Lalanne, 1864-1882, VII, S. 374.
25 Brief Katharinas an den König, zit. in: *Un tour royal*, a. a. O., S. 215. Dieser Brief, der für den König eine sehr strenge Zeiteinteilung vorsieht, nimmt den Tagesablauf des Herrschers in Versailles vorweg, und Madame de Lansac wird diesen Brief übrigens Ludwig XIV. geben. Vgl. R. G. Lacour-Gayet, *L'éducation politique de Louis XIV*, Paris: Hachette, 1898, S. 263-264.
26 Simonin, a. a. O., S. 111.
27 Prophezeiung, die bei einem Turnier verlesen wurde, abgedruckt in: *Recueil des choses mémorables advenues en France*, Paris, 1595.
28 Zit. von: Pierre Chevallier, *Henri III*, Paris: Fayard, 1985, S. 110.
29 Agrippa d'Aubigné, *Les Tragiques*, Paris: Gallimard, Bibliothèque de la Pléiade, II, S. 72.
30 Brantôme, zit. von Frances Yates, *The Valois Tapestries*, London, 1959, S. 68.
31 Giovanni Michieli, in: Baschet, a. a. O., S. 538.
32 Pierre de L'Estoile, *Mémoires-Journaux*, 12 Bde., Paris, 1982, XI, S. 377, zit. von: Liliane Crété, *Coligny*, Paris: Fayard, 1985.
33 Gaspard de Saulx, Seigneur de Tavannes, »Mémoires«, in: *Collection des mémoires pour servir à l'histoire de France*, hrsg. von Petitot, Paris, 1822, Serie I, XXV, S. 291.
34 (»die Herrschsucht«) Baschet, a. a. O., S. 560.
35 Ebd., S. 544.
36 Giovanni Michieli, »Relation du massacre adressée au Sénat de Venise«, ebd., S. 550.
37 Ebd., S. 552.
38 Katharina von Medici (Catherine de Médicis), »Lettres« (»Briefe«), in: *Collection des documents inédits de l'histoire de France*, Paris: Imprimerie nationale, 1891, V, S. LXXXII.
39 *Mémoires de Marguerite de Valois*, Paris: Lalanne, S. 31.
40 Hector de La Ferrière, *Le XVIe siècle et les Valois*, Paris, 1879, S. 321.
41 Auf den 26. August 1572 datierter Brief von Pater Joachim Opser, SJ, in: Bd. VIII des *Bulletin de la Société de l'Histoire du protestantisme français*, zit. von: Philippe Erlanger, *Le massacre de la Saint-Barthélemy*, Paris: Gallimard, 1960, S. 261.
42 Vgl. Emmanuel Le Roy Ladurie, *L'état royal, 1460-1610*, Paris: Hachette, 1987, S. 313.

43 Ebd., S. 313.
44 Baschet, a. a. O., S. 557.
45 Ebd., S. 556.
46 Simone Bertière, *Les reines de France au temps des Valois*, Paris: Éditions de Fallois, 1994, II, S. 220.
47 D'Elbène, Gesandter des Herzogs von Savoyen, zit. von La Ferrière, Einleitung zu den *Lettres Katharinas von Medici*, a. a. O., V, S. XCIV.
48 Agrippa d'Aubigné, a. a. O., V, S. 175.
49 Katharina von Medici, a. a. O., IV, S. CCVIII.
50 Chevallier, a. a. O., S. 233.
51 »Venise« (»Venedig«), gedruckt auf Kosten des Earl of Oxford, 1886, S. 35, zit. in: »Katharina von Medici«, a. a. O., V, S. XIX.
52 Ebd., V, S. XXVII.
53 Baschet, a. a. O., S. 569.
54 »Depesche des Nuntius Salviati«, ebd., S. 583.
55 Pierre de L'Estoile, *Journal pour le règne d'Henri III*, Genf, 1992, I, S. 155.
56 Agrippa d'Aubigné, a. a. O., II, S. 72.
57 Heinrich IV., *Lettres missives* (»Sendschreiben«), hrsg. von B. de Xivrey, 9 Bde., Paris, 1843-1876, I, S. 81-82.
58 »Calendar of State Papers and Manuscripts Relating to English Affairs in the Archives and Collections of Venice«, zit. von: Irene Mahoney, *Royal Cousin*, New York, 1970, S. 85.
59 Baschet, a. a. O., S. 251.
60 Ebd., S. 595.
61 Heinrich IV., a. a. O., II, S. 251-252.
62 Morosini, in: Baschet, a. a. O., S. 571.
63 Pierre de L'Estoile, a. a. O., I, S. 125.
64 Agrippa d'Aubigné, a. a. O., S. 72.
65 Heinrich IV., a. a. O., II, S. 227.
66 Zit. von Chevallier, a. a. O., S. 642.
67 Brief Heinrichs III., ebd., S. 648.
68 Brief Katharinas, ebd.
69 Cavriana, ebd., S. 664.
70 Cavriana, ebd., S. 672.
71 Katharina von Medici, a. a. O., IX, S. 494.
72 Ernest Lavisse, *Louis XIV, Histoire d'un grand règne*, Paris: Robert Laffont, Coll. Bouquins, 1989, S. 307.
73 Sully, *Mémoires*, mit einer Einführung und Anmerkungen von Louis Raymond Lefèvre, Paris: Gallimard, 1942, S. 218.
74 Saint-Simon, *Parallèle des trois premiers rois Bourbons*, Bonnot, 1967, S. 130-131.
75 Ebd., S. 6.

76 Richelieu, zit. von: Louis Battifol, *Vie intime d'une reine de France au XVIIe siècle, Marie de Médicis*, Paris: Calmann-Lévy, 1931, S. 47.
77 Richelieu, »Mémoires«, in: *Mémoires pour servir à l'histoire de France*, Paris: Éd. Michaud, 1851, VII, S. 167.
78 Jules Michelet, *Histoire de France*, Paris, 1830-1867, XIII, S. 62.
79 Hier folge ich der Darstellung von Michel Carmona, *Marie de Médicis*, Paris: Fayard, 1981, S. 78f.
80 Richelieu, zit. von: Madeleine Foisil, *L'enfant Louis XIII. L'éducation d'un roi, 1601-1617*, Paris: Perrin, 1996, S. 216.
81 Pierre Chevallier, *Louis XIII*, Paris: Fayard, 1979, der Vauquelin des Yveteaux, den Erzieher des Dauphins, zitiert, S. 51.
82 Richelieu, a.a.O., VII, S. 11.
83 *Journal de Jean Héroard*, veröffentlicht unter Leitung von Madeleine Foisil, Paris: Fayard, 1989, I, S. 727.
84 Ebd., I, S. 1436.
85 Ebd., I, S. 1129.
86 Ebd., I, S. 1107.
87 Ebd., I, S. 1245.
88 Ebd., I, S. 1472.
89 Ebd., I, S. 1482.
90 Ebd., I, S. 1084.
91 Ebd., II, S. 1831.
92 Ebd.
93 Ebd., II, S. 1738.
94 Ebd., II, S. 1767.
95 Ebd., a.a.O., I, S. 1061.
96 L'Estoile, a.a.O., I, S. 504.
97 Tallemant des Réaux, *Le cardinal de Richelieu, sa famille, son favori Bois-Robert*, Éditions Complexe, 1990, S. 46.
98 Héroard, a.a.O., II, S. 1769-1770.
99 Ebd.
100 Ebd., S. 1837.
101 »Mémoires« von P. Phélypeaux de Pontchartrain, in: *Collection de mémoires relatifs à l'histoire de France*, hrsg. von M. Petitot, Paris, Foucault, 1822, XVI, S. 426.
102 Héroard, a.a.O., II, S. 1941.
103 Ebd., S. 1971.
104 Carmona, a.a.O., S. 221.
105 Ammirato, ebd., S. 222.
106 Héroard, a.a.O., I, S. 424.
107 Tallemant des Réaux, a.a.O., S. 46.

108 Depesche des venezianischen Botschafters vom 16. Mai 1616, zit. von: Hélène Duccini, *Concini: grandeur et misère du favori de Marie de Médicis*, Paris: Albin Michel, 1991, S. 220.
109 Pontchartrain, a. a. O., XVII, S. 208.
110 Nicolas Pasquier, »Lettres«, zit. von Foisil, a. a. O., S. 231.
111 Chevallier, *Louis XIII*, a. a. O., S. 105.
112 Héroard, zit. von Foisil, a. a. O., S. 231.
113 Pontchartrain, a. a. O., XVII, S. 208.
114 Héroard, a. a. O., II, S. 2410.
115 Pontchartrain, a. a. O., XVII, S. 49.
116 Bericht des florentinischen Residenten Bartolini, 25. Juli 1616, zit. von: Michel Carmona, *Richelieu*, Paris: Fayard 1983, S. 244.
117 Berichte des venezianischen Botschafters von 1614 und 1615, ebd., S. 246.
118 Tallemant des Réaux, a. a. O., S. 46.
119 Pontchartrain, a. a. O., XVII, S. 208.
120 Héroard, zit. von Foisil, a. a. O., S. 227.
121 Pontchartrain, a. a. O., XVII, S. 208 und 211.
122 Brief des Herzogs von Nevers, zit. von: Michel Carmona, *Marie de Médicis*, a. a. O., S. 327.
123 »Remontrance présentée au roi par les princes, ducs, pairs, anciens officiers de la couronne«, ebd., S. 327.
124 N. Pasquier, *Lettres*, 1623, S. 558, ebd., S. 328.
125 Richelieu, *Mémoires*, a. a. O., I, S. 156.
126 Chevallier, *Louis XIII*, a. a. O., S. 169.
127 Bericht des florentinischen Residenten Bartolini, ebd., S. 149.
128 *Mercure français*, zit. von Richelieu, *Mémoires*, a. a. O., II, S. 209.
129 Brienne, *Memoiren*, I, S. 329, ebd.
130 Zu dieser ganzen Szene, vgl. »Relation exacte de tout ce qui s'est passé à la mort du maréchal d'Ancre«, in: *Collection des mémoires relatifs à l'histoire de France*, Éd. Michaud-Poujolat, 2. Serie, IV.
131 Richelieu, *Mémoires*, a. a. O., II, S. 211.
132 Die drei letzten Zitate sind entnommen: Chevallier, *Louis XIII*, a. a. O., S. 180.
133 Richelieu, *Mémoires*, a. a. O., III, S. 188.
134 Cardinal de Retz, *Mémoires*, Paris: Gallimard, 1939, S. 36.
135 F. de Bassompierre, *Journal de ma vie*, Paris, 1870-1877, II, S. 174.
136 Brief des Königs, zit. von: Richelieu, *Mémoires*, a. a. O., II, S. 332-333.
137 Cosandey, a. a. O., S. 110.
138 Bentivoglio an Monteleone, den ehemaligen spanischen Botschafter in Frankreich, 28. Juni 1620, *Letters*, London, 1753, S. 193.

139 Bericht des Venezianers Contarini, zit. von: Chevallier, *Louis XIII*, a. a. O., S. 256.
140 Brief Ludwigs XIII. an Maria von Medici (1619), zit. von: Roland Mousnier, *L'homme rouge*, Paris: Robert Laffont, 1992, S. 143.
141 Richelieu, *Mémoires*, a. a. O., III, S. 44.
142 Ebd., III, S. 81.
143 Ebd., III, S. 84.
144 Ebd., III, S. 81.
145 Ebd., III, S. 132.
146 Brief Marillacs an Richelieu, zit. von: Michel Carmona, *Marie de Médicis*, a. a. O., S. 393.
147 Contarini, ebd., S. 392.
148 Richelieu, *Mémoires*, a. a. O., III, S. 136.
149 Chevallier, *Louis XIII*, a. a. O., S. 225.
150 Bericht des venezianischen Botschafters, ebd., S. 226.
151 Depesche von Corsini, zit. von: Michel Carmona, *Marie de Médicis*, a. a. O., S. 392.
152 Depesche des venezianischen Botschafters, zit. von Chevallier, *Louis XIII*, a. a. O., S. 228.
153 Priuli, ebd., S. 230.
154 Bericht des Venezianers Pesaro, ebd., S. 265.
155 Corsini, ebd., S. 270.
156 Richelieu, *Mémoires*, a. a. O., I, S. 259.
157 Corsini, zit. von: Chevallier, *Louis XIII*, a. a. O., S. 264.
158 Richelieu, ebd., S. 264.
159 Pesaro, ebd., S. 274.
160 Ebd., S. 275.
161 Vgl. Carmona, *Marie de Médicis*, a. a. O., S. 424.
162 Bericht von Zorzi (Hervorhebung von mir), zit. von: Chevallier, *Louis XIII*, a. a. O., S. 286.
163 Gabriel Hanotaux, *Histoire du cardinal de Richelieu*, Paris: Plon, 1932, 6 Bde., V, S. 346.
164 Crawford, a. a. O.
165 Carmona, *Marie de Médicis*, a. a. O., S. 423.
166 Contarini, zit. von: Chevallier, *Louis XIII*, a. a. O., S. 443.
167 Mousnier, a. a. O., S. 363.
168 Carmona, *Marie de Médicis*, a. a. O., S. 454.
169 Der wesentliche Inhalt dieses Gesprächs ist aus dem Bericht zweier Vertrauter Richelieus – Guron und Sirmond – bekannt. Vgl. Chevallier, *Louis XIII*, a. a. O., S. 394.
170 Bericht Contarinis, ebd., S. 402.
171 Retz, a. a. O., S. 152.

172 Saint-Simon, *Mémoires*, Paris: Gallimard, Bibliothèque de la Pléiade, 1953, I, S. 522.
173 Ebd., IV, S. 940.
174 Ebd., IV, S. 950.
175 Victor Cousin, »Des carnets autographes ... neuvième article«, in: *Journal des Savants*, April 1855, S. 228-229 (Hervorhebung von mir).
176 Madame de Motteville, *Mémoires*, Paris: Charpentier, 1886, 4 Bde., I, S. 11.
177 Hanotaux, a. a. O., V, S. 36.
178 Retz, a. a. O., S. 157.
179 Ebd., S. 152.
180 Brief Ludwigs XIII. an Richelieu, zit. von: Ruth Kleinman, *Anne d'Autriche*, Paris: Fayard, 1993, S. 172.
181 Cousin, a. a. O., März 1855, S. 177 f.
182 Hanotaux, a. a. O., V, S. 36.
183 »Vie manuscrite de Mme de Hautefort«, in: Victor Cousin, *Madame de Hautefort*, Didier, 1868, S. 167.
184 Mathieu Molé, *Mémoires*, Paris, 1886, II, S. 425.
185 Mademoiselle Andrieu, zit. von: Cousin, *Madame de Hautefort*, a. a. O., S. 348.
186 Contarini, zit. von: Chevallier, *Louis XIII*, a. a. O., S. 558.
187 Brief von Brassac an Chavigny vom 10. September 1640, zit. von: Avenel, *Lettres, instructions diplomatiques et papiers d'État du cardinal de Richelieu*, Paris, *Collection des documents inédits de l'histoire de France, 1853-1877*, Paris, VI, S. 728.
188 Tallemant des Réaux, zit. von Chevallier, *Louis XIII*, a. a. O., S. 446.
189 Madame de Motteville, a. a. O., I, S. XXXIII.
190 Brief von Brassac an Richelieu, zit. von Kleinman, a. a. O., S. 208.
191 Brief Ludwigs XIII. an Richelieu, zit. von Carmona, *Richelieu*, a. a. O., S. 670.
192 Brief von Le Gras an Chavigny vom 13. September 1640, zit. von Avenel, a. a. O., VI, S. 729.
193 Memorandum Richelieus über die konfliktreichen Beziehungen Ludwigs XIII. zu Cinq-Mars, dem »Monsieur le Grand«, zit. von Chevallier, *Louis XIII*, a. a. O., S. 451.
194 Le Gras an Richelieu, zit. von Kleinman, a. a. O., S. 232.
195 Nicolas Goulas, *Mémoires*, Paris, 1879, I, S. 399.
196 Ebd., S. 400.
197 Hanotaux, a. a. O., V, S. 34.
198 Giustiniani, zit. von: Chevallier, *Louis XIII*, a. a. O., S. 626.
199 Ebd., S. 621.
200 Ebd., S. 626.

201 Goulas, a. a. O., I, S. 412.
202 Giustiniani, zit. von: Chevallier, *Louis XIII*, a. a. O., S. 631.
203 Ebd., S. 633.
204 La Rochefoucauld, *Mémoires*, Coll. Petitot, Bd. LI, S. 369.
205 Cousin, »Des carnets autographes …«, a. a. O., September 1854, S. 527–530.
206 Goulas, a. a. O., I, S. 438.
207 Giustiniani, zit. von: Chevallier, *Louis XIII*, a. a. O., S. 643.
208 Ebd., S. 640.
209 Ebd., S. 643.
210 Cousin, »Des carnets autographes …«, a. a. O., September 1854, S. 525.
211 Ebd., S. 535.
212 Ebd.
213 Madame de Motteville, a. a. O., I, S. 122.
214 Cousin, »Des carnets autographes …«, a. a. O., September 1854, S. 545.
215 Ebd., Januar 1855, S. 35.
216 »Maximes d'éducation«, zit. von Kleinman, a. a. O., S. 222.
217 Madame de Motteville, *Mémoires*, zit. von Henri Carré, *L'enfance et la première jeunesse de Louis XIV*, Paris: Albin Michel, 1944, S. 114.
218 La Porte, *Mémoires*, in: *Collection des mémoires relatifs à l'histoire de France*, Serie 3, LIX, S. 419.
219 Françoise de Bonneville, *Le livre du bain*, Paris: Flammarion, 1997, S. 83.
220 Madame de Motteville, a. a. O., I, S. 394.
221 Carré, a. a. O., S. 63.
222 *Lettres de Mazarin pendant son ministère*, veröff. von Chéruel und G. d'Avenel, 9 Bde., Paris, 1872–1906, IX, S. 28, Brief vom 23. August 1658.
223 Saint-Simon, *Mémoires*, a. a. O., IV, S. 941.
224 La Porte, a. a. O., S. 419.
225 Gui Patin, »Lettres à Spon«, II, S. 49, zit. von: Chéruel, *Histoire de France sous le ministère de Mazarin*, 1882, II, S. 98.
226 Saint-Simon, *Mémoires*, a. a. O., IV, S. 942.
227 Mazarin an Ludwig XIV., 29. Juni 1659, zit. von Chéruel, a. a. O., II, S. 99.
228 Lavisse, a. a. O., S. 114.
229 Ludwig XIV., *Mémoires*, mit einer Einführung und mit Anmerkungen von Jean Longnon, Tallandier, 1978, S. 33.
230 Ebd., S. 35.
231 Pater Paulin, der Beichtvater Ludwigs XIV., zit. von: François Bluche, *Louis XIV*, Paris: Fayard, 1986, S. 90.

232 Lavisse, a. a. O., S. 123.
233 Ebd., S. 118.
234 Ludwig XIV., a. a. O., S. 34.
235 Mazarin, a. a. O., IX, S. 3, Brief vom 16. August 1657.
236 Ebd., VII, S. 36, Brief vom 11. August 1655.
237 Ludwig XIV., *Mémoires*, a. a. O., S. 37.
238 Saint-Simon, *Mémoires*, a. a. O., I, S. 109.
239 Madame de Motteville, *Mémoires*, a. a. O., IV, S. 84.
240 Mazarin, a. a. O., IX, S. 82, Brief an Madame de Venel vom 8. September 1659.
241 Madame de Motteville, a. a. O., IV, S. 83.
242 Ebd., IV, S. 112.
243 Ebd., IV, S. 155.
244 Madame de La Fayette, *Histoire d'Henriette d'Angleterre*, gefolgt von: *Mémoires de la Cour de France*, Paris: Mercure de France, 1965, S. 23.
245 Alle Zitate sind dem Brief Mazarins vom 28. August 1659 entnommen, a. a. O., IX, S. 252.
246 Ebd., IX, S. 285, Brief vom 8. September 1659.
247 Madame de La Fayette, a. a. O., S. 25.
248 Ebd., S. 35.
249 Ebd., S. 39.
250 Ebd., S. 41.
251 Ebd., S. 43.
252 Madame de Motteville, a. a. O., IV, S. 280.
253 Zit. von Kleinman, a. a. O., S. 495.
254 Madame de Motteville, a. a. O., IV, S. 272.
255 Ebd., IV, S. 311.
256 Mademoiselle de Montpensier, *Mémoires*, Paris, 1858–1859, 4 Bde., IV, S. 22.
257 Ebd., IV, S. 24.
258 Madame de Motteville, a. a. O., IV, S. 435.
259 Madame de La Fayette, a. a. O., S. 150.
260 Ludwig XIV., *Mémoires*, a. a. O., S. 164.
261 Ebd.
262 Saint-Simon, *Mémoires*, a. a. O., II, S. 232.
263 Ebd., IV, S. 932.

Die Lebensläufe der Regentinnen

Katharina von Medici

(it.: Caterina de'Medici, frz.: Catherine de Médicis)
Geboren am: 13.04.1519 in Florenz

Vater: Lorenzo di Piero de' Medici (1492-1519), Herzog von Urbino
Mutter: Madeleine de la Tour d'Auvergne (1502-1519)
Heiratet am 28.10.1533 den Herzog von Orléans, den zukünftigen französischen König Heinrich II. (1519-1559)
Kinder:
1.) Franz II., König von Frankreich (1544-1560); 2.) Elisabeth, Königin von Spanien (1545-1568); 3.) Claude (1547-1575); 4.) Louis (1549-1550); 5.) Karl IX., König von Frankreich (1550-1574); 6.) Heinrich III., König von Frankreich (1551-1589); 7.) Margarete [Marguerite] (1553-1615), erste Frau Heinrichs IV.; 8.) Hercule-François (1555-1584); 9.) und 10.) die Zwillinge: Jeanne und Victor (geb. 1556, kurz nach der Geburt gestorben)
1559 Tod Heinrichs II.
1560 Tod ihres ältesten Sohns, des Königs Franz II; Katharina Regentin für Karl IX.
1563 Volljährigkeitserklärung Karls IX.
24.08.1572 Bartholomäusnacht
1574 Tod Karls IX.
1574-1589 Heinrich III. König
Katharina von Medici stirbt am 05.01.1589 in Blois

Maria von Medici

(it.: Maria de'Medici, frz.: Marie de Médicis)
Geboren am: 26.04.1573 in Florenz

Vater: Francesco I. (1541-1587), Großherzog der Toskana
Mutter: Johanna von Österreich (1547-1578), jüngste Tochter von Kaiser Ferdinand I.
Heiratet am 05.10.1600 Heinrich IV. (1553-1610), König von Frankreich
Kinder:
1.) Ludwig XIII., König von Frankreich (1601-1643); 2.) Elisabeth, Königin von Spanien (1602-1644); 3.) Christine, Herzogin von Savoyen

(1606-1663); 4.) Heinrich (1607-1611); 5.) Gaston, Herzog von Orléans (1608-1660); 6.) Henriette-Marie, Königin von England (1609-1669)
14.05.1610 Ermordung Heinrichs IV.; Maria Regentin für den neunjährigen Ludwig XIII.
1614 Volljährigkeitserklärung Ludwigs XIII.
24.04.1617 Ludwig XIII. läßt Concini, den Günstling der Regentin, ermorden
03.05.1617 Maria muß sich nach Blois zurückziehen
1619 Maria flieht aus Blois
1619-1620 »Kriege zwischen Mutter und Sohn«
10.08.1620 Vertrag von Angers zwischen Maria und ihrem Sohn
1622 Maria kehrt in den Rat des Königs zurück
29.04.1624 auf ihre Fürsprache wird Richelieu vom König berufen
10.11.1630 »Tag der Geprellten«
Februar 1631 Ludwig XIII. will Maria nach Moulins schicken
Juli 1631 Maria flieht nach Brüssel
1638 Exil in England
1641 Exil in Deutschland
03.07.1642 Tod in Köln

Anna von Österreich

(span.: Ana de Austria, frz.: Anne d'Autriche)
Geboren am: 22.09.1601 in Valladolid

Vater: Philipp III. von Spanien (1578-1621)
Mutter: Margarete von Österreich (1584-1611)
25.08.1612 Heiratsvertrag mit dem elfjährigen Ludwig XIII.
16.09.1614 Volljährigkeitserklärung Ludwigs XIII.
25.11.1615 Heirat mit Ludwig XIII.
Kinder:
1.) Ludwig XIV., König von Frankreich (1638-1715); 2.) Philipp von Orléans (1640-1701)
1625 Affäre mit dem Herzog von Buckingham
10.11.1630 Anna gehört zu den Opfern des »Tags der Geprellten«
1637 »Affäre des Val-de-Grâce«, sie wird überführt, mit ihrem Bruder Philipp IV. in geheimem Briefwechsel zu stehen
1643 Tod Ludwigs XIII.; Anna Regentin (bis 1651), beruft Mazarin zum Staatsminister
1648-1653 Aufstand der Fronde
1661 Tod Mazarins; Beginn der persönlichen Regierung ihres Sohnes Ludwig XIV.; Anna zieht sich in das Kloster Val-de-Grâce zurück
20.01.1666 Tod Annas von Österreich in Paris

Daten der europäischen Geschichte (1519-1661)

Jahr	*Frankreich, Italien, Spanien*	*Deutschland und übriges Europa*
1519		Tod Kaiser Maximilians I., Karl V. von den deutschen Kurfürsten zum römisch-deutschen Kaiser gewählt
1520		Luther veröffentlicht seine Reformationsschriften
1521	Karls V. erster Krieg gegen Franz I. von Frankreich (1521-1526)	Reichstag zu Worms
1522	Franzosen müssen Mailand räumen	
1524-25		Bauernkriege
1525	Schlacht bei Pavia, das spanisch-deutsche Heer besiegt Franz I. u. nimmt ihn gefangen	
1526	Friede zu Madrid, Franz I. verzichtet auf Mailand u. Neapel	
1527	2. Krieg Karls V. gegen Franz I., »Sacco di Roma«: Erstürmung u. Plünderung Roms durch Truppen Karls V.	
1529	Frieden zu Cambrai (»Damenfrieden«), Franz I. verzichtet auf seine ital. Ansprüche	Belagerung Wiens durch die Türken
1530	Kaiserkrönung Karls V. in Bologna	Reichstag zu Augsburg, Melanchthon legt die »Augsburger Konfession« vor
1536	3. Krieg Karls V. gegen Frankreich endet mit 10jähr. Waffenstillstand	

1542	4. Krieg Karls V. gegen Frankreich	
1544	Friede zu Crépy, Karl V. verzichtet auf Burgund, Franz I. erhält Neapel	
1545	Beginn des Tridentinischen Konzils (1545-1563)	
1546		Schmalkaldischer Krieg zwischen Karl V. u. dem Schmalkaldischen Bund
1547	Tod Franz' I., Heinrich II. König von Frankreich, Machtzunahme der Parteien der katholischen Guisen u. der Hugenotten	
1548		Reichstag zu Augsburg gewährt den Protestanten freie Religionsausübung
1552	Niederlagen Karls V. gegen Heinrich II.	
1555		Religionsfrieden zu Augsburg
1556	Philipp II., Sohn Karls V., König von Spanien, erhält außerdem die Niederlande, Neapel u. Mailand (1555-1598)	Abdankung Karls V., sein Bruder Ferdinand I. erhält die Kaiserwürde und Deutschland (1556-1564)
1556-59	Span.-frz. Krieg, Heinrich II. erneuert die frz. Ansprüche in Italien	
1557	Schlacht bei Saint-Quentin, Graf Egmont besiegt die Franzosen	
1558	Tod Karls V., Herzog Franz von Guise erobert Calais, den letzten engl. Stützpunkt in Frankreich	Elisabeth I. Königin von England
1559	Heinrich II. beim Turnier tödlich verletzt, Franz II. König von Frankreich; Machtkampf der Guisen u. Bourbonen; Frieden zu Le Cateau-Cambrésis; Frankreich verzichtet auf Italien u. Burgund	
1560	Karl IX. König von Frankreich	
1562	Ausbruch der Pest in Paris	
1562-98	Hugenottenkriege	

1564		Maximilian II. Kaiser (1564-1576)
1567	Herzog von Alba erscheint mit span. Heer in den Niederlanden; Beginn des niederld. Freiheitskampfes	
1570	Die Hugenotten erhalten Religionsfreiheit und Sicherheitsplätze	
1571	Seeschlacht bei Lepanto, Don Juan d'Austria (natürlicher Sohn Karls V.) vernichtet die türk. Seeherrschaft	
1572	Heinrich von Valois zum poln. König gewählt	
1573	neuer Hugenottenkrieg nach der Bartholomäusnacht; Herzog von Alba aus den Niederlanden abberufen	
1574	Heinrich von Valois verzichtet auf die poln. Krone u. wird als Heinrich III. König von Frankreich (1574-1589)	
1576		Rudolf II. Kaiser (1576-1612)
1580	Philipp II. gewinnt das Königreich Portugal als Erbe	
1581	Generalstaaten der sieben vereinigten Provinzen der Niederlande erklären Unabhängigkeit	
1585-89	Bürgerkrieg zwischen Heinrich III. von Valois, Heinrich von Navarra u. Heinrich von Guise	
1588	Untergang der Großen Armada, Ende d. span., Beginn d. engl. Seeherrschaft	
1589	Barrikadenkämpfe in Paris, Heinrich III. läßt Heinrich von Guise ermorden u. flieht zu Heinrich von Navarra, wird von einem Dominikanermönch ermordet; Heinrich von Navarra König von Frankreich (1589-1610)	

1590	Heinrich IV. besiegt den Herzog von Mayenne (das neue Oberhaupt der kath. Partei) bei Ivry; vergebl. Belagerung von Paris	
1593	Heinrich IV. tritt zum kath. Glauben über u. zieht in Paris ein	
1598	Edikt von Nantes sichert den Hugenotten Religionsfreiheit zu; Philipp III. König von Spanien (1598-1621)	
1608	Armand Jean du Plessis, Herzog von Richelieu, wird Bischof von Luçon	
1609	12jähr. Waffenstillstand zwischen Spanien u. den Niederlanden	
1610	Heinrich IV. plant, in den Jülich-Kleveschen Erbfolgestreit einzugreifen, wird von dem kath. Fanatiker Ravaillac ermordet, der 9jähr. Ludwig XIII. wird König unter der Regentschaft seiner Mutter Maria von Medici	
1611		Gustav II. Adolf König von Schweden (1611-1632)
1612		Kaiser Matthias (1612-19)
1614	Generalstände (Adel, Klerus u. 3. Stand) treten zusammen, Richelieu Sprecher des Klerus	
1615	Heinrich von Condé verbündet sich mit den Hugenotten, wird vom Marschall d'Ancre, dem Günstling Marias, verhaftet	
1617	Ludwig XIII. läßt den Marschall d'Ancre ermorden	
1618		Beginn d. Dreißigjährigen Krieges
1619		Kaiser Ferdinand II. (1619-1637)
1620	Prinz Condé wird aus der Haft entlassen, erhält Befehl über die kgl. Truppen u. besiegt den Adel bei Les-Ponts-de-Cé	Schlacht auf dem Weißen Berg bei Prag

1621	Philipp IV. König von Spanien (1621-1665); Span.-Niederld. Krieg (1621-1648)	
1622	Frieden von Montpellier bestätigt Edikt von Nantes, Richelieu wird Kardinal	
1623	Bündnis von Lyon zwischen Frankreich, Venedig u. Savoyen; Kardinal Richelieu übernimmt die Staatsgeschäfte	
1625	Hugenottenkrieg; Peter Paul Rubens malt im Auftrag der Maria von Medici 18 Gemälde	
1626	Adelsverschwörung zum Sturz Richelieus wird aufgedeckt; Vertrag von Barcelona, Richelieu zieht die frz. Truppen aus dem Veltlin zurück	
1628	Eroberung von La Rochelle durch kgl. Truppen, die Hugenotten verlieren ihren stärksten Sicherheitsplatz; Mantuanischer Erbfolgestreit; Richelieu erwirbt das Hrzt. für die frz. Nebenlinie Nevers	
1629	Edikt von Nîmes sichert den Hugenotten Schutz zu	
1630	Gaston von Orléans, der Bruder des Königs, intrigiert erneut gegen Richelieu u. muß nach Brüssel fliehen	
1632	Kampf bei Castelnaudary; Niederlage der prospan. Partei, die Macht des Hochadels wird gebrochen	
1635	Bauernerhebungen werden niedergeschlagen	Schwedisch-frz. Krieg (1635-1648) gegen Habsburg
1637		Kaiser Ferdinand III. (1637-1657)
1640	Portugal erringt die Selbständigkeit zurück	
1642	Tod Richelieus, Mazarin übernimmt die Staatsführung (1642-1661)	Bürgerkrieg in England

1643	Der 5jähr. Ludwig XIV. König von Frankreich (1643-1715); Ludwig II. von Bourbon-Enghien, der »Große Condé«, schlägt die Spanier bei Rocroi	
1644	Condé u. Turenne dringen in Deutschland u. den span. Niederlanden ein	
1645		Schlacht bei Naseby, Cromwell vernichtet das Kgl. Heer
1648	Fronde (1648-1653), Aufstand der Pariser Bürger u. des Hochadels gegen den kgl. Absolutismus u. Mazarin	Westfälischer Frieden mit Frankreich und Schweden
1652	Condé schließt Bündnis mit Spanien (gegen Mazarin), wird von Turenne besiegt; Ludwig XIV. erläßt Amnestie; Condé flieht nach Spanien; Ludwig XIV. zieht in Paris ein	
1654	Ludwig XIV. in Reims gekrönt	
1657	Mazarin schließt Kriegsbündnis mit England (Cromwell)	
1658		Tod Oliver Cromwells
1659	Condé wird amnestiert u. darf nach Frankreich zurückkehren; Pyrenäenfrieden; Ende der span. u. Beginn der frz. Vorherrschaft	
1660	Ludwig XIV. heir. Maria Theresia, Tochter des span. Königs Philipp IV.	Karl II. König von Großbritannien u. Irland
1661	Tod Mazarins; Selbstregierung Ludwigs XIV.	

Bibliographie

Zeitgenössische Quellen

Alle Memoirenschriftsteller des 16. und 17. Jahrhunderts, die in der Collection Petitot oder der Collection Michaud et Poujolat erschienen sind. Von den wichtigsten seien hier genannt: Sully, Richelieu, Bassompierre, La Porte, Dubois, Madame de Montglat, Mademoiselle de Montpensier, Madame de Motteville, Pontchartrain, La Rochefoucauld, Gaspard de Saulx.

Agrippa d'Aubigné, *Les Tragiques*, 1616, Bibliothèque de la Pléiade, Paris. (Dt. »Tragische Gesänge«, 1833.)

Armand Baschet, *La diplomatie vénitienne. Les princes de l'Europe au XVIe siècle, François Ier, Philippe II, Catherine de Médicis, les papes, les sultans, etc., d'après les rapports des ambassadeurs vénitiens* (»Die venezianische Diplomatie. Die Herrscher Europas im 16. Jahrhundert, Franz I., Philipp II., Katharina von Medici, die Päpste, Sultane usw., nach den Berichten der venezianischen Botschafter«), Paris, 1862.

Brantôme (Pierre de Bourdeille, Seigneur de), *Les dames galantes*, hrsg. von Henri Longnon, 1928. (Dt. *Das Leben der galanten Damen*, Leipzig: Insel, 1905, 1979)

Dispatches of Michele Suriano and Marc'Antonio Barbaro, Venetian Ambassadors at the Court of France, 1560-1563 (»Depeschen der venezianischen Botschafter am französischen Hof Michele Suriano und Marcantonio Barbaro, 1560-1563«), hrsg. von Sir Henry Layard, Lymington, Huguenot Society of London, 1891.

Nicolas Goulas, *Mémoires*, 3 Bde., Paris, 1879-1882.

Heinrich IV., *Lettres missives* (»Sendschreiben«), hrsg. von J. Berger de Xivrey, 9 Bde., Paris, 1843-1876.

Jean Héroard, *Journal de Jean Héroard sur l'enfance et la jeunesse de Louis XIII* (»Jean Héroards Tagebuch über die Kindheit und Jugend Ludwigs XIII.«), 2 Bde., hrsg. unter der Leitung von Madeleine Foisil, Paris, 1989.

Katharina von Medici, *Lettres* (»Briefe«), in: Collection des documents inédits de l'histoire de France, Paris, 1891.

La Fayette (Madame de), *Histoire de Madame Henriette d'Angleterre* (dt.

»Henriette von England«, 1794), gefolgt von: *Mémoires de la Cour de France pour les années 1688 et 1689* (»Erinnerungen an den französischen Hof aus den Jahren 1688 und 1689«), Paris: Mercure de France, 1965.

Hector La Ferrière-Percy, *Le XVIe siècle et les Valois, d'après les documents inédits du British Museum et du Record Office* (»Das 16. Jahrhundert und die Valois nach den unveröffentlichten Dokumenten des British Museum und des Record Office«), Paris, 1879.

Pierre de L'Estoile, *Journal pour le règne d'Henri III* (»Tagebuch aus der Zeit Heinrichs III.«), Genf, 1992.

Pierre de L'Estoile, *Journal pour le règne d'Henri IV* (»Tagebuch aus der Zeit Heinrichs IV.«), Paris, 1948-1958.

Ludwig XIII., *Lettres de la main de Louis XIII* (»Eigenhändige Schreiben Ludwigs XIII.«), 2 Bde., Paris, 1914.

Ludwig XIV., *Lettres*, hrsg. von Pierre Gaxotte, Paris, 1930. (Dt. Briefe, 1931.)

Ludwig XIV., *Mémoires*, hrsg. von Longnon, Tallandier, 1978. (Dt. *Memoiren*, übertragen von Leopold Steinfeld, Basel: Kompass-Verlag, 1931.)

Margarete von Valois, *Mémoires*, Mercure de France, 1971. (Dt. *Memoiren. Briefe und sonstige Dokumente ihres Lebens*, Übersetzt von Friedrich Schlegel und W. Fred, hrsg. von W. Fred, Leipzig: Insel, 1912)

Mazarin (Kardinal von), *Lettres du cardinal Mazarin pendant son ministère* (»Briefe des Kardinals Mazarin aus seiner Regierungszeit«), hrsg. von A. Chéruel et G. d'Avenel, 9 Bde., Paris, 1872-1906.

Mathieu Molé, *Mémoires*, 4 Bde., Paris, 1886.

Motteville (Madame de), *Mémoires*, 4 Bde., Paris, 1886.

Retz (Kardinal von), *Mémoires*, 2 Bde., hrsg. von Simone Bertière, Paris, 1987. (Dt. *Denkwürdigkeiten des Kardinals von Retz*, übertragen von F. Schiller, Jena 1799; *Memoiren* (Ausz.), aus dem Französischen von Walter Maria Guggenheimer, Leipzig: Reclam, 1977.)

Richelieu (Kardinal von), *Lettres, instructions diplomatiques et papiers d'État du cardinal de Richelieu* (»Briefe, diplomatische Instruktionen und staatliche Urkunden des Kardinals von Richelieu«), hrsg. von Louis Avenel, Paris, 1853-1877.

Saint-Simon, *Mémoires*, Paris: Gallimard, Bibliothèque de la Pléiade, 1953-1961. (Dt. *Die Memoiren des Herzogs von Saint-Simon*, 4 Bde., hrsg. und übersetzt von Sigrid von Massenbach, Frankfurt am Main-Berlin-Wien: Ullstein, 1977.)

Saint-Simon, *Parallèle des trois premiers rois Bourbons* (»Vergleich der ersten drei Bourbonenkönige«), Paris, 1967.

Tallemant des Réaux, *Historiettes*, 2 Bde., Bibliothèque de la Pléiade, 1960-1961. (Dt. *Die Histörchen*, aus dem Französischen von Wolfgang Tschöke, Karlsruhe, Amadis Verlag, 1963. – *Salongeschichten. Historiettes*, Aus dem Französischen von Fritz Nies, Zürich: Manesse, 1996.)

Tallemant des Réaux, *Le cardinal de Richelieu, sa famille, son favori Bois-Robert* (»Der Kardinal von Richelieu, seine Familie, sein Günstling Boisrobert«), Paris, 1990.

Niccolò Tommaseo, *Relations des ambassadeurs vénitiens sur les affaires de France au XVIe siècle* (»Berichte der venezianischen Botschafter über die Ereignisse in Frankreich während des 16. Jahrhunderts«), Paris, 1838.

Moderne Werke

Jean-Pierre Babelon, *Henri IV*, Paris: Fayard, 1982.

Louis Batiffol, *Vie intime d'une reine de France au XVIIe siècle, Marie de Médicis* (»Das Privatleben einer französischen Königin im 17. Jahrhundert, Maria von Medici«), Paris: Calmann-Lévy, 1931.

Simone Bertière, *Les reines de France au temps des Valois* (»Die französischen Königinnen in der Zeit der Valois«), 2 Bde., Paris: Éditions de Fallois, 1994.

Simone Bertière, *Les reines de France au temps des Bourbons, Les deux régentes* (»Die französischen Königinnen in der Bourbonenzeit, ›Die zwei Regentinnen‹«), Paris: Éditions de Fallois, 1996.

François Bluche, *Louis XIV* (»Ludwig XIV.«), Paris: Fayard, 1986.

Jean Boutier, Alain Dewerpe, Daniel Nordman, *Un tour de France royal, le voyage de Charles IX (1564-1566)* (»Eine Frankreichreise des Königs, die Reise Karls IX. (1564-1566)«), Paris: Aubier, 1984.

Michel Carmona, *Marie de Médicis*, Paris: Fayard, 1981.

Michel Carmona, *Richelieu*, Paris: Fayard, 1983.

Henri Carré, *L'enfance et la première jeunesse de Louis XIV, 1638-1661* (»Kindheit und frühe Jugend Ludwigs XIV., 1638-1661«), Paris: Albin Michel, 1944.

Pierre Champion, *Catherine de Médicis présente à Charles IX son royaume, 1564-1566* (»Katharina von Medici führt Karl IX. in sein Königreich ein, 1564-1566«), Paris: Grasset, 1937.

Guy Chaussinaud-Nogaret, *La vie quotidienne des femmes du roi d'Agnès Sorel à Marie-Antoinette* (»Das Alltagsleben der Frauen des Königs von Agnès Sorel bis Marie-Antoinette«), Paris, 1990.

Pierre Chevallier, *Louis XIII*, Paris: Fayard, 1979.

Pierre Chevallier, *Henri III*, Paris: Fayard, 1985.

Ivan Cloulas, *Catherine de Médicis*, Paris: Fayard, 1979.

Fanny Cosandey, *La reine de France* (»Die Königin von Frankreich«), Paris: Gallimard, 2000.

Victor Cousin, »Des carnets autographes ... neuvième article« (»Aus den handschriftlichen Heften ... neunter Artikel«), in: *Journal des Savants*, 1855.

Victor Cousin, *Madame de Hautefort*, Didier, 1868.

Katherine B. Crawford, *Regency Government in Early Modern France: Gender Substitution and the Construction of Monarchical Authority* (»Die Regentschaft im Frankreich der frühen Neuzeit: Geschlechtssubstitution und die Herausbildung der königlichen Autorität«), University of Chicago, 1997, unveröffentlichte Dissertation.

Liliane Crété, *Coligny*, Paris, 1985.

Denis Crouzet, *La nuit de la Saint-Barthélemy, Un rêve perdu de la Renaissance* (»Die Bartholomäusnacht, ein gescheiterter Traum der Renaissance«), Paris: Fayard, 1994.

Philippe Delorme, *Anne d'Autriche: épouse de Louis XIII, mère de Louis XIV* (»Anna von Österreich: die Gemahlin Ludwigs XIII., die Mutter Ludwigs XIV.«), Pygmalion, 1999.

Georges Dethan, *La vie de Gaston d'Orléans* (»Das Leben Gastons von Orléans«), Paris: Éditions de Fallois, 1992.

Hélène Duccini, *Concini: Grandeur et misère du favori de Marie de Médicis* (»Concini: Größe und Elend des Günstlings der Maria von Medici«), Paris: Albin Michel, 1991.

Claude Dulong, *Mazarin*, Paris: Perrin, 1999.

Claude Dulong, *Anne d'Autriche* (»Anna von Österreich«), Paris: Perrin, 2000.

Philippe Erlanger, *Le massacre de la Saint-Barthélemy*, Paris: Gallimard, 1960. (Dt. *Bartholomäusnacht. Die Pariser Bluthochzeit am 24. August 1572*, Aus dem Französischen von Nikolaus Klocke, 1966.)

Madeleine Foisil, *L'enfant Louis XIII. L'éducation d'un roi, 1601-1617* (»Die Kindheit Ludwigs XIII. Die Erziehung eines Königs, 1601-1617«), Paris: Perrin, 1996.

Pierre Goubert, *Mazarin*, Paris: Fayard, 1990.

Gabriel Hanotaux, *Histoire du cardinal de Richelieu* (»Geschichte des Kardinals von Richelieu«), Plon, 1932.

Jean Héritier, *Catherine de Médicis*, Paris: Fayard, 1959.

Arlette Jouanna, *La France du XVIe siècle, 1483-1598* (»Das Frankreich des 16. Jahrhunderts, 1483-1598«), PUF, 1996.

Françoise Kermina, *Marie de Médicis: reine, régente et rebelle* (»Maria von Medici: Königin, Regentin und Rebellin«), Paris: Perrin, 1979.

Ruth Kleinman, *Anne of Austria*. Columbus, 1985.

Georges Lacour-Gayet, *L'éducation politique de Louis XIV* (»Die politische Erziehung Ludwigs XIV.«), Paris: Hachette, 1889.

Ernest Lavisse, *Louis XIV, Histoire d'un grand règne* (»Ludwig XIV., Geschichte einer großen Königsherrschaft«), Paris: Robert Laffont, Coll. Bouquins, 1989, S. 307.

Emmanuel Le Roy Ladurie, *L'état royal, 1460-1610* (»Das Königtum, 1460-1610«), Paris: Hachette, 1987.

Irene Mahoney, *Madame Catherine*, New York, 1975. (Dt. *Katharina von Medici. Königin von Frankreich*, aus dem Englischen von Christian Zinsser, München: Callwey, 1977.)

Irene Mahoney, *Royal Cousin; the Life of Henri IV of France* (»Der königliche Cousin; das Leben Heinrichs IV. von Frankreich«), New York, 1970.

Jean Mariéjol, *Catherine de Médicis: 1519-1589*, Tallandier, 1979.

Elizabeth Wirth Marvick, *The History of Childhood*, New York, 1974.

Roland Mousnier, *L'Homme rouge ou la vie du cardinal de Richelieu, 1585-1642* (»Der Mann in Rot oder das Leben des Kardinals von Richelieu«), Paris: Robert Laffont, 1992.

Félix Olivier-Martin, *Les régences et la majorité des rois sous les Capétiens directs et les premiers Valois (1060-1375)* (»Die Regentschaften und die Großjährigkeit der Könige in der direkten Linie der Kapetinger und bei den ersten Valois (1060-1375)«), juristische Dissertation, Paris, 1931.

Jean Orieux, *Catherine de Médicis ou la reine noire*, Paris: Flammarion, 1998. (Dt. Katharina von Medici oder Die schwarze Königin, 1992.)

Michel Simonin, *Charles IX*, Paris: Fayard, 1995.

John B. Wolf, *Louis XIV and the Craft of Kingship* (»Ludwig XIV. und die Kunst der Königsherrschaft«), Ohio State University Press, 1969.

Personenregister

Bildnachweis

Archiv für Kunst und Geschichte, Berlin: 1, 2, 3, 4, 6, 7, 8, 9, 10, 12, 13, 15, 17, 18, 19, 20
The Bridgeman Art Library/Giraudon, London: 5, 16
Réunion des musées nationaux, Paris: 11, 14

Inhaltsverzeichnis